에듀윌과 함께 시작하면,
당신도 합격할 수 있습니다!

에듀윌 IT자격증은 학문을 연구하지 않습니다.
가장 효율적이고 빠른 합격의 길을 연구합니다.

IT자격증은 '사회에 내딛을 첫발'을 준비하는 사회 초년생을 포함하여
새로운 준비를 하는 모든 분들의
'시작'을 위한 도구일 것입니다.

에듀윌은
IT자격증이 여러분의 최종 목표를 앞당기는 도구가 될 수 있도록
빠른 합격을 지원하겠습니다.

누구나 합격할 수 있습니다.
시작하겠다는 '다짐', 이루겠다는 '목표'면 충분합니다.

마지막 페이지를 덮으면,

에듀윌과 함께
IT자격증 합격이 시작됩니다.

매달 선물이 팡팡!
독자참여 이벤트

교재 후기 이벤트
나만 알고 있기 아까운!
에듀윌 교재의 장단점, 더 필요한 서비스 등을 자유롭게 제안해주세요.

이벤트 참여

오타 제보 이벤트
더 나은 콘텐츠 제작을 돕는 일등 공신!
사소한 오타, 오류도 제보만 하면 매월 사은품이 팡팡 터집니다.

이벤트 참여

IT자격증 A~Z 이벤트
모르고 지나치기엔 아쉬운!
에듀윌 IT자격증에서 제공 중인 무료 이벤트를 확인해보세요.

이벤트 참여

참여 방법 | 각 이벤트의 QR 코드 스캔
당첨자 발표 | 매월 5일, EXIT 합격 서비스(exit.eduwill.net) 공지사항
사은품 | 매월 상이하며, 당첨자 발표 후 순차 발송

※ 이벤트는 공지 없이 변경되거나 종료될 수 있습니다.

1주합격 스터디 플래너

1주합격 스터디 플래너 사용법

- 체계적이고 확실한 합격을 노린다면 활용하세요!
- 공부를 완료하면 동그라미(○)를 하세요.

과목		Chapter	1회독
1과목			
컴퓨터 일반	01	Windows 10의 기본 기능	1일
	02	Windows 10의 고급 기능	
	03	컴퓨터 시스템 활용	
	04	컴퓨터 하드웨어	
	05	컴퓨터 소프트웨어	
	06	멀티미디어 활용	
	07	인터넷 활용	
	08	컴퓨터 시스템 보호	
2과목			
스프레드시트 일반	01	스프레드시트의 개요	2일
	02	데이터 입력 및 편집	
	03	수식 활용	
	04	데이터 관리	
	05	데이터 분석	
	06	차트 활용	
	07	출력 작업	
	08	매크로 활용	
상시시험			
답 없이 푸는 기출변형문제		제1회 기출변형문제(2025년 상시)	3일
		제2회 기출변형문제(2025년 상시)	
		제3회 기출변형문제(2025년 상시)	
		제4회 기출변형문제(2025년 상시)	4일
		제5회 기출변형문제(2025년 상시)	
		제6회 기출변형문제(2025년 상시)	
		제7회 기출변형문제(2024년 상시)	5일
		제8회 기출변형문제(2024년 상시)	
		제9회 기출변형문제(2024년 상시)	
		제10회 기출변형문제(2024년 상시)	6일
		제11회 기출변형문제(2024년 상시)	
		제12회 기출변형문제(2024년 상시)	
		제13회 기출변형문제(2023년 상시)	7일
		제14회 기출변형문제(2023년 상시)	
		제15회 기출변형문제(2023년 상시)	

초고속 이론정복 플래너

초고속 이론정복 플래너 사용법

- 최빈출 노른자만 골라서 이론을 공부하세요!
- 2회독을 목표로 각 회독이 끝나면 동그라미(◯)를 하세요.

※ 해당 플래너는 이론정복용입니다. 기출&기출변형문제는 따로 풀어보세요.

과목	노른자 번호	노른자 제목	1회독	2회독
1과목 컴퓨터 일반	028	자료의 표현		
	029	중앙처리장치(CPU)		
	033	기타 기억장치		
	036	컴퓨터의 관리와 문제 해결		
	039	운영체제		
	044	멀티미디어와 하이퍼미디어		
	045	그래픽 데이터		
	050	OSI 7계층과 네트워크 장치		
	057	인터넷 서비스		
	060	컴퓨터 범죄		
2과목 스프레드시트 일반	072	데이터 입력		
	073	자동 채우기		
	079	사용자 지정 서식		
	087	수학 함수		
	088	통계 함수		
	090	찾기/참조 함수		
	095	고급 필터		
	102	부분합		
	105	피벗 테이블과 피벗 차트		
	107	차트의 종류		
	108	차트의 구성 요소		
	109	차트의 편집		
	111	페이지 설정		
	114	매크로 기록		

에듀윌
컴퓨터활용능력
2급 필기 초단기끝장

EVERYTHING

합격을 위한 모든 것! EXIT 합격 서비스

EXIT 합격 서비스에서 드려요!

exit.eduwill.net

1. 저자에게 묻는 실시간 질문답변
① 로그인
② 교재 구매 인증
③ 실시간 질문답변 게시판
④ 질문하기

2. 핵심만 모은 무료강의
① 로그인
② 무료강의 게시판
③ 수강하기

3. 더 공부하고 싶다면 PDF 학습자료
① 로그인
② 자료실 게시판
③ 다운로드
※ PDF에 설정된 암호는 교재별 차례에서 확인

4. 실전처럼 연습하는 필기CBT
① 로그인
② 교재 구매 인증
③ 필기CBT 게시판
④ 응시하기

5. 직접 따라해 볼 수 있는 실습파일
① 로그인
② 자료실 게시판
③ 다운로드

6. 바로 확인하는 정오표

교재 구매 인증 방법

EXIT 합격 서비스의 [실시간 질문답변 게시판]과 [필기CBT 게시판]을 이용하기 위해서는 교재 구매 인증이 필요합니다.
❶ EXIT 합격 서비스(exit.eduwill.net) 접속 → ❷ 로그인 → ❸ 우측 구매도서 인증 아이콘 클릭 → ❹ 정답은 교재 내에서 확인

1* 혼자 고민하지 마세요. 바로 질문하세요.
저자가 답변하는 **실시간 질문답변 서비스**

용어가 어렵거나 문제에 대한 해설이 잘 이해되지 않으시나요?
공부하다 모르는 내용은 혼자 고민하지 마세요. 교재를 집필한 저자가 직접! 자세하게! 설명해 주십니다.

4* 실전처럼 연습해보고 싶으신가요?
필기CBT 서비스

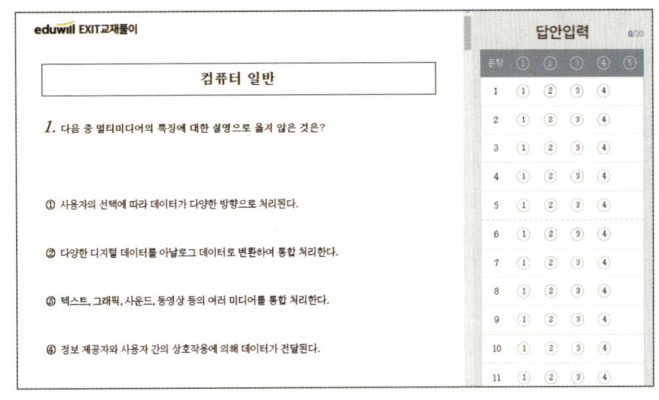
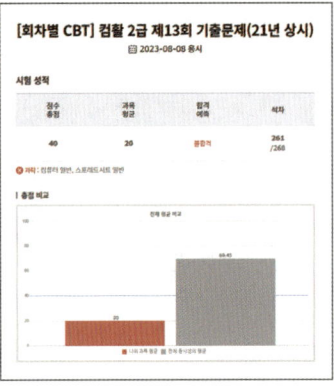

문제만 집중적으로 풀고 싶으신가요?
시험장과 동일한 CBT 환경에서 정해진 시간 동안 문제를 풀어보고 점수를 확인해보세요.
각 과목별 취약 영역을 확인할 수 있으며, 합격 여부를 미리 예측해볼 수 있습니다.

시험 절차

시행 기관 대한상공회의소(https://license.korcham.net/)

시험 절차

 필기 원서접수
- 상시시험: 매주 시행(시험 개설 여부는 시험장 상황에 따라 다름)
- 원서접수: 대한상공회의소 자격평가사업단
- 검정 수수료: 20,500원(인터넷 접수 시 대행 수수료 1,200원 별도)

 필기 시험
- 시험시간: 40분
- 합격선: 100점 만점에 과목당 40점 이상, 평균 60점 이상
- 준비물: 신분증, 수험표

 필기 합격 발표
- 필기 유효기간
  필기 합격 발표일로부터 만 2년/1급 합격 시 1급, 2급 실기 시험에 모두 응시 가능

 실기 원서접수
- 상시시험: 매주 시행(시험 개설 여부는 시험장 상황에 따라 다름)
- 원서접수: 대한상공회의소 자격평가사업단
- 검정 수수료: 25,000원(인터넷 접수 시 대행 수수료 1,200원 별도)

 실기 시험
- 시험시간: 40분
- 합격선: 100점 만점에 70점 이상
- 프로그램: MS Office LTSC Professional Plus 2021
- 준비물: 신분증, 수험표

 실기 합격 발표
최종 합격자 발표

 자격증 발급
- 자격증 신청: 대한상공회의소 자격평가사업단 홈페이지를 통한 인터넷 신청만 가능
- 자격증 수령: 등기우편으로만 수령 가능

Q&A 가장 궁금해 하는 BEST Q&A

 필기시험 유효기간은 언제인가요?

필기 합격 유효기간은 필기 합격 발표일을 기준으로 만 2년입니다. 필기시험 합격자 발표일로부터 2년 이내에 실기시험에 응시하고 합격해야 합니다.

 필기시험에 합격하면 바로 상시 실기시험 접수가 가능한가요?

네, 가능합니다. 상시 실기시험을 보기 위한 별도의 자격 조건은 존재하지 않습니다. 필기시험에 합격한 분이라면 누구나 필기시험 유효기간 안에 횟수에 관계없이 상시 실기시험에 접수, 응시 가능합니다.

 자격증의 유효기간 및 갱신기간은 어떻게 되나요?

대한상공회의소에서 시행하는 모든 자격증은 자격증 유효기간이 따로 없습니다. 한번 취득한 자격증은 평생 유효하며, 별도의 갱신이 필요하지 않습니다.

 접수한 시험을 다음 회차로 연기할 수 있나요?

접수한 시험은 시험일로부터 4일 전까지 시험일 및 등급, 급수 변경이 가능합니다.
예 6월 15일 시험(12, 13, 14, 15) = 4일 → 6월 11일까지 변경 가능

 필기 CBT가 무엇인가요?

CBT는 메인 컴퓨터에 많은 문제를 저장시켜 놓고 시험 당일 수험자용 컴퓨터가 랜덤으로 문제를 출제하는 것입니다. 수험자는 모니터를 보면서 정답을 클릭하는 방식으로 시험을 봅니다. CBT는 큐넷 혹은 에듀윌 EXIT 합격 서비스에서 체험 가능합니다.

ANALYSIS — 기출 분석의 모든 것!

1과목 컴퓨터 일반

┃ 최근 기출 15회분 챕터별 출제 비중

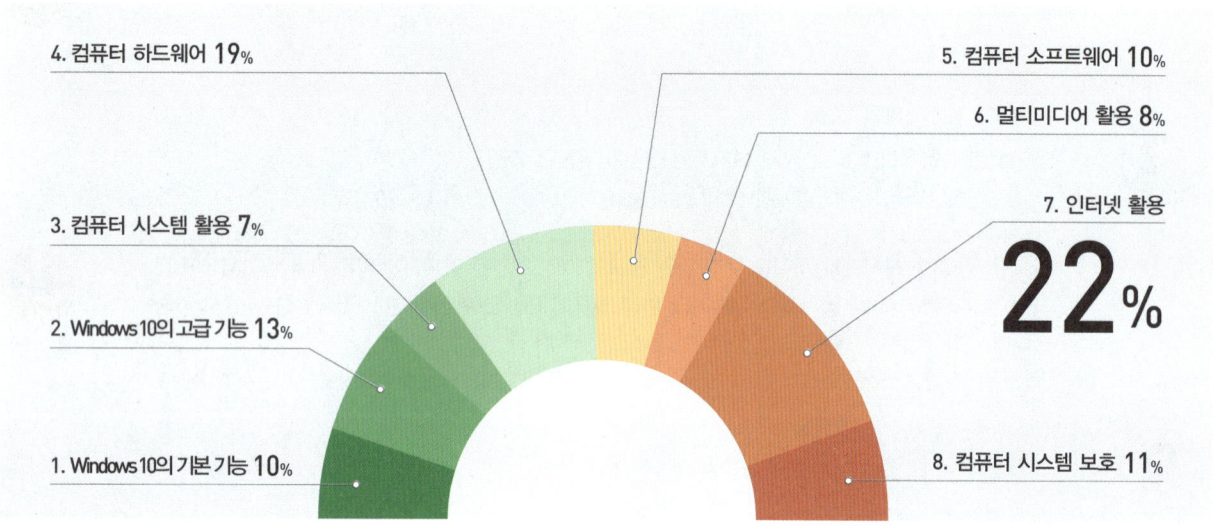

- 4. 컴퓨터 하드웨어 19%
- 3. 컴퓨터 시스템 활용 7%
- 2. Windows 10의 고급 기능 13%
- 1. Windows 10의 기본 기능 10%
- 5. 컴퓨터 소프트웨어 10%
- 6. 멀티미디어 활용 8%
- 7. 인터넷 활용 22%
- 8. 컴퓨터 시스템 보호 11%

┃ 최근 기출 15회분 챕터별 출제 키워드 TOP 3

Chapter		출제 키워드
1	Windows 10의 기본 기능	Windows 10의 특징, 바로 가기 키, 파일 탐색기/폴더의 [속성] 창
2	Windows 10의 고급 기능	시스템, 사용자 계정, 접근성
3	컴퓨터 시스템 활용	컴퓨터의 발전과 분류, 자료의 구성 단위, 자료의 표현
4	컴퓨터 하드웨어	중앙처리장치(CPU), 기타 기억장치, 컴퓨터의 관리와 문제 해결
5	컴퓨터 소프트웨어	소프트웨어의 종류, 운영체제, 소프트웨어의 구분
6	멀티미디어 활용	멀티미디어와 하이퍼미디어, 그래픽 데이터, 동영상 데이터
7	인터넷 활용	OSI 7계층과 네트워크 장치, 프로토콜, 인터넷 서비스
8	컴퓨터 시스템 보호	정보사회, 컴퓨터 범죄, 컴퓨터 바이러스

┃ 단기 합격 가이드

1과목 컴퓨터 일반의 경우, 기존에 출제되었던 문제가 반복 출제되는 경향이 높은 편이므로 최근 기출문제를 중심으로 반복 학습하는 것이 효율적인 대비전략입니다. Chapter 1~2는 자주 접하는 Windows 화면이지만 문제에서 만나면 생소하게 느껴질 수 있으므로 직접 실습을 통해 학습하는 것이 좋습니다. Chapter 6~8은 신기술 용어 등이 매번 추가되는 부분이므로 자주 출제되는 용어들은 따로 정리해서 암기하는 것이 좋지만 출제빈도가 높지 않은 용어들까지 모두 암기하는 것은 비효율적입니다.

2과목 스프레드시트 일반

Ⅰ 최근 기출 15회분 챕터별 출제 비중

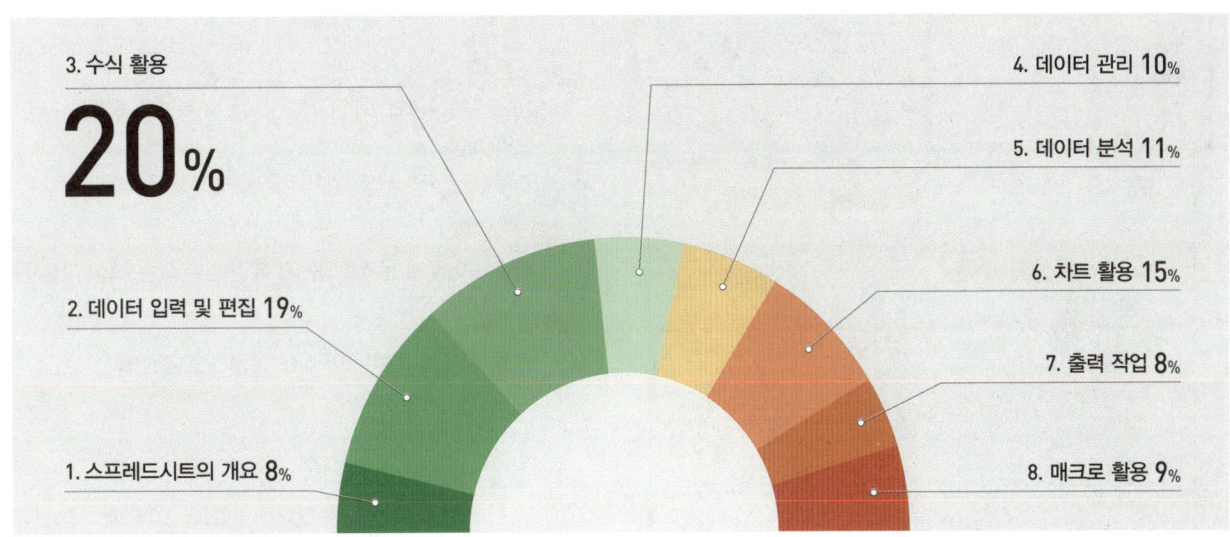

- 3. 수식 활용 20%
- 2. 데이터 입력 및 편집 19%
- 1. 스프레드시트의 개요 8%
- 4. 데이터 관리 10%
- 5. 데이터 분석 11%
- 6. 차트 활용 15%
- 7. 출력 작업 8%
- 8. 매크로 활용 9%

Ⅰ 최근 기출 15회분 챕터별 출제 키워드 TOP 3

Chapter		출제 키워드
1	스프레드시트의 개요	엑셀 화면, 화면 제어, 시트의 삽입/삭제/숨기기
2	데이터 입력 및 편집	데이터 입력, 자동 채우기, 사용자 지정 서식
3	수식 활용	수학/삼각 함수, 통계 함수, 찾기/참조 함수
4	데이터 관리	정렬, 고급 필터, 텍스트 나누기
5	데이터 분석	부분합, 목표값 찾기, 피벗 테이블과 피벗 차트
6	차트 활용	차트의 종류, 차트의 구성 요소, 차트의 편집
7	출력 작업	페이지 설정, 페이지 나누기와 보기 형식, 인쇄
8	매크로 활용	매크로 기록, 매크로 실행, 매크로 편집과 보안

Ⅰ 단기 합격 가이드

2과목 스프레드시트 일반은 단순 암기보다는 실습을 병행하여 자연스럽게 외워지도록 하는 것이 좋습니다. 특히 Chapter 3의 함수는 대부분의 수험생이 어려워하는 부분이므로 학습 시간을 많이 할애해야 하며, 문제와 선택지를 엑셀에 입력하고 실습하면서 함께 풀어보면 학습 효과가 더 좋아집니다. Chapter 6의 차트는 매회 빠지지 않고 여러 문제가 출제되므로 차트의 구성 요소, 관련 속성 등을 꼼꼼히 학습하는 것이 좋습니다.

WHY 왜 에듀윌 교재인가?

1 시험에 나온! 나올! 것만 모았다! 노른자 요약노트

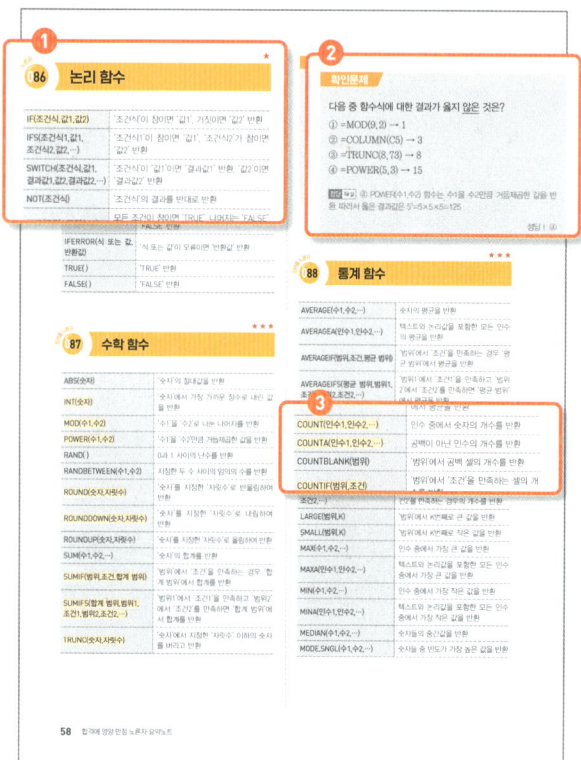

기출문제를 분석하여 추출한 진짜 핵심 개념을 담은 노른자 요약노트를 통해 시험에 나올 내용만 학습할 수 있습니다.

❶ 노른자
2025~2019년의 7개년 기출문제를 바탕으로 추출한 진짜 핵심 요약 개념
※ 최빈출 노른자: 노른자 중에서도 출제횟수가 많은 최빈출 출제개념

❷ 확인문제
개념이 어떻게 문제화되는지 확인할 수 있는 핵심 기출문제

❸ 형광펜
한 번 더 짚고 넘어가야 하는 설명은 형광펜 표시

2 실전처럼 풀어본다! 답 없이 푸는 기출변형문제

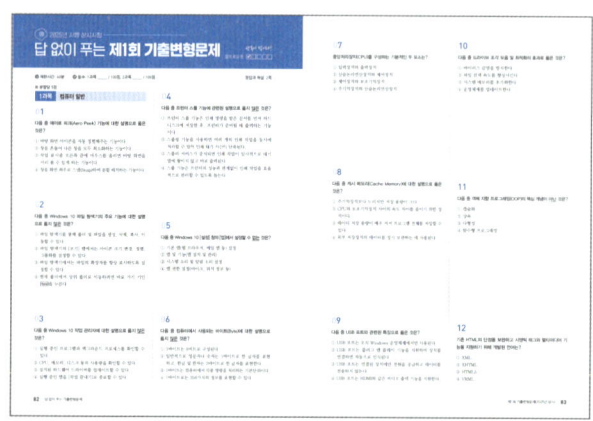

2025~2023년에 시행된 상시시험 기출변형문제를 정답과 분리하여 실전처럼 연습할 수 있도록 구성하였습니다.
저자가 알려주는 가장 빠른 합격비법으로 효율적인 문제풀이가 가능하며, 어렵거나 모르는 개념이 있으면 노른자 번호를 따라가서 복습하세요.
➕ CBT로도 학습 가능합니다.

3 기출문제를 더 공부하자! 답과 함께 푸는 기출변형문제(PDF)

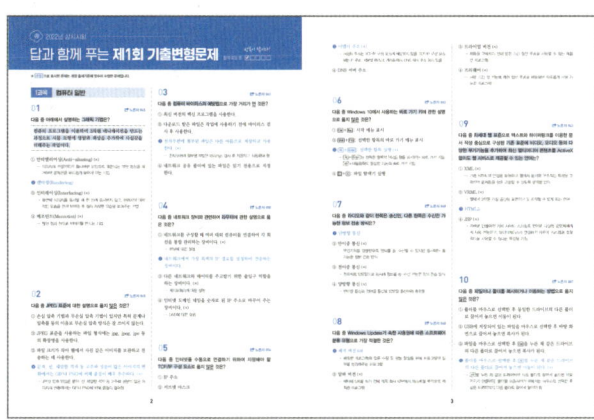

[답 없이 푸는 기출변형문제]를 학습했지만
아직 부족하다고 느껴지신다면,
[답과 함께 푸는 기출변형문제] 10회분으로 더 공부해보세요.
2022~2019년 출제 경향을 반영한 기출변형문제 10회분을
추가로 제공합니다.
⊕ CBT로도 학습 가능합니다.

더 드립니다!

계획적인 학습을 위해!
스터디 플래너

시험에 자주 출제되는 필수기능 정복을 위해!
부록 필수기능 NO.19

※ [부록]을 따라하기 위해서는 실습파일과 완성파일을 다운로드해야 합니다.
※ 실습파일, 완성파일 다운로드: EXIT 합격 서비스 접속 → 로그인 → 자료실 → 컴퓨터활용능력 2급 → 필기 초단기끝장 → 다운로드

합격에 한 걸음 더 다가가는
추가 학습 자료 및 무료강의

❶ 반복 출제되는 기출 & 개념 60선(PDF)
❷ 놓치면 아쉬운 무료강의
　• 반복 출제되는 기출 & 개념 60선 강의
　• 노른자 요약노트 필수 이론 강의

※ PDF 다운로드: EXIT 합격 서비스 접속 → 로그인 → 자료실 → 컴퓨터활용능력 2급 → 필기 초단기끝장 → 다운로드
※ 무료강의 경로: EXIT 합격 서비스 접속 → 로그인 → 무료강의 → 컴퓨터활용능력 2급 → 필기 초단기끝장

CONTENTS 차례

합격을 위한 모든 것! EXIT 합격 서비스
시험의 모든 것!
가장 궁금해 하는 BEST Q&A

기출 분석의 모든 것!
왜 에듀윌 교재인가?

합격에 영양 만점 노른자 요약노트

1과목 컴퓨터 일반

Chapter 1	Windows 10의 기본 기능	16
Chapter 2	Windows 10의 고급 기능	20
Chapter 3	컴퓨터 시스템 활용	26
Chapter 4	컴퓨터 하드웨어	28
Chapter 5	컴퓨터 소프트웨어	34
Chapter 6	멀티미디어 활용	37
Chapter 7	인터넷 활용	39
Chapter 8	컴퓨터 시스템 보호	46

2과목 스프레드시트 일반

Chapter 1	스프레드시트의 개요	49
Chapter 2	데이터 입력 및 편집	53
Chapter 3	수식 활용	60
Chapter 4	데이터 관리	64
Chapter 5	데이터 분석	67
Chapter 6	차트 활용	71
Chapter 7	출력 작업	75
Chapter 8	매크로 활용	77

답 없이 푸는 기출변형문제

제1회 기출변형문제(2025년 상시)	82
제2회 기출변형문제(2025년 상시)	89
제3회 기출변형문제(2025년 상시)	96
제4회 기출변형문제(2025년 상시)	103
제5회 기출변형문제(2025년 상시)	110
제6회 기출변형문제(2025년 상시)	117
제7회 기출변형문제(2024년 상시)	124
제8회 기출변형문제(2024년 상시)	132
제9회 기출변형문제(2024년 상시)	140
제10회 기출변형문제(2024년 상시)	147
제11회 기출변형문제(2024년 상시)	154
제12회 기출변형문제(2024년 상시)	161
제13회 기출변형문제(2023년 상시)	169
제14회 기출변형문제(2023년 상시)	176
제15회 기출변형문제(2023년 상시)	183

정답과 해설 [별책]

답과 함께 푸는 기출변형문제(PDF)

암호 edu2final

제1회 기출변형문제(2022년 상시)
제2회 기출변형문제(2022년 상시)
제3회 기출변형문제(2022년 상시)
제4회 기출변형문제(2021년 상시)
제5회 기출변형문제(2021년 상시)
제6회 기출변형문제(2021년 상시)
제7회 기출변형문제(2020년 7월 4일 정기)
제8회 기출변형문제(2020년 2월 29일 정기)
제9회 기출변형문제(2019년 8월 31일 정기)
제10회 기출변형문제(2019년 3월 2일 정기)

에듀윌이
너를
지지할게
ENERGY

시작하라.  그 자체가 천재성이고,
힘이며, 마력이다.

– 요한 볼프강 폰 괴테(Johann Wolfgang von Goethe)

합격에 영양 만점

노른자 요약노트

기출분석을 기반으로
시험에 나온! 나올! 것만 **모았다**

노른자

최신 상시시험 기출변형문제와 정기시험 기출문제의
기출분석을 기반으로 추출한
진짜 핵심 요약 개념

노른자 요약노트 한눈에 보기

1과목 컴퓨터 일반

Chapter 1 Windows 10의 기본 기능 — 출제횟수
번호	항목	출제횟수
001	Windows 10의 특징	★★
002	바로 가기 키	★
003	작업 표시줄	★
004	바로 가기 아이콘	★
005	휴지통	★
006	파일 탐색기/폴더의 [속성] 대화상자	★★
007	파일과 폴더	★
008	폴더 옵션	★

Chapter 2 Windows 10의 고급 기능 — 출제횟수
번호	항목	출제횟수
009	공유와 암호화	★
010	작업 관리자	★
011	레지스트리	★★
012	개인 설정과 글꼴	★
013	디스플레이	★
014	앱 및 기능	★
015	시스템	★★
016	마우스와 키보드	★
017	사용자 계정	★★
018	접근성	★★
019	관리 도구	★
020	백업과 복원	★
021	원격 지원	★
022	시스템 구성	★
023	보조프로그램	★
024	프린터	★★
025	프린터 스풀과 인쇄 관리자	★

Chapter 3 컴퓨터 시스템 활용 — 출제횟수
번호	항목	출제횟수
026	컴퓨터의 발전과 분류	★★
027	자료의 구성 단위	★
028 (최빈출)	자료의 표현	★★

Chapter 4 컴퓨터 하드웨어 — 출제횟수
번호	항목	출제횟수
029 (최빈출)	중앙처리장치(CPU)	★★★
030	마이크로프로세서	★
031	주기억장치	★
032	보조기억장치	★★
033 (최빈출)	기타 기억장치	★★★
034	바이오스와 포트	★
035	하드웨어 관련 용어	★
036 (최빈출)	컴퓨터의 관리와 문제 해결	★★★
037	시스템 최적화	★★

Chapter 5 컴퓨터 소프트웨어 — 출제횟수
번호	항목	출제횟수
038	소프트웨어의 종류	★
039 (최빈출)	운영체제	★★
040	소프트웨어의 구분	★★
041	프로그래밍 언어	★
042	언어 번역	★
043	웹 프로그래밍 언어	★

Chapter 6 멀티미디어 활용 — 출제횟수
번호	항목	출제횟수
044 (최빈출)	멀티미디어와 하이퍼미디어	★★
045 (최빈출)	그래픽 데이터	★★
046	사운드 데이터	★
047	동영상 데이터	★

Chapter 7 인터넷 활용 — 출제횟수
번호	항목	출제횟수
048	정보통신망	★★
049	정보통신망의 종류	★
050 (최빈출)	OSI 7계층과 네트워크 장치	★★★
051	네트워크 명령어	★
052	IP 주소	★★
053	도메인 네임과 URL	★★
054	프로토콜	★★
055	전자우편과 전자우편 프로토콜	★★
056	웹 브라우저	★
057 (최빈출)	인터넷 서비스	★★★★

Chapter 8 컴퓨터 시스템 보호 — 출제횟수
번호	항목	출제횟수
058	저작권 보호	★
059	정보사회	★
060 (최빈출)	컴퓨터 범죄	★★★
061	컴퓨터 바이러스	★★
062	정보보안 서비스	★
063	방화벽	★

2과목 스프레드시트 일반

Chapter 1 스프레드시트의 개요 출제횟수
번호	내용	출제횟수
064	엑셀 화면	★
065	저장과 파일 형식	★
066	화면 제어	★★
067	시트의 선택, 그룹, 복사/이동	★
068	시트의 삽입, 삭제, 숨기기	★★
069	시트 이름 바꾸기, 시트 배경, 탭 색	★
070	시트 보호와 통합 문서 보호	★
071	통합 문서 공유	

Chapter 2 데이터 입력 및 편집 출제횟수
번호	내용	출제횟수
최빈출 072	데이터 입력	★★★
최빈출 073	자동 채우기	★★★
074	스레드 메모, 노트, 윗주, 링크	★
075	데이터 편집	★
076	이동/복사, 선택하여 붙여넣기	★
077	찾기 및 바꾸기	★
078	셀 서식	★
최빈출 079	사용자 지정 서식	★★★
080	셀 스타일	
081	조건부 서식	★★

Chapter 3 수식 활용 출제횟수
번호	내용	출제횟수
082	연산자와 셀 참조	★
083	이름 정의	★★
084	오류 메시지	★★
085	날짜/시간 함수	★
086	논리 함수	★
최빈출 087	수학 함수	★★★
최빈출 088	통계 함수	★★★
089	문자열 함수	★★
최빈출 090	찾기/참조 함수	★★★
091	데이터베이스 함수	★

Chapter 4 데이터 관리 출제횟수
번호	내용	출제횟수
092	외부 데이터 가져오기	★
093	정렬	★★
094	자동 필터	★
최빈출 095	고급 필터	★★★
096	텍스트 나누기	★
097	중복된 항목 제거	
098	데이터 유효성 검사	★

Chapter 5 데이터 분석 출제횟수
번호	내용	출제횟수
099	통합	★
100	데이터 표	★
101	개요 설정	★
최빈출 102	부분합	★★★
103	목표값 찾기	★★
104	시나리오	★★
최빈출 105	피벗 테이블과 피벗 차트	★★

Chapter 6 차트 활용 출제횟수
번호	내용	출제횟수
106	차트의 작성	★
최빈출 107	차트의 종류	★★★
최빈출 108	차트의 구성 요소	★★★★
최빈출 109	차트의 편집	★★★
110	추세선과 오차 막대	★

Chapter 7 출력 작업 출제횟수
번호	내용	출제횟수
최빈출 111	페이지 설정	★★★★
112	페이지 나누기와 보기 형식	★★
113	인쇄	★

Chapter 8 매크로 활용 출제횟수
번호	내용	출제횟수
최빈출 114	매크로 기록	★★★★★
115	매크로 실행	★★
116	매크로 편집과 보안	★

1과목 컴퓨터 일반

Chapter 1 Windows 10의 기본 기능

001 Windows 10의 특징 ★★

- **GUI(Graphical User Interface)**: 키보드로 명령어를 입력하지 않고도 마우스로 메뉴나 아이콘을 선택하여 작업을 수행할 수 있는 환경 지원
- **플러그 앤 플레이(PnP; Plug & Play)**: 컴퓨터에 새로운 하드웨어를 설치할 때 해당 하드웨어를 사용하는 데 필요한 시스템 환경을 자동으로 구성
- **선점형 멀티태스킹(Preemptive Multi-tasking)**: 운영체제가 프로그램의 제어권을 가지므로 응용 프로그램의 오류가 발생했을 경우 오류가 발생한 응용 프로그램만 강제 종료할 수 있음
- **OLE(Object Linking and Embedding)**: Windows 환경에서 각종 응용 프로그램 간에 데이터 교환을 위해 서로의 데이터를 공유하는 기능 지원
- **NTFS(New Technology File System)**: 성능, 보안, 안정성 면에서 고급 기능을 제공하는 파일 시스템 사용
  - 파일 및 폴더에 대한 액세스 제어를 유지하고 제한된 계정 지원
  - Active Directory 서비스 제공
  - 하드디스크의 파티션 크기를 256TB까지 지원하여 디스크 공간의 효율적 활용 가능(Windows 10 버전 1709 이상에서는 최대 8PB 볼륨 지원)

더 보기

Active Directory 서비스
사용자, 사용자 그룹, 네트워크 데이터 등을 하나로 통합 관리하는 새로운 인터페이스

- **Windows Defender 방화벽**: Windows에 포함된 보안 소프트웨어로, 스파이웨어 및 그 밖의 원치 않는 침입으로부터 컴퓨터를 보호할 수 있음
- 에어로 피크, 에어로 스냅, 에어로 셰이크 등의 에어로 인터페이스 기능 제공
- **에어로 피크(Aero Peek)**: 모든 창을 최소화할 필요 없이 바탕 화면을 빠르게 미리 보거나, 작업 표시줄의 해당 아이콘을 가리켜서 열린 창을 미리 볼 수 있게 하는 기능
- **에어로 스냅(Aero Snap)**: 화면의 가장자리로 창을 드래그하면 자동으로 배열하는 기능
- **에어로 셰이크(Aero Shake)**: 창을 흔들면 열려 있는 다른 모든 창을 최소화하거나 다시 원래 상태로 나타내는 기능
- **핫 스왑(Hot Swap)**: 컴퓨터가 동작하는 상태에서 컴퓨터 시스템의 장치를 연결하거나 분리하는 기능 지원

002 바로 가기 키 ★

F2	선택한 파일 또는 폴더 이름 변경
F3	파일 탐색기에서 검색 상자 선택
F4	파일 탐색기에서 주소 표시줄 목록 표시
F5	활성 창을 새로 고침
F6	창이나 바탕 화면의 화면 요소들을 순환 선택
F10	활성 앱의 메뉴 모음 활성화
Shift + F10	선택한 항목의 바로 가기 메뉴 표시
Shift + Delete	휴지통으로 이동하지 않고 영구 삭제
Ctrl + C	선택한 항목 복사
Ctrl + X	선택한 항목 잘라냄
Ctrl + V	선택한 항목 붙여넣기
Ctrl + A	모든 항목 선택
Ctrl + Z	실행 취소
Ctrl + Esc	[시작] 메뉴 표시
Ctrl + Shift + Esc	[작업 관리자] 창 표시
Alt + F4	현재 창 종료(활성 앱이 없으면 [Windows 종료] 창 표시)
Alt + Tab	[작업 전환] 창을 이용해 작업 창 전환
Alt + Esc	다음 활성 창으로 전환
Alt + Enter	선택한 항목의 [속성] 대화상자 표시
Alt + Spacebar	활성 창의 바로 가기 메뉴 열기
Alt + PrintScreen	활성 창을 클립보드에 복사
PrintScreen	화면 전체를 클립보드에 복사

⊞	[시작] 메뉴 표시
⊞+D	열려 있는 모든 창을 최소화하거나 원래의 크기로 나타냄
⊞+E	파일 탐색기 실행
⊞+I	[Windows 설정] 창 표시
⊞+L	컴퓨터 잠금 또는 사용자 전환
⊞+M	열려 있는 모든 창을 최소화
⊞+R	[실행] 창 표시
⊞+S	작업 표시줄의 검색 상자 선택
⊞+Pause	[시스템 속성] 창 표시([설정]-[시스템]-[정보])
⊞+Shift+S	스크린샷 캡처

더 보기

[시작] 메뉴
- Ctrl+Esc나 ⊞를 눌러서 표시
- 컴퓨터에 설치된 모든 앱들이 숫자순, 영문순, 한글순으로 정렬되어 표시됨
- 시작 화면에 앱을 고정하려면 해당 앱에서 마우스 오른쪽 단추를 클릭하고 바로 가기 메뉴에서 [시작 화면에 고정], 제거하려면 [시작 화면에서 제거] 선택

– 점프 목록에서 고정된 항목을 제거하려면 프로그램의 점프 목록의 '고정됨'에서 [이 목록에서 제거] 아이콘() 클릭

확인문제

다음 중 Windows 10의 점프 목록에 대한 설명으로 옳지 않은 것은?
① 작업 표시줄에서 프로그램 아이콘을 마우스 오른쪽 단추로 클릭하여 최근에 열린 파일 목록을 확인할 수 있게 한다.
② 모든 창을 최소화할 필요 없이 바탕 화면을 빠르게 미리 보거나 작업 표시줄의 해당 아이콘을 가리켜서 열린 창을 미리 볼 수 있게 하는 기능이다.
③ 프로그램의 점프 목록을 보려면 작업 표시줄의 프로그램(앱) 아이콘을 마우스 오른쪽 단추로 클릭한다.
④ 점프 목록에 항목을 고정하려면 프로그램(앱)의 점프 목록에서 항목을 가리킨 다음 [이 목록에 고정] 아이콘을 클릭한다.

정답 해설 ②는 에어로 피크 기능에 대한 설명이다.

정답 | ②

003 작업 표시줄

- 현재 수행 중인 프로그램이 표시되는 부분으로, 한 번의 클릭으로 응용 프로그램 간의 작업을 전환할 수 있음
- 작업 표시줄의 위치를 상하좌우로 변경할 수 있음
- 작업 표시줄의 크기는 화면의 1/2까지만 늘릴 수 있음
- 작업 표시줄을 자동으로 숨길 수 있으나 마우스 포인터를 작업 표시줄에 올려놓으면 다시 표시됨
- 작업 표시줄의 앱 단추가 하나의 작은 아이콘으로 표시됨
- 작업 표시줄의 바로 가기 메뉴에서 [계단식 창 배열], [창 가로 정렬 보기], [창 세로 정렬 보기], [바탕 화면 보기], [작업 표시줄 잠금], [작업 표시줄 설정]을 지정할 수 있음
- **작업 표시줄의 점프 목록**
  – 프로그램의 점프 목록을 보려면 작업 표시줄의 프로그램 아이콘을 마우스 오른쪽 단추로 클릭
  – 점프 목록에서 항목을 열려면 프로그램의 점프 목록에서 해당 항목 선택
  – 점프 목록에 항목을 고정하려면 해당 프로그램의 점프 목록에 마우스 포인터를 올려놓고 [이 목록에 고정] 아이콘() 클릭

004 바로 가기 아이콘

- 바로 가기 아이콘에 원본 파일을 연결하면 빠르고 간편하게 해당 파일을 실행시킬 수 있음
- 바로 가기 아이콘의 확장명은 .LNK로 지정됨
- 바로 가기 아이콘의 왼쪽 아랫부분에 화살표 모양()이 표시됨
- 파일, 폴더, 디스크 드라이브, 프로그램, 프린터, 네트워크 등의 개체에 바로 가기 아이콘을 만들 수 있음
- 하나의 바로 가기 아이콘에는 하나의 원본 파일만 지정할 수 있음
- 하나의 원본 파일에 대해서 여러 개의 바로 가기 아이콘을 만들 수 있음
- 바로 가기 아이콘을 삭제해도 연결된 원본 파일은 삭제되지 않음
- 원본 파일이 있는 위치와 관계없이 만들 수 있음
- **바로 가기 아이콘의 [속성] 대화상자**: 파일 형식, 위치, 크기, 날짜 등의 정보를 확인하고 연결된 대상 파일을 변경하거나 바로 가기 키를 지정

- 바로 가기 아이콘 만들기
    - 방법1 바탕 화면의 바로 가기 메뉴에서 [새로 만들기]-[바로 가기] 선택
    - 방법2 파일의 바로 가기 메뉴에서 [바로 가기 만들기] 선택
    - 방법3 파일 선택 → Ctrl + Shift + 드래그
    - 방법4 파일을 Ctrl + C 로 복사 → 바탕 화면의 바로 가기 메뉴에서 [바로 가기 붙여넣기] 선택

> **더 보기**
> 바탕 화면의 바로 가기 메뉴에서 가능한 작업
> - 폴더, 바로 가기, 텍스트 문서, 압축(ZIP) 폴더 등을 새로 만들기
> - 아이콘의 정렬 기준 변경
> - 아이콘의 크기 변경
> - 디스플레이 설정 표시
> - 개인 설정 표시

005 휴지통 ★

1 휴지통의 기능

- 삭제한 파일이나 폴더를 임시 보관하는 장소로, 필요한 경우 복원 가능
- 휴지통에는 이름, 원래 위치, 삭제된 날짜, 크기, 항목 유형, 수정한 날짜 등의 정보가 표시됨
- 복원될 때 경로를 지정할 수 없고 원래 위치로 자동 복원됨
- 휴지통의 용량이 초과되면 보관된 파일 중 가장 오래된 파일부터 자동으로 삭제됨
- 휴지통에 보관된 파일은 이름을 변경하거나 실행할 수 없음
- 휴지통의 파일은 실제로 각 드라이브의 '$Recycle.bin' 폴더에 저장됨

2 휴지통의 속성

- 하드디스크 드라이브마다 휴지통의 최대 크기를 설정할 수 있음
- 파일을 휴지통에 버리지 않고 삭제할 때 바로 제거되도록 설정할 수 있음
- 파일이 삭제될 때 [파일 삭제]나 [여러 항목 삭제]와 같은 삭제 확인 창이 표시되지 않도록 설정할 수 있음

3 휴지통에 들어가지 않는 경우

- Shift + Delete 로 삭제한 경우
- USB 드라이브, 네트워크 드라이브에서 삭제한 경우
- 휴지통의 [속성] 대화상자에서 최대 크기를 0MB로 설정한 경우
- [명령 프롬프트] 대화상자에서 삭제한 경우
- '파일을 휴지통에 버리지 않고 삭제할 때 바로 제거'로 설정한 경우

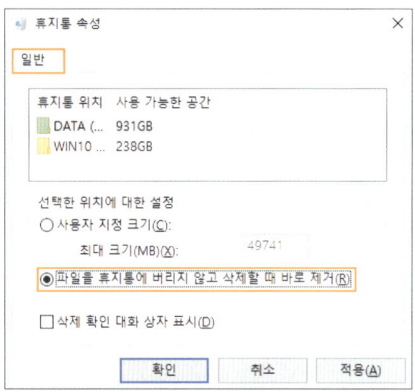

> **확인문제**
>
> 다음 중 Windows 10에서 휴지통에 임시 보관되지 않고 바로 삭제되어 일반적인 방법으로 복원할 수 없는 경우에 해당하지 않는 것은?
> ① 파일의 바로 가기 메뉴에서 [삭제]를 선택한 경우
> ② USB 드라이브, 네트워크 드라이브에서 삭제한 경우
> ③ Shift + Delete 로 삭제한 경우
> ④ 휴지통의 최대 크기보다 큰 파일을 삭제한 경우
>
> 정답해설 파일의 바로 가기 메뉴에서 [삭제]를 선택한 경우에는 휴지통으로 파일이 임시 보관되어 다시 복원할 수 있다.
>
> 정답 | ①

006 파일 탐색기/폴더의 [속성] 대화상자 ★★

1 파일 탐색기

- 컴퓨터에 있는 파일, 폴더 및 드라이브의 계층적 구조를 표시하고 관리
- 왼쪽에는 탐색 창, 오른쪽에는 폴더 내용 창 표시
- Backspace 를 누르면 현재 폴더에서 상위 폴더로 이동
- 파일 및 폴더의 복사, 이동, 이름 바꾸기, 검색 등을 할 수 있음
- 문서를 열지 않고 바로 인쇄할 수 있는 인쇄 기능 제공
- [보기] 탭-[창] 그룹: 탐색 창, 미리 보기 창, 세부 정보 창 표시 여부 선택

- [보기] 탭 – [레이아웃] 그룹 – [자세히]: 이름, 수정한 날짜, 파일 유형, 파일 크기 표시
- [보기] 탭 – [현재 보기] 그룹 – [열 추가]: 수정한 날짜, 유형, 크기, 만든 날짜, 태그 등을 추가
- 즐겨찾기
  - 자주 사용하는 폴더를 추가하여 사용하는 기능
  - 즐겨찾기의 순서는 변경할 수 있음
  - 폴더, 저장된 검색, 라이브러리 또는 드라이브를 즐겨찾기에 추가하려면 탐색 창의 '즐겨찾기(★ 즐겨찾기)'로 드래그해야 함

> **더 보기**
> **라이브러리(Library)**
> 실제로 항목을 저장하지 않고 여러 위치에 저장된 파일 및 폴더의 모음을 표시하여 신속하고 편리하게 파일을 관리하는 기능

2 폴더의 [속성] 대화상자

- 해당 폴더의 크기, 만든 날짜, 포함하고 있는 하위 폴더 및 파일의 개수를 알 수 있음
- 읽기 전용과 숨김 속성을 설정하거나 해제할 수 있음
- 폴더를 네트워크의 다른 컴퓨터에서 접근하도록 공유할 수 있음
- 문서나 사진, 음악 등 폴더의 최적화 유형을 설정하거나 폴더 아이콘을 변경할 수 있음

> **더 보기**
> **드라이브의 색인 설정**
> - 해당 드라이브에 색인을 설정하여 빠르게 검색하는 기능
> - 파일 탐색기에서 드라이브 선택 → 마우스 오른쪽 단추를 클릭하고 바로 가기 메뉴에서 [속성] 선택 → [속성] 대화상자의 [일반] 탭에서 '이 드라이브의 파일 속성 및 내용 색인 허용'에 체크

007 파일과 폴더 ★

1 파일이나 폴더의 선택

- **연속적으로 여러 개 선택**: 첫 번째 파일이나 폴더를 클릭하고 Shift를 누른 상태에서 마지막 파일이나 폴더 클릭
- **비연속적으로 여러 개 선택**: 파일이나 폴더를 클릭하고 Ctrl을 누른 상태에서 선택할 파일이나 폴더를 연속해서 클릭
- **전체 선택**: Ctrl + A

2 복사와 이동

구분	복사	이동
바로 가기 키	Ctrl + C → Ctrl + V	Ctrl + X → Ctrl + V
같은 드라이브	Ctrl + 드래그	드래그 또는 Shift + 드래그
다른 드라이브	드래그 또는 Ctrl + 드래그	Shift + 드래그

3 파일이나 폴더의 검색

- 검색 상자에 찾으려는 파일이나 폴더를 입력하면 자동으로 검색되어 결과가 표시됨
- *나 ? 등의 와일드카드 문자(만능 문자)를 사용하여 검색할 수 있음

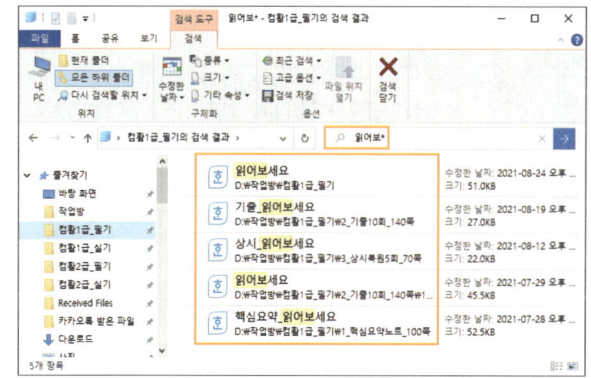

- 검색 내용 앞에 '–'를 붙이면 해당 내용이 포함되지 않은 파일이나 폴더 검색
- 검색 저장 기능을 이용하면 다음에 사용할 때 해당 검색과 일치하는 최신 파일을 표시함
- [시작]()의 오른쪽에 있는 검색 상자에서는 검색 필터를 사용할 수 없음

4 연결 프로그램

- 문서나 그림 등의 데이터 파일을 더블클릭할 때 자동으로 실행되는 응용 프로그램
- 파일의 바로 가기 메뉴에서 [연결 프로그램]을 선택하여 변경
- 연결 프로그램이 지정되지 않았을 경우 파일을 더블클릭하면 연결 프로그램을 선택하기 위한 창이 표시됨

008 폴더 옵션 ★

- 항목을 실행하는 방법과 항목의 표시 여부 등 폴더에 관한 각종 옵션을 지정할 수 있음
- 파일 탐색기에서 [보기] 탭-[옵션]을 클릭하여 [폴더 옵션] 대화상자 실행

[일반] 탭	• 폴더 찾아보기: 같은 창에서 폴더 열기, 새 창에서 폴더 열기 • 항목을 다음과 같이 클릭: 한 번 클릭해서 열기, 두 번 클릭해서 열기 • 개인 정보 보호: 즐겨찾기에서 최근에 사용된 파일 표시, 즐겨찾기에서 최근에 사용된 폴더 표시 • [기본값 복원] 단추를 클릭하면 '같은 창에서 폴더 열기'와 '두 번 클릭해서 열기'가 선택됨
[보기] 탭	• 폴더 보기: 모든 폴더에 적용, 모든 폴더를 원래대로(기본값 상태로) 되돌림 • 고급 설정: 미리 보기에 파일 아이콘 표시, 보호된 운영체제 파일 숨기기, 숨김 파일 및 폴더 또는 드라이브의 표시 여부, 알려진 파일 형식의 파일 확장명 숨기기, 제목 표시줄에 전체 경로 표시 등
[검색] 탭	• 검색 방법: 폴더에서 시스템 파일을 검색할 때 색인 사용 안 함(색인을 허용하면 검색이 빨라짐) • 색인되지 않은 위치 검색 시: 시스템 디렉터리 포함, 압축 파일(ZIP, CAB 등) 포함, 항상 파일 이름 및 내용 검색

> **더 보기**
> **삭제할 경우 시스템에 영향을 미칠 수 있는 대표적인 파일**
> 확장명이 .EXE, .COM, .SYS, .INI 등인 파일

Chapter 2 Windows 10의 고급 기능

009 공유와 암호화 ★

1 공유

- 파일, 폴더, 프린터 등 컴퓨터 자원을 다른 사용자가 접근하여 사용할 수 있도록 설정하는 기능
- 폴더의 [속성] 대화상자의 [공유] 탭에서 [공유] 단추를 클릭하여 지정
- 공유 폴더에 대한 접근 권한을 사용자에 따라 다르게 설정할 수 있음
- 탐색기의 주소 표시줄에 '\\localhost'를 입력하면 네트워크를 통해 공유한 파일이나 폴더를 확인할 수 있음
- 공유한 파일명 뒤에 $ 기호를 붙이면 '숨긴 공유 폴더'가 되어 목록에 보이지 않으므로 다른 사용자가 공유 여부를 알 수 없음

2 파일이나 폴더의 암호화

- 폴더의 [속성] 대화상자의 [일반] 탭에서 [고급] 단추를 클릭하고 [고급 특성] 대화상자에서 '데이터 보호를 위해 내용을 암호화'에 체크

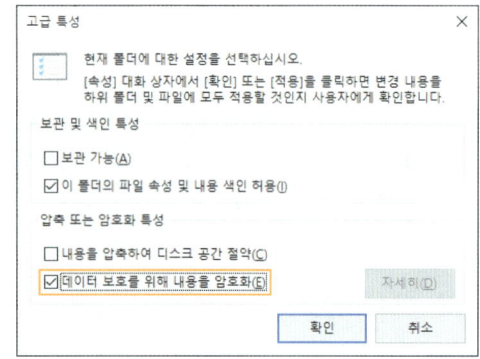

- 폴더 또는 파일을 처음 암호화할 때 암호화 인증서가 자동으로 생성됨
- 암호화한 파일 또는 폴더에 대한 액세스를 원하는 다른 사용자는 자신의 EFS(Encrypting File System, 암호화 파일 시스템) 인증서를 미리 해당 파일에 추가해야 함
- 파일 또는 폴더의 암호화에 사용되는 암호화 키는 항상 암호화 인증서와 관련되어 있거나 연결되어 있음

010 작업 관리자 ★

- 현재 실행 중인 응용 프로그램이나 프로세스에 대한 정보를 확인할 수 있음
- Ctrl + Shift + Esc 또는 Ctrl + Alt + Delete 를 누르거나 작업 표시줄에서 마우스 오른쪽 단추를 클릭하고 바로 가기 메뉴에서 [작업 관리자]를 선택하여 [작업 관리자] 창 실행
- 실행 중인 앱을 [작업 끝내기]로 종료할 수 있으나 실행 순서를 변경할 수는 없음
- 현재 사용 중인 CPU, 메모리, 디스크, 네트워크 등의 사용 현황을 확인할 수 있음
- 컴퓨터에 연결된 사용자 및 작업 상황을 확인할 수 있고, 둘 이상의 사용자가 연결된 경우 사용자에게 메시지를 보낼 수 있음

011 레지스트리 ★★

- 컴퓨터 구성에 대한 정보가 저장되어 있으며, 시스템의 모든 하드웨어와 소프트웨어의 실행 정보를 관리하는 계층적 데이터베이스
- 각 사용자의 프로필과 시스템 하드웨어, 설치된 프로그램 및 속성 설정에 대한 정보가 포함됨
- 레지스트리 편집기인 'regedit.exe'를 실행하면 레지스트리를 수동으로 편집할 수 있음
- 레지스트리 정보는 Windows가 작동하는 동안 계속 참조됨
- 레지스트리가 손상되면 Windows에 치명적인 손상을 줄 수 있으므로 편집하기 전에 반드시 백업 필요
- 사용자 프로필과 관련된 부분은 'ntuser.dat'에 저장됨

012 개인 설정과 글꼴 ★

1 개인 설정

- [시작]()-[설정]-[개인 설정] 또는 바탕 화면의 바로 가기 메뉴에서 [개인 설정] 선택
- **배경**: 바탕 화면의 배경 화면을 '사진', '단색', '슬라이드 쇼' 중에서 설정할 수 있음
- **잠금 화면**: 잠금 화면의 배경을 '사진'이나 '슬라이드 쇼' 중에서 설정할 수 있으며, 화면 보호기도 설정할 수 있음
- **테마**: 바탕 화면의 배경, 색, 소리, 마우스 커서 등을 하나의 그룹으로 묶어 놓은 것으로, 테마를 선택할 수 있음
- **바탕 화면 아이콘 설정**: 테마에서 관련 설정으로 컴퓨터, 휴지통, 문서 등 바탕 화면에 표시되는 아이콘을 변경하거나 삭제된 아이콘을 다시 표시할 수 있음

2 글꼴

- [시작]()-[설정]-[개인 설정]-[글꼴] 또는 [제어판]-[글꼴] 선택
- 글꼴 파일의 확장명은 .TTF, .OTF, .FON 등
- 시스템에서 사용하는 글꼴은 'C:\Windows\Fonts' 폴더에 파일 형태로 저장됨
- TrueType 글꼴과 OpenType 글꼴을 제공하고 프로그램이나 프린터에서 작동함

013 디스플레이 ★

- [시작](■)-[설정]-[시스템]-[디스플레이] 또는 바탕 화면의 바로 가기 메뉴에서 [디스플레이 설정] 선택
- 화면 해상도를 설정할 수 있음
- 화면에 표시되는 텍스트 크기, 앱 및 기타 항목의 크기를 배율로 변경할 수 있음
- 디스플레이의 방향을 '가로', '세로', '가로(대칭 이동)', '세로(대칭 이동)'로 지정할 수 있음
- 여러 개의 모니터를 사용할 수 있는 '여러 디스플레이'를 설정할 수 있음

014 앱 및 기능 ★

- [시작](■)-[설정]-[앱]-[앱 및 기능] 선택
- 컴퓨터에 설치된 앱을 수정하거나 사용하지 않는 앱을 제거하여 하드디스크의 공간을 확보할 수 있음
- 설치할 앱을 가져올 위치를 지정할 수 있음
- **선택적 기능**: Windows에서 제공하는 기능을 선택적으로 추가하거나 제거할 수 있음
- **앱 실행 별칭**: 동일한 이름의 앱이 있을 경우 실행할 때 사용할 이름을 선택
- 앱은 이름, 크기, 설치 날짜를 기준으로 정렬할 수 있음
- 필터 기준으로는 모든 드라이브, 로컬 디스크(C:), 그 외 디스크로 지정할 수 있음

> **더 보기**
>
> **[제어판]-[프로그램 및 기능]**
> - 새로운 Windows 업데이트를 수행하거나, 설치된 업데이트 내용을 제거하거나 변경할 수 있음
> - 시스템에 설치된 프로그램의 목록을 확인 및 제거·변경할 수 있지만, 새로운 프로그램을 설치할 수 없음
> - 설치된 Windows 기능의 사용 또는 사용 안 함을 지정할 수 있음

015 시스템

- [시작]()-[설정]-[시스템]-[정보] 또는 [제어판]-[시스템]-[정보] 선택
- Windows 사양, 프로세서(CPU), 설치된 메모리(RAM), 시스템 종류(32비트/64비트), 펜 및 터치 등을 확인
- 컴퓨터 이름을 변경하거나 Windows 정품 인증 여부에 대한 정보와 제품 키를 변경할 수 있음
- [시스템 속성] 대화상자([시스템]-[정보]-[고급 시스템 설정])

[컴퓨터 이름] 탭	컴퓨터 이름, 컴퓨터 설명, 작업 그룹 등을 확인하거나 변경
[하드웨어] 탭	• 장치 관리자: 장치들의 드라이버를 식별하거나 업데이트, 하드웨어가 올바르게 작동하는지 확인 • 장치 설치 설정: 장치 드라이버 소프트웨어의 자세한 정보와 자동 다운로드 여부 설정
[고급] 탭	• 성능: 시각 효과, 프로세서 일정, 메모리 사용 및 가상 메모리 등 지정 • 사용자 프로필: 사용자 로그인 관련 바탕 화면 설정 • 시작 및 복구: 시스템 시작, 시스템 오류 및 디버깅 정보 지정
[시스템 보호] 탭	• 컴퓨터를 이전 복원 지점으로 되돌려서 시스템 변경을 취소하는 기능 • 시스템 복원은 사용자 문서, 사진 또는 개인 데이터에는 영향을 주지 않음 • 시스템 복원 시 Windows Update에 의한 변경 사항도 복원됨 • 복원 지점은 시스템에 의해 자동으로 설정되지만 사용자가 임의로 복원 지점을 설정할 수도 있음
[원격] 탭	원격 지원에 대한 사용 여부 지정

더 보기

시스템 복원이 필요한 경우
- 새 장치를 설치한 후 시스템이 불안정할 때
- 로그온 화면이 나타나지 않으며, Windows가 실행되지 않을 때

확인문제

다음 중 Windows 10의 시스템 복원 기능에 대한 설명으로 옳지 않은 것은?
① 컴퓨터 시스템에 문제가 생겼을 경우 복원 지점을 이용하여 정상적인 상태로 만드는 기능이다.
② 복원 지점은 시스템에 의해 자동으로 설정되지만 사용자가 임의로 복원 지점을 설정할 수도 있다.
③ 시스템 복원은 사용자 문서, 사진 또는 개인 데이터에는 영향을 주지 않는다.
④ 시스템 복원 시 Windows Update에 의한 변경 사항은 복원되지 않는다.

정답 해설 시스템 복원 시 Windows Update에 의한 변경 사항도 복원된다.

정답 | ④

016 마우스와 키보드

1 마우스

- [시작]()-[설정]-[장치]-[마우스]-[추가 마우스 옵션] 또는 [제어판]-[마우스] 선택
- [마우스 속성] 대화상자

[단추] 탭	오른쪽 단추와 왼쪽 단추 기능 바꾸기, 두 번 클릭 속도, 클릭 잠금 설정
[포인터] 탭	마우스 구성표, 사용자 지정, 포인터 그림자 사용 설정
[포인터 옵션] 탭	포인터 속도 선택, 포인터 자국 표시, 입력할 때는 포인터 숨기기, Ctrl 키를 누르면 포인터 위치 표시 설정
[휠] 탭	휠을 한 번 돌리면 스크롤할 양, 휠을 상하로 이동할 때 스크롤할 문자의 수 설정
[하드웨어] 탭	사용하고 있는 마우스 장치의 이름, 종류, 장치 속성 표시

2 키보드

- [제어판]-[키보드] 선택
- 키 재입력 시간, 키 반복 속도, 커서 깜박임 속도 조절
- 키보드 장치와 장치 속성 지정
- 커서의 모양은 설정할 수 없음
- [시작]()-[설정]-[접근성]-[키보드]에서 고정 키, 토글 키, 필터 키 사용 여부 등을 설정할 수 있음

017 사용자 계정

- [시작]()-[설정]-[계정] 또는 [제어판]-[사용자 계정] 선택
- 사용자 계정의 사진 변경, 계정 유형 변경, 다른 계정 관리, 사용자 계정 컨트롤 설정 등을 변경할 수 있음
- **계정 유형**

관리자 계정	• 소프트웨어나 하드웨어를 설치하고 모든 파일에 액세스할 수 있음 • 다른 계정의 계정 유형, 계정 이름, 암호를 변경하거나 다른 계정의 컴퓨터 사용 시간을 제어할 수 있음 • 컴퓨터 보안에 영향을 주는 설정을 변경할 수 있음 • 관리자 계정의 사용자는 다른 계정의 등급 및 콘텐츠, 제목별로 게임을 제어할 수 있음

표준 계정	• 소프트웨어 및 하드웨어를 설치하거나 제거할 수 없지만 설치된 프로그램은 실행할 수 있음 • 자신의 계정에 대한 암호를 설정할 수 있음 • 다른 사용자나 컴퓨터 보안에 영향을 주는 설정은 변경할 수 없음

- **사용자 계정 컨트롤**(UAC; User Account Control)
  - Windows에서 유해한 프로그램이나 불법 사용자가 컴퓨터 설정을 임의로 변경하려는 경우 이를 사용자에게 알려 컴퓨터를 제어할 수 있도록 도와주는 기능
  - **항상 알림**: 앱에서 관리자 수준 권한이 필요한 컴퓨터 변경 작업을 수행하거나 사용자가 직접 Windows 설정을 변경할 때 알림 표시
  - **기본값**: 앱에서 사용자 모르게 컴퓨터를 변경하려는 경우에만 알림이 표시되며, 사용자가 직접 Windows 설정을 변경하는 경우에는 알림이 표시되지 않음

확인문제

다음 중 Windows에서 [표준 사용자 계정]의 사용자가 할 수 있는 작업으로 옳지 <u>않은</u> 것은?

① 사용자 자신의 암호를 변경할 수 있다.
② 마우스 포인터의 모양을 변경할 수 있다.
③ 컴퓨터 보안에 영향을 주는 설정을 변경할 수 있다.
④ 사용자의 사진으로 자신만의 바탕 화면을 설정할 수 있다.

정답 해설 표준 계정의 사용자는 다른 사용자나 컴퓨터 보안에 영향을 주는 설정은 변경할 수 없다.

정답 | ③

018 접근성 ★★

- [시작]()-[설정]-[접근성] 또는 [제어판]-[접근성 센터] 선택
- 신체적으로 시각장애나 청각장애가 있는 사용자들을 위해서 다양한 기능을 제공하여 컴퓨터를 편리하게 사용할 수 있도록 도와주는 기능
- **돋보기**: 화면에서 원하는 영역을 확대하여 크게 표시할 수 있음
- **고대비**: 화면에서 텍스트와 이미지를 더 뚜렷하고 쉽게 식별할 수 있음
- **내레이터**: 화면의 모든 텍스트를 소리내어 읽어주도록 설정할 수 있음
- **화상 키보드**: 키보드가 없어도 입력 가능한 화상 키보드를 표시할 수 있음

019 관리 도구 ★

- [제어판]-[관리 도구] 선택
- Windows 관리를 위한 도구로, 시스템 관리자 및 고급 사용자용 도구가 포함됨
- [컴퓨터 관리]()-[디스크 관리]: 볼륨 확장 및 축소·삭제, 드라이브 문자 변경, 포맷 실행 등을 수행함

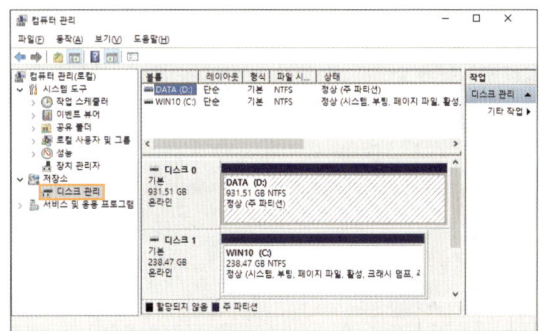

더 보기

포맷(Format)
- 하드디스크의 트랙 및 섹터를 초기화하는 작업
- 포맷을 실행하면 디스크의 모든 데이터가 지워짐
- [포맷] 창 설정 가능 항목: 파일 시스템 선택, 할당 단위 크기, 볼륨 레이블 입력, 빠른 포맷 설정

- [이벤트 뷰어](): [보기]-[분석 및 디버그 로그 표시] 메뉴를 선택하여 분석 및 디버그 로그를 표시할 수 있음

020 백업과 복원 ★

- [시작]()-[설정]-[업데이트 및 보안]-[백업] 또는 [제어판]-[백업 및 복원] 선택
- 백업은 원본 데이터의 손실에 대비하여 중요한 데이터를 한 번 더 저장하는 기능
- 여러 파일이 백업된 경우 원하는 파일을 선택하여 복원할 수 있음
- 특정 시간에 백업할 수 있도록 백업 시간 간격을 지정할 수 있음
- 백업 파일을 복원할 경우 복원 위치를 지정할 수 있음

021 원격 지원

- [시작]()-[Windows 보조프로그램]-[원격 데스크톱 연결] 선택
- 현재의 컴퓨터에서 원격 위치의 데스크톱 컴퓨터에 연결하여 응용 프로그램을 해당 콘솔에서 실행하고, 파일 및 네트워크 리소스에 액세스할 수 있는 것을 의미함
- 원격에 있는 컴퓨터에서 음악 또는 기타 소리를 사용자의 컴퓨터에서 재생하거나 녹음할 수 있음
- 원격 작업을 하려면 네트워크에 연결되어 있는 컴퓨터와 제2의 원격 컴퓨터가 있어야 함

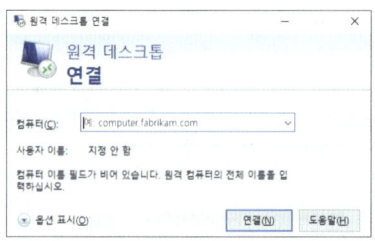

- 원격 지원을 허용하는 방법
  - **방법1** [시작]( )-[Windows 시스템]-[제어판]-[시스템]의 왼쪽 창에서 [원격 데스크톱]을 선택하고 [시스템 속성] 대화상자의 원격 데스크톱에서 '이 컴퓨터에 대한 원격 연결 허용'에 체크
  - **방법2** [시작]( )-[설정]-[시스템]-[원격 데스크톱]에서 '원격 데스크톱 활성화'를 '켬'으로 설정

022 시스템 구성

- [시작]()의 오른쪽에 있는 검색 상자에 '시스템 구성' 또는 'msconfig'를 입력하여 실행할 수 있음
- Windows 부팅에 문제가 있을 때 문제를 식별하도록 도와주는 고급 도구
- [시스템 구성] 대화상자는 [일반] 탭, [부팅] 탭, [서비스] 탭, [시작프로그램] 탭, [도구] 탭으로 구성

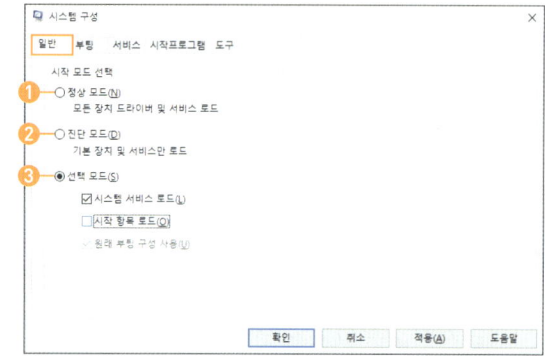

- 시작 모드 선택

① 정상 모드	모든 장치 드라이버 및 서비스 로드
② 진단 모드	기본 장치 및 서비스만 로드
③ 선택 모드	시스템 서비스 로드, 시작 항목 로드, 원래 부팅 구성 사용

- '안전 부팅'의 '최소 설치': 중요한 시스템 서비스만 실행되는 안전 모드로 Windows를 시작하고 네트워킹은 사용할 수 없음

> **더 보기**
>
> **멀티부팅(Multi-booting)의 기능**
> - 컴퓨터를 시작할 때 실행할 Windows의 버전을 선택하는 기능
> - 새 버전의 Windows를 별도의 파티션에 설치하고 이전 버전의 Windows를 컴퓨터에 유지할 수 있게 하는 기능
> - 일반적으로 멀티부팅을 하려면 컴퓨터의 하드디스크에 각 운영 체제에 사용할 개별 파티션이 필요함

023 보조프로그램

1 메모장

- 텍스트 파일이나 웹페이지를 편집하며, 기본 파일 확장명은 .TXT임
- 그림이나 차트 등의 OLE 개체는 삽입할 수 없음
- 특정한 문자열을 찾고 바꾸거나, 창의 크기에 맞춰 줄을 바꿀 수 있음
- 를 누르거나 첫 줄 왼쪽에 '.LOG'를 입력하여 현재의 시간과 날짜를 자동으로 삽입할 수 있음
- 글꼴, 글꼴 스타일, 글자 크기의 변경은 가능하지만, 글자 색은 변경할 수 없음
- [편집]-[이동] 메뉴를 선택하여 문서의 특정 줄로 이동할 수 있으나, 자동 줄 바꿈이 설정된 경우에는 이동할 수 없음
- [파일]-[페이지 설정] 메뉴를 선택하고 [페이지 설정] 대화상자에서 머리글과 바닥글을 설정할 수 있음

2 그림판

- 그림 편집 프로그램으로 기본 파일 확장명은 .PNG임
- 파일 확장명을 .BMP, .JPG, .GIF, .TIF 등으로 저장할 수 있음
- 레이어 기능은 이용할 수 없음

3 명령 프롬프트

- MS-DOS 명령 및 기타 컴퓨터 명령을 텍스트 기반으로 실행
- [시작]()-[Windows 시스템]-[명령 프롬프트] 선택 또는 [실행] 창에 'cmd' 입력 후 [확인] 단추 클릭
- [명령 프롬프트] 창에서 'exit'를 입력하여 종료할 수 있음
- [명령 프롬프트] 창에서 표시되는 텍스트를 복사하여 메모장에 붙여넣을 수 있음
- [명령 프롬프트] 창의 제목 표시줄의 바로 가기 메뉴에서 [속성]을 선택하면 글꼴, 글꼴 크기, 색, 커서 크기 등을 지정할 수 있음

024 프린터 ★★

1 프린터의 설치 방법

- [시작]()-[설정]-[장치]-[프린터 및 스캐너]-[프린터 또는 스캐너 추가] 선택
- **설치할 프린터 유형**: 로컬 프린터와 네트워크, 무선 또는 블루투스(Bluetooth) 프린터
- 로컬 프린터 설치 시 USB 모델은 프린터를 컴퓨터에 연결하면 Windows에서 자동으로 검색하고 설치함
- 블루투스 프린터를 설치하려면 컴퓨터에 블루투스 무선 어댑터를 연결하거나 컨 후 [프린터 추가]를 실행
- 네트워크 프린터는 연결할 프린터의 포트가 자동으로 지정되므로 포트를 지정하지 않음

2 기본 프린터

- 특정 프린터를 설정하지 않았을 때 자동으로 인쇄 작업을 처리하는 프린터
- [장치 및 프린터] 창에서 기본 프린터에는 프린터 아이콘에 확인 표시()가 나타남
- 기본 프린터는 한 대만 지정할 수 있고, 다른 프린터로 변경할 수 있음
- 기본 프린터로 설정된 프린터도 삭제할 수 있음
- 원하는 프린터를 선택하고 [관리]-[기본 값으로 설정]을 선택하여 기본 프린터로 지정

> **더 보기**
>
> **레이저 프린터(Laser Printer)**
> - 회전하는 드럼에 토너를 묻혀서 인쇄하는 방식
> - 비충격식이어서 비교적 소음이 적고 속도가 빠름
> - 해상도가 높고 복사기와 같은 원리로 인쇄됨

3 프린터의 공유

- 프린터를 선택하고 [관리]-[프린터 속성]을 선택한 후 [프린터 속성] 대화상자의 [공유] 탭에서 설정
- 한 대의 프린터를 여러 대의 컴퓨터에서 공유하여 사용할 수 있음
- 같은 네트워크에서 여러 대의 프린터를 공유할 수 있음

> **확인문제**
>
> 다음 중 Windows 10에서 프린터 설치에 대한 설명으로 옳지 않은 것은?
> ① 설치할 프린터 유형은 로컬 프린터와 네트워크, 무선 또는 블루투스 프린터 중에서 하나를 선택할 수 있다.
> ② 네트워크 프린터는 연결할 프린터의 포트가 자동으로 지정되지 않으므로 포트를 지정해야 한다.
> ③ 로컬 프린터 설치 시 USB 모델은 프린터를 컴퓨터에 연결하면 Windows 10에서 자동으로 검색하고 설치한다.
> ④ 기본 프린터는 한 대만 지정할 수 있고, 다른 프린터로 변경할 수 있다.
>
> **정답 해설** 네트워크 프린터는 연결할 프린터의 포트가 자동으로 지정되므로 포트를 지정하지 않아도 된다.
>
> 정답 | ②

025 프린터 스풀과 인쇄 관리자 ★

1 프린터 스풀(SPOOL)

- [프린터 속성] 대화상자의 [고급] 탭에서 설정
- 프린터와 같은 저속의 입·출력장치를 고속의 CPU와 동시에 작동시켜서 컴퓨터의 전체 효율을 향상시키는 기능
- 프린터에서 인쇄하기 전에 인쇄 내용을 하드디스크에 임시로 보관하는 것

- 인쇄 도중에도 다른 작업을 할 수 있는 병행 처리가 가능하지만, 인쇄 속도가 빨라지는 것은 아님

2 인쇄 관리자

- 인쇄가 실행될 때 작업 표시줄의 알림 영역에 프린터 모양의 아이콘()을 더블클릭하여 [인쇄 관리자] 창을 열 수 있음
- 인쇄 대기 중인 문서의 출력 대기 순서를 임의로 변경할 수 있음
- 인쇄 작업이 시작된 문서도 중간에 강제로 종료할 수 있음
- 인쇄 대기 중인 문서를 삭제할 수 있음

> **더 보기**
> **프린터의 단위**
> - DPI(Dots Per Inch): 프린터의 해상도이자 1인치에 몇 개의 점이 인쇄되는지 나타내는 단위로, DPI가 높을수록 인쇄 품질이 좋음(해상도 관련 단위)
> - CPS(Character Per Second): 초당 인쇄되는 글자 수로, CPS가 높을수록 인쇄 속도가 빠름(인쇄 속도 관련 단위)
> - PPM(Paper Per Minute): 분당 인쇄되는 페이지 수로, PPM이 높을수록 인쇄 속도가 빠름(인쇄 속도 관련 단위)

Chapter 3 컴퓨터 시스템 활용

026 컴퓨터의 발전과 분류 ★★

1 컴퓨터의 세대별 발전

구분	주요 소자	특징
제1세대	진공관	• 하드웨어 개발 중심 • 기계어와 어셈블리어 사용 • 일괄 처리 시스템
제2세대	트랜지스터(TR)	• 운영체제(OS) 등장 • 실시간 처리 시스템
제3세대	집적회로(IC)	• 시분할 처리 시스템 • 다중 처리 시스템
제4세대	고밀도 집적회로(LSI)	• 개인용 컴퓨터(PC) 사용 • 네트워크의 발전
제5세대	초고밀도 집적회로(VLSI)	• 인공지능 연구 • 전문가 시스템 • 퍼지(Fuzzy) 이론

> **더 보기**
> **기계식 계산기**
> 파스칼(Pascal)의 계산기(덧셈과 뺄셈 가능) → 라이프니츠(Leibniz)의 계산기(사칙연산 가능) → 배비지(Babbage)의 차분 기관 → 배비지의 해석 기관(현재 디지털 컴퓨터의 모체) → 홀러리스(Hollerith)의 천공카드 시스템(일괄 처리의 효시) → 에이켄(Aiken)의 MARK-1(최초의 기계식 자동 계산기)
>
> **전자식 계산기**
> - 에니악(ENIAC): 최초의 전자식 계산기, 외부 프로그래밍 방식
> - 에드삭(EDSAC): 최초로 프로그램 내장 방식 도입
> - 에드박(EDVAC): 존 폰 노이만(John von Neumann)이 제작, 프로그램 내장 방식
> - 유니박(UNIVAC): 최초의 상업용 전자 계산기

2 컴퓨터의 분류

구분	디지털 컴퓨터	아날로그 컴퓨터	하이브리드 컴퓨터
입력 형식	숫자, 문자 등의 이산 데이터	전류, 전압, 온도 등	디지털 컴퓨터와 아날로그 컴퓨터의 장점을 조합한 컴퓨터
출력 형식	숫자, 문자 등의 이산 데이터	곡선, 그래프 등	
구성 회로	논리 회로	증폭 회로	
주요 연산	산술·논리 연산	미적분 연산	
프로그래밍	필요	필요 없음	
기억 기능	있음	없음	
목적	범용 컴퓨터	과학 연구 등의 특수 목적용 컴퓨터	

027 자료의 구성 단위 ★

비트(Bit)	정보의 최소 단위로, 2진수(0 또는 1)로 표현
니블(Nibble)	4개의 비트가 모여 1개의 니블 구성
바이트(Byte)	• 8개의 비트가 모여 1바이트를 구성하며, 문자를 표현하는 기본 단위 • 1바이트로는 2^8(= 256)가지의 정보 표현 가능
워드(Word)	CPU가 한 번에 처리할 수 있는 명령 단위로, '하프 워드(Half Word)', '풀 워드(Full Word)', '더블 워드(Double Word)'로 분류
필드(Field)	자료 처리의 최소 단위
레코드(Record)	여러 개의 필드가 모여서 구성된 단위
파일(File)	관련된 레코드의 집합
데이터베이스(Database)	관련된 데이터 파일들의 집합

더 보기

물리적 구성 단위
비트(Bit) → 니블(Nibble) → 바이트(Byte) → 워드(Word)

논리적 구성 단위
필드(Field) → 레코드(Record) → 파일(File) → 데이터베이스(Database)

확인문제

다음 중 컴퓨터에서 사용하는 EBCDIC 코드에 대한 설명으로 옳은 것은?

① 패리티 비트를 이용하여 오류 검출과 오류 교정이 가능하다.
② 4개의 존 비트와 4개의 디지트 비트로 구성되며, 주로 대형 컴퓨터의 범용 코드로 사용된다.
③ 7비트를 사용하여 영문자의 대·소문자, 숫자, 문장 부호, 특수 제어 문자 등을 표현한다.
④ 데이터 처리 및 통신 시스템 상호 간의 정보 교환을 위해 사용된다.

오답 해설 ① 해밍 코드에 대한 설명이다.
③ ASCII 코드에 대한 설명이다.
④ ASCII 코드에 대한 설명이다.

정답 | ②

028 자료의 표현 ★★

1 문자의 표현

BCD 코드	• 하나의 문자를 2비트의 존(Zone) 부분과 4비트의 디지트(Digit) 부분으로 구성 • $2^6(=64)$가지의 문자를 표현할 수 있음 • 영문자의 소문자는 표현할 수 없음
ASCII 코드	• 하나의 문자를 3비트의 존 부분과 4비트의 디지트 부분으로 구성 • $2^7(=128)$가지의 문자를 표현할 수 있음 • 영문 대·소문자, 숫자, 문장 부호, 특수 제어 문자 등을 표현할 수 있음 • 확장 ASCII 코드는 8비트 사용 • 주로 개인용 컴퓨터와 데이터 통신에서 사용
EBCDIC 코드	• 하나의 문자를 4비트의 존 부분과 4비트의 디지트 부분으로 구성 • 확장 이진화 10진 코드로, BCD 코드를 확장한 형태 • $2^8(=256)$가지의 문자를 표현할 수 있음 • 특수 문자 및 영문자의 소문자 표현 가능
유니코드 (Unicode)	• 컴퓨터에서 세계 각국의 언어를 통일된 방법으로 표현할 수 있도록 고안된 국제 표준 코드 • 한글, 한자, 영문, 숫자와 같은 대부분의 글자를 16비트(2바이트)로 표현

더 보기

기억 용량 단위
KB(2^{10}Byte) → MB(2^{20}Byte) → GB(2^{30}Byte) → TB(2^{40}Byte) → PB(2^{50}Byte) → EB(2^{60}Byte) → ZB(2^{70}Byte) → YB(2^{80}Byte)

연산 속도 단위
ms(10^{-3}) → μs(10^{-6}) → ns(10^{-9}) → ps(10^{-12}) → fs(10^{-15}) → as(10^{-18})

2 오류 검출 코드

패리티 코드 (Parity Code)	• 패리티 비트를 사용하여 만든 코드로, 오류 검출만 가능하고 수정은 불가능함 • '짝수 패리티'와 '홀수 패리티'가 있음
해밍 코드 (Hamming Code)	오류 검출과 단일 비트의 오류 교정이 가능한 코드
CRC(순환 중복 검사)	집단 오류에 대한 오류 검출이 가능한 코드
BSC(블록합 검사)	병렬 패리티를 사용하여 패리티 검사의 단점을 보완한 방식의 코드
정 마크 부호 방식	패리티 검사가 자체적으로 이루어지는 방식의 코드

3 숫자의 표현

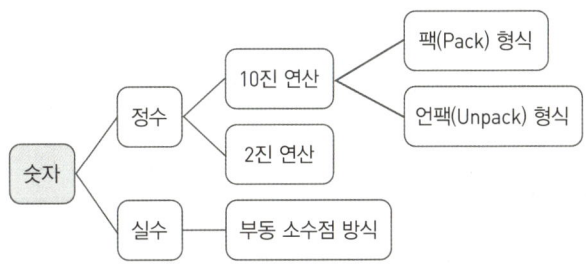

- 10진 연산에 팩(Pack) 형식과 언팩(Unpack) 형식 사용
- 2진 연산은 부동 소수점 방식보다 표현할 수 있는 범위가 좁지만, 연산 속도는 빠름
- 실수를 표현하는 부동 소수점 방식은 '부호(1Bit)', '지수부', '가수부'로 구분하여 표현

- 컴퓨터 연산에서 덧셈 연산을 이용하여 뺄셈을 수행하기 위해 보수 사용

1의 보수	0은 1로, 1은 0으로 바꿈 예시 2진수 1100 → 0011
2의 보수	1의 보수에 1을 더함 예시 2진수 1100 → 0011 + 1 → 0100

Chapter 4 컴퓨터 하드웨어

029 중앙처리장치(CPU) ★★★

- 명령어를 해석하고, 프로그램의 연산을 실행 및 처리하는 컴퓨터 시스템의 핵심적인 장치
- CPU(Central Processing Unit): 클록 주기에 따라 명령을 수행하며, 클록 주파수가 높을수록 연산 속도가 빠름
- '제어장치(Control Unit)', '연산장치(ALU; Arithmetic&Logic Unit)', '레지스터(Register)'로 구성

제어장치	• 컴퓨터의 모든 동작을 지시하고 제어하는 장치 • 프로그램 카운터(PC; Program Counter), 명령 레지스터, 부호기, 명령 해독기, 번지 해독기 등으로 구성
연산장치	• 산술 연산과 논리 연산을 수행하는 장치 • 가산기, 보수기, 누산기 등으로 구성
레지스터	• CPU의 내부에서 특정한 목적에 사용되는 일시적인 기억장소로, 메모리 중에서 가장 빠른 속도로 접근 가능 • 플립플롭(Flip-Flop)이나 래치(Latch)를 직렬 또는 병렬로 연결

- 연산장치의 구성 요소

가산기(Adder)	두 개 이상의 2진수의 덧셈을 수행하는 회로
보수기(Complementor)	2진수의 뺄셈을 수행하기 위해 보수로 변환하는 데 사용하는 회로
누산기(AC; ACcumulator)	연산된 결과를 일시적으로 저장하는 레지스터
데이터 레지스터(Data Register)	연산에 사용할 데이터를 기억하는 레지스터
상태 레지스터(Status Register) 플래그 레지스터(Flag Register)	연산 중에 발생하는 여러 가지 상태값을 기억하는 레지스터
인덱스 레지스터(Index Register)	주소를 변경하기 위해 사용하는 레지스터

- 제어장치의 구성 요소

프로그램 카운터 (PC; Program Counter)	다음에 수행할 명령어의 주소를 기억하는 레지스터
메모리 주소 레지스터(MAR; Memory Address Register)	기억장치에 입·출력되는 데이터의 주소(번지)를 기억하는 레지스터
메모리 버퍼 레지스터(MBR; Memory Buffer Register)	메모리에서 읽어 온 데이터나 메모리에 쓸 데이터를 일시적으로 저장하는 레지스터
명령 레지스터 (IR; Instruction Register)	현재 수행 중인 명령어의 내용을 기억하는 레지스터
명령 해독기 (Instruction Decoder)	현재 실행 중인 명령어를 해독하는 회로
번지 해독기 (Address Decoder)	명령 레지스터가 보낸 주소를 해독하여 메모리 셀이나 장치를 선택하는 회로
부호기(Encoder)	명령 해독기로 해독한 내용을 신호로 변환하여 각 장치에 전달하는 회로

더 보기

- MIPS(Million Instructions Per Second): 1초 동안에 처리할 수 있는 명령의 개수를 100만 단위로 표시
- FLOPS(FLoating point Operations Per Second): 1초 동안에 처리할 수 있는 부동 소수점 연산의 횟수

확인문제

다음 중 컴퓨터에서 사용하는 레지스터(Register)에 대한 설명으로 옳지 않은 것은?

① CPU와 주기억장치의 속도 차이 문제를 해결해 준다.
② 플립플롭(Flip-Flop)과 래치(Latch)들을 연결하여 구성된다.
③ 컴퓨터에서 사용하는 기억장치 중에서 처리 속도가 가장 빠르다.
④ 처리할 명령어나 연산의 중간 결괏값 등을 일시적으로 저장한다.

정답 해설 ①은 캐시 메모리(Cache Memory)에 대한 설명이다.

정답 | ①

030 마이크로프로세서 ★

- 제어장치, 연산장치, 레지스터가 하나의 반도체 칩에 내장된 장치
- 개인용 컴퓨터의 중앙처리장치(CPU)로 사용되며, 작은 규모의 임베디드 시스템이나 휴대용 기기에도 사용

더 보기

임베디드 시스템(Embedded System)
전자제품에 마이크로프로세서를 내장시킨 시스템으로, TV와 냉장고 등의 가전제품에 주로 사용

- 클록 주파수와 내부 버스의 비트(Bit) 수로 성능 평가
- 마이크로프로세서의 설계 방식

구분	CISC (Complex Instruction Set Computer)	RISC (Reduced Instruction Set Computer)
특징	많은 수의 명령어와 주소 지정 모드 지원	적은 수의 명령어와 주소 지정 모드 지원
명령어 길이	가변적	고정적
처리 속도	느림	빠름
가격	비쌈	저렴
전력 소모	많음	적음
용도	개인용 컴퓨터(PC)에 주로 사용	성능이 좋은 그래픽용이나 워크스테이션에서 주로 사용

EEPROM	• Electrically Erasable and Programmable Read Only Memory	
	• 전기를 이용하여 기록된 내용을 변경하거나 새로 기록할 수 있음	

② RAM(Random Access Memory)

- 전원이 공급되지 않으면 내용이 모두 지워지는 휘발성 메모리
- 현재 사용 중인 응용 프로그램이나 데이터가 저장됨
- 재충전 필요 여부에 따라 'SRAM(Static RAM: 정적 램)'과 'DRAM(Dynamic RAM: 동적 램)'으로 분류

구분	SRAM	DRAM
재충전	필요 없음	필요함
구성	트랜지스터	콘덴서
접근 속도	빠름	느림
전력 소모	많음	적음
집적도	낮음	높음
용도	캐시 메모리	주기억장치

031 주기억장치 ★

① ROM(Read Only Memory)

- 전원이 공급되지 않아도 기억된 내용이 지워지지 않는 비휘발성 메모리
- 컴퓨터의 기본적인 입·출력 프로그램(BIOS), 자가진단 프로그램(POST) 등의 펌웨어(Firmware)가 저장되어 있어 부팅할 때 실행됨
- 펌웨어(Firmware)
  - 하드웨어와 소프트웨어의 중간 형태로, ROM에 기록됨
  - 하드웨어를 제어하고, 하드웨어 교체 없이 업그레이드할 수 있음
  - 기계어 처리, 데이터 전송, 부동 소수점 연산, 채널 제어 등의 처리 루틴을 가지고 있음
- ROM의 종류

Mask ROM	제조 과정에서 내용을 미리 기록한 ROM으로, 사용자가 수정할 수 없음
PROM	• Programmable Read Only Memory • 사용자가 한 번만 기록할 수 있음
EPROM	• Erasable Programmable Read Only Memory • 자외선(UV)을 이용하여 기록된 내용을 변경하거나 새로 기록할 수 있음

032 보조기억장치 ★★

① 하드디스크(Hard Disk)

- 고속으로 회전하는 디스크의 표면에 데이터를 저장하는 장치로, 데이터는 동심원 모양의 트랙에 기록됨
- 논리적인 영역을 확보하기 위해 디스크를 파티션(Partition)하여 사용할 수 있음
  - 파티션이란 하나의 물리적인 하드디스크를 여러 개의 논리적 영역으로 나누거나 다시 합치는 작업
  - 파티션 작업을 실행한 후에는 반드시 포맷해야 하드디스크를 사용할 수 있음
  - 각 파티션 영역에는 다른 운영체제를 설치할 수 있음
  - 하나의 파티션에는 하나의 파일 시스템만 사용할 수 있음
- 인터페이스 방식

PATA (Parallel ATA)	• 하드디스크, CD-ROM 등의 기억장치를 병렬로 연결하는 표준 인터페이스 • IDE, EIDE 방식이 포함됨
SCSI (Small Computer System Interface)	하드디스크, CD-ROM, 스캐너 등의 주변 기기를 직렬로 연결하는 표준 인터페이스
SATA (Serial ATA)	• 직렬 인터페이스 방식 • PATA 방식보다 편의성과 안정성이 향상되었고 핫 플러그(Hot Plug) 기능 지원 • 데이터 전송 속도가 빠름

2 RAID(Redundant Array of Inexpensive Disks)

- 여러 개의 하드디스크를 모아서 하나의 하드디스크처럼 사용할 수 있도록 하는 기술
- 장애 발생 시 자동으로 복구해 주는 기술
- 미러링과 스트라이핑 기술을 결합하여 안정성과 속도를 향상시킨 디스크 연결 기술

미러링(Mirroring)	실시간 백업 기능
스트라이핑(Striping)	데이터를 일정한 크기로 나누어 분산 저장하는 기능

3 SSD(Solid State Drive)

- 반도체를 이용한 기억장치로, 초고속 메모리 칩(Chip)에 데이터를 저장하는 방식
- 하드디스크보다 속도가 빠르고 외부의 충격에도 강함
- 기계적 지연이나 오류의 확률, 발열, 소음, 전력 소모가 적음
- 소형화·경량화할 수 있음
- 기억 매체로 플래시 메모리나 DRAM을 이용하므로 배드섹터(Bad Sector) 발생 가능성이 낮음

4 블루레이 디스크(Blu-ray Disk)

- HD급 고화질 비디오를 저장할 수 있는 차세대 광학장치
- 단층 구조는 한 면에 최대 25GB, 듀얼 구조는 50GB의 데이터를 기록

확인문제

다음 중 컴퓨터에서 사용하는 하드디스크나 SSD의 파티션에 대한 설명으로 옳지 않은 것은?

① 하나의 물리적인 하드디스크를 여러 개의 파티션으로 나눌 수 있다.
② 파티션을 나눈 후에 하드디스크를 사용하기 위해서는 포맷을 해야 한다.
③ 하나의 하드디스크 내의 모든 파티션에는 동일한 운영체제만 설치할 수 있다.
④ 하나의 파티션에는 한 가지 파일 시스템만을 설치할 수 있다.

정답해설 파티션마다 서로 다른 운영체제를 설치할 수 있다.

정답 | ③

033 기타 기억장치

1 캐시 메모리(Cache Memory)

- CPU와 주기억장치 사이에 위치하여 두 장치 사이의 속도 차이를 줄여서 처리 속도를 향상시키는 일종의 버퍼 메모리
- SRAM이 사용되어 접근 속도가 매우 빠름
- 기본적인 성능은 캐시 적중률(Hit Ratio)로 표현
- 캐시 적중률이 높을수록 컴퓨터 시스템의 전체 처리 속도가 향상됨

2 가상 메모리(Virtual Memory)

- 보조기억장치의 일부를 주기억장치처럼 사용해서 주기억장치의 용량을 확대하여 사용하는 방법
- 주기억장치보다 용량이 큰 프로그램을 실행할 때 유용함
- 가상 메모리 주소를 실제 메모리 주소로 변환하는 주소 매핑(Address Mapping) 작업이 필요함

3 연관 메모리(Associative Memory)

주소 대신 기억된 데이터의 내용을 이용하여 원하는 정보에 접근하는 기억장치

4 플래시 메모리(Flash Memory)

- 비휘발성 메모리인 EEPROM의 일종으로, 정보의 입·출력이 자유로움
- 데이터가 블록 단위로 저장됨
- 전송 속도가 빠르고 전력 소모가 적음
- 디지털카메라나 MP3, 개인용 정보 단말기, USB 드라이브 등 휴대용 기기에서 대용량 정보를 저장하는 용도로 사용

더 보기

기억장치의 접근 속도(빠른 것 → 느린 것)
레지스터 → 캐시 메모리 → 주기억장치 → 보조기억장치

기억장치의 용량(큰 것 → 작은 것)
보조기억장치 → 주기억장치 → 캐시 메모리 → 레지스터

확인문제

다음 중 컴퓨터에서 사용하는 캐시 메모리에 대한 설명으로 옳은 것은?

① 보조기억장치의 일부를 주기억장치처럼 사용하는 메모리이다.
② 기억된 정보의 내용 일부를 이용하여 주기억장치에 접근하는 장치이다.
③ EEPROM의 일종으로 비휘발성 메모리이다.
④ 중앙처리장치(CPU)와 주기억장치 사이에 위치하여 컴퓨터 처리 속도를 향상시키는 메모리이다.

오답 해설 ① 가상 메모리에 대한 설명이다.
② 연관(연상) 메모리에 대한 설명이다.
③ 플래시 메모리에 대한 설명이다.

정답 | ④

034 바이오스와 포트

1 바이오스(BIOS; Basic Input Output System)

- 기본 입·출력장치나 메모리 등 하드웨어 작동에 필요한 프로그램
- EPROM이나 플래시 메모리 칩에 저장되어 있고 '펌웨어(Firmware)'라고 함
- 전원이 켜지면 자동으로 가장 먼저 기동되고, 기본 입·출력장치나 메모리 등 하드웨어의 이상 유무 검사
- 칩을 교환하지 않고도 업그레이드 가능

2 CMOS

- 부팅 시에 필요한 하드웨어 정보를 담고 있는 반도체
- 일반적으로 전원이 켜질 때 , F2 등을 눌러 CMOS 셋업에 들어갈 수 있음
- **CMOS에서 설정할 수 있는 항목**: 시스템 날짜와 시간, 칩셋 설정, 부팅 순서, 시스템 암호, 하드디스크의 타입 등

더 보기
칩셋(Chip Set)
메인보드에 설치된 다양한 장치들을 설정하면 비효율적이므로 칩셋을 통하여 여러 장치들을 제어하고 역할을 조율함

3 포트(Port)

컴퓨터와 주변 장치를 연결하기 위한 접속 부분

PS/2 포트	마우스나 키보드 연결에 사용
USB(Universal Serial Bus) 포트	• 범용 직렬 장치를 연결시키는 컴퓨터 인터페이스 • 허브를 이용하면 최대 127개의 주변 기기를 연결할 수 있음 • USB 1.1(12Mbps), USB 2.0(480Mbps), USB 3.0(5Gbps), USB 3.1(10Gbps)의 최대 전송 속도 가능 • 핫 플러그(Hot Plug) 기능과 플러그 앤 플레이(Plug & Play) 기능 모두 지원 • 직렬 포트보다 USB 포트의 데이터 전송 속도가 더 빠름 • USB 3.0은 파란색, USB 2.0 이하는 검은색 또는 흰색 사용
IEEE 1394	• 전기전자기술자협회(IEEE)에서 표준화한 직렬 인터페이스 • 컴퓨터와 디지털 가전기기를 연결해 데이터를 교환할 수 있게 하는 직렬(Serial) 인터페이스 방식
IrDA(Infrared Data Association)	적외선을 이용하여 데이터를 전송하는 무선 직렬 포트
HDMI (High Definition Multi-media Interface)	• 영상 신호와 음향 신호를 압축하지 않고 통합하여 전송하는 고선명 멀티미디어 인터페이스 • S-비디오, 컴포지트 등의 아날로그 케이블보다 고품질의 음향 및 영상을 감상할 수 있음

035 하드웨어 관련 용어

1 표시 장치 관련 용어

픽셀(Pixel)	화면을 이루는 최소 단위
해상도 (Resolution)	화면의 이미지를 얼마나 세밀하게 표시할 수 있는지를 나타내며, 픽셀의 수가 많아질수록 해상도는 높아짐
점 간격 (Dot Pitch)	픽셀 사이의 공간을 나타내는 것으로, 간격이 가까울수록 영상이 선명함
재생률 (Refresh Rate)	화면을 유지하기 위해 1초에 전자빔을 쏘는 횟수로, 재생률이 높을수록 모니터의 깜빡임 감소
플리커 프리 (Flicker Free)	70KHz 이상의 수직 주파수를 사용해 사람이 깜빡임 현상을 인식하지 못하게 하는 것으로, 깜빡임을 제거하여 눈의 피로와 두통을 줄이는 효과가 있음
모니터 크기	화면의 대각선 길이를 센티미터(cm) 단위로 나타냄

2 하드웨어 관련 용어

- **인터럽트(Interrupt)**: 컴퓨터에서 정상적인 작업을 수행하는 도중에 외부의 어떠한 변화로 인하여 해당 프로그램의 실행이 정지되고, 변화에 대응하는 다른 프로그램이 먼저 실행되는 일

외부 인터럽트	전원 이상 인터럽트, 외부 신호 인터럽트, 기계 착오 인터럽트, 입·출력 인터럽트 등
내부 인터럽트	잘못된 명령이나 잘못된 데이터를 사용할 때 발생
소프트웨어 인터럽트	사용자가 프로그램을 실행시키거나 감시 프로그램(Supervisor)을 호출하는 동작을 수행하는 경우에 발생

- **채널(Channel)**: CPU 대신 주변 장치에 대한 입·출력을 관리하는 입·출력 전용 프로세서로, CPU와 입·출력장치 사이의 속도 차이 때문에 발생하는 문제점을 해결함

셀렉터 채널	고속 입·출력장치에 사용하며, 한 개의 장치를 독점함
멀티플렉서 채널	저속 입·출력장치에 사용하며, 여러 개의 장치를 제어함
블록 멀티플렉서 채널	셀렉터 채널과 멀티플렉서 채널의 장점을 혼합

- **DMA(Direct Memory Access)**: CPU의 간섭 없이 주기억장치와 입·출력장치 사이에서 직접 전송되는 방식
- **버스(Bus)**: 컴퓨터에서 데이터를 주고받는 통로로, 사용 용도에 따라 '내부 버스', '외부 버스', '확장 버스'로 구분

내부 버스	CPU의 내부에서 레지스터 간을 연결하는 버스
외부 버스	CPU와 주변 장치를 연결하는 버스
확장 버스	메인보드에서 지원하는 기능 외에 다른 기능을 지원하는 장치를 연결하는 버스

036 컴퓨터의 관리와 문제 해결 ★★★

1 컴퓨터의 관리

- 직사광선과 습기가 많거나 자성이 강한 물체가 있는 곳은 피하여 설치
- 컴퓨터 전용 전원 장치를 단독으로 사용하고, 전원을 끌 때는 사용 중인 프로그램을 먼저 종료해야 함
- 컴퓨터의 성능 향상을 위해 주기적으로 오류 검사, 디스크 정리, 드라이브 조각 모음 및 최적화 등을 실행하는 것이 좋음
- 외장 하드디스크의 주위에 자성이 강한 물체를 놓지 않음
- 예상치 못한 상황에 대비하여 주기적으로 백업을 함
- **무정전 전원 공급장치(UPS)**: 갑자기 정전되었을 때 이를 감지하여 빠르게 전원을 공급하는 장치
- **자동 전압 조절기(AVR)**: 컴퓨터 시스템 운영 시 전압이 일정하게 유지되도록 조절해 주는 장치

2 컴퓨터의 문제 해결

메모리가 부족한 경우	• 불필요한 프로그램 종료 • 시스템 재부팅 • 불필요한 시작 프로그램 삭제
하드디스크 용량이 부족한 경우	• 디스크 정리를 수행하여 불필요한 파일 삭제 • 사용하지 않는 Windows 구성 요소와 응용 프로그램 제거 • 사용 빈도가 낮은 파일은 백업한 후 하드디스크에서 삭제 • 휴지통 비우기
하드디스크 인식이 안 되는 경우	• 백신 프로그램으로 바이러스의 감염 여부 확인 • 하드디스크의 전원 연결 상태 점검 • CMOS 셋업에서 하드디스크의 설정 내용 확인 • USB나 CD-ROM으로 부팅되면 하드디스크 손상 점검 후 운영체제를 다시 설치
시스템의 속도가 느려진 경우	드라이브 조각 모음 및 최적화를 수행하여 하드디스크의 단편화 제거
모니터 화면이 보이지 않는 경우	모니터의 전원 및 연결 부분 점검
인쇄되지 않는 경우	• 프린터의 전원이나 케이블의 연결 상태 확인 • 프린터 드라이버 재설치 • 프린터의 기종과 등록 정보가 올바르게 설정되어 있는지 확인 • 스풀 공간이 부족하면 하드디스크에서 스풀 공간 확보 • 스풀 오류가 발생하면 프린터 스풀러 서비스를 중지하고 저장소의 파일을 삭제한 후 다시 인쇄해야 함

> **더 보기**
>
> **백화 현상(白化現象)**
> 모니터의 전원은 정상적으로 들어왔지만 화면이 하얗게 나오는 현상으로, 모니터의 액정 패널이나 메인보드의 문제로 인해 발생함

> **확인문제**
>
> 다음 중 Windows 10 운영체제에서 컴퓨터에 문제가 발생했을 때의 해결 방법으로 잘못된 것은?
> ① 메모리가 부족한 경우: 사용 빈도가 낮은 파일은 백업한 후 하드디스크에서 삭제한다.
> ② 하드디스크 용량이 부족한 경우: 휴지통 비우기를 실행한다.
> ③ 시스템의 속도가 느려진 경우: [드라이브 조각 모음 및 최적화]를 수행하여 하드디스크의 단편화를 제거한다.
> ④ 하드디스크 인식이 안 되는 경우: 백신 프로그램으로 바이러스 감염을 확인하거나 하드디스크 전원의 연결 상태를 확인한다.
>
> **정답 해설** 메모리가 부족한 경우 불필요한 프로그램 종료, 시스템 재부팅, 불필요한 시작 프로그램 삭제 등의 방법으로 해결한다.
>
> 정답 | ①

3 컴퓨터의 업그레이드

- 컴퓨터 처리 성능의 개선을 위해 하드웨어를 업그레이드함
- 컴퓨터의 처리 속도가 느려지거나 제대로 동작하지 않으면 상황에 따라 RAM 업그레이드가 필요함
- 하드디스크를 교체할 때는 연결 방식의 종류와 버전을 확인해야 함
- 장치 제어기를 업그레이드하면 하드웨어를 교체하지 않고 향상된 기능으로 하드웨어를 사용할 수 있음
- 수치가 클수록 좋은 것: CPU 클록 속도, 하드디스크 용량 등
- 수치가 작을수록 좋은 것: RAM, HDD와 같은 기억장치의 접근 시간

> **더 보기**
>
> **컴퓨터 사양의 예**
>
> | 프로세서의 종류 | Intel Core i5-8세대 |
> |---|---|
> | 그래픽카드의 종류 | Intel UHD Graphics 620 |
> | RAM의 용량과 종류 | 16GB DDR4 RAM |
> | 저장장치의 용량과 종류 | SSD 256GB |

037 시스템 최적화 ★★

1 오류 검사

- 파일과 폴더 및 디스크의 논리적 오류와 물리적 오류를 검사하여 발견된 오류를 복구하는 기능
- 하드디스크의 [속성] 창의 [도구] 탭에서 오류 검사를 실행할 수 있음
- 오류 검사를 할 수 없는 경우: CD-ROM, 네트워크 드라이브
- 하드디스크 자체의 물리적 오류를 찾아서 복구하므로 완료하는 데 시간이 오래 걸릴 수 있음
- 하드디스크 드라이브를 검사하는 동안에도 드라이브를 계속 사용할 수 있음
- 시스템 성능 향상을 위해 정기적으로 수행하는 것이 좋음

2 디스크 정리

- 불필요한 파일을 삭제하여 디스크의 사용 가능한 공간을 좀 더 넓게 확보하는 기능
- 정리 대상 파일: 임시 파일, 휴지통에 있는 파일, 다운로드한 프로그램 파일, 임시 인터넷 파일 등

3 드라이브 조각 모음 및 최적화

- 디스크에 단편화되어 조각난 파일들을 모아서 디스크의 실행 속도를 높여줌
- 디스크 조각 모음을 할 수 없는 경우: CD-ROM 드라이브, 네트워크 드라이브, Windows가 지원하지 않는 형식의 압축 프로그램 등
- 수행 후에는 디스크의 접근 속도를 높여주지만, 용량이 증가하는 것은 아님
- 일정을 구성하여 예약 실행을 할 수 있음

> **확인문제**
>
> 다음 중 Windows 10에서 하드디스크에 저장된 파일의 위치를 재정렬하는 단편화 제거 과정을 통해 디스크에서 파일의 읽기/쓰기 성능을 향상시키는 기능은?
> ① 디스크 검사
> ② 디스크 정리
> ③ 디스크 포맷
> ④ 드라이브 조각 모음 및 최적화
>
> **오답 해설** ① 디스크의 논리적·물리적 오류를 검사하고 수정하는 기능이다.
> ② 불필요한 파일을 제거하여 디스크의 여유 공간을 확보하는 기능이다.
> ③ 하드디스크의 트랙 및 섹터를 초기화하는 작업으로, 포맷을 실행하면 디스크의 모든 데이터가 지워진다.
>
> 정답 | ④

Chapter 5 컴퓨터 소프트웨어

038 소프트웨어의 종류 ★

1 시스템 소프트웨어(System Software)

컴퓨터와 사용자의 중간에서 시스템을 효율적으로 운영할 수 있도록 도와주는 프로그램

예시 부트 로더, C 런타임 라이브러리, 장치 드라이버 등

운영체제	사용자가 응용 프로그램을 편리하게 사용하고, 하드웨어의 성능을 최적화하는 프로그램으로, 반드시 설치되어야 컴퓨터를 사용할 수 있음
언어 번역 프로그램	프로그래밍 언어로 작성한 프로그램을 기계어로 변환하는 프로그램
유틸리티 프로그램	컴퓨터의 실행 과정에 필요한 업무의 수행을 지원하는 프로그램으로, 컴퓨터 동작에 필수적이지는 않음 **예시** 메모장, 그림판, 계산기, 드라이브 조각 모음 및 최적화 등

더 보기

압축 프로그램
- 디스크 공간을 효율적으로 사용할 수 있고, 파일 전송 시간과 비용도 절약할 수 있음
- 여러 개의 파일을 압축하여 하나의 파일로 생성할 수 있음
- 대부분의 압축 프로그램에는 분할 압축이나 암호 설정 기능이 있음
- 파일은 여러 번 압축해도 파일 크기에는 변화가 없음

2 응용 소프트웨어(Application Software)

사용자들이 특정한 용도에 맞게 활용하기 위해 작성된 소프트웨어

예시 워드프로세서, 스프레드시트, 프레젠테이션, 그래픽 소프트웨어, 인사 관리 및 회계 관리 소프트웨어 등

039 운영체제 ★★

1 운영체제의 구성

- 컴퓨터 시스템과 사용자 간의 편리한 인터페이스를 제공하는 프로그램
- 컴퓨터가 동작하는 동안 주기억장치인 RAM에 위치하여 효율적인 자원 관리 서비스 제공
- 프로세스 관리, 기억장치 관리, 주변 장치 관리, 파일 관리, 프로세서 관리 등의 기능 처리

- 운영체제는 '제어 프로그램'과 '처리 프로그램'으로 구성

제어 프로그램	감시 프로그램, 작업 관리 프로그램, 데이터 관리 프로그램
처리 프로그램	언어 번역 프로그램, 서비스 프로그램, 문제 처리 프로그램

더 보기

슈퍼바이저(Supervisor)
시스템의 모든 동작 상태를 관리하고 감독하는 제어 프로그램의 핵심 프로그램

2 운영체제의 목적

처리 능력(Throughput) 향상	일정 시간 안에 시스템이 처리하는 일의 양을 향상시킴
반환 시간(Turn Around Time) 단축	작업을 의뢰한 시간부터 처리가 완료될 때까지 걸린 시간을 단축시킴
신뢰도(Reliability) 향상	주어진 문제를 정확하게 해결하는 정확도를 향상시킴
사용 가능도(Availability) 향상	컴퓨터 시스템의 한정된 자원을 여러 사용자가 요구할 때 신속하고 충분하게 지원해 줄 수 있는 능력을 향상시킴

3 운영체제의 운영 방식

일괄 처리 시스템 (Batch Processing System)	데이터를 일정량 또는 일정 시간 동안 모아서 한꺼번에 처리하는 방식
실시간 처리 시스템 (Real-time Processing System)	처리할 데이터가 입력될 때마다 즉시 처리하는 방식으로, 각종 예약 시스템이나 은행 업무 등에서 사용
시분할 처리 시스템 (Time Sharing System)	여러 명의 사용자가 사용하는 시스템에서 처리 시간을 나누어 각 사용자에게 차례대로 할당하는 방식
다중 처리 시스템 (Multi-processing System)	여러 개의 CPU와 하나의 주기억장치를 이용해 여러 프로그램을 동시에 처리하고 신뢰성과 연산 능력을 향상시키는 방식
다중 프로그래밍 시스템 (Multi-programming System)	하나의 CPU와 주기억장치를 이용하여 여러 프로그램을 동시에 처리하는 방식
분산 처리 시스템 (Distributed Processing System)	• 여러 대의 컴퓨터가 작업한 결과를 통신망을 이용하여 상호 교환할 수 있도록 연결된 방식 • 클라이언트/서버 방식: 클라이언트와 서버가 모두 처리 능력을 갖추고 있어 분산 처리 환경에 적합한 방식 • 동배 간 처리(Peer-to-Peer) 방식: 서버 없이 개인 대 개인으로 연결하여 파일을 공유하는 방식으로, 유지 보수와 데이터의 보안 유지가 어려움
듀얼 시스템 (Dual System)	두 개의 CPU가 같은 업무를 동시에 처리한 후 결과를 상호 점검하면서 운영하는 방식

듀플렉스 시스템 (Duplex System)	두 개의 CPU 중 하나가 가동될 때 다른 하나는 고장을 대비해 대기하는 방식
클러스터링 시스템 (Clustering System)	여러 대의 컴퓨터를 병렬로 연결하는 방식

확인문제

다음 중 처리할 데이터를 일정한 분량이 될 때까지 모아서 한꺼번에 처리하는 시스템으로 옳은 것은?

① 일괄 처리 시스템
② 실시간 처리 시스템
③ 시분할 처리 시스템
④ 분산 처리 시스템

오답 해설 ② 처리할 데이터가 입력될 때마다 즉시 처리하는 방식의 시스템으로, 각종 예약 시스템이나 은행 업무 등에서 사용한다.
③ 여러 명의 사용자가 사용하는 시스템에서 처리 시간을 나누어 각 사용자에게 차례대로 할당하는 방식의 시스템이다.
④ 여러 대의 컴퓨터가 작업한 결과를 통신망을 이용하여 상호 교환할 수 있도록 연결된 방식의 시스템이다.

정답 | ①

040 소프트웨어의 구분 ★★

상용 소프트웨어 (Commercial Software)	정식으로 사용료를 내고 사용하는 소프트웨어로, 해당 소프트웨어의 모든 기능을 사용할 수 있음
공개 소프트웨어 (Open Source Software)	소스 코드를 공개해 누구나 해당 코드를 무료로 이용 및 수정하거나 재배포할 수 있는 소프트웨어
프리웨어 (Freeware)	라이선스 없이 무료로 배포되어 자유롭게 사용할 수 있는 소프트웨어
셰어웨어 (Shareware)	특정 기능이나 사용 기간에 제한을 두고 무료로 배포하는 소프트웨어
애드웨어 (Adware)	광고를 보는 대가로 무료로 사용할 수 있는 소프트웨어
데모 버전 (Demo Version)	프로그램의 홍보를 목적으로 주요 기능을 시연하는 소프트웨어
트라이얼 버전 (Trial Version)	일정 기간 무료로 사용할 수 있는 체험판 소프트웨어
베타 버전 (Beta Version)	정식 버전이 출시되기 전에 테스트용으로 제작되어 일반인에게 공개하는 소프트웨어
알파 버전 (Alpha Version)	베타 테스트를 하기 전에 제작 회사에서 테스트할 목적으로 제작된 프로그램

패치 프로그램 (Patch Program)	이미 배포된 프로그램의 오류 수정이나 기능 향상을 위해 프로그램의 일부를 변경해주는 프로그램 예시 Windows Update 프로그램
번들 프로그램 (Bundle Program)	특정한 하드웨어나 소프트웨어에 함께 제공하는 소프트웨어

확인문제

다음 중 컴퓨터 소프트웨어 관련 용어에 대한 설명으로 옳은 것을 모두 고른 것은?

(가) 상용 소프트웨어: 정식으로 사용료를 내고 사용하는 소프트웨어로, 해당 소프트웨어의 모든 기능을 사용할 수 있다.
(나) 베타 버전: 알파 테스트를 하기 전에 제작 회사 내에서 테스트할 목적으로 제작하는 소프트웨어이다.
(다) 벤치마크 테스트: 소프트웨어나 하드웨어의 성능을 검사하기 위해 실제로 사용되는 조건에서 처리 능력을 테스트하는 것이다.
(라) 셰어웨어: 일정 기간 무료로 사용하다가 금액을 지불하고 정식으로 사용할 수 있는 소프트웨어이다.

① (가), (나)
② (가), (다)
③ (가), (나), (다)
④ (가), (다), (라)

오답 해설 (나) 베타 버전: 정식 버전이 출시되기 전에 테스트용으로 제작되어 일반인에게 공개하는 소프트웨어이다.

정답 | ④

041 프로그래밍 언어 ★

1 프로그래밍 언어의 종류

- 저급 언어(Low Level Language): 컴퓨터가 이해할 수 있는 기계 중심의 언어

기계어	컴퓨터가 직접 이해할 수 있는 2진수로 구성된 언어
어셈블리어	기계어와 일대일로 대응시켜서 코드화한 기호 언어

- 고급 언어(High Level Language): 사람이 이해하기 쉽게 만들어진 프로그래밍 언어
예시 FORTRAN, COBOL, ALGOL, BASIC, PASCAL, C, C++, LISP, SNOBOL, PL/1, Java 등

1과목 | 컴퓨터 일반   35

2 객체 지향 프로그래밍(Object-Oriented Programming)

- 프로그램에서 사용하는 데이터 구조의 데이터형과 사용하는 함수까지 객체로 정의하는 프로그래밍 기법으로, 절차형 언어의 문제점을 해결하기 위해 개발
- 객체 지향 언어: C++, Actor, Smalltalk, Java, Python 등
- 특징: 추상화, 캡슐화, 정보 은닉, 상속성, 다형성 등
- 소프트웨어 재사용으로 프로그램 개발 시간을 단축할 수 있음
- 시스템의 확장성이 높고 정보 은폐가 쉬움

클래스(Class)	유사한 객체(Object)들을 묶어서 하나의 공통된 특성으로 표현한 것으로, 동일한 속성, 오퍼레이션, 관계 등을 가지고 있는 객체들의 집합
메서드(Method)	객체가 수행하는 실제 기능을 기술한 코드

더 보기
- **구조적 프로그래밍**: 프로그램이 실행될 때 위에서 아래로의 절차, 순서에 맞게 실행되는 방식의 프로그래밍 기법. 절차적 프로그래밍 또는 하향식 프로그래밍이라고도 부름
- **비주얼 프로그래밍**: 기존의 문자 방식의 명령어 전달 방식을 기호화된 아이콘의 형태로 바꿔 사용자가 대화형으로 프로그래밍할 수 있는 프로그래밍 기법

042 언어 번역 ★

1 언어 번역 과정

원시 프로그램 → 컴파일러 → 목적 프로그램 → 링커 → 로드 모듈 → 로더 → 실행

원시 프로그램(Source Program)	사용자가 고급 언어로 작성한 프로그램
목적 프로그램(Object Program)	컴파일러를 통해 원시 프로그램을 기계어로 번역한 프로그램
링커(Linker)	목적 프로그램을 연계 편집하는 프로그램
로드 모듈(Load Module)	실행하기 위해 주기억장치로 적재할 수 있게 만든 프로그램
로더(Loader)	실행 가능한 프로그램을 주기억장치에 적재하는 프로그램

2 언어 번역 프로그램

- **어셈블러(Assembler)**: 어셈블리어로 작성한 프로그램을 기계어로 번역하는 프로그램 예시 Assembly
- **컴파일러(Compiler)**: 전체 프로그램을 한 번에 번역하여 목적 프로그램을 생성하는 번역 프로그램 예시 Java, C, C++
- **인터프리터(Interpreter)**: 원시 프로그램을 한 단계씩 기계어로 해석하여 실행하는 프로그램 예시 Python, Perl
- 컴파일러와 인터프리터의 비교

컴파일러(Compiler)	인터프리터(Interpreter)
전체를 한 번에 번역	행 단위로 번역
목적 프로그램 생성	목적 프로그램을 생성하지 않음
실행 속도가 빠름	실행 속도가 느림

043 웹 프로그래밍 언어 ★

HTML(HyperText Mark-up Language)	인터넷용 하이퍼텍스트 문서 제작에 사용하는 언어
HTML5	• 차세대 웹 표준 언어 • 텍스트와 하이퍼링크 중심의 문서로 구성된 기존 표준 언어에 비디오, 오디오 등의 다양한 부가 기능이 추가됨 • 최신 멀티미디어 콘텐츠를 ActiveX 없이 웹 서비스로 제공할 수 있음
SGML(Standard Generalized Mark-up Language)	다양한 형태의 전자 문서를 서로 다른 시스템 사이에서 정보의 손실 없이 효율적으로 전송·저장, 자동 처리를 하기 위한 웹 프로그래밍 언어
XML(eXtensible Mark-up Language)	• SGML의 복잡성과 HTML의 단순함을 개선한 인터넷 언어 • 웹에서 구조화된 폭넓고 다양한 문서들을 상호 교환할 수 있도록 설계됨 • 사용자가 새로운 태그를 정의할 수 있는 기능을 가진 확장성 마크업 언어
DHTML(Dynamic HTML)	이미지의 애니메이션을 지원하고, 사용자와의 상호 작용에 따른 동적인 웹페이지의 제작이 가능한 언어
VRML(Virtual Reality Modeling Language)	3차원 가상 공간을 표현하기 위한 언어
Java	• 대표적인 객체 지향 언어로, 가상 바이트 머신 코드를 사용하는 언어 • 보안성이 뛰어나고, 인터넷 환경에서 가장 활발히 사용됨
ASP(Active Server Pages)	웹 서버에서 동적으로 수행되는 페이지를 만들기 위한 스크립트 언어로, Windows 계열의 운영체제에서 실행할 수 있음
JSP(Java Server Page)	• 웹 서버에서 동적으로 웹페이지를 생성하여 웹 브라우저에 돌려주는 스크립트 언어 • HTML 문서에 자바 코드를 삽입하며 〈% … %〉와 같은 형태로 작성 • 다양한 운영체제에서 실행할 수 있음
PHP(Hyper-text Pre-processor)	웹 서버에서 동적으로 수행되는 웹페이지를 생성하는 스크립트 언어로, 다양한 운영체제에서 실행 가능

JavaScript	웹페이지에서 사용자로부터 특정 값을 입력받아 동적으로 처리할 수 있는 객체 기반의 스크립트 프로그래밍 언어
CSS(Cascading Style Sheets)	웹 문서의 스타일을 미리 저장해 둔 스타일 시트
WML(Wireless Markup Language)	무선 접속을 통하여 휴대폰이나 PDA 등에 웹페이지가 표시되도록 지원하는 언어

더 보기
UML(Unified Modeling Language)
시스템 개발 과정에서 의사소통을 위한 표준화 모델링 언어

Chapter 6 멀티미디어 활용

044 멀티미디어와 하이퍼미디어 ★★

1 멀티미디어(Multi-media)

- 텍스트, 그래픽, 사운드, 동영상 등 다양한 매체를 통해 정보를 전달한다는 의미
- **멀티미디어의 특징**

통합성	텍스트, 그래픽, 사운드, 동영상 등의 다양한 미디어 통합
디지털화	아날로그 형태의 다양한 데이터를 컴퓨터가 인식하도록 디지털화
쌍방향성	정보 제공자와 사용자 간의 상호 작용으로 데이터가 전달됨
비선형성	순차적으로 진행되는 것이 아닌 사용자와의 상호 작용을 통해 진행 상황 제어

2 하이퍼미디어(Hyper-media)

- '하이퍼텍스트(Hyper-text)'와 '멀티미디어(Multi-media)'를 합한 개념
- 특정 텍스트나 이미지 등의 다양한 미디어를 클릭하면 연결된 문서로 이동
- 문서를 읽는 순서가 사용자의 의도에 따라 결정되는 비선형 구조
- 하나의 데이터를 여러 사용자가 서로 다른 경로를 통해 검색 가능

3 멀티미디어의 활용

주문형 비디오 (VOD; Video On Demand)	영화, 드라마, 뉴스 등의 프로그램을 원하는 시간에 다시 볼 수 있는 서비스
가상현실 (VR; Virtual Reality)	컴퓨터가 만든 가상 세계의 다양한 경험을 체험할 수 있도록 하는 컴퓨터 그래픽 기술과 시뮬레이션 기능 등의 관련 기술
증강현실 (AR; Augmented Reality)	현실 세계에 가상의 사물을 합성하여 마치 현실 세계에 존재하는 사물처럼 보이게 하는 기술
화상 회의 시스템 (VCS; Video Conference System)	초고속 정보통신망을 이용하여 멀리 떨어져 있는 사람들과 비디오와 오디오를 통해 회의하는 시스템
키오스크(Kiosk)	지하철, 박물관, 백화점, 쇼핑센터 등에서 보통 터치스크린(Touch Screen)을 이용하여 운영되는 무인 종합 정보 안내 시스템

확인문제

다음 중 멀티미디어와 관련된 용어에 대한 설명으로 옳지 않은 것은?

① VR이란 컴퓨터가 만들어낸 가상세계의 다양한 경험을 체험할 수 있도록 하는 컴퓨터 그래픽 기술과 시뮬레이션 기능 등의 관련 기술을 통틀어 말한다.
② LBS란 멀티미디어 기능 강화 실시간 TV와 생활정보, 교육 등의 방송 서비스를 말한다.
③ VCS란 화상 회의 시스템으로 초고속 정보통신망을 이용하여 멀리 떨어져 있는 사람들과 비디오와 오디오를 통해 회의할 수 있도록 하는 멀티미디어 시스템이다.
④ VOD란 주문형 비디오로 보고 싶은 영화나 스포츠 뉴스, 홈쇼핑 등 가입자가 원하는 시간에 원하는 프로그램을 선택하여 시청할 수 있도록 하는 멀티미디어 서비스이다.

정답 해설 LBS(위치 기반 서비스)는 이동통신망이나 GPS를 통해 얻은 위치 정보를 바탕으로 무선 인터넷 이용자들에게 변경되는 위치에 따른 여러 가지 서비스(현재 위치 정보, 실시간 교통 정보 등)를 제공한다.

정답 | ②

045 그래픽 데이터

1 그래픽 데이터의 표현 방식

비트맵(Bitmap) 방식	• 이미지를 점의 집합으로 표시하는 방식으로, '래스터(Raster) 이미지'라고도 함 • 확대하면 테두리가 거칠어지는 계단 현상과 같은 앨리어싱 현상 발생 • 벡터 방식보다 파일의 크기가 큼 • 화면에 표시하는 속도는 벡터 방식보다 빠름 • 다양한 색상을 사용하여 사실적 이미지를 표현함 • 확장명: BMP, JPG(JPEG, JPE), GIF, PNG 등 • 프로그램: 포토샵, 그림판, 페인트샵 프로 등
벡터(Vector) 방식	• 점과 점을 연결하는 직선이나 곡선을 이용하여 이미지 표현 • 확대해도 계단 현상이 발생하지 않음 • 확장명: WMF, AI 등 • 프로그램: 일러스트레이터, 플래시, 코렐드로 등

2 그래픽 파일의 형식

BMP	• Windows의 표준 이미지 형식 • 압축하지 않아 파일의 용량이 매우 큼
JPEG	• 정지 화상을 위해 만들어진 압축 방식의 표준 • 웹에서 사진과 같이 색이 다양한 정지 영상을 표현하기에 적합 • 24비트 컬러를 사용하여 트루컬러 이미지 표현 • 손실, 무손실 압축 기법을 모두 사용하지만, 무손실 압축 기법은 잘 사용하지 않음 • 저장할 때 사용자가 임의로 압축률을 조정할 수 있음 • 압축률이 높을수록 이미지의 질이 떨어짐 • 문자, 선, 세밀한 격자 등 고주파 성분이 많은 이미지의 변환에서는 GIF나 PNG에 비해 품질이 떨어짐
PNG	• 트루컬러를 지원하는 무손실 방식의 그래픽 파일 • 8비트 알파 채널을 이용하여 부드러운 투명층 표현
GIF	• 무손실 압축 기법 사용 • 8비트 컬러로, $256(=2^8)$색 표현 • 간단한 애니메이션 효과를 지정할 수 있음

3 그래픽 관련 용어

앨리어싱(Aliasing)	비트맵 이미지를 확대할 때 이미지의 경계선이 매끄럽지 않고 계단 형태로 나타나는 현상
안티앨리어싱(Anti-Aliasing)	2차원 그래픽에서 계단 현상(앨리어싱)을 제거하여 경계면을 부드럽게 보이도록 하는 기법
모델링(Modeling)	물체의 형상을 컴퓨터 내부에서 3차원 그래픽으로 어떻게 표현할 것인지를 정하는 과정
렌더링(Rendering)	3차원 그래픽에서 사물 모형에 명암과 색상을 추가하여 사실감을 더하는 과정
디더링(Dithering)	표현할 수 없는 색상이 있을 경우 색상을 조합하여 비슷한 색상을 내는 효과
인터레이싱(Interlacing)	화면에 이미지를 표시할 때 한 번에 표시하지 않고 이미지의 대략적인 모습을 먼저 보여준 후 점차 선명하게 나타나도록 하는 방식
모핑(Morphing)	하나의 이미지를 다른 이미지로 서서히 변화시키는 특수 효과

확인문제

다음 중 이미지 가장자리의 계단 현상을 최소화해주는 그래픽 기법은?

① 모핑(Morphing)
② 디더링(Dithering)
③ 렌더링(Rendering)
④ 안티앨리어싱(Anti-Aliasing)

오답 해설 ① 모핑(Morphing)은 2개의 이미지나 3차원 모델 간을 부드럽게 연결하여 서서히 변하는 모습을 보여주는 기법이다.
② 디더링(Dithering)은 제한된 색을 조합하여 음영이나 색을 나타내는 것으로, 여러 색을 활용하여 원하는 색을 최대한 맞추는 기법이다.
③ 렌더링(Rendering)은 컴퓨터 프로그램을 이용하여 3차원 애니메이션을 만드는 과정으로, 사물 모형에 명암과 색상을 추가하여 사실감을 더해주는 기법이다.

정답 | ④

046 사운드 데이터

1 사운드 파일의 형식

WAV(WAVeform audio file format)	• 무압축 방식으로, 아날로그 사운드를 디지털 사운드로 바꾼 방식 • 자연의 음향과 사람의 음성 표현이 가능하고 파일의 용량이 큰 편임 • 녹음 조건에 따라 파일의 크기가 가변적임
MIDI(Musical Instrument Digital Interface)	• 전자 음향장치나 디지털 악기 간의 통신 규약 • 용량이 작고, 사람의 목소리나 자연음은 재생할 수 없음
MP3(MPEG-1 audio layer 3)	• 소리에 대한 사람의 청각 특성을 잘 살려 압축하는 기법 • CD 수준의 음질을 들을 수 있는 고음질 오디오 압축 표준 형식 • MP3 파일의 크기(Byte) = (비트레이트×재생시간(초))÷8
FLAC(Free Lossless Audio Codec)	오디오 파일을 무손실 압축하는 방식으로, 음원의 손실이 없음
AIFF(Audio Interchange File Format)	비압축 무손실 압축 포맷으로, Mac OS에서 표준으로 사용하는 오디오 파일 형식

2 사운드 관련 용어

샘플링(Sampling)	아날로그 신호를 디지털 신호로 변환해 주는 작업
샘플링 레이트 (Sampling Rate)	1초에 몇 개의 샘플을 추출할 것인지를 정하는 것으로, 샘플링 레이트(샘플링률)가 높을수록 원음에 가까움. 단위는 헤르츠(Hz) 사용

047 동영상 데이터 ★

1 동영상 파일의 형식

MPEG	• 동영상 전문가 그룹인 Motion Picture Experts Group에서 제안한 동영상 압축 기술의 국제 표준 규격 • 동영상과 오디오 압축에 관한 일련의 표준
AVI	• Windows에서 기본적으로 지원하는 표준 동영상 파일 형식 • 별도의 하드웨어 장치 없이 재생 가능
MOV	• 애플(Apple)에서 개발한 동영상 파일 형식 • Windows에서 재생하려면 Quick Time for Windows 프로그램을 설치해야 함
ASF	• 마이크로소프트에서 개발한 동영상 파일 형식 • 용량이 작고 음질이 뛰어나 주로 스트리밍 서비스를 하는 인터넷 방송국에서 사용
H.264	• 비디오 코딩 전문가 그룹(VCEG)과 ISO/IEC의 동영상 전문가 그룹(MPEG)이 공동으로 조인트 비디오팀(JVT; Joint Video Team)을 구성하고 표준화를 진행하여 만든 고선명 동영상 압축 표준 형식 • 고선명 비디오를 녹화·압축·배포하기 위한 가장 일반적인 포맷으로, 데이터 압축률이 매우 높음

> **더 보기**
> **DVI**
> 컴퓨터 기타 장치에서 디스플레이(모니터, 프로젝터 등)로 디지털 비디오 신호를 전송하는 표준 영상 출력 인터페이스
> **DIVX**
> • MPEG-4와 MP3를 재조합한 것으로, 코덱을 변형해서 만듦
> • 한두 장의 CD 분량으로 DVD와 유사한 수준의 화질로 영화를 볼 수 있게 지원

2 MPEG 규격

MPEG-1	비디오테이프 수준의 화질을 제공하고 비디오 CD 제작에 사용
MPEG-2	높은 화질과 음질을 제공하고 DVD, HDTV 등에 사용
MPEG-4	멀티미디어 통신을 위해 만들어진 영상 압축 기술
MPEG-7	동영상 데이터 검색과 전자도서관, 전자상거래 등에 적합하도록 개발
MPEG-21	디지털 콘텐츠의 생성·유통·전달·관리 등 모든 과정을 관리할 수 있음

3 동영상 관련 용어

코덱(CODEC)	음성 신호나 영상 신호를 디지털 신호로 변환하는 코더(Coder)와, 그 반대로 변환시켜 주는 디코더(Decoder)의 기능을 함께 갖춘 기술
스트리밍 (Streaming)	전송되는 데이터를 끊임없이 지속적으로 처리할 수 있기 때문에 파일을 다운로드하면서 재생할 수 있는 기능

> **더 보기**
> **동영상 파일의 [속성] 대화상자에서 확인할 수 있는 비디오 정보**
> [속성] 대화상자의 [자세히] 탭에서 동영상의 길이, 프레임 속도, 프레임 너비, 프레임 높이, 총 비트 전송률 등을 확인할 수 있지만, 비트 수준은 표시되지 않음

Chapter 7 인터넷 활용

048 정보통신망 ★★

1 정보의 전송 방식

단방향 전송	한쪽으로만 데이터를 전송하는 방식 **예시** 라디오, TV 방송
반이중 전송	양쪽으로 데이터를 전송하지만, 동시 전송은 불가능한 방식 **예시** 무전기
전이중 전송	양쪽으로 동시에 데이터를 전송하는 방식 **예시** 전화

2 네트워크의 구성 형태

성(Star)형		• 모든 컴퓨터를 중앙 컴퓨터와 일대일로 연결한 형태 • '포인트 투 포인트(Point-to-Point)' 방식이라고도 함 • 통신망의 처리 능력 및 신뢰성이 중앙 컴퓨터의 제어장치에 좌우됨
트리(Tree)형		• 허브를 이용하여 계층적으로 구성한 형태 • 많이 확장되면 트래픽이 가중될 수 있음
링(Ring)형		• 여러 대의 컴퓨터를 원형 모양으로 서로 연결한 형태 • 단방향의 경우 특정 노드에 이상이 생기면 전체 통신망에 영향을 미침
버스(Bus)형		• 하나의 통신 회선에 여러 대의 컴퓨터를 연결한 형태 • 케이블 종단에는 종단장치가 있어야 함 • 증설이나 삭제가 쉬움 • 기밀 보장이 어렵고 회선 길이의 제한을 받음
망(Mesh)형		• 모든 컴퓨터를 그물 모양으로 서로 연결한 형태 • 특정 노드에 이상이 생겨도 전송할 수 있고 응답 시간이 빠름

> **확인문제**
>
> 다음 중 네트워크 구성 형태에 대한 설명으로 옳지 <u>않은</u> 것은?
> ① 망(Mesh)형은 응답 시간이 빠르고 노드의 연결성이 우수하다.
> ② 성(Star)형은 모든 컴퓨터를 중앙 컴퓨터와 일대일로 연결한 형태로 통신망의 처리 능력 및 신뢰성이 중앙 컴퓨터의 제어장치에 좌우된다.
> ③ 버스(Bus)형은 기밀 보장이 어렵고, 통신 회선의 길이에 제한이 있다.
> ④ 트리(Tree)형은 통신 회선 중 어느 하나라도 고장 나면 전체 통신망에 영향을 미친다.
>
> **정답 해설** 링(Ring)형의 경우 통신 회선 중 어느 하나라도 고장 나면 전체 통신망에 영향을 미친다.
>
> 정답 | ④

더 보기

중앙 집중 방식
중앙 컴퓨터가 모든 단말기에서 요구하는 데이터 처리를 전담하는 방식

클라이언트/서버 방식
서버와 클라이언트가 모두 처리 능력을 가지며, 분산 처리 환경에 적합한 방식

P2P(Peer-to-Peer, 동배 간 처리) 방식
- 컴퓨터와 컴퓨터가 동등하게 연결되는 방식
- 각 컴퓨터는 클라이언트인 동시에 서버가 될 수 있음
- 인터넷에서 이루어지는 개인 대 개인의 파일 공유를 위한 기술
- 유지 보수가 어렵고 데이터의 보안이 취약함

2 LAN의 전송 방식

- **베이스밴드 전송**: 디지털 데이터 신호를 변조하지 않고 원래의 신호를 그대로 직접 전송하는 방식
- **브로드밴드 전송**: 디지털 데이터 신호를 아날로그 신호로 변조하여 다수의 통신 채널로 데이터를 동시에 전송하는 방식

더 보기

제3세대 이동통신
WCDMA, WiBro, IMT 2000

제4세대 이동통신
LTE-Advanced, WiBro-Evolution

049 정보통신망의 종류 ★

1 정보통신망의 유형

- **근거리 통신망(LAN; Local Area Network)**
  - 집, 학교, 회사 등 한정된 공간에서 자원을 공유할 목적으로 연결된 통신망
  - 전송 거리가 짧고, 고속 전송이 가능하며, 오류 발생률이 낮음
- **도시권 정보 통신망(MAN; Metropolitan Area Network)**: LAN과 WAN의 중간 형태로, 대도시와 같은 지역에 데이터 전송을 제공하는 통신망
- **광역 통신망(WAN; Wide Area Network)**
  - 국가나 대륙 등 넓은 지역을 연결하는 통신망
  - 거리의 제한이 없지만, 다양한 경로를 거쳐서 도달하므로 속도가 느리고 오류 발생률이 높음
- **부가 가치 통신망(VAN; Value Added Network)**: 통신 회선을 임대하여 기존의 정보에 새로운 정보나 서비스를 추가하여 다수의 이용자에게 판매하는 통신망
- **광대역 종합 정보통신망(B-ISDN; Broadband Integrated Services Digital Network)**: 광대역 네트워크에서 데이터, 음성, 고해상도의 동영상 등 다양한 서비스를 디지털 통신망을 이용하여 제공하는 고속 통신망
- **무선 가입자 통신망(WLL; Wireless Local Loop)**: 전화국과 가입자 단말 사이에 무선 시스템을 이용하여 구성하는 통신망

050 OSI 7계층과 네트워크 장치 ★★★

1 OSI 7계층

- 네트워크에서 통신에 필요한 프로토콜을 7단계로 구분하고 정의한 표준 계층 모델
- 컴퓨터 네트워크 프로토콜 디자인과 통신을 계층으로 나누어 정의한 통신 규약

제1계층	물리 계층 (Physical Layer)	• 전송 매체에서의 전기 신호 전송 기능과 제어 및 클록 신호 제공 • 작동 장치: 리피터, 허브
제2계층	데이터 링크 계층 (Data Link Layer)	• 포인트 투 포인트(Point-to-Point) 간 신뢰성 있는 전송을 보장하기 위한 계층 • 동기화, 흐름 제어, 순서 제어 기능 제공 • 작동 장치: 브리지, 스위치
제3계층	네트워크 계층 (Network Layer)	• 정보 교환 및 중계 기능, 경로 설정 기능 제공 • 작동 장치: 라우터

제4계층	전송 계층 (Transport Layer)	송·수신 시스템 간의 논리적 안정과 균일한 서비스 제공
제5계층	세션 계층 (Session Layer)	사용자와 전송 계층 간의 인터페이스를 위한 연결 제공
제6계층	표현 계층 (Presentation Layer)	네트워크에서 일관성 있게 데이터를 표현하도록 코드 변환, 데이터의 재구성, 암호화 등 담당
제7계층	응용 계층 (Application Layer)	응용 프로세스 간의 정보 교환, 파일 전송 등 제공

2 네트워크 장치

모뎀(MODEM)	디지털 신호를 아날로그 신호로 변환하여 전송하고, 수신된 신호를 다시 디지털 신호로 변환하는 장치
허브(Hub)	네트워크에서 여러 대의 컴퓨터를 연결하고 각 회선을 통합 관리하는 장치
브리지(Bridge)	• 독립된 두 개의 근거리 통신망을 상호 접속하는 연결 장치 • OSI 7계층에서 데이터 링크 계층(제2계층)에 포함됨 • 통신량을 조절함
라우터(Router)	• 데이터 전송을 위한 최적의 IP 경로를 찾아 전송하는 장치 • 서로 다른 네트워크를 연결할 때 반드시 필요한 장비
리피터 (Repeater)	약해진 신호를 증폭하여 다음 구간으로 전달하는 장치
게이트웨이 (Gateway)	• 한 네트워크에서 다른 네트워크로 들어가는 입구 역할을 하는 장치 • 서로 구조가 다른 두 개의 통신 네트워크를 연결하는 데 사용 • OSI 7계층의 전 계층에서 작동

더 보기

- **디지털 서비스 유니트(DSU)**: 원거리 전송에 적합하도록 디지털 신호의 형태로 변형하는 장치
- **통신제어장치(CCU; Communication Control Unit)**: 통신 회선과 정보처리장치 사이에 위치하여 단말장치와 정보 신호를 제어하는 장치

확인문제

다음 중 네트워크 장비와 관련하여 라우터에 대한 설명으로 옳은 것은?

① 네트워크를 구성할 때 여러 대의 컴퓨터를 연결하여 각 회선을 통합 관리하는 장비이다.
② 네트워크에서 가장 최적의 IP 경로를 설정하여 전송하는 장비이다.
③ 다른 네트워크와 데이터를 주고받기 위한 입구 역할을 하는 장비이다.
④ 인터넷 도메인 네임을 숫자로 된 IP 주소로 바꾸어 주는 장비이다.

오답해설 ① 허브에 대한 설명이다.
③ 게이트웨이에 대한 설명이다.
④ DNS에 대한 설명이다.

정답 | ②

051 네트워크 명령어

Ping	지정된 호스트에 대해 네트워크 계층의 통신이 가능한지를 확인하는 서비스
Tracert	• 송신한 패킷이 어떤 경로로 가는지 추적하는 명령어 • IP 주소, 목적지까지 거치는 경로의 수, 각 구간 사이의 데이터 왕복 속도 확인 • 특정 사이트가 열리지 않을 때 해당 서버가 문제인지, 인터넷망이 문제인지 확인 • 인터넷 속도가 느릴 때 어느 구간에서 정체를 일으키는지 확인
Netstat	현재 자신의 컴퓨터에 연결된 다른 컴퓨터의 IP 주소나 포트 정보를 확인하는 명령어
Nslookup	DNS가 가지고 있는 특정 도메인의 IP Address를 검색하는 서비스

052 IP 주소

1 IPv4

- 인터넷에 연결된 컴퓨터의 고유한 주소
- 32비트로 구성된 주소 체계로, 점(.)을 이용해 8비트씩 네 부분(옥텟, Octet)으로 나누어 구분
- 각 부분은 0~255의 10진수로 표시
- 네트워크의 규모에 따라 A 클래스에서 E 클래스까지 5단계로 구분됨

구분	기능	첫째 옥텟 범위
A 클래스	국가나 대형 통신망에 사용	0~127
B 클래스	중대형 통신망에 사용	128~191
C 클래스	소규모 통신망에 사용	192~223
D 클래스	멀티캐스트용으로 사용	224~239
E 클래스	실험용으로 사용	240~255

- **서브넷 마스크**: IP 주소에서 네트워크 주소와 호스트 주소를 구분하고, 하나의 네트워크를 여러 개의 서브 네트워크로 나누기 위해 사용하는 32비트 숫자

2 IPv6

- IPv4의 주소 부족 문제를 해결하기 위해 개발
- 128비트 주소 체계로, 16비트씩 여덟 부분으로 나누고 콜론(:)으로 구분
- 각 부분은 네 자리의 16진수로 표현하고, 각 블록의 앞자리에 있는 0은 생략할 수 있음
- IPv4와의 호환성이 우수하고 품질을 쉽게 보장할 수 있음
- IPv4보다 주소의 확장성·융통성·연동성이 뛰어남
- 실시간 흐름 제어로 향상된 멀티미디어 기능 지원
- 인증성, 기밀성, 데이터 무결성의 지원으로 보안 문제를 해결할 수 있음
- 주소 유형: 유니캐스트, 애니캐스트, 멀티캐스트 형태

유니캐스트(Unicast)	1:1 통신 방식
애니캐스트(Anycast)	가장 가까운 노드에 전송하는 방식
멀티캐스트(Multicast)	특정 그룹에게 전송하는 방식

053 도메인 네임과 URL ★★

1 도메인 네임(Domain Name)

- IP 주소를 사용자가 이해하기 쉬운 문자 형태로 변환한 것
- 호스트 컴퓨터명, 소속 기관명, 소속 기관의 종류, 소속 국가명의 순서로 구성되며, 왼쪽에서 오른쪽으로 갈수록 상위 도메인을 의미함
- 도메인 네임 전체(FQDN)는 전세계적으로 고유해야 하며 중복되면 안 됨
- DNS(Domain Name System)
  - 문자로 만들어진 도메인 네임을 IP 주소로 변환해 주는 시스템
  - DNS에서는 모든 호스트를 도메인별로 계층화시켜서 관리

2 URL(Uniform Resource Locator)

- 인터넷에 있는 각종 자원이 있는 위치를 나타내는 표준 주소 체계
- 형식

> 프로토콜://호스트 서버 주소[:포트 번호][/파일 경로]

예시 http://www.eduwill.net/a.jpg
ftp://id:pass@192.168.1.234/a.jpg
mailto:somebody@mail.somehost.com

더 보기
잘 알려진 포트
HTTP-80, FTP-21, TELNET-23, News-119, Gopher-70

054 프로토콜 ★★

1 프로토콜의 기능

동기화	프레임의 시작과 끝을 구분하기 위해 송·수신기를 같은 상태로 유지
연결 제어	통신 개체(Entity) 간에 '연결 설정', '데이터 전송', '연결 해제'의 3단계로 제어
흐름 제어	송신 측이 수신 측의 처리 속도보다 더 빨리 데이터를 보내지 못하도록 조절
오류 제어	데이터 전송 도중에 발생하는 오류 검출

2 TCP/IP

- 서로 다른 기종의 컴퓨터 간에 데이터를 송·수신하기 위해 개발된 인터넷 표준 프로토콜로, TCP와 IP를 포함한 관련 프로토콜을 모두 포함

TCP(Transmission Control Protocol)	• 메시지를 송·수신 주소와 정보로 묶어 패킷 단위로 나눔 • 일부 망에 장애가 있어도 다른 망으로 통신할 수 있는 신뢰성 제공 • 전송 데이터의 흐름을 제어하고 데이터의 오류 검사 • OSI 7계층의 전송 계층(제4계층)에 해당
IP(Internet Protocol)	• 패킷 주소를 해석하고 최적의 경로를 결정하여 전송 • 신뢰성이 보장되지 않는 비신뢰성, 비연결형 서비스 수행 • OSI 7계층의 네트워크 계층(제3계층)에 해당

더 보기
TCP/IP의 계층 구조

제4계층	응용 계층	• 사용자가 컴퓨터에 접근할 수 있도록 서비스 제공 • 응용 프로그램 간의 데이터 송·수신을 담당
제3계층	전송 계층	호스트들 간 신뢰성 있는 통신 지원
제2계층	인터넷 계층	데이터 전송을 위한 주소 지정 및 경로 설정 지원
제1계층	네트워크 인터페이스 계층(링크 계층)	물리적 연결 구성 정의

- TCP/IP 속성

IP 주소	현재 컴퓨터에 설정된 IP 주소
서브넷 마스크	IP 주소의 '네트워크' 부분과 '호스트' 부분을 구별하여 하나의 IP를 여러 개로 나누어서 사용
기본 게이트웨이	프로토콜이 서로 다른 통신망을 상호 접속하기 위한 장치
DNS 서버 주소	도메인 네임을 숫자로 된 IP 주소로 변환하는 DNS 서버의 IP 주소

> 더 보기
>
> **고급 공유 설정 항목**
> 네트워크 검색, 파일 및 프린터 공유, 공용 폴더 공유, 미디어 스트리밍, 파일 공유 연결, 암호로 보호된 공유

3 기타 프로토콜

HTTP(HyperText Transfer Protocol)	웹 서버와 브라우저 사이에서 하이퍼텍스트 문서를 주고받기 위한 프로토콜
DHCP(Dynamic Host Configuration Protocol)	IP 주소를 동적으로 할당해 주는 프로토콜
ARP(Address Resolution Protocol)	IP 주소(IP Address)를 물리적 하드웨어 주소(Mac Address)로 변환하는 프로토콜
RARP(Reverse Address Resolution Protocol)	물리적 하드웨어 주소(Mac Address)를 IP 주소(IP Address)로 변환하는 프로토콜
UDP(User Datagram Protocol)	전송 계층에서 동작하는 비연결 지향형 프로토콜

> **확인문제**
>
> 다음 중 TCP/IP 프로토콜에서 IP 프로토콜의 개요 및 기능에 관한 설명으로 옳은 것은?
> ① 메시지를 송·수신자의 주소와 정보를 묶어 패킷 단위로 나눈다.
> ② 패킷 주소를 해석하고 경로를 결정하여 다음 호스트로 전송한다.
> ③ 전송 데이터의 흐름을 제어하고 데이터의 에러를 검사한다.
> ④ OSI 7계층에서 전송 계층에 해당한다.
>
> 정답 해설 IP 프로토콜은 패킷 주소를 해석하고 경로를 결정하여 다음 호스트로 전송한다.
>
> 정답 | ②

055 전자우편과 전자우편 프로토콜 ★★

1 전자우편(E-mail)

- 기본적으로 7비트의 ASCII 코드를 사용하여 메시지 전송
- 한 사람이 동시에 여러 사람에게 같은 전자우편을 보낼 수 있음
- 보내기, 회신, 첨부, 전달 등의 기능이 있음
- 전자우편 주소: 사용자 ID@호스트 주소
- 전자우편 헤더의 구성: 발신자 주소, 수신자 주소, 참조인 주소, 숨은 참조인 주소, 작성 날짜, 제목

2 전자우편 프로토콜

SMTP(Simple Mail Transfer Protocol)	사용자가 작성한 이메일을 다른 사람의 계정으로 전송해 주는 프로토콜
POP3(Post Office Protocol 3)	메일 서버의 이메일을 사용자의 컴퓨터로 가져오기 위한 프로토콜
MIME(Multi-purpose Internet Mail Extensions)	멀티미디어 전자우편을 주고받기 위한 인터넷 메일의 표준 프로토콜
IMAP(Internet Message Access Protocol)	서버에 직접 접속하여 메일을 확인하는 방식으로, 메일을 수신해도 서버에 메일이 남아있는 프로토콜

3 전자우편 관련 용어

스팸(Spam) 메일	수신인이 원하지 않는 메시지나 정보를 일방적으로 보내는 행위
옵트인(Opt-in) 메일	수신인이 사전에 받기로 수락한 광고성 이메일로, 법적으로 문제가 되지 않음

056 웹 브라우저 ★

1 웹 브라우저의 종류와 기능

- 웹 문서를 사용자에게 보여주는 프로그램
- 종류: 익스플로러(Explorer), 마이크로소프트 엣지(Microsoft edge), 크롬(Chrome), 넷스케이프(Netscape), 모자이크(Mosaic), 링스(Lynx), 오페라(Opera), 아라크네(Arachne), 삼바(SAMBA), 핫 자바(Hot Java), 파이어폭스(Firefox) 등
- 웹페이지의 내용을 사용자 컴퓨터에 저장하거나 인쇄할 수 있음

- 전자우편을 보내거나 FTP 서버에 접속할 수 있음
- HTML 및 XML 형태의 소스 파일을 볼 수 있음
- 플러그인(Plug-in)을 설치하여 비디오, 애니메이션과 같은 멀티미디어 파일을 재생할 수 있음

2 웹 브라우저 관련 용어

플러그인(Plug-in)	웹 브라우저에 추가 기능을 부여하는 프로그램
쿠키(Cookie)	웹사이트의 방문 정보를 기록하는 텍스트 파일
웹 캐시(Web Cache)	자주 사용하는 사이트의 자료를 저장한 후 같은 사이트에 접속할 경우 자동으로 자료를 불러오는 기능

더 보기

[인터넷 옵션] 대화상자

[일반] 탭	• 홈페이지 추가 • 마지막 세션 또는 기본 홈페이지로 웹 브라우저의 시작 여부를 설정 • 임시 파일, 열어본 페이지 목록, 쿠키 등을 삭제 • 웹페이지의 색, 언어, 글꼴, 접근성 등을 설정
[보안] 탭	인터넷, 로컬 인트라넷, 신뢰할 수 있는 사이트, 제한된 사이트 등의 보안 수준을 설정
[개인 정보] 탭	쿠키 처리 방법, 팝업 차단 등을 설정
[프로그램] 탭	기본 웹 브라우저와 HTML 편집 프로그램을 설정

057 인터넷 서비스 ★★★★

1 인터넷 서비스의 종류

- WWW(World Wide Web): 하이퍼텍스트를 기반으로 멀티미디어 정보를 검색할 수 있는 서비스
- FTP(File Transfer Protocol)
  - 파일을 송·수신할 때 사용되는 원격 파일 전송 프로토콜
  - 파일 업로드, 다운로드, 삭제, 이름 변경 등의 작업 가능
  - FTP 서버의 응용 프로그램은 다운로드한 후 실행할 수 있음
  - 익명(Anonymous) FTP: FTP 서버에 계정이 없는 익명의 사용자도 접속하여 사용할 수 있는 서비스
  - ASCII 코드의 텍스트 파일은 ASCII 모드로 전송하고 그림, 동영상, 실행 파일, 압축 파일 등은 Binary 모드로 전송
- IRC(Internet Relay Chat): 여러 사람이 관심 있는 분야별로 각자의 채널에서 대화할 수 있는 서비스
- WAIS(Wide Area Information Server): 여러 곳에 분산된 전문 주제 데이터베이스의 자료를 키워드를 사용하여 검색할 수 있는 서비스
- 유즈넷(Usenet): 인터넷의 전자게시판으로, 특정 주제나 관심사에 대해 의견을 제시하고 자료를 등록할 수 있는 서비스
- 텔넷(Telnet): 멀리 떨어져 있는 컴퓨터에 접속하여 자신의 컴퓨터처럼 사용할 수 있게 하는 서비스
- 이커머스(E-Commerce): 전자상거래(Electronic Commerce)의 약자로, 온라인에서 네트워크를 통해 상품과 서비스를 사고파는 것
- VoIP(Voice over Internet Protocol)
  - IP 기술을 이용하여 음성을 전송하는 기술로, 네트워크를 통해 음성을 패킷 형태로 전송
  - 일반 전화보다 요금이 저렴하지만, 트래픽이 많아지면 통화 품질이 떨어질 수 있음
- IPTV: 초고속 인터넷을 이용하여 동영상 콘텐츠, 정보 서비스 등 기본 텔레비전 기능에 인터넷 검색이 가능한 서비스
- 인트라넷(Intranet): 인터넷을 이용해 일정 지역 안에서 정보를 교환하거나 공동 작업을 하기 위한 목적으로 구축한 통신망으로, 인터넷 관련 기술을 기업 내의 전자우편, 전자결재 등과 같은 정보 시스템에 적용할 수 있음
- 엑스트라넷(Extranet): 인터넷을 이용해 일정 지역 안에서 정보를 교환하거나 공동 작업을 하기 위한 목적으로 구축한 통신망으로, 인터넷 기술을 사용하여 '공급자-고객-협력업체' 사이의 인트라넷을 연결하는 협력적 네트워크
- 포털 사이트(PS; Portal Site): 전자우편, 뉴스, 쇼핑, 게시판 등 다양한 서비스를 통합하여 제공하는 사이트
- 미러 사이트(Mirror Site): 인터넷에서 동시 접속자 수가 너무 많아 과부하가 걸리거나 속도가 느려지는 것을 막기 위해 같은 사이트를 여러 곳에 복사해 놓은 사이트

확인문제

다음 중 인터넷 기술을 적용한 인트라넷에 대한 설명으로 옳은 것은?

① 휴대폰, 노트북 등과 같은 단말장치의 근거리 무선 접속을 지원하기 위한 통신 기술이다.
② 인터넷 기술을 기업 내의 전자우편, 전자결재 등과 같은 정보 시스템에 적용한 것이다.
③ 납품업체나 고객업체 등 관련 있는 기업들 간의 원활한 통신을 위한 시스템이다.
④ 분야별 공통의 관심사를 가진 인터넷 사용자들이 서로의 의견을 주고받을 수 있게 하는 서비스이다.

오답 해설 ① 블루투스에 대한 설명이다.
③ 엑스트라넷에 대한 설명이다.
④ 유즈넷에 대한 설명이다.

정답 | ②

2 신기술 관련 용어

- **LBS**(Location Based Services): 이동통신망이나 위성 신호 등을 이용하여 모바일 단말기의 위치를 측정하고, 정보 서비스를 제공하는 모바일 커뮤니케이션 서비스
- **DMB**(Digital Multi-media Broadcasting): 휴대용 기기에서 디지털 영상 및 오디오 방송을 전송하는 방송 기술로, 커뮤니케이션 서비스로는 볼 수 없음
- **블루투스**(Bluetooth)
  - 1994년 스웨덴의 에릭슨(Ericsson)이 최초로 개발한 근거리 통신 기술
  - 휴대폰, 노트북, 이어폰, 헤드폰 등의 휴대용 기기를 서로 연결해 정보를 교환하는 근거리 무선 기술 표준
  - IEEE 802.15.1 규격을 사용하는 PAN(Personal Area Network)의 산업 표준
- **와이파이**(Wi-Fi)
  - IEEE 802.11 기술 규격의 브랜드명으로, 'Wireless Fidelity'의 약어
  - 사용 거리에 제한이 있고, 전송 속도가 3G 이동통신보다 빠르며, 전송 비용이 저렴함
  - 무선 신호를 전달하는 AP(Access Point)를 중심으로 데이터를 주고받는 '인프라스트럭처(Infrastructure) 모드'와 AP 없이 데이터를 주고받는 '애드혹(Ad hoc) 모드'가 있음
  - IEEE 802.11b 규격은 최대 11Mbps의 속도를 지원하고, IEEE 802.11g 규격은 최대 54Mbps의 속도를 지원

더 보기
3D 프린터
- 입력한 도면을 바탕으로 3차원 입체 물품을 만들어내는 프린터
- 잉크를 종이 표면에 분사하여 2D 이미지를 인쇄하는 잉크젯 프린터의 인쇄 원리와 같음
- 인쇄 방식으로는 레이어로 쌓아 입체 형상을 만드는 '적층형 방식'과 작은 덩어리로 깎아서 만드는 '절삭형 방식'이 있음
- 기계, 건축, 예술, 우주 등의 수많은 분야뿐만 아니라, 의료 분야에서도 활발히 활용되고 있음

- **와이브로**(WiBro): 이동 중에도 초고속 인터넷을 이용할 수 있는 무선 휴대 인터넷 서비스
- **테더링**(Tethering): 컴퓨터나 노트북 등의 IT 기기를 스마트폰에 연결하여 무선 인터넷을 사용할 수 있게 하는 기능
- **텔레매틱스**(Telematics): 자동차와 무선 통신을 결합한 기술로, 운전 경로를 안내하거나 차량 사고를 감지할 수 있음
- **유비쿼터스 센서 네트워크**(USN; Ubiquitous Sensor Network): 각종 센서에서 감지한 정보를 무선으로 수집하는 기술

더 보기
유비쿼터스 컴퓨팅 기반 기술의 종류
- 유비쿼터스 컴퓨팅이 가능하기 위한 고속의 네트워크 전송 기술
- 휴대성을 극대화하기 위한 초소형·초경량의 하드웨어 제조 기술
- 개인별 최적화된 소프트웨어의 제작 및 유통 기술

- **사물 인터넷**(IoT; Internet of Things)
  - 인터넷을 기반으로 다양한 사물, 사람, 공간 등을 연결하고, 상황을 분석 및 예측·판단해서 지능화된 서비스를 제공하는 기술
  - 스마트 센싱 기술과 무선 통신 기술을 융합하여 실시간으로 데이터를 주고받는 기술
  - 개인 맞춤형 스마트 서비스를 지향하고, 스스로 사물에 의사 결정을 내리는 단계로 발전하고 있음
  - 사물 인터넷 기반 서비스는 개방형 아키텍처가 필요하므로 정보 공유에 대한 부작용을 최소화하기 위한 정보보안 기술의 적용이 필요함
- **웨어러블 컴퓨터**(Wearable Computer): 소형화·경량화를 비롯해 음성과 동작 인식 등 다양한 기술이 적용되어 장소에 구애받지 않고 컴퓨터를 활용할 수 있도록 몸에 착용하는 컴퓨터
- **RFID**(Radio Frequency IDentification): 사물에 전자 태그를 부착하고, 무선 통신을 이용하여 제품 식별, 출입 관리 등 다양한 분야에서 활용하는 기술
- **데이터 마이닝**(Data Mining): 대량의 데이터에서 일정한 패턴을 찾아내고, 이로부터 가치 있는 정보를 추출하는 기술

더 보기

데이터 관련 용어
- **클라우드 컴퓨팅(Cloud Computing)**: 인터넷 서버를 통해 데이터 저장과 처리, 네트워크, 콘텐츠 사용 등 IT 관련 서비스를 한 번에 사용할 수 있는 컴퓨팅 환경
- **빅데이터(Big Data)**: 디지털 환경에서 생성되는 데이터로, 그 규모가 방대하고, 생성 주기도 짧으며, 형태도 수치 데이터뿐 아니라 문자와 영상 데이터를 포함함
- **메타데이터(Metadata)**: 데이터를 효율적으로 관리하고 활용하기 위해 데이터 속성, 구조, 생성 정보, 요약 내용 등 데이터 자체에 대한 정보를 구조화함

확인문제

다음 중 사물 인터넷(IoT)에 대한 설명으로 옳지 않은 것은?

① IoT 구성품 가운데 디바이스는 빅데이터를 수집하며, 클라우드와 AI는 수집된 빅데이터를 저장하고 분석한다.
② IoT는 인터넷 기반으로 다양한 사물·사람·공간을 긴밀하게 연결하고, 상황을 분석·예측·판단해서 지능화된 서비스를 자율 제공하는 제반 인프라 및 융·복합 기술이다.
③ 현재는 사물을 단순히 연결시켜 주는 단계에서 수집된 데이터를 분석해 스스로 사물에 의사결정을 내리는 단계로 발전하고 있다.
④ IoT 네트워크를 이용할 경우 통신 비용이 절감되는 효과가 있으며, 정보보안기술의 적용이 용이해진다.

정답해설 사물 인터넷(IoT)은 인터넷을 기반으로 하기 때문에 네트워크 구성 비용이 추가되어 통신 비용이 증가하며, 보안에 취약하다는 단점이 있다.

정답 | ④

Chapter 8 컴퓨터 시스템 보호

058 저작권 보호 ★

1 저작권법

- 저작자의 권리와 이에 인접하는 권리를 보호하고, 저작물의 공정한 이용을 도모하여 문화의 향상 및 발전에 이바지하는 것이 목적임
- **저작재산권의 보호 기간**
  - 저작재산권은 특별한 규정이 있는 경우를 제외하고는 저작자가 생존하는 동안과 사망한 후 70년간 존속
  - 공동저작물의 저작재산권은 맨 마지막으로 사망한 저작자가 사망한 후 70년간 존속
  - 저작재산권의 보호 기간은 저작자가 사망하거나 저작물을 공표한 다음 해 1월 1일부터 기산

- **저작재산권의 제한 사항**
  - 재판 절차에 필요하여 저작물을 복제한 경우
  - 방송사업자가 자체방송을 위해 일시적으로 녹음하거나 녹화한 경우
  - 영리를 목적으로 하지 않는 공연 또는 방송인 경우
  - 시각장애인이나 청각장애인 등을 위해 점자로 복제한 경우
  - 도서관에 보관된 자료를 복제하는 경우

2 컴퓨터 프로그램의 보호

- 프로그램 저작권은 프로그램이 창작된 때부터 발생하고, 어떠한 절차나 형식의 이행은 필요 없음
- 프로그램을 작성하기 위해 사용하는 프로그램 언어, 규약 및 해법에는 저작권법을 적용하지 않음

059 정보사회 ★

1 정보사회의 특징

- 처리하려는 정보의 종류와 양이 증가함
- 정보처리 기술의 발달로 사회의 변화 속도가 빨라짐
- 사이버 공간에서 새로운 인간관계와 문화가 형성됨

2 정보사회의 문제점

- 정보의 편중으로 계층 간의 정보 차이가 커짐
- 중앙 컴퓨터 또는 서버의 장애나 오류 때문에 사회적·경제적 혼란이 발생할 수 있음
- 정보 기술을 이용한 새로운 범죄가 증가할 수 있음
- VDT 증후군(Video Display Terminal Syndrome)이나 테크노스트레스(Technostress)와 같은 직업병이 발생할 수 있음
- 정보처리 기술로 인간관계의 유대감이 약화될 수 있음

060 컴퓨터 범죄

1 컴퓨터 범죄의 유형

피싱(Phishing)	기업이나 금융기관 등을 사칭한 가짜 웹사이트나 이메일로 유인하여 개인의 금융 정보를 빼내는 행위
스니핑(Sniffing)	네트워크의 주변을 돌아다니는 패킷을 엿보면서 계정과 패스워드를 알아내는 행위
스푸핑(Spoofing)	검증된 사람이 네트워크를 통해 데이터를 보낸 것처럼 데이터를 변조하여 접속을 시도하는 행위
키로거 공격(Key Logger Attack)	키보드의 키 입력 시 캐치 프로그램을 사용하여 개인정보를 빼내는 행위
서비스 거부 공격 (DoS; Denial of Service)	일시에 대량의 데이터를 한 서버에 집중 및 전송시키는 공격 방식으로, 시스템에 오버플로를 발생시켜서 정상적인 서비스를 수행하지 못하도록 만드는 범죄 행위
분산 서비스 거부 공격(DDoS; Distributed Denial of Service)	여러 대의 컴퓨터를 일제히 동작시키는 방법으로 대량의 데이터를 한 곳의 서버 컴퓨터에 집중적으로 전송시켜서 특정 서버가 정상적으로 작동하지 못하게 하는 공격 방식
피기배킹(Piggybacking)	정당한 사용자가 정상적으로 시스템을 종료하지 않고 자리를 떠났을 때 비인가된 사용자가 바로 그 자리에서 계속 작업하여 불법적으로 접근하는 범죄 행위
웜(Worm)	네트워크를 통해 연속적으로 자신을 복제하여 시스템을 과부하시키는 프로그램
트로이 목마(Trojan Horse)	시스템에 다른 프로그램 코드로 위장하여 침투시키는 행위
매크로 바이러스(Macro Virus)	마이크로소프트의 엑셀이나 워드와 같은 파일을 매개로 하고, 특정 응용 프로그램에서 매크로를 사용하면 감염이 확산되는 컴퓨터 바이러스 예시 멜리사 바이러스, Laroux 바이러스
백도어(Back Door), 트랩 도어(Trap Door)	시스템에 침입한 해커가 다시 쉽게 침입하기 위해서 만들어 놓은 불법 침입 경로
랜섬웨어(Ransomware)	컴퓨터에 침투하여 파일을 암호화하고 금전 보상을 요구하는 악성 소프트웨어

2 컴퓨터 범죄의 예방 대책

- 보호하려는 컴퓨터나 정보에 비밀번호를 설정하고 주기적으로 변경
- 바이러스 백신 프로그램을 설치하고 '자동 업데이트'로 설정
- Windows 업데이트는 기본적으로 '자동 설치' 설정

확인문제

다음 중 네트워크 주변을 지나다니는 패킷을 엿보면서 계정(ID)과 비밀번호를 알아내는 보안 위협 행위는?

① 스니핑(Sniffing)
② 스푸핑(Spoofing)
③ 백도어(Back Door)
④ 키로거(Key Logger)

오답해설 ② 스푸핑(Spoofing)은 검증된 사람이 네트워크를 통해 데이터를 보낸 것처럼 데이터를 변조하여 접속을 시도하는 행위이다.
③ 백도어(Back Door)는 시스템에 침입한 해커가 다시 쉽게 침입하기 위해 만들어 놓은 불법 침입 경로이다.
④ 키로거(Key Logger)는 키보드의 키 입력 시 캐치 프로그램을 사용하여 개인정보를 빼내는 행위이다.

정답 | ①

---

061 컴퓨터 바이러스

1 컴퓨터 바이러스의 특징

- 컴퓨터의 정상적인 작동을 방해하여 운영체제나 저장된 데이터에 손상을 입힐 수 있는 프로그램
- 디스크의 부트 영역이나 프로그램 영역에 숨어 있음
- 자신을 복제하거나 다른 프로그램을 감염시킬 수 있음
- 인터넷과 같은 통신 매체뿐만 아니라 USB 메모리 등을 이용하여 외부에서 가져온 파일을 통해서도 감염시킬 수 있음
- 소프트웨어뿐만 아니라 하드웨어의 성능에도 영향을 미칠 수 있음

2 컴퓨터 바이러스의 유형

연결형 바이러스	프로그램의 위치 정보를 바이러스의 위치 정보로 바꾸는 바이러스
기생형 바이러스	프로그램을 손상시키지 않으면서 프로그램의 앞이나 뒤에 기생하는 바이러스
산란형 바이러스	바이러스를 확장명이 COM인 파일로 만들어서 실행 파일 확장명인 EXE보다 먼저 실행되도록 만드는 바이러스
겹쳐쓰기형 바이러스	원래 프로그램의 일부에 겹쳐 쓰는 바이러스

3 컴퓨터 바이러스의 예방법

- 최신 버전의 백신 프로그램을 사용할 것
- 다운로드한 파일은 작업 전에 반드시 바이러스 검사를 할 것

- 의심스러운 이메일은 내용을 확인하지 않고 곧바로 삭제할 것
- 네트워크 공유 폴더의 파일은 '읽기 전용'으로 지정할 것

확인문제

다음 중 컴퓨터 사용 시 발생할 수 있는 바이러스 감염에 대한 예방법으로 적절하지 않은 것은?

① 전자우편에 첨부된 파일은 파일명을 다른 이름으로 저장하여 사용한다.
② 다운로드한 파일은 작업 전에 반드시 바이러스 검사 후 사용한다.
③ 백신 프로그램을 최신 버전으로 업데이트하여 실행한다.
④ 네트워크 공유 폴더의 파일을 '읽기 전용'으로 지정한다.

정답 해설 의심스러운 이메일은 내용을 확인하지 않고 곧바로 삭제한다.

정답 | ①

062 정보보안 서비스

1 정보보안 서비스의 조건

기밀성(Confidentiality)	시스템의 정보와 자원은 인가된 사용자에게만 접근이 허용되어야 함
무결성(Integrity)	정보를 전송하는 과정에서 변경되지 않고 전달되어야 함
인증(Authentication)	사용자를 식별하고 접근 권한을 확인할 수 있어야 함
부인 봉쇄 또는 부인 방지 (Non-repudiation)	송신자가 송신한 사실을 부인하거나, 수신자가 수신한 사실을 부인하는 것으로부터 증거를 제공하는 것

2 정보보안 위협의 유형

가로막기	데이터의 전달을 가로막아 수신자 측으로 정보가 전달되는 것을 방해하는 행위로 가용성을 저해함
가로채기	전송되는 데이터를 전송 도중에 도청 및 몰래 보는 행위로 기밀성을 저해함
변조/수정	전송된 원래의 데이터를 다른 내용으로 수정하여 변조하는 행위로 무결성을 저해함
위조	다른 송신자로부터 데이터가 송신된 것처럼 꾸미는 행위로 무결성을 저해함

3 암호화(Encryption)

데이터에 암호 알고리즘을 적용하여 허가받지 않은 사람들이 정보를 볼 수 없도록 암호문으로 변환하는 기법

비밀키 암호화 기법 (대칭키, 단일키)	• 같은 키로 데이터를 암호화하고 복호화함 • 대표적인 알고리즘은 DES(Data Encryption Standard) • 비밀키 암호의 안전성은 키의 길이 및 키의 비밀성 유지 여부에 영향을 받음 • 장점: 알고리즘이 간단하고, 암호화와 복호화 속도가 빠름 • 단점: 키의 분배가 어렵고, 사용자가 증가하면 관리해야 할 키의 개수가 많아짐
공개키 암호화 기법 (비대칭키, 이중키)	• 암호화 키와 복호화 키가 서로 다름 • 암호화 키는 공개(공개키)하고, 복호화 키는 비밀(개인키)로 함 • 대표적인 알고리즘은 RSA(Rivest-Shamir-Adleman) • 장점: 키의 분배가 쉽고, 관리해야 할 키의 개수가 적음 • 단점: 알고리즘이 복잡하고, 암호화와 복호화 속도가 느림

063 방화벽

- 보안이 필요한 네트워크의 통로를 단일화하여 관리하는 기능으로, 외부 네트워크와 내부 네트워크 사이에 위치함
- 통신을 허용할 프로그램 및 기능 설정
- 각 네트워크의 위치 유형에 따른 외부 연결의 차단과 알림 설정
- 로그 정보를 통해 역추적하는 기능이 있어 외부 침입자의 흔적을 찾을 수 있음
- ==외부로부터의 침입은 막을 수 있지만, 내부에서 일어나는 해킹은 막을 수 없음==
- 방화벽(Firewall)을 사용하면 네트워크의 부하가 증가하고, 전송 처리 속도가 느려질 수 있음

더 보기

프록시 서버(Proxy Server)
클라이언트와 서버 사이에서 데이터를 중계하는 서버로, 어떤 사이트에 접속할 때 프록시 서버에서 데이터를 가져와서 전달하는 방화벽 기능과 캐시 기능 제공

스프레드시트 일반

Chapter 1 스프레드시트의 개요

064 엑셀 화면

1 화면 구성

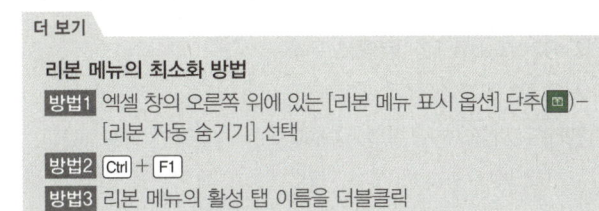

> **더 보기**
> **리본 메뉴의 최소화 방법**
> **방법1** 엑셀 창의 오른쪽 위에 있는 [리본 메뉴 표시 옵션] 단추(□)-[리본 자동 숨기기] 선택
> **방법2** Ctrl + F1
> **방법3** 리본 메뉴의 활성 탭 이름을 더블클릭

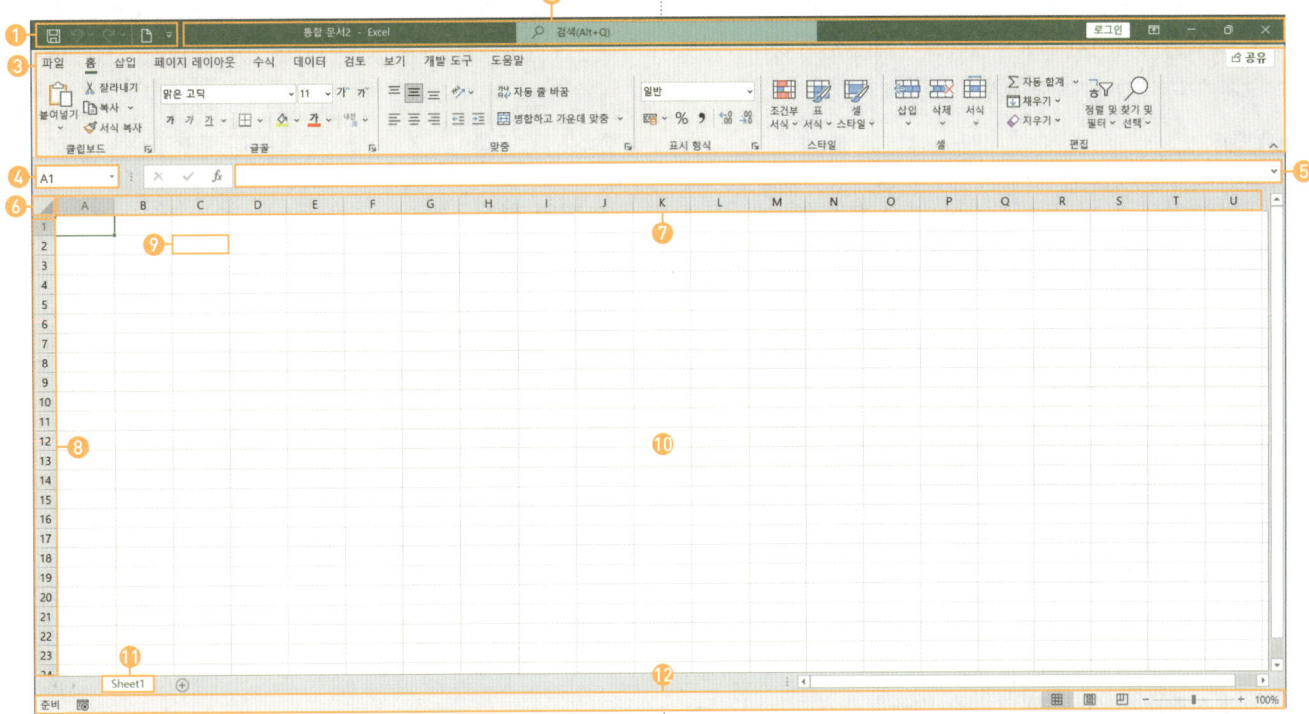

❶ **빠른 실행 도구 모음**: 자주 사용하는 도구들을 모아놓은 도구 모음으로, 사용자가 추가 및 제거하거나 리본 메뉴의 위쪽이나 아래쪽에 표시할 수 있음

❷ **제목 표시줄**: 현재 작업 중인 파일의 이름이 표시되고, [리본 메뉴 표시 옵션](□), [최소화](─), [이전 크기로 복원](□)/[최대화](□), [닫기] 단추(×)를 사용할 수 있음

❸ **리본 메뉴**: [파일] 탭, [홈] 탭, [삽입] 탭, [페이지 레이아웃] 탭, [수식] 탭, [데이터] 탭, [검토] 탭, [보기] 탭, [개발 도구] 탭, [도움말] 탭이 있고, 클릭하면 각 탭에 포함되는 도구가 표시됨

– Alt 또는 F10을 누르면 리본 메뉴에는 바로 가기 키가 표시되고, [빠른 실행 도구 모음]에는 일련번호가 표시됨

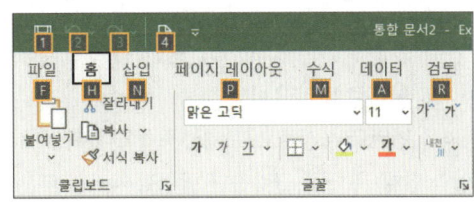

– 방향키 중 →를 누르면 활성화된 탭이 오른쪽 탭으로 변경됨(이때 바로 →를 누르면 워크시트의 셀이 오른쪽으로 이동함. 따라서 Alt를 눌러 리본 메뉴에서 탭을 선택한 상태에서 →를 눌러야 함)

❹ **이름 상자**: 현재 선택한 셀 주소나 이름이 표시되고, 차트나 그리기 개체를 선택하면 개체의 이름이 표시됨

❺ **수식 입력줄**: 셀에 입력한 데이터나 수식이 표시되는 영역

❻ **[모두 선택] 단추**(□): 워크시트의 모든 셀이 선택됨

- ❼ **열 머리글**: 시트의 각 열을 의미하고, 클릭하면 열이 선택됨
- ❽ **행 머리글**: 시트의 각 행을 의미하고, 클릭하면 행이 선택됨
- ❾ **셀**: 데이터가 입력되는 기본 단위로, 각 셀의 주소는 열 문자와 행 번호로 표시

  예시 [C2] 셀: C열과 2행이 만나는 셀
- ❿ **워크시트**: 데이터를 입력하고 결과가 표시되는 공간으로, 1,048,576행×16,384열로 구성
- ⓫ **시트 탭**: 통합 문서에 포함되어 있는 시트의 이름 표시
- ⓬ **상태 표시줄**: 현재 작업 상태에 대한 기본적인 정보 표시
  - 선택 영역에 대한 평균, 개수, 숫자 셀 수, 최소값, 최대값, 합계 등을 표시할 수 있음
  - 시트의 보기 상태를 [기본] 보기(▦), [페이지 레이아웃] 보기(▦), [페이지 나누기 미리 보기](▦)로 지정
  - 확대/축소 슬라이드바 표시

> **더 보기**
> **워크시트의 수 지정 방법**
> 새로운 통합 문서를 열었을 때 기본적으로 만들어지는 워크시트 수는 [파일] 탭-[옵션]을 선택하고 [Excel 옵션] 대화상자의 '일반' 범주를 선택한 후 '새 통합 문서 만들기'의 '포함할 시트 수'에서 지정

2 화면의 확대/축소

- 현재 시트를 확대하거나 축소하는 기능으로, **인쇄할 때는 적용되지 않음**
- [보기] 탭-[확대/축소] 그룹-[확대/축소]를 클릭하거나 상태 표시줄에서 지정하고, 10~400% 범위에서 확대 및 축소할 수 있음
- 설정한 확대/축소 배율은 통합 문서의 해당 시트에만 적용
- 여러 시트를 선택하고 확대/축소 배율을 변경하면 선택된 모든 시트에 확대/축소 배율이 적용됨
- Ctrl을 누른 상태에서 마우스의 스크롤을 위로 올리면 화면이 확대되고 아래로 내리면 화면이 축소됨
- 특정 영역을 범위로 지정하고 [보기] 탭-[확대/축소] 그룹-[선택 영역 확대/축소]를 클릭하면 범위로 지정한 부분이 한 화면에 보이도록 배율을 자동으로 설정할 수 있음

065 저장과 파일 형식 ★

1 일반 옵션

- [다른 이름으로 저장](F12) 대화상자에서 [도구] 단추-[일반 옵션] 선택
- 파일을 저장할 때 백업 파일의 작성 여부와 열기/쓰기 암호, 읽기 전용 권장 등 저장 옵션을 설정할 수 있음
- [일반 옵션] 대화상자

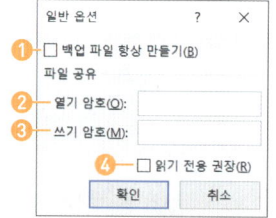

❶ 백업 파일 항상 만들기	파일 저장 시 자동으로 백업용 복사본 저장
❷ 열기 암호	열기 암호를 입력해야 파일을 열 수 있음
❸ 쓰기 암호	쓰기 암호를 몰라도 파일을 열 수 있고, 원래 이름으로 저장할 수 없음
❹ 읽기 전용 권장	파일을 열 때 읽기 전용으로 열지 묻는 메시지 창 표시

2 파일 형식

*.xlsx	Excel 통합 문서
*.xlsm	Excel 매크로 사용 통합 문서
*.xlsb	Excel 바이너리 통합 문서
*.xltx	Excel 서식 파일(VBA 매크로 코드를 저장할 수 없음)
*.xltm	Excel 매크로 사용 서식 파일
*.xml	XML 데이터
*.txt	탭으로 분리된 텍스트 파일
*.prn	공백으로 분리된 텍스트 파일
*.csv	쉼표로 분리된 텍스트 파일

066 화면 제어 ★★

1 틀 고정

- 화면을 스크롤해도 특정 행이나 열이 계속 표시되도록 설정하는 기능
- [보기] 탭-[창] 그룹-[틀 고정] 클릭
- '틀 고정', '첫 행 고정', '첫 열 고정'이 있음
- 셀 포인터의 위쪽과 왼쪽에 틀 고정 구분선이 생기고, 틀 고정 구분선은 드래그하여 위치를 조절할 수 없음
- 화면에 표시되는 틀 고정 형태는 인쇄할 때 적용되지 않음
- 셀 편집 모드이거나 [페이지 레이아웃] 상태일 때는 틀 고정을 설정할 수 없음

2 창 나누기

- 화면을 여러 개로 나누어 하나의 화면으로 표시하기 어려운 경우 떨어져 있는 데이터도 한 화면에 볼 수 있는 기능
- [보기] 탭-[창] 그룹-[나누기] 클릭
- 화면을 두 개(수직이나 수평)나 네 개(수직, 수평)의 영역으로 분할할 수 있고, 첫 행과 첫 열을 제외한 나머지 셀에서 창 나누기를 수행하면 셀 포인터의 위쪽과 왼쪽에 창 분할 선이 생김
- 분할선을 드래그하여 분할된 지점을 변경할 수 있음
- 창 나누기는 [실행 취소] 명령( )으로 해제할 수 없고, 분할선을 더블클릭하여 해제할 수 있음
- 현재의 창 나누기 상태를 유지하면서 추가로 창 나누기를 지정할 수 없음
- 창 나누기는 인쇄할 때 적용되지 않음
- 틀 고정과 창 나누기를 동시에 수행할 수 없음

> **더 보기**
>
> **[보기] 탭-[창] 그룹**
>
>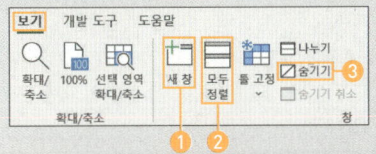
>
> ① **새 창**: 현재 활성화된 통합 문서를 새 창에 하나 더 표시
> ② **모두 정렬**: 현재 열려 있는 통합 문서를 '바둑판식', '계단식', '가로', '세로'의 네 가지 형태로 배열
> ③ **숨기기**: 현재 활성화된 통합 문서 창을 보이지 않도록 숨김

> **확인문제**
>
> 다음 중 창 나누기에 대한 설명으로 옳지 <u>않은</u> 것은?
> ① 틀 고정과 창 나누기를 동시에 수행할 수 있다.
> ② 셀 포인터의 위쪽과 왼쪽에 창 분할 선이 생긴다.
> ③ 현재의 창 나누기 상태를 유지하면서 추가로 창 나누기를 지정할 수 없다.
> ④ 창 나누기는 인쇄할 때 적용되지 않는다.
>
> **정답 해설** 틀 고정과 창 나누기는 동시에 수행할 수 없다.
>
> 정답 | ①

---

067 시트의 선택, 그룹, 복사/이동

1 시트의 선택

- **연속적인 시트 선택**: 시트 탭에서 첫 번째 시트 탭을 선택하고 Shift를 누른 상태에서 마지막 시트 탭 선택
- **떨어져 있는 시트 선택**: 시트 탭에서 첫 번째 시트 탭을 선택하고 Ctrl을 누른 상태에서 차례대로 시트 탭 선택
- **모든 시트 선택**: 시트 탭의 바로 가기 메뉴에서 [모든 시트 선택] 선택

> **더 보기**
> - Ctrl + PageUp : 이전 워크시트로 이동
> - Ctrl + PageDown : 다음 워크시트로 이동

2 시트의 그룹

- 여러 개의 시트 탭을 한 번에 선택하면 제목 표시줄의 파일명 옆에 [그룹]([그룹])이 표시됨
- 그룹 상태에서 데이터 입력이나 편집을 하면 그룹으로 설정된 모든 시트에 같이 실행됨
- 그룹이 설정된 상태에서는 도형, 그림, 차트 등의 그래픽 개체를 삽입할 수 없으며, 정렬이나 필터 등의 데이터 작업도 할 수 없음
- 그룹으로 묶은 시트에서 복사하거나 잘라낸 데이터는 다른 한 개의 시트에만 붙여넣을 수 없음

3 시트의 복사와 이동

- **시트 복사**: 시트 탭을 선택하고 Ctrl을 누른 상태에서 원하는 위치로 드래그
- **시트 이동**: 시트 탭을 선택하고 원하는 위치로 드래그
- 같은 통합 문서에서 시트 탭을 복사하면, 원래의 시트 이름에 '(일련번호)' 형식이 추가되어 시트명이 생성됨

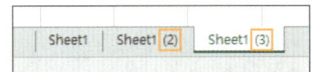

068 시트의 삽입, 삭제, 숨기기 ★★

1 시트의 삽입

- [홈] 탭-[셀] 그룹-[삽입]-[시트 삽입] 또는 시트 탭의 바로 가기 메뉴에서 [삽입] 선택
- Shift + F11 : 선택한 시트 탭의 개수만큼 왼쪽에 새로운 시트 탭이 삽입됨

2 시트의 삭제

- [홈] 탭-[셀] 그룹-[삭제]-[시트 삭제] 또는 시트 탭의 바로 가기 메뉴에서 [삭제] 선택
- 삭제된 시트는 실행 취소로 되살릴 수 없음
- Ctrl 이나 Shift 를 이용해 여러 개의 시트 탭을 선택해서 한꺼번에 삭제할 수 있음

3 시트 숨기기

- [홈] 탭-[셀] 그룹-[서식]-[숨기기 및 숨기기 취소]-[시트 숨기기] 또는 시트 탭의 바로 가기 메뉴에서 [숨기기] 선택
- 모든 시트를 숨길 수는 없고 화면에 보이는 시트가 적어도 하나는 있어야 함
- 시트를 숨긴 경우 시트 탭에는 표시되지 않지만, 다른 시트나 통합 문서에서 계속 참조할 수 있음

069 시트 이름 바꾸기, 시트 배경, 탭 색 ★

1 시트 이름 바꾸기

- 시트 탭에서 시트 이름을 더블클릭하여 변경 가능 상태(Sheet1)로 만든 후 원하는 이름 입력
- 시트 이름은 공백을 포함하여 최대 31자까지만 지정할 수 있음
- 시트 이름에 ₩, /, ?, *, [,] 등의 문자는 사용할 수 없음
  예시 시험 & 1분반 (○), BOOK / 1 (×)
- 하나의 통합 문서에서는 같은 시트 이름을 지정할 수 없음
- 시트의 이름을 변경하지 못하게 하려면 [검토] 탭-[보호] 그룹-[통합 문서 보호]를 클릭하여 통합 문서를 보호해야 함

2 시트 배경

- [페이지 레이아웃] 탭-[페이지 설정] 그룹-[배경]을 클릭하여 시트 배경 이미지를 표시할 수 있음
- 시트 배경 이미지는 인쇄되지 않음

3 탭 색

- 시트 탭의 바로 가기 메뉴에서 [탭 색]을 선택해 색을 지정할 수 있음
- 시트 탭에 같은 색을 지정할 수 있음

070 시트 보호와 통합 문서 보호 ★

1 시트 보호

- 시트의 내용, 개체, 시나리오를 보호하도록 설정하는 기능
- [검토] 탭-[보호] 그룹-[시트 보호] 클릭

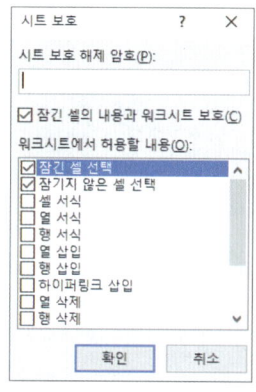

- 시트의 모든 셀은 기본적으로 '잠금' 속성이 설정되어 있지만, 시트를 보호하기 전까지는 효과가 전혀 없음
- 시트 보호를 설정하면 셀에 데이터를 입력하거나 수정할 때 경고 메시지 창이 나타남
- 시트 보호를 설정하면 기본적으로 셀의 선택만 가능하므로 셀의 내용을 수정할 수 있게 하려면 [셀 서식] 대화상자에서 '잠금' 설정을 해제해야 함
- 차트 시트의 경우 차트 내용과 개체를 변경하지 못하도록 보호할 수 있음
- 시트 보호 암호를 지정할 수 있고, 암호를 지정하지 않으면 모든 사용자가 시트 보호를 해제할 수 있음

> **더 보기**
>
> **범위 편집 허용 방법**
> [검토] 탭-[보호] 그룹-[범위 편집 허용]을 선택하여 [범위 편집 허용] 대화상자를 열고 보호된 워크시트에서 특정 사용자가 범위를 편집할 수 있도록 허용 가능

2 통합 문서 보호

- 시트 삽입, 삭제, 이동, 숨기기, 이름 바꾸기 등의 작업을 할 수 없도록 보호하는 기능
- [검토] 탭-[보호] 그룹-[통합 문서 보호] 클릭

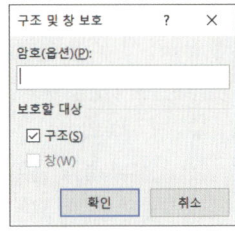

- 통합 문서를 보호해도 포함된 차트, 도형 등의 그래픽 개체를 변경 및 이동, 복사할 수 있음
- 통합 문서를 보호하면 시나리오 요약 보고서를 만들 수 없고, 별도의 워크시트에 피벗 테이블 보고서를 표시할 수 없음

071 통합 문서 공유

- 공유 네트워크 폴더를 이용하여 여러 사용자가 공유된 통합 문서를 공동으로 작업할 수 있게 하는 기능
- [검토] 탭-[보호] 그룹-[통합 문서 공유] 클릭
- 통합 문서가 공유되면 제목 표시줄의 파일명 옆에 '[공유]'()가 표시됨
- 공유된 통합 문서에서는 입력과 편집이 가능하지만, 조건부 서식, 차트, 시나리오 등을 추가하거나 변경할 수 없음
- 공유된 통합 문서는 여러 사용자가 동시에 변경할 수 있음
- 필요할 때 공유 통합 문서에서 특정 사용자의 연결을 끊을 수 있음
- 암호로 보호된 공유 통합 문서에서 보호를 해제하려면 먼저 통합 문서의 공유 상태를 해제해야 함
- 공유 통합 문서를 네트워크 위치에 복사해도 다른 통합 문서와의 연결은 그대로 유지됨
- 상위 버전에서 작성한 공유 통합 문서는 하위 버전에서 일부 제한이 있을 수 있음

Chapter 2 데이터 입력 및 편집

072 데이터 입력 ★★★

1 데이터의 형식

문자 데이터	• 문자, 숫자, 기호 등이 조합된 데이터 • 숫자 앞에 작은따옴표(')를 붙이면 문자로 인식 • 왼쪽 맞춤으로 정렬됨
숫자 데이터	• 숫자와 함께 +, −, ( ), 쉼표, /, $, %, 소수점, 지수 기호 등이 조합된 데이터 • 오른쪽 맞춤으로 정렬됨 • 분수는 '0'을 입력한 후 한 칸 띄우고 입력 [예시] '0 2/3' → '2/3'으로 입력됨 • 셀 너비보다 긴 숫자는 지수 형식으로 표시됨
날짜 데이터	• 하이픈(−)이나 슬래시(/)로 구분하여 입력 • 오른쪽 맞춤으로 정렬됨 • 날짜는 '1900년 1월 1일'을 '1'로 시작하는 일련번호로 저장 • 연도와 월만 입력하면 자동으로 해당 월의 1일로 입력됨 • 날짜의 연도를 두 자리로 입력할 때 연도가 30 이상이면 1900년대로, 29 이하이면 2000년대로 인식함 • 날짜와 시간을 하나의 셀에 같이 입력하려면 공백으로 날짜와 시간 구분 • 현재 시스템의 날짜 입력: [Ctrl]+[;]
시간 데이터	• 콜론(:)으로 구분하여 입력 • 오른쪽 맞춤으로 정렬됨 • 시간 데이터는 소수로 저장되고, 낮 12시는 0.5로 계산 • 날짜와 시간을 하나의 셀에 같이 입력하려면 공백으로 날짜와 시간 구분 • 시간은 24시각제로 입력되므로 12시각제로 입력하려면 시간 뒤에 한 칸을 띄우고 'AM' 또는 'PM' 입력 [예시] 9:00 PM • 현재 시스템의 시간 입력: [Ctrl]+[Shift]+[;]
수식 데이터	• 등호(=)나 더하기(+) 기호로 시작함 • 셀에는 수식의 결과가, 수식 입력줄에는 입력한 수식이 표시됨 • 입력된 수식 보기: [Ctrl]+[~] • 수식이 아닌 상수로 입력: 수식을 입력한 후 바로 [F9]를 누름
기타 데이터	• 한자: 한글을 입력하고 [한자]를 누른 후 표시되는 한자 목록에서 해당 한자 선택 • 특수 문자: 한글 자음을 입력하고 [한자]를 누른 후 해당 특수 문자 선택

> 더 보기
>
> **고정 소수점이 포함된 숫자 입력하기**
> [파일] 탭-[옵션]을 선택하고 [Excel 옵션] 대화상자의 '고급' 범주에서 '소수점 자동 삽입'에 체크한 후 '소수점 위치' 설정

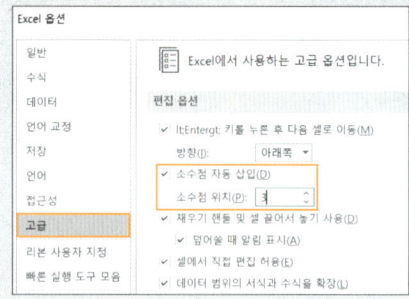

> 확인문제
>
> 다음 중 날짜 및 시간 데이터에 대한 설명으로 옳지 않은 것은?
> ① 날짜 데이터를 입력할 때 연도와 월만 입력하면 일자는 자동으로 해당 월의 1일로 입력된다.
> ② 셀에 '4/9'를 입력하고 Enter를 누르면 셀에는 '04월 09일'로 표시된다.
> ③ 날짜 및 시간 데이터의 텍스트 맞춤은 기본 왼쪽 맞춤으로 표시된다.
> ④ Ctrl + ;을 누르면 시스템의 오늘 날짜, Ctrl + Shift + ;을 누르면 현재 시간이 입력된다.
>
> **정답 해설** 날짜 및 시간 데이터의 텍스트 맞춤은 기본 오른쪽 맞춤으로 표시된다.
>
> 정답 | ③

> 더 보기
>
> **셀 포인터의 이동 방법**
>
> | 원하는 셀의 위치로 이동 | 이름 상자에 셀 주소 입력 후 Enter |
> |---|---|
> | 한 행 위로 이동 | Shift + Enter |
> | 해당 행의 A열로 이동 | Home |
> | [A1] 셀로 이동 | Ctrl + Home |
> | 데이터가 포함된 마지막 셀로 이동 | Ctrl + End |
> | [이동] 대화상자에서 셀 주소 입력 | F5 |

> 확인문제
>
> 다음 중 데이터 입력에 대한 설명으로 옳지 않은 것은?
> ① 셀 안에서 줄 바꿈을 하려면 Shift + Enter를 누른다.
> ② 한 행을 블록 설정한 상태에서 Enter를 누르면 블록 내의 셀이 오른쪽 방향으로 순차적으로 선택되어 행 단위로 데이터를 쉽게 입력할 수 있다.
> ③ 여러 셀에 숫자나 문자 데이터를 한 번에 입력하려면 여러 셀이 선택된 상태에서 데이터를 입력한 후 바로 Ctrl + Enter를 누른다.
> ④ 열의 너비가 좁아 입력된 날짜 데이터 전체를 표시하지 못하는 경우 셀의 너비에 맞춰 '#'이 반복 표시된다.
>
> **정답 해설** 줄 바꿈 단축키는 Alt + Enter 이다.
>
> 정답 | ①

2 데이터 입력

- 데이터 입력 도중에 입력 취소: Esc
- 셀 안에서 줄 바꿈: Alt + Enter
- 여러 셀에 같은 데이터 입력: 범위를 지정하고 데이터를 입력한 후 Ctrl + Enter
- 데이터 입력 후 위의 셀 선택: Shift + Enter
- 셀에 입력하는 문자 중 처음 몇 글자가 해당 열에 입력한 내용과 일치하면 나머지 글자가 자동으로 완성되며, 데이터 자동 완성은 텍스트나 '텍스트 + 숫자' 조합에만 해당됨
- 범위를 지정하고 Enter를 누르면 지정한 범위 안에서만 셀 포인터가 이동함
- 셀을 선택하고 Alt + ↓를 누르면 같은 열에 입력된 문자열 목록이 표시됨

073 자동 채우기 ★★★

1 자동 채우기 핸들(+)의 이용

데이터를 입력한 후 해당 셀의 자동 채우기 핸들()을 드래그하면 데이터의 종류 및 형태에 따라 결괏값이 다를 수 있음

문자 데이터	같은 데이터가 복사됨
숫자 데이터	• 한 개의 셀을 선택하고 자동 채우기 핸들을 드래그하면 숫자 데이터가 복사됨 • 두 개의 셀을 범위로 지정하고 자동 채우기 핸들을 드래그하면 두 셀의 차이값만큼 증가 또는 감소함 • Ctrl을 누른 상태에서 자동 채우기 핸들을 드래그하면 1씩 증가함 • Ctrl을 누른 상태에서 두 개의 셀을 범위로 지정하고 자동 채우기 핸들을 드래그하면 두 개의 값이 반복하여 복사됨

문자 + 숫자 데이터	• 문자는 복사되고 숫자는 1씩 증가함 • Ctrl 을 누른 상태에서 자동 채우기 핸들을 드래그하면 문자와 숫자 모두 복사됨
날짜/시간 데이터	• 날짜는 1일 단위로, 시간은 1시간 단위로 증가함 • 채우기 옵션: 일, 평일, 월, 연 단위 채우기 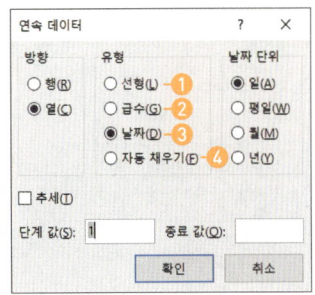
수식 데이터	수식이 자동으로 채워져서 결괏값이 표시됨
사용자 지정 목록	• [파일] 탭-[옵션]을 선택하고 [Excel 옵션] 대화상자의 '고급' 범주에서 [사용자 지정 목록 편집] 단추를 클릭한 후 [사용자 지정 목록] 대화상자에서 목록 추가 • 엑셀에서 기본적으로 제공된 목록은 수정하거나 삭제할 수 없음 • 사용자 지정 목록은 다른 통합 문서에서도 사용할 수 있음 • 등록된 문자 데이터를 입력하고 자동 채우기 핸들을 드래그하면 목록 순서대로 입력됨

더 보기

• 위쪽 셀의 내용으로 채우기: Ctrl + D
• 왼쪽 셀의 내용으로 채우기: Ctrl + R

확인문제

다음 중 채우기 핸들에 대한 설명으로 옳지 <u>않은</u> 것은?
① 문자와 숫자가 혼합된 셀의 채우기 핸들을 드래그하면 동일한 내용으로 복사된다.
② 숫자가 입력된 첫 번째 셀과 두 번째 셀을 범위로 설정한 후 채우기 핸들을 드래그하면 선택한 2개의 셀의 차이만큼 증가한다.
③ 숫자가 입력된 셀에서 Ctrl을 누른 채 채우기 핸들을 오른쪽으로 드래그하면 숫자가 1씩 증가한다.
④ 사용자 정의 목록에 정의된 목록 데이터의 첫 번째 항목을 입력하고 채우기 핸들을 드래그하면 목록 데이터가 입력된다.

정답 해설 문자는 동일하게 복사되고, 숫자는 1씩 증가한다.

정답 | ①

2 연속 데이터 채우기

• 데이터를 입력한 후 데이터의 입력 방향과 유형에 따라 연속으로 입력할 수 있음
• [연속 데이터] 대화상자

선형	'단계 값'만큼 더하여 입력
② 급수	'단계 값'만큼 곱하여 입력
③ 날짜	'날짜 단위'에서 지정한 값만큼 증가하여 입력
④ 자동 채우기	자동 채우기 핸들을 드래그한 것과 같은 결과 표시

074 스레드 메모, 노트, 윗주, 링크

1 스레드 메모

• 여러 사용자가 댓글을 달고, 대화 형태로 토론할 때 사용
• [검토] 탭-[메모] 그룹-[새 메모]를 클릭하거나 Ctrl + Shift + F2 를 누름
• 셀에 입력된 데이터를 지워도 스레드 메모는 삭제되지 않음
• 스레드 메모가 삽입된 셀을 이동하면 메모의 위치도 셀과 함께 변경됨
• 피벗 테이블에 삽입된 스레드 메모는 이동되지 않음
• 스레드 메모는 시트 끝에 모아서만 인쇄할 수 있음
• 하나의 시트에 여러 개의 메모가 삽입된 경우 [검토] 탭-[메모] 그룹에서 [이전 메모] 또는 [다음 메모]를 클릭하여 메모를 탐색할 수 있음

2 노트

• 셀에 입력된 내용에 대한 보충 설명을 기록할 때 사용
• [검토] 탭-[메모] 그룹-[새 노트]를 클릭하거나 Shift + F2 를 누름
• 문자, 숫자, 특수 문자도 입력 가능하고, 텍스트 서식도 지정할 수 있음

- 노트가 항상 표시되도록 설정할 수 있고, 노트에 입력된 텍스트에 맞도록 노트 크기를 자동으로 조정할 수 있음
- 노트가 삽입된 셀을 이동하면 노트의 위치도 셀과 함께 변경됨
- 피벗 테이블에 삽입된 노트는 이동되지 않음
- 노트는 시트에 표시된 대로 인쇄하거나 시트의 끝에 모아서 인쇄할 수 있음

더 보기

스레드 메모와 노트 삭제 방법
방법1 [검토] 탭-[메모] 그룹-[삭제]
방법2 바로 가기 메뉴에서 [메모 삭제] 선택

3 윗주

- 셀에 대한 주석을 작성하는 기능으로, 반드시 문자 데이터가 입력된 셀에만 표시할 수 있음
- [홈] 탭-[글꼴] 그룹-[윗주 필드 표시/숨기기]-[윗주 편집]을 선택하여 입력
- 윗주는 바로 표시되지 않고, [홈] 탭-[글꼴] 그룹-[윗주 필드 표시/숨기기]-[윗주 필드 표시]를 선택해야 표시됨
- 윗주의 서식을 변경할 수 있지만, 일부분의 서식을 별도로 변경할 수는 없음
- 셀에 입력된 데이터를 삭제하면 윗주도 함께 삭제됨

4 링크

- 기존 파일/웹페이지, 현재 문서, 새 문서 만들기, 전자메일 주소 등의 링크를 만드는 기능
- [삽입] 탭-[링크] 그룹-[링크] 클릭
- 링크는 도형에는 지정할 수 있지만, 단추에는 지정할 수 없음

075 데이터 편집 ★

1 셀 선택과 범위 지정

연속된 셀 선택	첫 번째 셀을 선택하고 Shift를 누른 상태에서 마지막 셀 선택
떨어져 있는 범위 선택	첫 번째 범위를 선택하고 Ctrl을 누른 상태에서 다음 범위 선택
행 또는 열 선택	행 머리글이나 열 머리글 클릭
현재 행 선택	Shift + Spacebar
현재 열 선택	Ctrl + Spacebar

전체 셀 선택	[모두 선택] 단추()를 클릭하거나 Ctrl + A (단, 데이터가 있는 셀에서 Ctrl + A를 누르면 입력된 데이터 범위만 선택됨)

2 데이터 수정

- 해당 셀을 더블클릭하여 수정
- 수식 입력줄에서 수정
- F2를 누르면 입력된 내용의 맨 뒤에 커서가 나타나서 데이터를 수정할 수 있음

3 데이터 지우기

- 데이터 지우는 방법

데이터 내용 지우기	Delete 또는 [홈] 탭-[편집] 그룹-[지우기]-[내용 지우기]
범위의 첫 셀만 지우기	범위를 지정하고 Backspace
모두 지우기	[홈] 탭-[편집] 그룹-[지우기]-[모두 지우기]
서식 지우기	[홈] 탭-[편집] 그룹-[지우기]-[서식 지우기]
메모 지우기	[홈] 탭-[편집] 그룹-[지우기]-[메모 지우기]

- 삭제 옵션: 셀을 왼쪽으로 밀기, 셀을 위로 밀기, 행 전체, 열 전체

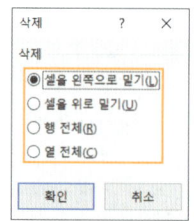

076 이동/복사, 선택하여 붙여넣기 ★

1 이동/복사

- 셀을 선택하여 이동하거나 복사하는 경우 수식, 결괏값뿐만 아니라 셀 서식, 메모를 포함한 셀 전체가 이동되거나 복사됨
- 영역을 선택하고 잘라내기나 복사를 하면 선택 영역의 주위에 선택 영역임을 의미하는 점선이 표시됨
- 클립보드에는 최대 24개의 항목이 저장되므로 여러 데이터를 클립보드에 저장했다가 붙여넣을 수 있음
- 선택한 복사 영역에 숨겨진 행이나 열이 있는 경우 숨겨진 영역도 함께 복사되거나 이동됨

- 마우스를 이용하여 복사나 이동을 하려면 [파일] 탭-[옵션]을 선택하고 [Excel 옵션] 대화상자의 '고급' 범주에서 '채우기 핸들 및 셀 끌어서 놓기 사용'에 체크해야 함
- 이동/복사 방법

구분	이동	복사
마우스	선택 영역의 테두리를 드래그	선택 영역의 테두리를 Ctrl + 드래그
메뉴	[홈] 탭-[클립보드] 그룹-[잘라내기] → [홈] 탭-[클립보드] 그룹-[붙여넣기]	[홈] 탭-[클립보드] 그룹-[복사] → [홈] 탭-[클립보드] 그룹-[붙여넣기]
바로 가기 키	Ctrl + X → Ctrl + V	Ctrl + C → Ctrl + V

2 선택하여 붙여넣기

- 복사한 데이터를 붙여넣을 때 서식, 값, 수식 등 일부 내용만 선택하여 붙여넣는 기능
- 잘라내기한 상태에서는 선택하여 붙여넣을 수 없음
- 선택 영역을 복사하고 [홈] 탭-[클립보드] 그룹-[붙여넣기]-[선택하여 붙여넣기] 클릭 또는 Ctrl + Alt + V를 누름
- [선택하여 붙여넣기] 대화상자

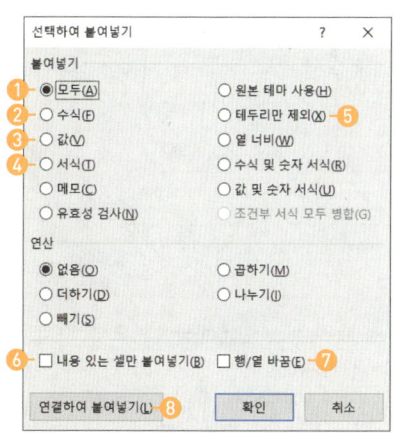

① 모두	원본 데이터를 그대로 붙여넣음
② 수식	서식은 제외하고 수식만 붙여넣음
③ 값	서식은 제외하고 화면에 표시된 값만 붙여넣음
④ 서식	데이터는 제외하고 셀 서식만 붙여넣음
⑤ 테두리만 제외	테두리를 제외하고 나머지 서식과 내용을 붙여넣음
⑥ 내용 있는 셀만 붙여넣기	복사할 영역에 빈 셀이 있는 경우 붙여넣을 영역의 값을 바꾸지 않음
⑦ 행/열 바꿈	복사한 데이터의 행과 열을 서로 바꿔서 붙여넣음
⑧ 연결하여 붙여넣기	원본 셀의 값이 변경되었을 때 붙여넣기한 셀의 내용도 자동으로 변경됨

077 찾기 및 바꾸기 ★

- 워크시트에 입력된 특정한 데이터를 찾거나 다른 데이터로 바꾸는 기능으로 숫자, 특수 문자, 한자, 수식, 메모 등도 찾을 수 있음
- [홈] 탭-[편집] 그룹-[찾기 및 선택]-[찾기] 또는 [바꾸기] 선택
- Ctrl + F 또는 Shift + F5 : [찾기] 탭이 선택된 [찾기 및 바꾸기] 대화상자 표시
- Ctrl + H : [바꾸기] 탭이 선택된 [찾기 및 바꾸기] 대화상자 표시
- 이전 항목을 찾으려면 [찾기 및 바꾸기] 대화상자에서 Shift 를 누른 채 [다음 찾기] 클릭
- [찾기 및 바꾸기] 대화상자의 [찾기] 탭

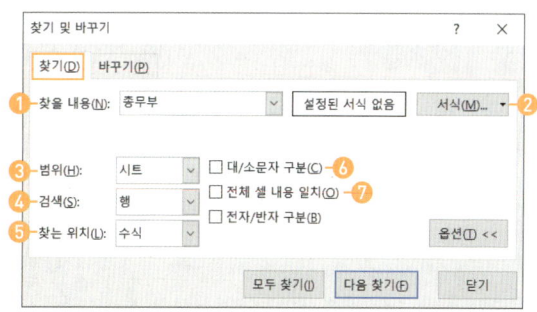

① 찾을 내용	검색할 내용을 입력하는 곳
② 서식	특정 서식이 적용된 셀을 찾을 수 있음
③ 범위	찾을 범위를 '시트' 또는 '통합 문서'로 지정
④ 검색	검색 방향을 '행' 또는 '열'로 지정
⑤ 찾는 위치	찾을 데이터를 '수식', '값', '메모' 중에서 선택
⑥ 대/소문자 구분	영문자의 대·소문자를 구분하여 검색
⑦ 전체 셀 내용 일치	'찾을 내용'과 내용이 완전히 일치하는 데이터 검색

- **와일드카드 문자(만능 문자)**

?	한 문자를 대신하여 사용	예시 한? → 한국, 한우, 한기 등
*	여러 문자를 대신하여 사용	예시 *국 → 대한민국, 미국 등
~	찾으려는 만능 문자의 앞에 물결표(~) 입력	예시 ~?, ~*

078 셀 서식

1 셀 서식 지정 방법

- [홈] 탭-[셀] 그룹-[서식]-[셀 서식] 선택 또는 바로 가기 메뉴에서 [셀 서식] 선택
- [셀 서식] 대화상자

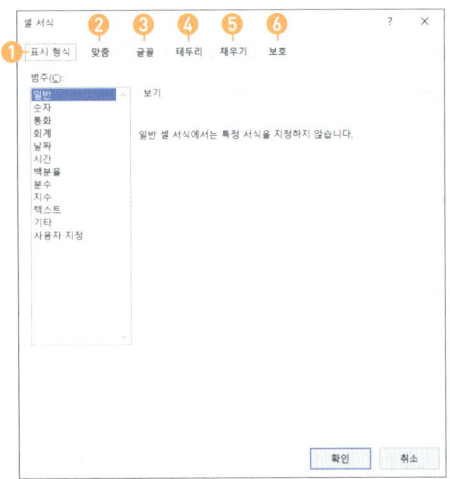

❶ [표시 형식] 탭	데이터가 표시되는 형식 지정
❷ [맞춤] 탭	• 텍스트 맞춤: 가로 맞춤, 세로 맞춤 지정 • 자동 줄 바꿈: 데이터가 셀의 너비보다 긴 경우 자동으로 줄을 나누어 표시 • 셀에 맞춤: 데이터가 셀의 너비보다 긴 경우 글자의 크기를 자동으로 줄임 • 셀 병합: 여러 셀을 병합하는 경우 맨 왼쪽 위의 셀만 남기고 나머지는 지움. 두 개 이상의 셀을 하나로 병합 • 텍스트 방향: 텍스트 방향을 '왼쪽에서 오른쪽' 또는 '오른쪽에서 왼쪽'으로 지정 • 방향: 데이터를 세로 방향으로 설정하거나 회전 각도를 지정하여 방향 설정
❸ [글꼴] 탭	글꼴, 글꼴 스타일, 크기, 밑줄, 색 등 지정
❹ [테두리] 탭	선택 영역에 테두리 지정
❺ [채우기] 탭	배경색과 무늬 색, 무늬 스타일 지정
❻ [보호] 탭	셀의 잠금이나 숨김 지정

2 셀 서식 관련 바로 가기 키

Ctrl + 1	[셀 서식] 대화상자 표시
Ctrl + 2	글꼴 스타일 '굵게' 적용, 다시 누르면 취소
Ctrl + 3	글꼴 스타일 '기울임꼴' 적용, 다시 누르면 취소
Ctrl + 4	선택한 셀에 밑줄 적용, 다시 누르면 취소
Ctrl + 5	취소선 적용, 다시 누르면 취소

079 사용자 지정 서식

1 숫자 서식

#	유효한 자릿수만 표시하고, 유효하지 않은 0은 표시하지 않음
0	유효하지 않은 자릿수를 0으로 표시
?	유효하지 않은 0 대신 공백을 삽입하고 소수점 기준으로 맞춤
,	• 천 단위 구분 기호로 콤마(,) 삽입 • 맨 끝에 표시하면 천 단위가 생략되고 반올림된 값 표시 **예시** #,##0, → '539680'을 입력하면 '540' 표시
%	숫자에 100을 곱하고 %를 붙여서 표시

2 문자 서식

@	문자 데이터를 그대로 표시 **예시** @"귀하" → '홍길동'을 입력하면 '홍길동귀하' 표시
*	* 뒤의 문자를 셀 너비만큼 채워서 표시 **예시** @*! → '가자'를 입력하면 셀 너비만큼 !가 반복된 '가자!!!!!!!' 표시

확인문제

다음 중 입력 데이터에 주어진 표시 형식으로 지정한 경우 그 결과가 옳지 않은 것은?

①
입력 데이터	표시 형식	표시 결과
7.5	#.00	7.50

②
입력 데이터	표시 형식	표시 결과
44.398	???.???	044.398

③
입력 데이터	표시 형식	표시 결과
12,200,000	#,##0,	12,200

④
입력 데이터	표시 형식	표시 결과
상공상사	@ "귀중"	상공상사 귀중

정답 해설 ?는 유효하지 않은 자릿수에 공백을 추가하여 소수점을 기준으로 정렬하므로 표시 결과는 ' 44.398'이다.

정답 | ②

3 날짜 서식

yy	연도	두 자리	yyyy	연도	네 자리
m	월	1~12	mm	월	01~12
mmm		Jan~Dec	mmmm		January~December
d	일	1~31	dd	일	01~31

| ddd | 요일 | Sun~Sat | dddd | 요일 | Sunday~Saturday |
| aaa | 요일 | 일~토 | aaaa | 요일 | 일요일~토요일 |

4 시간 서식

h	시간	0~23	hh	시간	00~23
m	분	0~59	mm	분	00~59
s	초	0~59	ss	초	00~59

> **더 보기**
> - hh: 경과된 시간 표시
> - mm: 경과된 분 표시
> - ss: 경과된 초 표시

5 사용자 지정 표시 형식

- 각 구역은 세미콜론(;)으로 구분하고 '양수, 음수, 0, 문자'의 표시 형식을 순서대로 지정

> #,##0;[빨강](#,##0);0.00;@"귀하"
> └양수 └음수 └0 값 └문자
> → 양수는 천 단위 구분 기호를 넣어 표시하고 음수는 괄호에 넣어 빨간색으로 표시함. 0은 '0.00'으로 표시하고 문자 데이터의 끝에 '귀하'를 추가함

- 조건이나 색 이름은 대괄호([ ]) 안에 표시

> **더 보기**
> **통화 형식**
> 통화 기호가 숫자의 바로 앞()에 표시되고, 통화 기호의 표시 여부를 선택할 수 있음
> **회계 형식**
> 통화 기호가 셀의 왼쪽 끝(₩ 500)에 표시되고, 음수의 표시 형식을 지정할 수 없으며, 입력된 값이 0일 경우 하이픈(-)으로 표시됨

> **확인문제**
> 다음 중 셀에 입력된 데이터에 사용자 지정 표시 형식을 설정한 후의 표시 결과로 옳은 것은?
> ① 0.25 → 0#.#% → 0.25%
> ② 0.57 → #.# → 0.6
> ③ 90.86 → #,##0.0 → 90.9
> ④ 100 → #,###;@"점" → 100점
>
> **정답 해설** #은 유효한 자릿수만 나타내고 유효하지 않은 0은 표시하지 않으며, 0은 유효하지 않은 자릿수를 0으로 표시한다. 따라서 소수점 둘째 자리에서 반올림하여 '90.9'가 된다.

> **오답 해설** ① 0.25를 백분율(%)로 변경하고 유효하지 않은 소수점 이하 첫째 자리를 생략하므로 '25.%'가 된다.
> ② 소수점 앞의 #은 유효하지 않은 0은 표시하지 않으며, 뒤의 #은 하나이므로 반올림되어 '.6'이 된다.
> ④ 숫자일 때는 #,###이 적용되고, @"점"은 문자 데이터의 표시 위치를 지정할 때 사용한다. 이때 100은 숫자이므로 #,###이 적용되어 '100'이 된다.
>
> 정답 | ③

080 셀 스타일

- 글꼴과 글꼴 크기, 숫자 서식, 셀 테두리, 셀 음영 등의 정의된 서식의 집합으로, 셀 서식을 일관성 있게 적용하는 기능
- 기본 제공 셀 스타일을 수정하거나 복제하여 사용자 지정 셀 스타일을 직접 만들 수 있음
- 사용 중인 셀 스타일을 수정하면 해당 셀에는 자동으로 셀 스타일이 적용됨
- '표준' 셀 스타일은 삭제할 수 없음
- 셀 스타일을 삭제하면 해당 스타일이 적용되었던 영역에 '표준' 셀 스타일이 적용됨
- 사용자가 만든 셀 스타일은 기본적으로 현재 엑셀 통합 문서에서 사용할 수 있음
- 특정 셀을 다른 사람이 변경할 수 없도록 셀을 잠그는 셀 스타일을 사용할 수도 있음

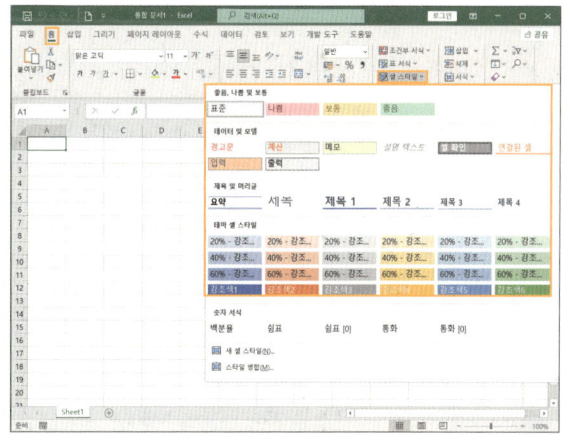

081 조건부 서식 ★★

- 선택한 영역에서 특정 조건을 만족하는 셀에만 서식을 지정하는 기능
- [홈] 탭-[스타일] 그룹-[조건부 서식] 클릭
- 셀 값이 변경되어 규칙을 만족하지 않으면 적용된 서식은 해제됨
- 둘 이상의 규칙이 '참'이면 규칙에 지정된 서식이 모두 적용되지만, 서식이 충돌하는 경우에는 우선순위가 높은 규칙의 서식만 적용됨
- 사용자가 지정한 서식보다 조건부 서식의 서식이 우선 적용됨
- 조건부 서식의 서식 스타일에는 데이터 막대, 색조, 아이콘 집합 등이 있음
- [홈] 탭-[편집] 그룹-[찾기 및 선택]-[조건부 서식]을 선택하면 조건부 서식이 적용되고 있는 셀의 범위를 알 수 있음
- [홈] 탭-[스타일] 그룹-[조건부 서식]-[새 규칙]을 선택하고 [새 서식 규칙] 대화상자에서 규칙 유형을 선택할 수 있음

예시 조건부 서식의 수식을 사용하여 표의 홀수 행마다 배경색을 노란색으로 채우는 경우

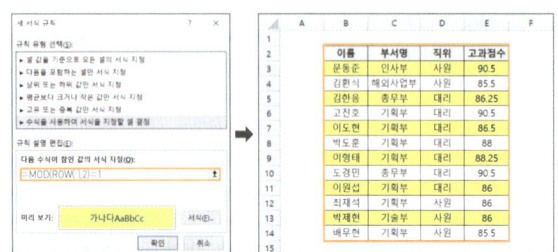

확인문제

다음 중 조건부 서식에 대한 설명으로 옳지 <u>않은</u> 것은?
① 특정한 조건을 만족하는 셀만 지정된 서식이 적용된다.
② 셀 값이 변경되어 규칙을 만족하지 않으면 적용된 서식이 해제된다.
③ 조건에는 '셀 값' 또는 '수식'을 사용할 수 있다.
④ 조건부 서식의 스타일에는 데이터 막대, 색조, 아이콘 집합, 그림 등이 있다.

정답 해설 조건부 서식의 스타일에는 셀 강조 규칙, 상위/하위 규칙, 데이터 막대, 색조, 아이콘 집합이 있다. 그림은 포함되지 않는다.

정답 | ④

Chapter 3 수식 활용

082 연산자와 셀 참조 ★

1 연산자

산술 연산자	+, -, *, /, %(백분율), ^(거듭제곱)
비교 연산자	>, <, >=, <=, =, <>
문자열 연산자	&
참조 연산자	콜론(범위 연산자), 쉼표(구분 연산자), 공백(교점 연산자)

2 셀 참조

상대 참조	셀의 위치가 변경되면 수식의 주소가 자동으로 변경됨 예시 A1, B2
절대 참조	셀의 위치가 변경되어도 수식의 주소가 변경되지 않음 예시 $A$1, $B$2
혼합 참조	행이나 열 중에서 하나만 고정시킴 예시 $A1, A$1, $B2, B$2
다른 워크시트의 셀 참조	• 시트 이름과 셀 주소 사이를 느낌표(!)로 구분 예시 =Sheet1!A3 • 시트 이름에 한글, 영문 이외의 문자가 있으면 작은따옴표(' ')로 묶음 예시 ='1월'!A3
다른 통합 문서의 셀 참조	통합 문서의 이름을 대괄호([ ])로 표시 예시 =[실적.xlsx]Sheet1!$A$3
3차원 참조	• 여러 시트의 동일한 셀 데이터나 셀 범위 데이터에 대한 참조 예시 =SUM(Sheet2:Sheet4!A2) → [Sheet2] 시트에서 [Sheet4] 시트의 [A2] 셀 값을 모두 더함 • 배열 수식에는 3차원 참조를 사용할 수 없음 • SUM 함수, AVERAGE 함수, COUNTA 함수, STDEV.S 함수 등을 사용할 수 있음

083 이름 정의 ★★

- 선택한 셀이나 범위에 이름을 정의하는 기능
- 이름은 기본적으로 절대 참조로 정의됨
- 이름의 첫 글자는 문자나 밑줄(_), 역슬래시(\)만 사용할 수 있고, 영문자의 대·소문자를 구분하지 않음
- 이름은 최대 255자까지 지정할 수 있고, 공백을 사용할 수 없음

- 셀 주소와 같은 형태의 이름은 사용할 수 없음
- 여러 시트에서 같은 이름으로 정의할 수 없음
- 이름 정의 방법

   이름을 정의하려는 영역을 범위로 지정하고 이름 상자에 이름을 입력한 후 Enter

  방법2 [수식] 탭-[정의된 이름] 그룹-[이름 정의]

  방법3 [수식] 탭-[정의된 이름] 그룹-[선택 영역에서 만들기]

084 오류 메시지 ★★

####	결괏값이 셀 너비보다 길어서 셀에 결괏값을 모두 표시할 수 없는 경우
#DIV/0!	특정 값을 0 또는 빈 셀로 나눈 경우
#N/A	수식에서 잘못된 값으로 연산을 시도한 경우
#NAME?	잘못된 함수 이름이나 정의되지 않은 셀 이름을 사용한 경우 예시 =SUM(A3A9)
#NULL!	교차하지 않은 두 영역의 교차점을 지정한 경우 예시 =SUM(A1 B1)
#NUM!	수식이나 함수에 잘못된 숫자값이 포함된 경우
#REF!	셀 참조를 잘못 사용한 경우
#VALUE!	잘못된 인수나 피연산자를 사용한 경우
순환 참조 경고	수식에 자기 자신의 셀을 참조하려는 경우

> 더 보기
>
> [오류 추적] 단추()
> [파일] 탭-[옵션]을 선택하고 [Excel 옵션] 대화상자의 '수식' 범주에서 '오류를 반환하는 수식이 있는 셀'에 체크하면 오류가 발생한 부분에 [오류 추적] 단추()가 표시됨

085 날짜/시간 함수 ★

NOW( )	현재 날짜와 시간 반환
TODAY( )	현재 날짜 반환
DATE(연,월,일)	'연', '월', '일'에 대한 날짜 데이터 반환
YEAR(날짜) MONTH(날짜) DAY(날짜)	'날짜'의 연도, 월, 일 반환
TIME(시,분,초)	'시', '분', '초'에 대한 시간 데이터 반환
HOUR(시간) MINUTE(시간) SECOND(시간)	'시간'의 시, 분, 초 반환

WEEKDAY(날짜,반환값)	• '날짜'에 해당하는 요일 번호 반환
	• 반환값
	  – 1 또는 생략: 일요일이 1
	  – 2: 월요일이 1
	  – 3: 월요일이 0

DAYS(종료 날짜,시작 날짜)	'시작 날짜'부터 '종료 날짜' 사이의 일수를 계산하여 반환
EDATE(시작 날짜,개월 수)	'시작 날짜'를 기준으로 이전이나 이후 날짜의 일련번호 반환
EOMONTH(시작 날짜,개월 수)	'시작 날짜'를 기준으로 이전이나 이후 달의 마지막 날짜를 일련번호로 반환
WORKDAY(시작 날짜,날짜 수,휴일)	'시작 날짜'에서 토요일, 일요일, 지정한 '휴일'을 제외하고, 지정한 '날짜 수'만큼 경과한 날짜를 반환

086 논리 함수 ★

IF(조건식,값1,값2)	'조건식'이 참이면 '값1', 거짓이면 '값2' 반환
IFS(조건식1,값1,조건식2,값2,…)	'조건식1'이 참이면 '값1', '조건식2'가 참이면 '값2' 반환
SWITCH(조건식,값1,결괏값1,값2,결괏값2,…)	'조건식'이 '값1'이면 '결괏값1' 반환, '값2'이면 '결괏값2' 반환
NOT(조건식)	'조건식'의 결과를 반대로 반환
AND(조건1,조건2,…)	모든 조건이 참이면 'TRUE', 나머지는 'FALSE' 반환
OR(조건1,조건2,…)	조건 중 하나라도 참이면 'TRUE', 나머지는 'FALSE' 반환
IFERROR(식 또는 값,반환값)	'식 또는 값'이 오류이면 '반환값' 반환
TRUE( )	'TRUE' 반환
FALSE( )	'FALSE' 반환

087 수학 함수 ★★★

ABS(숫자)	'숫자'의 절댓값을 반환
INT(숫자)	'숫자'에서 가장 가까운 정수로 내린 값을 반환

MOD(수1,수2)	'수1'을 '수2'로 나눈 나머지를 반환
POWER(수1,수2)	'수1'을 '수2'만큼 거듭제곱한 값을 반환
RAND( )	0과 1 사이의 난수를 반환
RANDBETWEEN(수1,수2)	지정한 두 수 사이의 임의의 수를 반환
ROUND(숫자,자릿수)	'숫자'를 지정한 '자릿수'로 반올림하여 반환
ROUNDDOWN(숫자,자릿수)	'숫자'를 지정한 '자릿수'로 내림하여 반환
ROUNDUP(숫자,자릿수)	'숫자'를 지정한 '자릿수'로 올림하여 반환
SUM(수1,수2,…)	'숫자'의 합계를 반환
SUMIF(범위,조건,합계 범위)	'범위'에서 '조건'을 만족하는 경우 '합계 범위'에서 합계를 반환
SUMIFS(합계 범위,범위1, 조건1,범위2,조건2,…)	'범위1'에서 '조건1'을 만족하고 '범위2'에서 '조건2'를 만족하면 '합계 범위'에서 합계를 반환
TRUNC(숫자,자릿수)	'숫자'에서 지정한 '자릿수' 이하의 숫자를 버리고 반환

확인문제

다음 중 함수식에 대한 결과가 옳지 <u>않은</u> 것은?

① =MOD(9,2) → 1
② =COLUMN(C5) → 3
③ =TRUNC(8.73) → 8
④ =POWER(5,3) → 15

정답 해설 POWER(수1,수2) 함수는 수1을 수2만큼 거듭제곱한 값을 반환하므로 옳은 결괏값은 $5^3=5×5×5=125$이다.

정답 | ④

088 통계 함수 ★★★

AVERAGE(수1,수2,…)	숫자의 평균을 반환
AVERAGEA(인수1,인수2,…)	텍스트와 논리값을 포함한 모든 인수의 평균을 반환
AVERAGEIF(범위,조건,평균 범위)	'범위'에서 '조건'을 만족하는 경우 '평균 범위'에서 평균을 반환
AVERAGEIFS(평균 범위,범위1, 조건1,범위2,조건2,…)	'범위1'에서 '조건1'을 만족하고 '범위2'에서 '조건2'를 만족하면 '평균 범위'에서 평균을 반환
COUNT(인수1,인수2,…)	인수 중에서 숫자의 개수를 반환
COUNTA(인수1,인수2,…)	공백이 아닌 인수의 개수를 반환
COUNTBLANK(범위)	'범위'에서 공백 셀의 개수를 반환

COUNTIF(범위,조건)	'범위'에서 '조건'을 만족하는 셀의 개수를 반환
COUNTIFS(범위1,조건1,범위2, 조건2,…)	'범위1'에서 '조건1'을, '범위2'에서 '조건2'를 만족하는 경우의 개수를 반환
LARGE(범위,K)	'범위'에서 K번째로 큰 값을 반환
SMALL(범위,K)	'범위'에서 K번째로 작은 값을 반환
MAX(수1,수2,…)	인수 중에서 가장 큰 값을 반환
MAXA(인수1,인수2,…)	텍스트와 논리값을 포함한 모든 인수 중에서 가장 큰 값을 반환
MIN(수1,수2,…)	인수 중에서 가장 작은 값을 반환
MINA(인수1,인수2,…)	텍스트와 논리값을 포함한 모든 인수 중에서 가장 작은 값을 반환
MEDIAN(수1,수2,…)	숫자들의 중간값을 반환
MODE.SNGL(수1,수2,…)	숫자들 중 빈도가 가장 높은 값을 반환
RANK.EQ(수,범위,방법)	• '범위'에서 '수'의 순위를 반환 • RANK.EQ: 순위가 같으면 가장 높은 순위 반환 • '방법'을 생략하거나 0으로 지정하면 내림차순으로, 나머지는 오름차순으로 반환
STDEV.S(수1,수2,…)	인수들의 표준 편차를 반환
VAR.S(수1,수2,…)	인수들의 분산을 반환

확인문제

아래 시트에서 수강생들의 학점별 학생 수를 [E3:E7] 영역에 계산하였다. 다음 중 [E3] 셀에 입력한 함수식으로 옳은 것은?

▲	A	B	C	D	E
1	엑셀 성적 분포			
2	이름	학점		학점	학생수
3	이현미	A		A	2
4	장조림	B		B	3
5	나기훈	B		C	1
6	백원석	C		D	0
7	이영호	A		F	0
8	세종시	B			

① =COUNT(B3:B8,D3)
② =COUNTA($B$3:$B$8,D3)
③ =COUNTIF(D3,$B$3:$B$8)
④ =COUNTIF($B$3:$B$8,D3)

정답 해설
• COUNTIF(범위,조건) 함수는 범위에서 조건에 맞는 셀의 개수를 반환하는 함수식이다.
• [E3] 셀에는 A학점인 학생 수가 반환되어야 하므로, 범위에서 조건에 맞는 셀의 개수를 구하는 COUNTIF 함수를 사용하여 [B3:B8] 영역(범위를 고정해야 하므로 절대 참조($) 지정)에서 A학점인 [D3] 셀을 지정한다.

정답 | ④

089 문자열 함수 ★★

함수	설명
LEFT(문자열,개수)	'문자열'의 왼쪽에서 지정한 '개수'만큼 문자를 추출하여 반환
RIGHT(문자열,개수)	'문자열'의 오른쪽에서 지정한 '개수'만큼 문자를 추출하여 반환
MID(문자열,시작 위치,개수)	'문자열'의 '시작 위치'에서 지정한 '개수'만큼 문자를 추출하여 반환
LOWER(문자열)	'문자열'을 모두 영문자의 소문자로 반환
UPPER(문자열)	'문자열'을 모두 영문자의 대문자로 반환
PROPER(문자열)	단어의 첫 글자만 영문자의 대문자로, 나머지는 영문자의 소문자로 반환
LEN(문자열)	'문자열'의 길이를 숫자로 반환
TRIM(문자열)	단어 사이의 한 칸의 공백을 제외하고 나머지 공백 모두 삭제하여 반환
FIND(문자열1,문자열2,시작 위치)	• '문자열2'의 '시작 위치'부터 '문자열1'을 찾아 시작 위치 반환 • 영문자의 대·소문자를 구분하고 와일드카드 문자는 사용할 수 없음 • FIND 함수는 각 문자를 한 글자로 계산
SEARCH(문자열1,문자열2,시작 위치)	• '문자열2'의 '시작 위치'부터 '문자열1'을 찾아 시작 위치 반환 • 영문자의 대·소문자를 구분하지 않고 와일드카드 문자는 사용할 수 있음 • SEARCH 함수는 각 문자를 한 글자로 계산

090 찾기/참조 함수 ★★★

CHOOSE(검색값,값1,값2,…)	'검색값'이 1이면 '값1', 2이면 '값2' 등의 순서로 값을 반환
HLOOKUP(값,범위,행 번호,방법)	• '범위'의 첫 번째 행에서 '값'을 찾아 지정한 행에서 대응하는 값을 반환 • 방법 - 0 또는 FALSE: 정확히 일치 - 1 또는 TRUE 또는 생략: 유사 일치
VLOOKUP(값,범위,열 번호,방법)	• '범위'의 첫 번째 열에서 값을 찾아 지정한 열에서 대응하는 값을 반환 • 방법 - 0 또는 FALSE: 정확히 일치 - 1 또는 TRUE 또는 생략: 유사 일치
INDEX(범위,행,열)	'범위'에서 지정한 '행'과 '열'의 교차값을 반환
MATCH(검색값,배열,검색 유형)	• '검색값'과 일치하는 '배열' 요소를 찾아 상대 위치 반환 • 검색 유형 - 1: 검색값보다 작거나 같은 값 중 가장 큰 값(오름차순) - 0: 검색값과 같은 첫 번째 값 - -1: 검색값보다 크거나 같은 값 중 가장 작은 값(내림차순)
COLUMN(셀이나 범위)	'셀이나 범위'의 열 번호 반환
COLUMNS(배열이나 범위)	'배열이나 범위'에 들어있는 열의 수 반환
ROW(셀이나 범위)	'셀이나 범위'의 행 번호 반환
ROWS(배열이나 범위)	'배열이나 범위'에 들어있는 행의 수 반환

확인문제

다음 중 아래 시트에서 [C2:G3] 영역을 참조하여 [C5] 셀의 점수값에 해당하는 학점을 [C6] 셀에 구하기 위한 함수식으로 옳은 것은?

	A	B	C	D	E	F	G
1							
2		점수	0	60	70	80	90
3		학점	F	D	C	B	A
4							
5		점수	76				
6		학점					
7							

① =VLOOKUP(C5,C2:G3,2,TRUE)
② =VLOOKUP(C5,C2:G3,2,FALSE)
③ =HLOOKUP(C5,C2:G3,2,TRUE)
④ =HLOOKUP(C5,C2:G3,2,FALSE)

정답 해설
• 찾으려는 데이터 필드 값의 방향이 행 방향이면 HLOOKUP 함수를, 열 방향이면 VLOOKUP 함수를 활용한다. 따라서 HLOOKUP 함수를 활용해야 한다.
• HLOOKUP(값,범위,행 번호,방법) 함수는 범위의 첫 번째 행에서 값을 찾아 지정한 행에서 대응하는 값을 반환한다. 이때 대응하는 값이 정확히 일치해야 할 때에는 FALSE, 유사(크지 않은 유사값)하게 일치해도 될 때에는 TRUE 또는 생략한다.
• HLOOKUP(C5,C2:G3,2,TRUE)에서 [C2:G3] 영역의 첫 번째 행에서 76점과 유사한 점수(크지 않은 유사값)를 찾아야 하므로 TRUE 또는 생략을 사용한다.

정답 | ③

091 데이터베이스 함수 ★

=데이터베이스 함수(데이터베이스,필드,조건 범위)

• **데이터베이스**: 레코드와 필드로 이루어진 관련 데이터의 목록
• **필드**: 어떤 필드가 함수에 사용되는지를 지정, 필드명을 지정하거나 열 번호로 지정

- 조건 범위: 찾을 조건이 들어있는 셀 범위로, 필드명과 함께 지정

DSUM(데이터베이스,필드,조건 범위)	조건을 만족하는 '필드'의 합계를 반환
DAVERAGE(데이터베이스,필드,조건 범위)	조건을 만족하는 '필드'의 평균을 반환
DCOUNT(데이터베이스,필드,조건 범위)	조건을 만족하는 '필드'의 숫자 셀 개수를 반환
DCOUNTA(데이터베이스,필드,조건 범위)	조건을 만족하는 모든 '필드'의 셀 개수를 반환
DMAX(데이터베이스,필드,조건 범위)	조건을 만족하는 '필드'의 최대값을 반환
DMIN(데이터베이스,필드,조건 범위)	조건을 만족하는 '필드'의 최소값을 반환

Chapter 4 데이터 관리

092 외부 데이터 가져오기

1 외부 데이터 가져오기

- 데이터베이스 파일과 텍스트 파일 등을 워크시트로 가져오거나 쿼리 형태로 변경하여 엑셀에서 사용할 수 있도록 하는 기능
- [데이터] 탭-[데이터 가져오기 및 변환] 그룹-[데이터 가져오기], [텍스트/CSV], [웹]
- 가져올 수 있는 파일 형식: 데이터베이스 파일(SQL, Access, Oracle, IBM Db2, MySQL 등), 텍스트 파일(.txt, .CSV, .prn), 엑셀 파일(.xlsx), XML, JSON 등
- 가져올 수 없는 파일 형식: 한글 파일(.hwp), MS-Word 파일(.doc), 압축된 Zip 파일(.zip) 등
- 웹에서 텍스트, 서식이 설정된 텍스트 영역, 테이블의 텍스트 등은 가져올 수 있지만, 그림과 스크립트의 내용은 가져올 수 없음
- 원본 데이터가 변경될 경우 가져온 데이터에 반영되도록 설정할 수 있음

2 텍스트 파일 가져오기

- 텍스트 파일을 워크시트로 가져오는 기능
- [데이터] 탭-[데이터 가져오기 및 변환] 그룹-[텍스트/CSV] 클릭
- 탭, 세미콜론, 쉼표, 공백 등이 구분 기호로 기본 제공되고, 사용자가 원하는 구분 기호를 설정할 수 있음

- 열 데이터 서식을 지정하거나 특정 열만 지정하여 가져올 수 있음

3 Microsoft Query 가져오기

- 외부 데이터베이스에서 여러 테이블을 조인(Join)한 결과를 가져오거나 원본 데이터와 동기화할 수 있는 기능
- [데이터] 탭-[데이터 가져오기 및 변환] 그룹-[데이터 가져오기]-[기타 원본에서]-[Microsoft Query에서] 선택
- 데이터베이스 파일(dBASE, Excel, Access), 쿼리 파일, OLAP 큐브 파일을 가져올 수 있음

093 정렬

- 입력한 자료를 특정한 순서에 따라 재배열하는 기능으로, 최대 64개의 열을 기준으로 정렬할 수 있음
- 정렬 기준: 셀 값, 셀 색, 글꼴 색, 셀 아이콘
- 정렬 방식: 오름차순, 내림차순, 사용자 지정 목록(사용자가 정의한 순서대로 정렬 가능)
- 오름차순은 숫자 > 텍스트 > 논리값 > 오류값 > 빈 셀의 순으로 정렬
  - 텍스트는 특수 문자 > 소문자 > 대문자 > 한글의 순으로 정렬
  - 텍스트는 왼쪽에서 오른쪽으로 문자 단위로 정렬
  - 논리값은 FALSE 다음에 TRUE 순으로 정렬
  - 빈 셀은 오름차순과 내림차순 모두 항상 마지막에 정렬
- 숨겨진 행이나 열은 정렬 결과에 포함되지 않음
- 범위에 병합된 셀이 포함되면 정렬할 수 없음
- 내 데이터에 머리글 표시: 데이터 목록의 첫 행이 필드명이면 정렬 작업에 포함되거나 제외되도록 설정

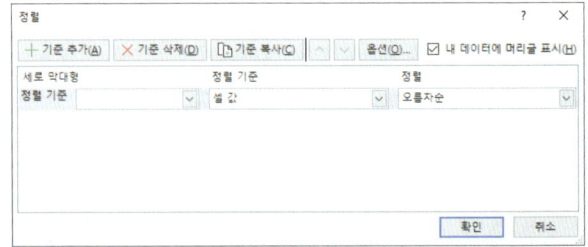

- 정렬 옵션

대/소문자 구분	영문자의 대·소문자를 구분하여 정렬
방향	위쪽에서 아래쪽으로, 왼쪽에서 오른쪽으로 정렬 방향을 선택(기본은 위쪽에서 아래쪽)

- 정렬 방법

  방법1 [데이터] 탭-[정렬 및 필터] 그룹-[텍스트 오름차순 정렬]/[텍스트 내림차순 정렬]

  방법2 [데이터] 탭-[정렬 및 필터] 그룹-[정렬]

확인문제

다음 중 정렬 기능에 대한 설명으로 옳지 않은 것은?

① 입력한 자료를 특정한 순서에 따라 재배열하는 기능으로 최대 64개의 열을 기준으로 정렬할 수 있다.
② 정렬 옵션 방향은 '위쪽에서 아래쪽' 또는 '왼쪽에서 오른쪽' 중 선택하여 정렬할 수 있다.
③ 오름차순 정렬과 내림차순 정렬에서 공백은 항상 맨 처음에 위치하게 된다.
④ 셀 색을 기준으로 정렬할 수 있다.

정답 해설 빈 셀(공백)은 오름차순과 내림차순 정렬에서 항상 마지막에 정렬된다.

정답 | ③

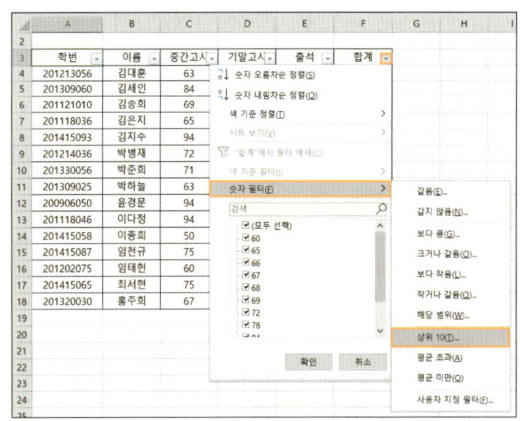

- **사용자 지정 필터**: 하나의 필드에 한 개 이상의 조건을 지정하여 필터링하는 기능으로, 비교 연산자와 와일드카드 문자(*, ?)를 사용할 수 있음

094 자동 필터 ★

- 많은 양의 자료에서 설정된 조건에 맞는 자료만 추출하는 기능으로, 지정한 조건에 맞는 행만 표시됨
- [데이터] 탭-[정렬 및 필터] 그룹-[필터] 클릭
- 여러 필드에 조건을 지정하면 AND 조건으로 설정됨
- 여러 필드 간에 OR 조건은 설정할 수 없음
- 하나의 열에 날짜, 숫자, 문자 등의 데이터가 혼합된 경우 셀의 수가 많은 데이터 유형의 필터로 표시됨
- 날짜 데이터는 연, 월, 일의 계층별로 그룹화되어 계층에서 상위 수준을 선택하거나 선택을 취소하는 경우 해당 수준의 아래쪽에 있는 중첩된 날짜가 모두 선택되거나 선택 취소됨
- '날짜 필터' 목록에서는 일, 주, 월, 분기, 년 등을 필터링 기준으로 사용할 수 있지만, 요일로 필터링할 수는 없음
- 필터링된 데이터는 다시 정렬하거나 이동하지 않고도 복사, 찾기, 편집 및 인쇄할 수 있음
- **상위 10**: 항목이나 백분율을 기준으로 상위나 하위로 데이터의 범위를 지정하여 필터링하는 기능으로, 숫자 데이터 필드에서만 가능

095 고급 필터 ★★★

- 여러 필드를 결합하여 복잡한 조건을 지정하거나 필터링 결과를 다른 위치에 복사하는 경우에 사용
- [데이터] 탭-[정렬 및 필터] 그룹-[고급] 클릭

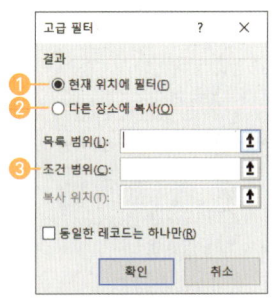

① 현재 위치에 필터	복사 위치를 지정하지 않고 현재 위치에 필터링 결과 표시
② 다른 장소에 복사	복사 위치를 미리 지정하고 복사 위치에 필터링 결과 표시
③ 조건 범위	고급 필터를 실행하기 전에 미리 설정해야 함

- 조건은 수식으로 작성할 수 있음. 이 경우 필드명은 원래의 필드명과 다르게 입력하거나 입력하지 않아야 하며, 조건을 입력하면 셀에는 'TRUE'나 'FALSE'가 표시됨
- 문자 데이터를 필터링할 때 영문자의 대·소문자는 구분되지 않지만, 수식으로 구분하여 검색 가능

- **조건 지정**

AND 조건	조건을 모두 같은 행에 입력
OR 조건	조건을 서로 다른 행에 입력

예시 '이름'이 세 글자이면서 '이'로 시작하며, 'TOEIC' 점수가 600점 이상 800점 미만인 직원이거나, '직급'이 '대리'이면서 '연차'가 3년 이상인 직원의 데이터를 추출하는 경우

이름	TOEIC	TOEIC	직급	연차
이??	>=600	<800		
			대리	>=3

예시 '사원명'이 두 글자이면서 전체 실적의 평균을 초과하는 실적 데이터 검색

사원명	실적 조건
="=??"	=$B2>AVERAGE($B$2:$B$9)

확인문제

다음 중 근무기간이 15년 이상이면서 나이가 50세 이상인 직원의 데이터를 조회하기 위한 고급 필터의 조건으로 옳은 것은?

①
근무기간	나이
>=15	>=50

②
근무기간	나이
>=15	
	>=50

③
근무기간	>=15
나이	>=50

④
근무기간	>=50	
나이		>=50

정답 해설 문제에서 주어진 조건은 두 개의 조건 모두가 만족할 경우 데이터를 추출해야 하는 AND 조건이다. AND 조건은 고급 필터 조건에서 두 개의 조건을 같은 행에 설정해야 한다.

정답 | ①

096 텍스트 나누기 ★

- 하나의 셀에 입력된 데이터를 원본 데이터의 형식에 따라 구분 기호나 일정한 너비로 분리하여 여러 셀로 나누는 기능
- 범위를 선택하고 [데이터] 탭-[데이터 도구] 그룹-[텍스트 나누기] 클릭
- 나눌 범위에 포함할 수 있는 열은 반드시 한 개만 가능
- 각 열을 선택하여 데이터 서식을 지정할 수 있음
- 선택한 열의 오른쪽에 빈 열이 한 줄 이상 있어야 하고, 없는 경우에는 오른쪽 열에 내용이 덮어쓰기됨

- 원본 데이터의 형식

구분 기호로 분리됨	각 필드가 탭, 세미콜론, 쉼표, 공백, 기타 문자로 분리된 경우
너비가 일정함	각 필드가 일정한 너비로 정렬된 경우

더 보기

각 필드의 너비(열 구분선)를 지정하는 방법
- 구분선 삽입: 원하는 위치를 마우스로 클릭하여 삽입
- 구분선 이동: 원하는 위치로 드래그하여 이동
- 구분선 삭제: 구분선을 마우스로 더블클릭하여 삭제

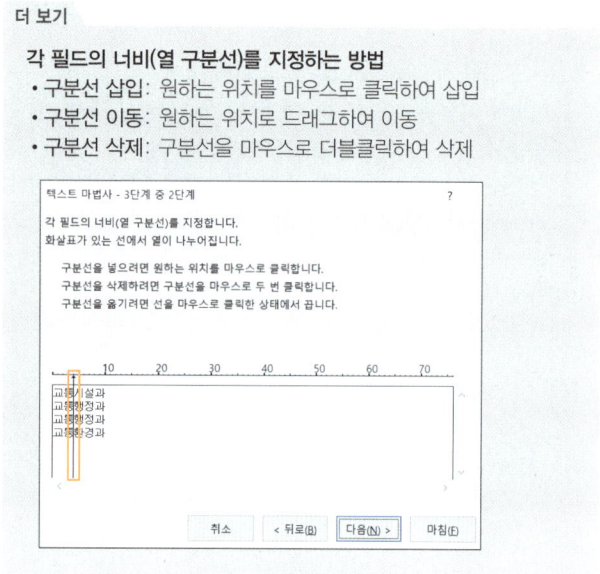

097 중복된 항목 제거 ★

- 선택된 범위 안에서 중복된 레코드 중 하나를 제외하고 나머지를 제거하는 기능
- [데이터] 탭-[데이터 도구] 그룹-[중복된 항목 제거] 클릭
- [중복된 항목 제거]를 클릭하면 같은 데이터의 첫 번째 레코드를 제외한 나머지 레코드가 삭제됨
- [중복 값 제거] 대화상자에서 '내 데이터에 머리글 표시'에 체크하면 '열' 목록에 '열 A' 대신 필드명이 표시됨
- 중복 값을 제거하면 선택한 셀 범위나 테이블 값이 제거되지만, 테이블 밖의 값은 변경되거나 이동되지 않음

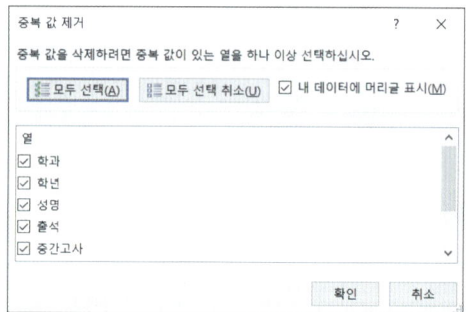

098 데이터 유효성 검사

- 데이터의 목록이나 형식을 지정하여 데이터 입력을 제한하는 기능
- [데이터] 탭-[데이터 도구] 그룹-[데이터 유효성 검사] 클릭
- **유효성 조건 제한 대상**: 모든 값, 정수, 소수점, 목록, 날짜, 시간, 텍스트 길이, 사용자 지정

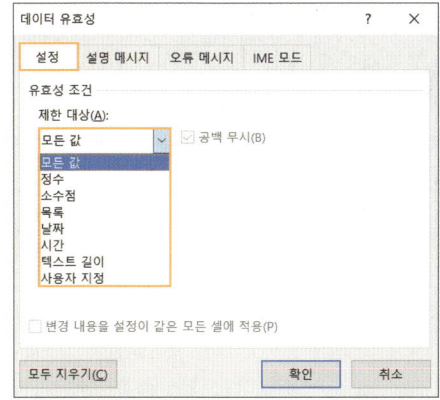

- '제한 대상'에서 '목록'을 선택한 경우에 원본으로 정의된 이름의 범위를 사용하려면 등호(=)와 범위의 이름을 입력하고, 직접 입력하려면 값을 콤마(,)로 구분하여 지정
- [오류 메시지] 탭에서 유효성 검사에 맞지 않는 데이터가 입력되었을 때 표시할 오류 메시지를 설정할 수 있음

- [IME 모드] 탭에서 열 단위나 선택 영역별로 데이터 입력 모드(한글/영문)를 다르게 지정할 수 있음

Chapter 5   데이터 분석

099 통합

- 하나 이상의 원본 영역을 지정하여 하나의 표로 데이터를 요약하는 기능
- [데이터] 탭-[데이터 도구] 그룹-[통합] 클릭

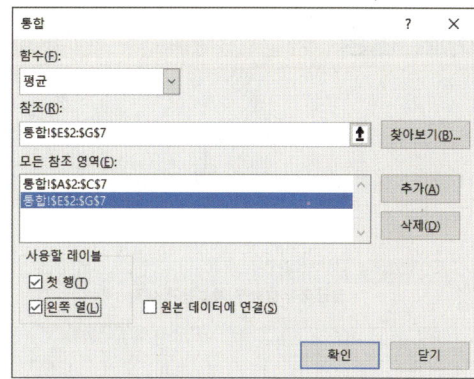

- 데이터 통합은 위치를 기준으로 통합하거나 영역의 이름을 지정하여 통합할 수 있음
- 지정한 영역에 계산될 요약 함수는 합계, 개수, 평균, 최대, 최소, 곱, 숫자 개수, 표본 표준 편차, 표준 편차, 표본 분산, 분산 중 선택할 수 있음
- 계산할 범위를 선택하고 [추가] 단추를 클릭하면 '모든 참조 영역'에 추가되고, 다른 통합 문서의 시트도 추가할 수 있음
- **'사용할 레이블'에 모두 체크한 경우 각 참조 영역에 결과표의 레이블과 일치하지 않은 레이블이 있으면 통합 결과표에 별도의 행이나 열이 생성됨**
- [원본 데이터에 연결]에 체크하면 참조한 원본 데이터가 변경될 때 자동으로 계산 결과가 변경되며, 통합할 데이터가 있는 워크시트가 결과가 작성될 워크시트와 다른 통합 문서에 있는 경우에만 적용할 수 있음

100 데이터 표

- 특정 값의 변화에 따른 결괏값의 변화 과정을 한 번의 연산으로 빠르게 계산하여 표의 형태로 표시하는 기능
- [데이터] 탭-[예측] 그룹-[가상 분석]-[데이터 표] 선택

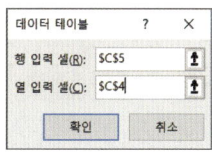

- 변수가 한 개이거나 두 개인 데이터 표를 작성할 수 있음
- 변수에 입력될 데이터가 같은 행에 입력되어 있으면 행 입력 셀로, 같은 열에 입력되어 있으면 열 입력 셀로 지정
- 결괏값은 반드시 변수를 포함한 수식으로 작성해야 함
- 데이터 표의 결과는 배열 수식으로 작성되므로 부분적으로 수정 또는 삭제할 수 없음

101 개요 설정

- 행 또는 열을 그룹 단위로 묶어서 요약 행이나 요약 열을 빠르게 표시하거나 세부 정보를 표시하는 기능
- [데이터] 탭-[개요] 그룹-[그룹] 클릭

1	전체 계산 항목 표시
2	그룹별 계산 항목 표시
3	전체 데이터 표시
-	하위 수준 숨기기
+	하위 수준 표시

- 데이터에 최대 8개 수준까지 하위 수준을 표시할 수 있음
- 안쪽 수준은 상위 수준을, 바깥쪽 수준은 하위 수준을 표시

- 개요 기호가 나타나지 않으면 [파일] 탭-[옵션]을 선택하고 [Excel 옵션] 대화상자의 '고급' 범주에서 '윤곽을 설정한 경우 윤곽 기호 표시'에 체크하면 표시
- 개요에 스타일을 적용하려면 [데이터] 탭-[개요] 그룹-[개요] 아이콘(🔲)을 클릭하고 [설정] 대화상자에서 [자동 스타일]에 체크
- 개요를 해제하려면 [데이터] 탭-[개요] 그룹-[그룹 해제]-[개요 지우기]를 선택함. 이 경우 요약 정보가 표시된 원본 데이터는 삭제되지 않음

102 부분합 ★★★

- 데이터를 일정한 기준으로 그룹화하여 합계, 평균 등 다양하게 계산하는 기능
- 그룹화할 항목을 기준으로 먼저 정렬하고 [데이터] 탭-[개요] 그룹-[부분합] 클릭
- 부분합을 실행하면 목록에 자동으로 개요가 설정됨
- 한 번에 한 개의 함수를 계산하므로 함수를 추가하려면 부분합을 중첩해서 실행해야 함
- [부분합] 대화상자에서 '부분합 계산 항목'으로 선택된 항목에는 SUBTOTAL 함수가 자동으로 입력되어 계산됨
- 부분합을 제거하면 부분합과 함께 표에 삽입된 개요 및 페이지 나누기도 모두 제거됨
- [부분합] 대화상자

  예시 '학과'로 그룹화하여 '중간고사'와 '기말고사'에 대한 '합계'를 부분합으로 계산

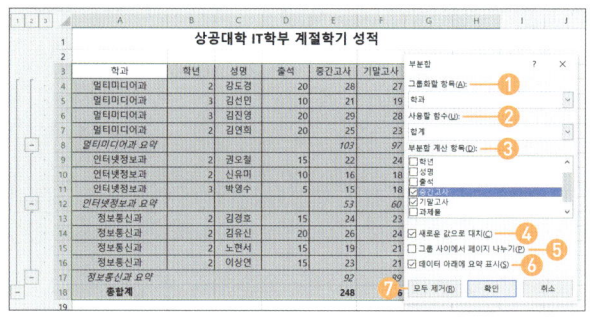

① 그룹화할 항목	부분합을 계산할 기준 필드로, 미리 정렬되어 있어야 함
② 사용할 함수	합계, 개수, 평균, 최대, 최소, 곱, 숫자 개수, 표본 표준 편차, 표준 편차, 표본 분산, 분산
③ 부분합 계산 항목	부분합을 계산하여 표시할 항목 선택
④ 새로운 값으로 대치	이전 부분합의 결괏값을 지우고 새로운 부분합을 구함
⑤ 그룹 사이에서 페이지 나누기	페이지 구분선 삽입
⑥ 데이터 아래에 요약 표시	부분합의 내용을 세부 데이터의 아래에 표시
⑦ 모두 제거	부분합 삭제

확인문제

다음 중 부분합에 대한 설명으로 옳지 않은 것은?

① 부분합을 작성할 때 기준이 되는 필드가 반드시 정렬되어 있지 않아도 제대로 된 부분합을 실행할 수 있다.
② 부분합에 특정한 데이터만 표시된 상태에서 차트를 작성하면 표시된 데이터에 대해서만 차트가 작성된다.
③ [부분합] 대화상자에서 '새로운 값으로 대치'는 이미 작성한 부분합을 지우고, 새로운 부분합으로 실행할 경우에 설정한다.
④ 부분합 계산에 사용할 요약 함수를 두 개 이상 사용하기 위해서는 함수 종류의 수만큼 부분합을 반복 실행해야 한다.

정답 해설 부분합을 작성할 때 기준이 되는 필드가 반드시 정렬되어 있어야 부분합을 실행할 수 있다.

정답 | ①

103 목표값 찾기 ★★

- 수식에서 원하는 결과를 알고 있지만, 그 결과를 얻는 데 필요한 입력값을 구하는 경우에 사용하는 기능
- [데이터] 탭-[예측] 그룹-[가상 분석]-[목표값 찾기] 선택
- 목표값 찾기에서 입력값은 하나만 지정할 수 있음
- [목표값 찾기] 대화상자

  예시 평균인 [D9] 셀의 값이 '150'이 되도록 [D6] 셀을 변경하는 경우

	수식 셀	특정 값이 나오기를 원하는 수식이 들어있는 셀
❶	수식 셀	특정 값이 나오기를 원하는 수식이 들어있는 셀
❷	찾는 값	원하는 특정 값을 숫자로 직접 입력
❸	값을 바꿀 셀	목표값을 얻기 위해 데이터를 조절할 셀로, 반드시 수식에서 이 셀을 참조하고 있어야 함

104 시나리오 ★★

- 다양한 상황과 변수에 따른 여러 가지 결괏값의 변화를 가상의 상황을 통해 예측하여 분석할 수 있는 기능
- [데이터] 탭-[예측] 그룹-[가상 분석]-[시나리오 관리자] 선택
- [시나리오 관리자] 대화상자에서 '변경 셀'은 '결과 셀'의 값을 예측할 수 있는 숫자값이 입력된 셀이고, '결과 셀'은 수식이 입력된 셀임
- 하나의 시나리오에 최대 32개까지 '변경 셀'을 지정할 수 있음
- 시나리오 결과는 요약 보고서나 피벗 테이블 보고서로 작성할 수 있음
- '시나리오'의 이름은 사용자가 직접 입력해야 하고, '설명'은 입력하지 않아도 됨
- '변경 셀'과 '결과 셀'에 이름을 지정한 후 시나리오 요약 보고서를 작성하면 결과에 셀 주소 대신 지정한 이름이 표시됨
- '결과 셀'은 시나리오 요약 보고서를 만들 때는 지정하지 않아도 되지만, 시나리오 피벗 테이블 보고서를 만들 때는 반드시 지정해야 함

- 시나리오 보고서는 현재 시트의 앞에 새 워크시트를 삽입해서 표시하며, 별도의 파일에 저장할 수 없음
- 원본 데이터에서 '변경 셀'의 현재 값을 수정해도 시나리오 요약 보고서는 자동으로 업데이트되지 않음
- 시나리오 관리자에서 시나리오를 삭제해도 시나리오 요약 보고서의 해당 시나리오는 삭제되지 않음
- [시나리오 관리자] 대화상자

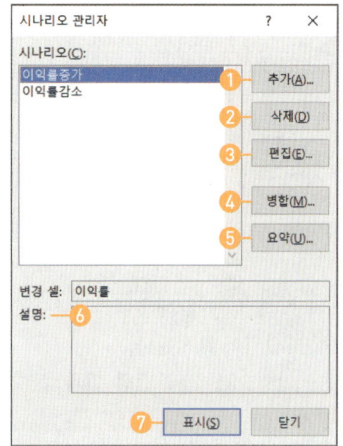

❶	추가	'시나리오 이름'과 '변경 셀'을 지정할 수 있는 대화상자 표시
❷	삭제	선택한 시나리오를 삭제하는 기능으로, 시나리오를 삭제해도 시나리오 요약 보고서의 시나리오는 삭제되지 않음
❸	편집	선택한 시나리오를 편집할 수 있는 대화상자 표시
❹	병합	다른 통합 문서나 다른 시트에 저장된 시나리오를 병합
❺	요약	시나리오에 대한 요약 보고서나 피벗 테이블 작성
❻	설명	시나리오에 대한 추가 설명으로, 반드시 입력할 필요는 없음
❼	표시	선택한 시나리오에 대한 결괏값 표시

확인문제

다음 중 아래 그림의 시나리오 요약 보고서에 대한 설명으로 옳지 <u>않은</u> 것은?

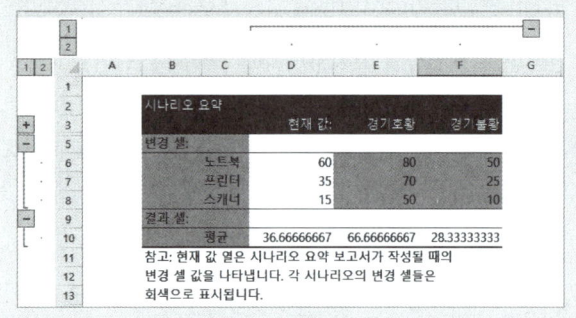

① 노트북, 프린터, 스캐너 값의 변화에 따른 평균 값을 확인할 수 있다.
② '경기호황'과 '경기불황' 시나리오에 대한 시나리오 요약 보고서이다.
③ 시나리오의 값을 변경하면 해당 변경 내용이 기존 요약 보고서에 자동으로 다시 계산되어 표시된다.
④ 시나리오 요약 보고서를 실행하기 전에 변경 셀과 결과 셀에 대해 이름을 정의하였다.

정답 해설 시나리오의 값을 변경해도 시나리오 요약 보고서는 자동으로 업데이트되지 않는다.

정답 | ③

105 피벗 테이블과 피벗 차트 ★★

1 피벗 테이블

- 광범위한 데이터를 다양한 형태로 요약하여 보여주는 대화형 테이블을 만드는 기능
- [삽입] 탭-[표] 그룹-[피벗 테이블] 클릭

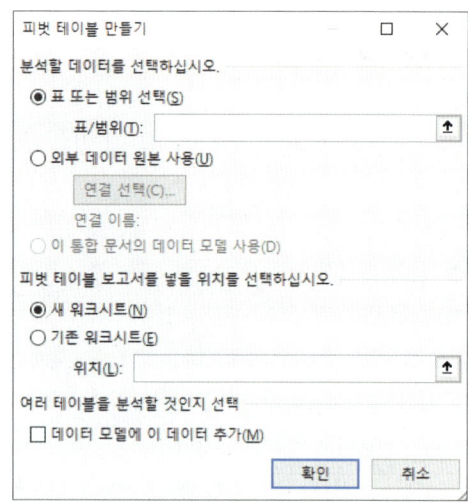

- 엑셀의 목록, 외부 데이터, 다중 통합 범위, 다른 피벗 테이블을 기준으로 작성함
- 기존 워크시트에서는 시작 위치를 지정할 수 있고, 새 워크시트에서는 [A1] 셀에 자동 생성됨
- 새 워크시트에 피벗 테이블을 생성하면 보고서 필터의 위치는 [A1] 셀이고 행 레이블은 [A3] 셀에서 시작함
- 작성된 피벗 테이블의 필드 위치는 행 또는 열로 이동하거나 삭제할 수 있음
- '값' 필드의 필드를 선택하고 [값 필드 설정]을 선택하면 [값 필드 설정] 대화상자의 [값 요약 기준] 탭에서 함수를 변경할 수 있음

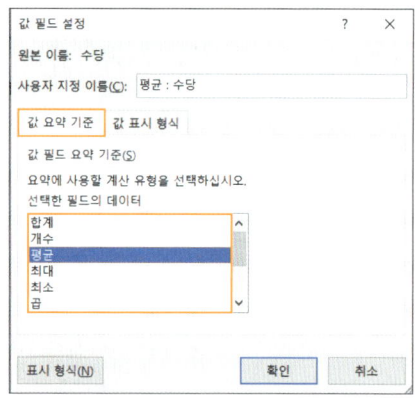

- 피벗 테이블에 새로운 수식을 추가하여 표시할 수 있음
- 피벗 테이블에서 '값' 영역의 특정 항목을 마우스로 더블클릭하면 해당 데이터에 대한 세부적인 데이터가 새로운 시트에 표시됨
- 원본의 자료가 변경되어도 피벗 테이블에 자동으로 반영되지 않으므로 [데이터] 탭-[쿼리 및 연결] 그룹-[모두 새로 고침] 또는 [피벗 테이블 분석] 탭-[데이터] 그룹-[새로 고침]-[모두 새로 고침]을 선택하여 일괄적으로 새로 고침해야 함

- [피벗 테이블 옵션] 대화상자에서 오류값을 빈 셀로 표시하거나 빈 셀에 원하는 값을 지정하여 표시할 수 있음
- 하위 데이터 집합에도 필터와 정렬, 조건부 서식을 적용하여 원하는 정보만 강조할 수 있음
- 행 레이블이나 열 레이블에서의 데이터 정렬은 수동, 오름차순, 내림차순 중에서 선택할 수 있음

예시 필터: 직위, 행: 사원번호, 열: 부서명, 값: 근속연수의 평균, 그룹: 사원번호2

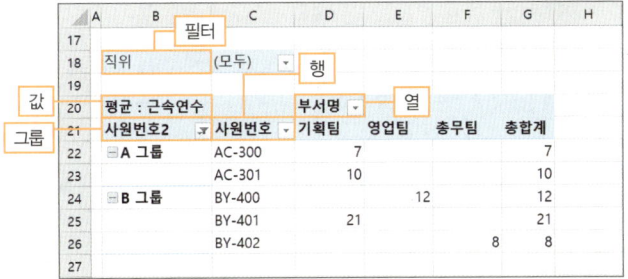

확인문제

다음 중 피벗 테이블에 대한 설명으로 옳지 <u>않은</u> 것은?
① 원본의 자료가 변경되면 [모두 새로 고침] 기능을 이용하여 일괄 피벗 테이블에 반영할 수 있다.
② 작성된 피벗 테이블을 삭제하는 경우 함께 작성한 피벗 차트는 자동으로 삭제된다.
③ 피벗 테이블을 삭제하려면 피벗 테이블 전체를 범위로 지정한 후 Delete를 누른다.
④ 피벗 테이블의 삽입 위치는 새 워크시트뿐만 아니라 기존 워크시트에서도 시작 위치를 선택할 수 있다.

정답 해설 작성된 피벗 테이블을 삭제하면 함께 작성한 피벗 차트는 일반 차트로 변경된다.

정답 | ②

2 피벗 차트

- 피벗 차트는 피벗 테이블 보고서를 만들 때 함께 만들거나 피벗 테이블 보고서가 있는 경우 피벗 차트를 작성할 수 있음
- 피벗 차트는 분산형, 주식형, 거품형 차트로 변경할 수 없음
- 피벗 차트에서 필터를 적용하면 자동으로 피벗 테이블 보고서에 적용됨
- <mark>피벗 테이블을 삭제하면 피벗 차트는 일반 차트로 변경됨</mark>
- 피벗 차트를 삭제해도 관련된 피벗 테이블 보고서는 삭제되지 않음
- [피벗 테이블 분석] 탭-[동작] 그룹-[지우기]-[모두 지우기]를 선택하면 피벗 테이블 보고서와 피벗 차트가 모두 제거됨

확인문제

다음 중 피벗 테이블에 대한 설명으로 옳지 <u>않은</u> 것은?
① 피벗 테이블을 삭제하더라도 피벗 테이블과 연결된 피벗 차트는 삭제되지 않고 일반 차트로 변경된다.
② 원본 데이터가 변경되면 피벗 테이블 보고서의 데이터도 자동으로 변경된다.
③ 데이터 그룹 수준을 확장하거나 축소해서 요약 정보만 표시할 수 있고, 요약된 내용의 세부 데이터를 표시할 수도 있다.
④ 피벗 테이블의 삽입 위치는 새 워크시트뿐만 아니라 기존 워크시트에서 시작 위치를 선택할 수도 있다.

정답 해설 피벗 테이블은 원본 데이터가 변경되어도 자동으로 변경되지 않는다. 원본의 자료가 변경되면 [모두 새로 고침] 기능을 이용하여 일괄적으로 피벗 테이블에 반영할 수 있다.

정답 | ②

Chapter 6 차트 활용

106 차트의 작성

- 데이터를 막대, 선, 원 등의 시각적인 요소로 표현하여 데이터의 경향과 흐름을 알아보기 쉽게 표현한 것
- 원본 데이터를 범위로 지정하고 [삽입] 탭-[차트] 그룹에서 세로 막대형 차트나 가로 막대형 차트, 꺾은선형 차트, 영역형 차트, 원형 차트, 분산형 차트 등 다양한 차트 중 원하는 스타일을 클릭하여 작성
- F11: 새로운 차트 시트에 세로 막대형 차트 작성
- Alt + F1: 현재 시트에 기본 차트인 묶은 세로 막대형 차트 작성
- 워크시트의 행과 열에서 숨겨진 데이터는 차트에 표시되지 않음
- 차트에서 사용할 데이터가 들어있는 셀을 하나만 선택하고 차트를 만들면 해당 셀을 직접 둘러싸는 셀의 데이터가 차트에 모두 표시됨
- 차트에 두 개 이상의 차트 종류를 사용하여 혼합형 차트를 만들 수 있지만, 2차원 차트와 3차원 차트는 혼합할 수 없음
- 차트를 클릭하면 리본 메뉴에 [차트 디자인] 탭과 [서식] 탭이 표시됨
- 사용자가 자주 사용하는 차트를 서식 파일로 저장할 수 있음

- **이중 축 차트**: 차트에 보조 축을 표시하는 차트로, 특정 데이터 계열의 값이 다른 데이터 계열의 값과 크게 차이가 나거나, 데이터의 단위가 다른 경우에 주로 사용

> **확인문제**
>
> 다음 중 차트에 대한 설명으로 옳지 <u>않은</u> 것은?
> ① 기본적으로 워크시트의 행과 열에서 숨겨진 데이터는 차트에 표시되지 않는다.
> ② 차트 제목, 가로/세로 축 제목, 범례, 그림 영역 등은 마우스로 드래그하여 이동할 수 있다.
> ③ Ctrl을 누른 상태에서 차트 크기를 조절하면 차트의 크기가 셀에 맞춰 조절된다.
> ④ 사용자가 자주 사용하는 차트 종류를 차트 서식 파일로 저장할 수 있다.
>
> 정답 해설 Alt를 누른 상태에서 차트 크기를 조절하면 차트의 크기가 셀에 맞춰 조절된다.
>
> 정답 | ③

분산형 차트	• 과학, 통계 및 공학 데이터와 같은 숫자값을 표시하고 비교 • 가로 축의 값이 일정한 간격이 아닌 경우나 가로 축의 데이터 요소 수가 많은 경우에 사용 • 데이터 요소 간의 차이점보다는 큰 데이터 집합 간의 유사점을 표시하려는 경우에 사용 • 다섯 개의 하위 차트(분산형 차트, 곡선 및 표식이 있는 분산형 차트, 곡선이 있는 분산형 차트, 직선 및 표식이 있는 분산형 차트, 직선이 있는 분산형 차트) 제공
거품형 차트	분산형 차트의 한 종류로, 가로 축과 세로 축이 있고, 세 번째 열을 추가하여 거품의 크기를 지정
주식형 차트	주가 변동을 나타내는 차트로, 시가, 종가, 거래량, 저가, 고가 등을 표시
표면형 차트	두 개의 데이터 집합에서 최적의 조합을 찾을 때 사용
방사형 차트	가운데에서 뻗어가는 형태의 차트로, 데이터 계열이 많을 때 사용하고, 가로 축이 없음

> **더 보기**
>
> **3차원 차트 변경이 불가능한 차트**
> 분산형 차트, 도넛형 차트, 방사형 차트, 주식형 차트

107 차트의 종류 ★★★

- [차트 디자인] 탭-[종류] 그룹-[차트 종류 변경] 또는 차트의 바로 가기 메뉴에서 [차트 종류 변경] 선택
- 데이터 계열을 선택하고 바로 가기 메뉴에서 [계열 차트 종류 변경]을 선택하면 특정 계열만 차트의 종류를 변경할 수 있음

- **차트의 종류**

세로 막대형 차트	각 항목 간의 값을 막대의 길이로 비교 및 분석
꺾은선형 차트	월, 분기, 연도와 같이 시간의 흐름에 따라 각 항목의 변화나 경향 표시
원형 차트	• 각 항목의 값이 항목 합계의 비율로 표시되고, 하나의 데이터 계열만 표시할 수 있음 • 첫째 조각의 각: 첫째 조각이 시작되는 각도로, 기본값은 0°
도넛형 차트	• 원형 차트의 한 종류로, 원형 차트와 비슷하지만 여러 데이터의 계열 표시 • 하나의 고리는 하나의 데이터 계열을 표시하고, 색상으로 데이터 요소를 구분하여 표시
가로 막대형 차트	세로 막대형 차트와 유사하고, 값 축과 항목 축의 위치가 서로 바뀜
영역형 차트	시간의 경과에 따른 변화를 보여주고, 각 값의 합계와 전체에 대한 관계를 비교

108 차트의 구성 요소 ★★★★

- [홈] 탭-[글꼴] 그룹이나 마우스 오른쪽 단추를 클릭하면 나타나는 미니 도구 모음()을 이용하여 차트 구성 요소의 텍스트 서식을 지정할 수 있음
- 차트 구성 요소에 도형 스타일이나 워드아트(WordArt) 스타일을 적용할 수 있음
- 차트 구성 요소들은 도형처럼 맞춤, 그룹, 회전 등을 설정할 수 없음

- **차트의 구성 요소**

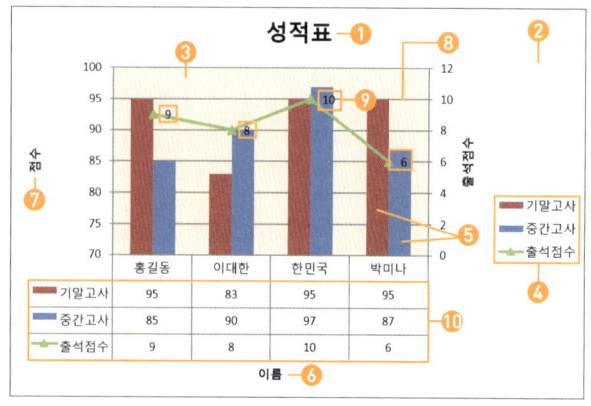

① 차트 제목	차트의 제목 표시
② 차트 영역	차트의 모든 구성 요소를 포함하는 영역
③ 그림 영역	가로 축과 세로 축으로 구성된 영역
④ 범례	• 데이터 계열의 항목별 이름으로 색이나 무늬로 데이터 계열을 구분 • [범례 서식] 창에서 위치를 상하좌우, 오른쪽 위로 지정 • 범례를 삭제하려면 범례를 선택하고 Delete
⑤ 데이터 계열	차트로 나타낼 값을 가진 항목들을 의미
⑥ 가로 축 제목	가로 축 항목의 전체 의미를 나타내는 제목
⑦ 세로 축 제목	세로 축에 표현되는 숫자의 전체 의미를 나타내는 제목
⑧ 눈금선	• 눈금을 그림 영역에 표시 • 주 눈금선과 보조 눈금선으로 설정할 수 있음
⑨ 데이터 레이블	데이터 계열의 값이나 항목을 이름표로 표시
⑩ 데이터 테이블	차트의 데이터를 표로 표시하고 범례의 표시 여부를 지정할 수 있음

더 보기

막대형 차트에서 계열에 그림 채우기
- 그림은 파일, 클립보드, 온라인에서 선택할 수 있음
- 늘이기: 막대의 크기에 비례해서 그림의 너비와 높이가 증가함
- 쌓기: 원본 그림의 크기에 따라 단위/사진이 달라짐
- 다음 배율에 맞게 쌓기: 계열 간 원본 그림의 크기가 달라도 단위/사진을 같게 설정하면 같은 크기로 표시됨

확인문제

다음 중 아래 차트에 대한 설명으로 옳지 않은 것은?

구분	남	여	합계
1반	23	21	44
2반	22	25	47
3반	20	17	37
4반	21	19	40
합계	86	82	168

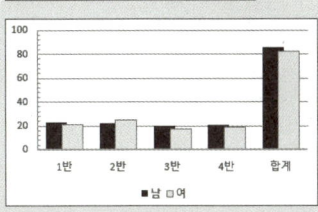

① 차트의 종류는 묶은 세로 막대형으로 계열 옵션의 '계열 겹치기'가 적용되었다.
② 세로(값) 축의 [축 서식]에는 주 눈금과 보조 눈금이 '안쪽'으로 표시되도록 설정되었다.
③ 데이터 계열로 '남'과 '여'가 사용되고 있다.
④ 표 전체 영역을 데이터 원본으로 사용하여 차트를 작성하였다.

> **정답해설** 표 전체 영역이 아니라 '남'과 '여' 계열만 사용하여 차트를 작성하였다. 표에 있는 각 반의 '합계' 데이터는 차트에 사용하지 않았다.
>
> 정답 | ④

109 차트의 편집 ★★★

1 차트의 크기 조절

- 차트를 선택한 후 크기 조절점을 드래그해 크기를 조절할 수 있음
- Alt 를 누른 상태에서 차트 크기를 조절하면 차트의 크기가 셀에 맞춰 조절됨
- 그림 영역, 범례 등을 선택하여 차트의 구성 요소 크기를 조절할 수 있음

2 차트 이동

- 차트를 선택한 후 드래그하여 원하는 위치로 이동
- 차트 제목, 축 제목, 범례, 그림 영역 등은 마우스로 드래그하여 이동할 수 있음
- 시트에 삽입된 차트는 '차트 이동' 기능을 이용하여 새로운 시트나 현재 통합 문서의 다른 시트로 이동할 수 있음

3 차트 삭제

- 차트 영역을 선택하고 Delete
- 차트를 삭제하면 워크시트에 있는 원본 데이터에 영향을 미치지 않지만, 원본 데이터를 삭제하면 차트도 새로 변경됨

4 원본 데이터의 변경

- [차트 디자인] 탭-[데이터] 그룹-[데이터 선택] 또는 바로 가기 메뉴에서 [데이터 선택] 선택

- [데이터 원본 선택] 대화상자

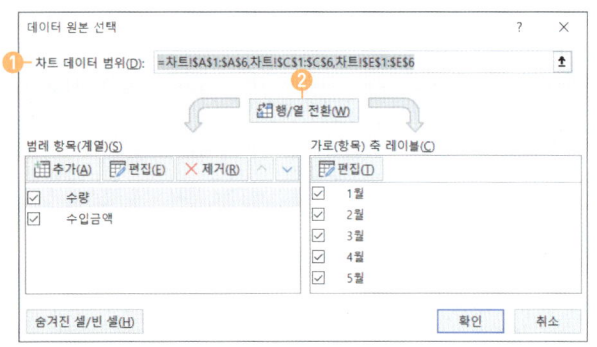

① 차트 데이터 범위	차트에 사용하는 전체 데이터의 범위를 수정
② [행/열 전환] 단추	가로 축의 데이터 계열과 범례 항목을 변경

- 데이터 계열이 범례에서 표시되는 순서를 바꿀 수 있음
- 워크시트에서 차트 데이터 영역의 중간에 항목(행)을 삽입하는 경우에 차트에서도 항목이 삽입됨

5 축 서식의 변경

- 세로 축의 바로 가기 메뉴에서 [축 서식] 선택
- [축 서식] 창의 [축 옵션]( )에서 최소값과 최대값 입력

가로 축 교차	'자동', '축 값', '축의 최대값'으로 설정
로그 눈금 간격	데이터의 값 차이가 매우 클 때 사용
값을 거꾸로	세로 축에 표시되는 값을 거꾸로 나열

6 계열 겹치기와 간격 너비

- 데이터 계열의 바로 가기 메뉴에서 [데이터 계열 서식] 선택
- [데이터 계열 서식] 창에서 [계열 옵션]( ) 선택

계열 겹치기	숫자값이 클수록 겹쳐지는 부분이 커짐(-100~100%)
간격 너비	숫자값이 클수록 항목 사이의 공백이 커짐(0~500%)

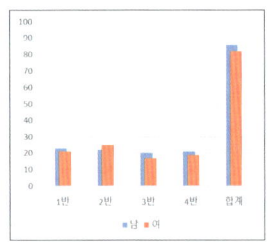
▲ '계열 겹치기'가 '65%'인 경우

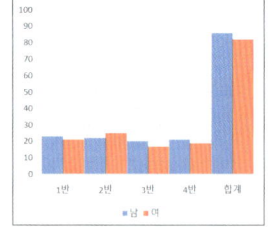
▲ '간격 너비'가 '0%'인 경우

> **확인문제**
>
> 다음 중 차트의 데이터 계열 서식에 대한 설명으로 옳지 <u>않은</u> 것은?
>
> ① 계열 겹치기는 숫자값이 작을수록 겹쳐지는 부분이 커지며 0%부터 100%까지로 설정할 수 있다.
> ② 간격 너비는 숫자값이 클수록 항목 사이의 공백이 커지며 0%부터 500%까지 설정할 수 있다.
> ③ 보조 축에 해당되는 데이터 계열을 구분하기 위하여 보조 축의 데이터 계열만 선택하여 차트 종류를 변경할 수 있다.
> ④ 특정 데이터 계열의 값이 다른 데이터 계열의 값과 차이가 많이 나거나 데이터 형식이 혼합되어 있는 경우 보조 세로(값) 축에 하나 이상의 데이터 계열을 나타낼 수 있다.
>
> **정답 해설** 계열 겹치기는 숫자값이 클수록 겹쳐지는 부분이 커지며 -100%부터 100%까지 설정 가능하다.
>
> 정답 | ①

110 추세선과 오차 막대

1 추세선

- 데이터 계열의 변화 추세나 방향을 표시하는 선으로, 예측 문제를 분석하는 데 사용
- **추세선의 종류**: 지수, 선형, 로그, 다항식, 거듭제곱, 이동 평균
- **추세선이 불가능한 차트**: 3차원 차트, 원형 차트, 도넛형 차트, 방사형 차트, 표면형 차트
- 추세선이 추가된 데이터 계열의 차트 종류를 3차원 차트로 변경하면 추세선은 자동으로 삭제됨
- 하나의 데이터 계열에 두 개 이상의 추세선을 동시에 표시할 수 있음
- 추세선을 삭제하려면 추세선을 선택하고 Delete 를 누르거나 추세선의 바로 가기 메뉴에서 [삭제]를 선택

2 오차 막대

- 데이터 계열에 있는 각 데이터 표식의 잠재적인 오차량을 표시하는 막대
- 3차원 차트는 오차 막대를 표시할 수 없음

- 세로 오차 막대, 가로 오차 막대를 적용할 수 있는 차트: 분산형 차트, 거품형 차트
- 오차 막대의 표시 방향: 모두(기준점을 기준으로 양의 값, 음의 값을 모두 표시), 음의 값, 양의 값
- 오차량: '고정값', '백분율', '표준 편차', '표준 오차', '사용자 지정' 중 선택

Chapter 7 출력 작업

111 페이지 설정 ★★★★

- 인쇄할 문서의 페이지, 여백, 머리글/바닥글, 시트 등에 관한 사항을 설정하는 기능
- [페이지 레이아웃] 탭-[페이지 설정] 그룹-[페이지 설정] 아이콘() 클릭
- [페이지 설정] 대화상자

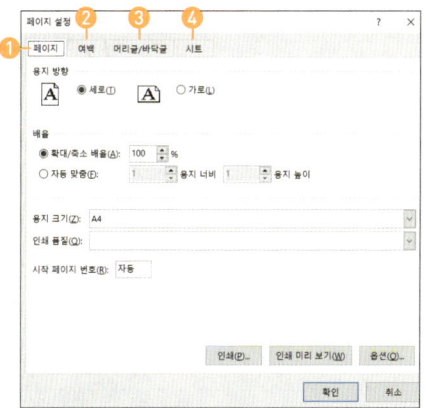

❶ [페이지] 탭

용지 방향	'세로' 또는 '가로' 방향으로 선택
확대/축소 배율	10~400%로 축소 또는 확대
자동 맞춤	지정한 너비와 높이에 맞추어 인쇄하는 기능으로, '용지 너비'와 '용지 높이'에 모두 '1'을 설정하면 여러 페이지를 한 페이지에 인쇄할 수 있음
용지 크기	인쇄 용지의 크기 설정
인쇄 품질	인쇄 품질이 높을수록 선명하게 인쇄
시작 페이지 번호	'자동'으로 설정하면 1페이지부터 인쇄

❷ [여백] 탭

여백	인쇄 용지의 상하좌우, 머리글, 바닥글 여백 지정
페이지 가운데 맞춤	페이지의 가로 또는 세로 방향의 가운데에 맞춰 인쇄

❸ [머리글/바닥글] 탭

머리글	모든 페이지의 위쪽에 고정적으로 인쇄되는 내용 지정
바닥글	모든 페이지의 아래쪽에 고정적으로 인쇄되는 내용 지정
짝수와 홀수 페이지를 다르게 지정	짝수 페이지와 홀수 페이지의 머리글 및 바닥글을 다르게 지정
첫 페이지를 다르게 지정	첫 페이지의 머리글과 바닥글을 제거하거나 다르게 지정
문서에 맞게 배율 조정	워크시트와 같은 글꼴 크기와 크기 조정을 사용할지 지정
페이지 여백에 맞추기	머리글이나 바닥글을 표시하기에 충분한 머리글 또는 바닥글 여백을 확보할지 지정

- [머리글/바닥글] 단추

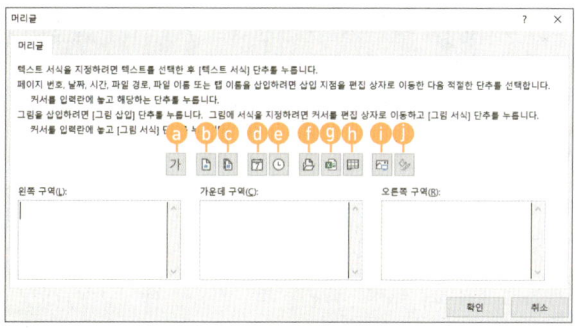

- ⓐ 텍스트 서식
- ⓑ 페이지 번호 삽입
- ⓒ 전체 페이지 수 삽입
- ⓓ 날짜 삽입
- ⓔ 시간 삽입
- ⓕ 파일 경로 삽입
- ⓖ 파일 이름 삽입
- ⓗ 시트 이름 삽입
- ⓘ 그림 삽입
- ⓙ 그림 서식

> **더 보기**
> **한 개의 앰퍼샌드(&) 문자를 포함시키는 방법**
> 머리글이나 바닥글의 텍스트에 한 개의 앰퍼샌드(&) 문자를 포함시키려면 앰퍼샌드(&) 문자를 두 번 입력해야 함

❹ [시트] 탭

인쇄 영역	특정 영역만 선택하여 인쇄하고 숨겨진 행과 열은 인쇄하지 않음
인쇄 제목	• 모든 페이지에 반복해서 인쇄할 행과 열 지정 • 반복할 행: $1:$3과 같이 행 번호로 표시 • 반복할 열: $A:$C와 같이 열 번호로 표시
인쇄	• 눈금선: 워크시트의 셀 구분선 인쇄 • 메모: 메모의 인쇄 여부로, '(없음)', '시트 끝', '시트에 표시된 대로' 중에서 선택 • 흑백으로: 컬러 서식이 지정된 데이터를 흑백으로 출력 • 간단하게 인쇄: 차트, 도형, 그림, 클립아트 등의 그래픽 요소를 제외하고 텍스트만 빠르게 인쇄 • 셀 오류 표시: '표시된 대로', '〈공백〉', '--', '#N/A' 중에서 선택하여 셀 오류 표시 • 행/열 머리글: 워크시트의 행 머리글과 열 머리글을 포함하여 인쇄

| 페이지 순서 | 여러 페이지가 인쇄될 경우 '열 우선'을 선택하면 오른쪽 방향으로 인쇄한 후 아래쪽 방향으로 진행됨 |

더 보기

차트의 [페이지 설정] 대화상자
차트를 선택한 상태에서 [페이지 레이아웃] 탭-[페이지 설정] 그룹-[페이지 설정] 아이콘(□)을 클릭하면 [페이지 설정] 대화상자에 [시트] 탭 대신 [차트] 탭이 표시됨

확인문제

다음 중 [페이지 설정] 대화상자의 [시트] 탭에 대한 설명으로 옳은 것은?
① '메모'는 셀에 설정된 메모의 인쇄 여부를 설정하는 것으로, '없음'과 '시트에 표시된 대로' 중 하나를 선택하여 인쇄할 수 있다.
② 워크시트의 셀 구분선을 그대로 인쇄하려면 '눈금선'에 체크하여 표시하면 된다.
③ '간단하게 인쇄'를 체크하면 설정된 글꼴 색은 모두 검정으로, 도형은 테두리 색만 인쇄하여 인쇄 속도를 높인다.
④ '인쇄 영역'에 범위를 지정하면 특정 부분만 인쇄할 수 있으며, 지정한 범위에 숨겨진 행이나 열도 함께 인쇄된다.

오답 해설 ① 메모는 '없음', '시트 끝', '시트에 표시된 대로' 중 하나를 선택하여 인쇄할 수 있다.
③ '간단하게 인쇄'를 체크하면 텍스트만 인쇄되고 도형, 그림 등은 인쇄되지 않아 인쇄 속도를 높인다.
④ '인쇄 영역'에 범위를 지정하면 특정 부분만 인쇄할 수 있지만, 숨겨진 행과 열은 인쇄되지 않는다.

정답 | ②

112 페이지 나누기와 보기 형식 ★★

1 페이지 나누기

- 인쇄 시 사용자가 임의로 페이지 구분선을 삽입하는 기능
- [페이지 레이아웃] 탭-[페이지 설정] 그룹-[나누기]-[페이지 나누기 삽입] 선택
- 현재 셀 포인터를 기준으로 위쪽과 왼쪽에 페이지 구분선이 삽입됨
- 행 높이와 열 너비를 변경하면 자동 페이지 나누기의 위치가 변경됨
- 용지 크기, 여백 설정, 배율 옵션에 따라 자동 페이지 나누기가 삽입됨
- [페이지 레이아웃] 탭-[페이지 설정] 그룹-[나누기]-[페이지 나누기 모두 원래대로]를 선택하면 페이지를 나누기 전의 원래 상태로 되돌릴 수 있음

2 페이지 나누기 미리 보기

- 워크시트 상태에서 페이지 구분선, 인쇄 영역, 페이지 번호 등을 보여주는 보기 상태
- [보기] 탭-[통합 문서 보기] 그룹-[페이지 나누기 미리 보기] 클릭
- 마우스로 페이지 구분선을 드래그하여 페이지를 나눌 위치를 조정할 수 있음
- 수동으로 삽입한 페이지 나누기는 파란색 실선으로, 자동 페이지 나누기는 파란색 점선으로 표시됨
- 수동으로 삽입한 페이지 나누기를 제거하려면 페이지 나누기를 표시하는 파란색 실선을 페이지 나누기 미리 보기 영역의 밖으로 드래그
- 원래 보기 상태로 되돌아가려면 [보기] 탭-[통합 문서 보기] 그룹-[기본] 클릭
- 사용자가 삽입한 페이지 구분선을 모두 삭제하려면 [페이지 레이아웃]-[페이지 설정]-[나누기]-[페이지 나누기 모두 원래대로]를 클릭

3 페이지 레이아웃 보기

- 워크시트에 머리글/바닥글 영역이 표시되어 간단히 머리글/바닥글을 추가할 수 있는 보기 상태
- [보기] 탭-[통합 문서 보기] 그룹-[페이지 레이아웃] 클릭

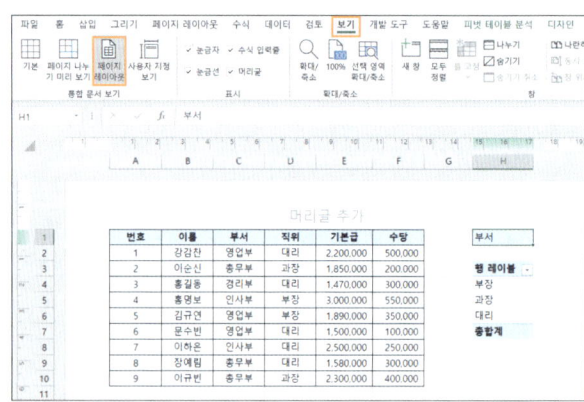

- 마우스로 드래그하여 페이지 구분선을 조정할 수 없음
- 마우스를 이용하여 페이지 여백과 머리글과 바닥글 여백을 조정할 수 있음
- [머리글/바닥글] 탭-[머리글/바닥글 요소] 그룹에서 미리 정의된 머리글이나 바닥글을 선택할 수 있음

- 페이지 레이아웃 보기에서는 기본 보기와 같이 데이터 형식과 레이아웃을 변경할 수 있음
- 페이지 레이아웃 보기에서 표시되는 눈금자의 단위는 [파일] 탭-[옵션]을 선택하고 [Excel 옵션] 대화상자에서 '고급' 범주를 선택한 후 '표시'의 '눈금자 단위'에서 지정할 수 있음

113 인쇄 ★

1 인쇄 미리 보기

- 인쇄하기 전의 화면으로, 출력 결과를 미리 확인하는 기능
- [파일] 탭-[인쇄] 또는 Ctrl+F2
- [여백 표시] 단추()를 클릭하면 여백선을 드래그하여 여백의 크기를 조정하거나 열 너비를 조정할 수 있음
- [인쇄 미리 보기]를 실행한 상태에서 [페이지 설정]을 클릭한 뒤 [여백] 탭에서 여백을 조절할 수 있음
- 확대/축소 기능은 인쇄 크기에 영향을 미치지 않음
- 전체 통합 문서의 페이지 번호를 일련번호로 연결하는 방법
  - **방법1** [파일] 탭-[인쇄]를 선택하고 '설정'에서 '전체 통합 문서 인쇄'를 선택하여 인쇄
  - **방법2** 전체 시트를 그룹으로 설정하고 인쇄
  - **방법3** 각 시트의 [페이지 설정] 대화상자에서 [페이지] 탭의 '시작 페이지 번호'를 일련번호에 맞게 설정한 후 인쇄

2 인쇄 영역

- 인쇄 영역을 정의하고 워크시트를 인쇄하면 해당 인쇄 영역만 인쇄됨
- 인쇄할 영역을 블록 설정하고 [페이지 레이아웃] 탭-[페이지 설정] 그룹-[인쇄 영역]-[인쇄 영역 설정] 선택
- 추가할 인쇄 영역을 선택하고 [페이지 레이아웃] 탭-[페이지 설정] 그룹-[인쇄 영역]-[인쇄 영역에 추가]를 선택하면 인쇄 영역을 확대할 수 있음
- 인쇄 영역은 [페이지 레이아웃] 탭-[페이지 설정] 그룹-[페이지 설정] 아이콘(□)을 클릭하여 [페이지 설정] 대화상자를 열고 [시트] 탭에서 지정할 수 있지만, 인쇄 미리 보기 상태의 [페이지 설정] 대화상자에서는 인쇄 영역이 활성화되지 않으므로 지정할 수 없음
- 인쇄 영역 설정은 하나의 시트에서만 가능
- 인쇄 영역을 지정하면 이름 상자에 자동으로 'Print_Area'라는 이름이 작성됨

- Ctrl+F3을 누르거나 [수식] 탭-[정의된 이름] 그룹-[이름 관리자]를 클릭하여 [이름 관리자] 대화상자를 열고 인쇄 영역과 'Print_Area' 이름을 확인할 수 있음

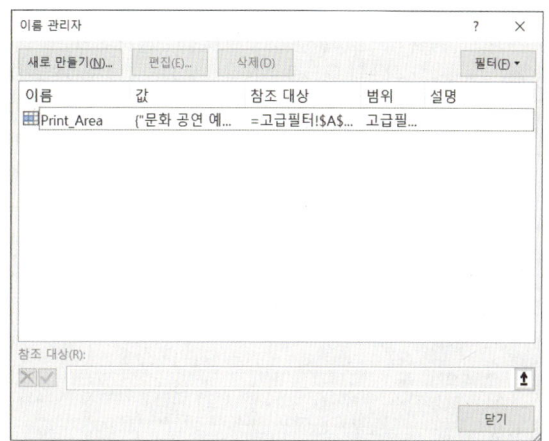

- 인쇄 영역으로 여러 영역을 설정한 경우 설정한 순서대로 서로 다른 페이지에 인쇄됨
- 페이지 나누기 미리 보기에서 인쇄 영역으로 설정된 부분은 밝게, 설정되지 않은 부분은 어둡게 표시됨

Chapter 8 매크로 활용

114 매크로 기록 ★★★★★

- 반복적인 작업이나 자주 사용하는 명령 등을 매크로로 기록하여 작업 과정을 자동화하는 기능
- [보기] 탭-[매크로] 그룹-[매크로]-[매크로 기록] 또는 [개발 도구] 탭-[코드] 그룹-[매크로 기록] 클릭
- [매크로 기록] 대화상자

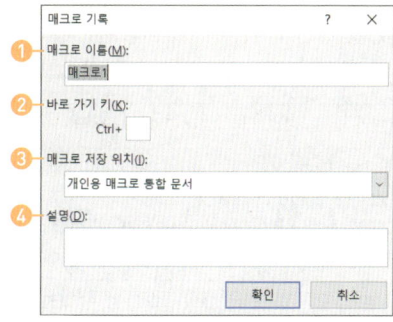

❶ 매크로 이름	• 첫 글자는 반드시 문자로 지정해야 하고, ?, /, -, #, @, $, %, & 등의 기호를 사용할 수 없음 • 이름에 공백을 사용할 수 없음 • 하나의 통합 문서에서 같은 매크로 이름을 지정할 수 없음 • 매크로 이름은 대·소문자를 구분하지 않음 • 기존의 매크로 이름과 동일한 이름을 사용하면 기존의 매크로를 새로 기록하려는 매크로로 바꿀 것인지를 선택할 수 있음
❷ 바로 가기 키	• 특수 문자와 숫자는 사용할 수 없고, 영문자만 가능 • 바로 가기 키를 반드시 설정할 필요는 없음 • 소문자는 Ctrl과 조합해서 사용하지만, 대문자로 지정하면 Ctrl + Shift 를 누른 상태에서 해당 문자를 눌러야 함 • 매크로 바로 가기 키가 엑셀 바로 가기 키보다 우선임
❸ 매크로 저장 위치	• '현재 통합 문서', '새 통합 문서', '개인용 매크로 통합 문서' 중에서 선택 • '개인용 매크로 통합 문서'를 선택하면 엑셀을 실행할 때마다 매크로를 사용할 수 있음('XLSTART' 폴더에 'Personal.xlsb'로 저장됨)
❹ 설명	매크로에 설명이 필요한 경우 입력할 수 있지만, 반드시 입력할 필요는 없음

• 매크로는 Visual Basic 언어를 기반으로 작성되고 Visual Basic 편집기(VB Editor)로 작성하거나 변경할 수 있음
• 매크로를 기록하는 경우 작업 과정의 모든 단계가 매크로 레코더에 기록되고, 리본 메뉴에서의 탐색은 기록된 단계에 포함되지 않음
• 매크로는 통합 문서에 첨부된 모듈 시트로, 하나의 Sub 프로시저로 기록되며, Sub로 시작하고 End Sub로 끝남
• 매크로는 기본적으로 절대 참조로 기록됨. 상대 참조로 기록하려면 [보기] 탭-[매크로] 그룹-[매크로]-[상대 참조로 기록] 클릭 후 매크로 기록

115 매크로 실행 ★★

• 매크로 실행 방법

바로 가기 키	매크로 기록 시 지정한 바로 가기 키 누르기
개체 사용	• [실행] 단추, 온라인 그림, 도형, 차트 등에 매크로를 연결하여 실행 • 셀이나 텍스트 등에는 매크로를 지정할 수 없음
[매크로] 대화상자	• [보기] 탭-[매크로] 그룹-[매크로]-[매크로 보기] • [개발 도구] 탭-[코드] 그룹-[매크로] • Alt + F8
Visual Basic 편집기에서 매크로 실행	• [개발 도구] 탭-[코드] 그룹-[Visual Basic] • F5 : 매크로 실행 • F8 : 한 단계씩 매크로 실행

• [매크로] 대화상자

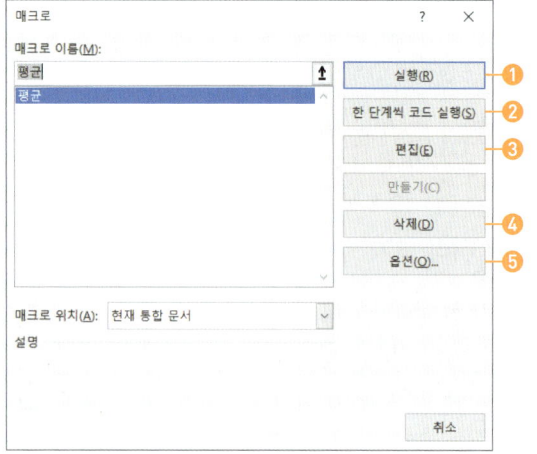

❶ 실행	선택한 매크로 실행
❷ 한 단계씩 코드 실행	Visual Basic 편집기를 실행하여 선택한 매크로를 한 줄씩 실행
❸ 편집	Visual Basic 편집기를 실행하여 매크로 이름이나 코드 수정
❹ 삭제	선택한 매크로 삭제
❺ 옵션	'매크로 이름'은 수정할 수 없고 '바로 가기 키'와 '설명'은 수정할 수 있음

116 매크로 편집과 보안 ★

1 매크로 편집

• 매크로는 Visual Basic 편집기를 이용하여 편집할 수 있음
• [개발 도구] 탭-[코드] 그룹-[Visual Basic] 클릭 또는 Alt + F11 을 누름
• 작은따옴표(')가 붙은 문장은 주석으로 처리되어 매크로 실행에 영향을 주지 않음
• 매크로는 모듈 시트에 기록되고 모듈 시트의 이름은 'Module1', 'Module2' 등 순서대로 자동 설정됨
• 하나의 모듈 시트에 여러 개의 매크로를 기록할 수 있음

2 매크로 보안

• 통합 문서를 열 때 어떤 상황에서 어떤 매크로를 실행할지 변경하여 제어할 수 있음

- [개발 도구] 탭-[코드] 그룹-[매크로 보안]을 클릭하여 [보안 센터] 창을 열고 '매크로 설정' 범주에서 설정
- '매크로 설정' 범주 항목
    - 알림이 없는 매크로 사용 안 함
    - 알림이 포함된 VBA 매크로 사용 안 함
    - 디지털 서명된 매크로를 제외하고 VBA 매크로 사용 안 함
    - VBA 매크로 사용(권장 안 함, 위험한 코드가 시행될 수 있음)

확인문제

다음 중 매크로의 특징에 대한 설명으로 옳지 않은 것은?

① 매크로 기록을 시작한 후의 키보드나 마우스 동작은 VBA 언어로 작성된 매크로 프로그램으로 자동 생성된다.
② 기록한 매크로는 편집할 수 없으므로 기능과 조작을 추가 또는 삭제할 수 없다.
③ 매크로 실행의 바로 가기 키가 엑셀의 바로 가기 키보다 우선한다.
④ 도형, 그림, 클립아트 등을 이용하여 작성된 텍스트 상자에 매크로를 지정한 후 매크로를 실행할 수 있다.

정답 해설 매크로는 VBA 언어로 기록되며, 잘못 기록하더라도 Visual Basic 편집기를 사용하여 매크로를 편집할 수 있다.

정답 | ②

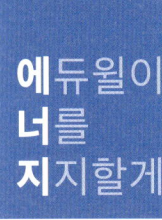

나는 천천히 가는 사람입니다.
그러나 뒤로 가진 않습니다.

많은 수험생들이 원하는 바로 그 자료! 상시시험 기출변형문제를 담았다!

답 없이 푸는 제1회 기출변형문제

2025년 시행 상시시험

● 제한시간: 40분   ● 점수: 1과목 ____ / 100점, 2과목 ____ / 100점

정답과 해설 2쪽

※ 문항당 5점

1과목 컴퓨터 일반

01

다음 중 에어로 피크(Aero Peek) 기능에 대한 설명으로 옳은 것은?

① 바탕 화면 아이콘을 자동 정렬해주는 기능이다.
② 창을 흔들어 다른 창을 모두 최소화하는 기능이다.
③ 작업 표시줄 오른쪽 끝에 마우스를 올리면 바탕 화면을 미리 볼 수 있게 하는 기능이다.
④ 창을 화면 좌우로 스냅(Snap)하여 분할 배치하는 기능이다.

02

다음 중 Windows 10 파일 탐색기의 주요 기능에 대한 설명으로 옳지 않은 것은?

① 파일 탐색기를 통해 폴더 및 파일을 생성, 삭제, 복사, 이동할 수 있다.
② 파일 탐색기의 [보기] 탭에서는 아이콘 크기 변경, 정렬, 그룹화를 설정할 수 있다.
③ 파일 탐색기에서는 파일의 확장자를 항상 표시하도록 설정할 수 있다.
④ 현재 폴더에서 상위 폴더로 이동하려면 바로 가기 키인 Home 을 누른다.

03

다음 중 Windows 10 작업 관리자에 대한 설명으로 옳지 않은 것은?

① 실행 중인 프로그램과 백그라운드 프로세스를 확인할 수 있다.
② CPU, 메모리, 디스크 등의 사용량을 확인할 수 있다.
③ 설치된 하드웨어 드라이버를 업데이트할 수 있다.
④ 실행 중인 앱을 [작업 끝내기]로 종료할 수 있다.

04

다음 중 프린터 스풀 기능에 관련된 설명으로 옳지 않은 것은?

① 프린터 스풀 기능은 인쇄 명령을 받은 문서를 먼저 하드 디스크에 저장한 후, 프린터가 준비될 때 출력하는 기능이다.
② 스풀링 기능을 사용하면 여러 개의 인쇄 작업을 동시에 처리할 수 있어 인쇄 대기 시간이 단축된다.
③ 스풀러 서비스가 중지되면 인쇄 작업이 일시적으로 대기열에 쌓이지 않고 바로 출력된다.
④ 스풀 기능은 프린터의 성능과 관계없이 인쇄 작업을 효율적으로 관리할 수 있도록 돕는다.

05

다음 중 Windows 10 [설정] 창의 [앱]에서 설정할 수 없는 것은?

① 기본 앱(웹 브라우저, 메일 앱 등) 설정
② 앱 및 기능(앱 설치 및 관리)
③ 시스템 소리 및 알림 소리 설정
④ 앱 권한 설정(마이크, 위치 정보 등)

06

다음 중 컴퓨터에서 사용되는 바이트(Byte)에 대한 설명으로 옳지 않은 것은?

① 1바이트는 8비트로 구성된다.
② 일반적으로 영문자나 숫자는 1바이트로 한 글자를 표현하고, 한글 및 한자는 2바이트로 한 글자를 표현한다.
③ 1바이트는 컴퓨터에서 각종 명령을 처리하는 기본단위이다.
④ 1바이트로는 256가지의 정보를 표현할 수 있다.

07

중앙처리장치(CPU)를 구성하는 기본적인 두 요소는?

① 입력장치와 출력장치
② 산술논리연산장치와 제어장치
③ 제어장치와 보조기억장치
④ 주기억장치와 산술논리연산장치

08

다음 중 캐시 메모리(Cache Memory)에 대한 설명으로 옳은 것은?

① 주기억장치보다 느리지만 저장 용량이 크다.
② CPU와 보조기억장치 사이의 속도 차이를 줄이기 위한 장치이다.
③ 데이터 저장 용량이 매우 커서 프로그램 전체를 저장할 수 있다.
④ 외부 저장장치의 데이터를 장기 보관하는 데 사용된다.

09

다음 중 USB 포트와 관련된 특징으로 옳은 것은?

① USB 포트는 오직 Windows 운영체제에서만 사용된다.
② USB 포트는 플러그 앤 플레이 기능을 지원하여 장치를 연결하면 자동으로 인식된다.
③ USB 포트는 연결된 장치에만 전원을 공급하고 데이터를 전송하지 않는다.
④ USB 포트는 HDMI와 같은 비디오 출력 기능을 지원한다.

10

다음 중 드라이브 조각 모음 및 최적화의 효과로 옳은 것은?

① 바이러스 감염을 방지한다.
② 파일 검색 속도를 향상시킨다.
③ 시스템 메모리를 초기화한다.
④ 운영체제를 업데이트한다.

11

다음 중 객체 지향 프로그래밍(OOP)의 핵심 개념이 아닌 것은?

① 캡슐화
② 상속
③ 다형성
④ 함수형 프로그래밍

12

기존 HTML의 단점을 보완하고 시맨틱 태그와 멀티미디어 기능을 지원하기 위해 개발된 언어는?

① XML
② XHTML
③ HTML5
④ VRML

13

다음 중 멀티미디어와 관련된 용어에 대한 설명으로 옳지 않은 것은?

① 하이퍼미디어(Hypermedia)는 텍스트, 이미지, 오디오 등 다양한 형태의 정보를 연결하는 비선형적 정보 구조이다.
② 코덱(Codec)은 멀티미디어 데이터를 압축하거나 압축을 푸는 데 사용되는 소프트웨어 또는 하드웨어이다.
③ 스트리밍(Streaming)은 데이터를 모두 다운로드한 후 재생하는 기술이다.
④ 증강현실은 현실 세계에 가상의 사물을 합성하여 마치 현실 세계에서 존재하는 사물처럼 보이게 하는 기술이다.

14

비트맵 방식과 벡터 방식을 비교한 설명으로 옳은 것은?

① 비트맵 방식은 도형 중심의 그래픽에 적합하다.
② 벡터 방식은 주로 디지털 사진 편집에 사용된다.
③ 벡터 방식은 해상도와 관계없이 선명도를 유지할 수 있다.
④ 비트맵 방식은 수학적인 연산으로 이미지를 표현한다.

15

전이중 전송 방식에 대한 설명으로 옳은 것은?

① 한 번에 한 방향으로만 데이터를 전송할 수 있다.
② 송신과 수신이 동시에 가능하다.
③ 한 방향으로만 데이터를 전송하며, 반대 방향으로는 전송할 수 없다.
④ 데이터 전송의 속도가 매우 느리다.

16

인터넷 주소 체계인 IPv6에 대한 설명으로 옳은 것은?

① IPv6는 32비트 주소 체계를 사용하며, IPv4보다 더 많은 IP 주소를 제공한다.
② IPv6 주소는 8개의 4자리 16진수로 구성되며, 총 128비트의 주소 길이를 가진다.
③ IPv6는 IPv4보다 더 적은 수의 IP 주소를 제공하며, 32비트 주소를 사용한다.
④ IPv6는 주소 공간이 제한적이어서 새로운 IP 주소가 부족해질 위험이 있다.

17

다음 중 정보통신 기술 관련 용어에 대한 설명으로 옳은 것은?

① IoT(Internet of Things)는 사람들이 서로 연결되어 통신하는 네트워크를 의미한다.
② AI(Artificial Intelligence)는 인간처럼 사고하고 문제를 해결할 수 있는 컴퓨터 시스템을 개발하는 기술이다.
③ 5G는 이전 세대의 통신 기술보다 더 낮은 속도와 더 짧은 연결 범위를 제공하는 기술이다.
④ 클라우드 컴퓨팅은 데이터를 로컬 저장소에 저장하고 처리하는 기술이다.

18

다음 중 전자우편(이메일)에 대한 설명으로 옳지 않은 것은?

① 전자우편은 인터넷을 통해 사용자가 다른 사용자에게 메시지와 파일을 보낼 수 있는 서비스로 SMTP, POP3, IMAP 프로토콜을 사용한다.
② 전자우편을 통해 사용자는 텍스트, 이미지, 오디오 파일 등 다양한 종류의 파일을 첨부하여 보낼 수 있다.
③ 전자우편 주소는 '아이디@도메인 네임'으로 구성된다.
④ 받은 메일에 대해 작성한 답장만 발송자에게 전송하는 기능을 전달(Forward)이라 한다.

19

다음 중 개인정보에 대한 설명으로 옳은 것은?

① 개인정보는 기업 내부에서만 사용하는 경우, 법적 보호 대상이 아니다.
② 개인정보는 주민등록번호와 같은 숫자 정보에만 해당된다.
③ 개인정보는 특정 개인을 식별할 수 있는 정보로, 이름이나 연락처도 포함된다.
④ 개인정보는 인터넷에 공개된 정보일 경우 자유롭게 활용해도 된다.

20

다음 중 피기배킹(Piggybacking)에 대한 설명으로 옳은 것은?

① 사용자 몰래 설치되어 개인정보를 빼내는 악성 소프트웨어이다.
② 승인받지 않은 사용자가 합법적인 사용자를 따라 시스템에 무단으로 접근하는 행위이다.
③ 정상적인 이메일로 위장해 사용자의 계정을 탈취하는 행위이다.
④ 키보드 키 입력 시 캐치 프로그램을 사용하여 ID나 암호 등의 개인정보를 빼내는 행위이다.

2과목 스프레드시트 일반

21

엑셀의 화면 제어에 관한 설명으로 옳지 <u>않은</u> 것은?

① 틀 고정 기능을 사용하면 특정 행이나 열을 스크롤해도 고정된 부분은 항상 화면에 표시된다.
② 창 나누기 기능을 사용하면 한 워크시트를 여러 개의 창으로 나누어 동시에 볼 수 있다.
③ 눈금선은 셀의 경계를 구분해주는 선이며, 인쇄 시 항상 함께 출력된다.
④ 확대/축소 기능을 사용하면 화면에 표시되는 워크시트의 배율을 조절할 수 있다.

22

다음 중 워크시트의 화면 작업에 대한 설명으로 옳지 <u>않은</u> 것은?

① 범위를 선택한 후 값을 입력하고 [Ctrl]+[Enter]를 누르면 선택된 범위에 같은 값이 입력된다.
② [Enter] 방향키가 아래쪽일 때 [Shift]+[Enter]를 누르면 셀 포인터가 왼쪽 셀로 이동된다.
③ [Ctrl]을 누른 상태에서 마우스 휠을 돌리면 화면이 확대/축소된다.
④ [Scroll Lock]을 누른 후 방향키를 누르면 셀 포인터는 고정된 상태로 화면만 이동된다.

23

다음 중 엑셀의 데이터 입력 방식에 대한 설명으로 옳지 <u>않은</u> 것은?

① 날짜를 입력할 때는 하이픈(-)이나 슬래시(/)를 사용하여 자동으로 날짜 형식으로 인식시킬 수 있다.
② 숫자 앞에 작은따옴표(')를 붙이면 해당 숫자는 텍스트로 인식된다.
③ 하나의 셀에 여러 줄로 데이터를 입력하려면 [Alt]+[Enter]를 사용한다.
④ 숫자와 문자가 혼합된 데이터는 항상 숫자로 자동 인식되어 계산에 사용된다.

24

다음 중 아래 워크시트에서 [A1:A2] 영역을 선택한 후 [Ctrl]을 누른 채 채우기 핸들을 아래쪽으로 드래그하는 경우 [A5] 셀에 입력되는 값은?

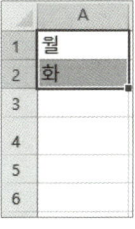

① 월
② 화
③ 금
④ 토

25

다음과 같이 셀 서식이 지정된 셀에 34567을 입력하였을 때 셀에 나타나는 결괏값으로 옳은 것은?

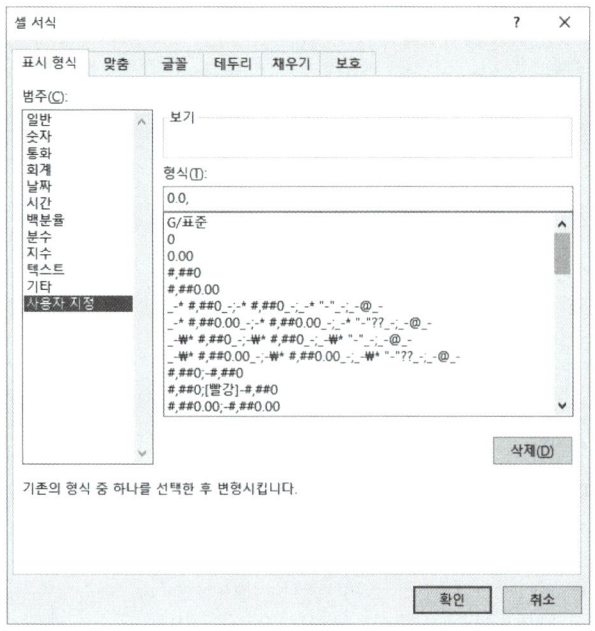

① 34.0
② 34.5
③ 34.6
④ 34567.0

26

다음 중 조건부 서식에 대한 설명으로 옳지 않은 것은?

① 조건부 서식은 기존에 적용된 셀 서식보다 우선하여 적용된다.
② 조건을 수식으로 입력할 경우 수식 앞에는 반드시 등호(=)를 입력해야 한다.
③ 조건부 서식이 적용된 후에 셀의 값이 변경되어 규칙에 맞지 않으면 적용된 서식이 해제된다.
④ 조건에 맞는 경우와 조건에 맞지 않는 경우에 대한 서식을 함께 지정할 수 있다.

27

다음 중 셀 참조에 관한 설명으로 옳지 않은 것은?

① 수식 작성 중 마우스로 셀을 클릭하면 기본적으로 해당 셀이 상대 참조로 처리된다.
② 수식에 셀 참조를 입력한 후 셀 참조의 이름을 정의한 경우에는 참조 에러가 발생하므로 기존 셀 참조를 정의된 이름으로 수정한다.
③ 셀 참조 앞에 워크시트 이름과 느낌표(!)를 차례로 넣어서 다른 워크시트에 있는 셀을 참조할 수 있다.
④ 셀을 복사하여 붙여넣은 다음 [붙여넣기 옵션]의 [셀 연결] 명령을 사용하여 셀 참조를 만들 수도 있다.

28

다음 중 아래 그림처럼 입력된 워크시트에서 수식 '=COUNTIFS(B2:B10,B2,C2:C10,C7)'을 사용한 결괏값으로 옳은 것은?

	A	B	C
1	성명	부서	직급
2	김민	영업부	부장
3	권예원	총무부	부장
4	박재근	기획부	차장
5	김세연	인사부	대리
6	유현덕	인사부	과장
7	송유비	영업부	과장
8	임동일	기획부	과장
9	김도원	기획부	부장
10	백지원	인사부	부장

① 1
② 2
③ 3
④ 4

29

다음 중 아래 워크시트의 [A2] 셀에 수식을 작성하는 경우 수식의 결과가 다른 하나는?

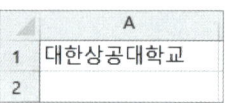

① =MID(A1,SEARCH("대",A1)+2,5)
② =RIGHT(A1,LEN(A1)-2)
③ =RIGHT(A1,FIND("대",A1)+5)
④ =MID(A1,FIND("대",A1)+2,5)

30

다음 중 엑셀의 '외부 데이터 가져오기' 기능으로 직접 가져올 수 없는 파일 형식은?

① 텍스트(.txt) 파일
② CSV(.csv) 파일
③ Microsoft Access(.accdb) 파일
④ Photoshop(.psd) 파일

31

아래 워크시트에서 총이익[G12]이 500000이 되려면 4분기 판매수량[G3]이 얼마가 되어야 하는지 '목표값 찾기'를 이용하여 계산하고자 한다. 다음 중 [목표값 찾기] 대화상자에 입력할 내용이 순서대로 바르게 나열된 것은?

① $G$12, 500000, $G$3
② $G$3, 500000, $G$12
③ $G$3, $G$12, 500000
④ $G$12, $G$3, 500000

32

다음 중 피벗 테이블에 대한 설명으로 옳지 않은 것은?

① 피벗 테이블을 삭제하더라도 피벗 테이블과 연결된 피벗 차트는 삭제되지 않고 일반 차트로 변경된다.
② 원본 데이터가 변경되는 즉시 피벗 테이블 보고서의 데이터도 자동으로 변경된다.
③ 데이터 그룹 수준을 확장하거나 축소해서 요약 정보만 표시할 수 있고, 요약된 내용의 세부 데이터를 표시할 수도 있다.
④ 피벗 테이블의 삽입 위치는 새 워크시트뿐만 아니라 기존 워크시트에서 시작 위치를 선택할 수도 있다.

33

다음 중 3차원 차트로 변경이 불가능한 차트 유형은?

① 원형 차트
② 분산형 차트
③ 꺾은선형 차트
④ 세로 막대형 차트

34

다음 중 두 개의 수치형 데이터 간의 상관관계를 시각적으로 나타내며, 데이터의 분포나 패턴을 확인하기에 적합한 차트는 무엇인가?

① 꺾은선형 차트
② 분산형 차트
③ 원형 차트
④ 누적 막대형 차트

35

다음 중 아래 차트에 대한 설명으로 옳지 않은 것은?

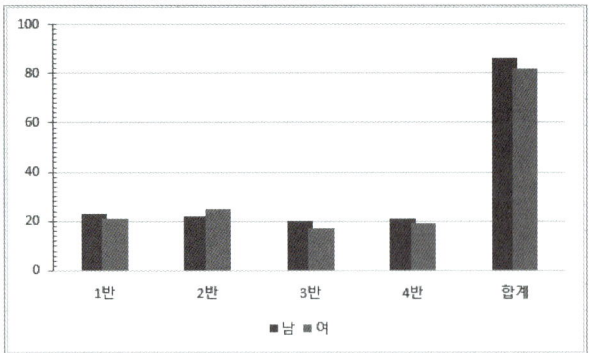

① 계열 옵션의 '계열 겹치기'가 적용되었으며, 음수값이 적용되었다.
② 세로(값) 축의 [축 서식]에는 주 눈금과 보조 눈금이 '안쪽'으로 표시되도록 설정되었다.
③ 데이터 계열로 '남'과 '여'가 사용되고 있다.
④ 차트는 '합계' 열을 제외하고 데이터 원본으로 사용되었다.

36

다음 중 '수동 페이지 나누기'에 대한 설명으로 옳은 것은?

① Excel에서는 수동 페이지 나누기를 삽입할 수 없다.
② 수동 페이지 나누기는 점선으로 표시된다.
③ 수동 페이지 나누기는 파란 실선으로 표시된다.
④ 수동 페이지 나누기는 [인쇄 미리 보기]에서는 보이지 않는다.

37

인쇄할 때 페이지의 바닥글로 1/3과 같이 '페이지 번호/전체 페이지 수'가 표시되도록 하기 위해 바닥글 편집에서 '/'의 앞뒤에 선택해야 할 아이콘을 순서대로 나열한 것은?

① 가, 나
② 다, 라
③ 마, 가
④ 마, 다

38

매크로를 Excel에서 기록한 후 파일을 저장할 때 필요한 확장자는?

① .xlsx
② .docx
③ .xlsm
④ .pptx

39

다음 중 [매크로] 대화상자에 대한 설명으로 옳지 않은 것은?

① 매크로 이름을 선택한 후 [실행] 단추를 클릭하면 매크로가 실행된다.
② [한 단계씩 코드 실행] 단추를 클릭하면 Visual Basic Editor에서 매크로 실행과정을 단계별로 확인할 수 있다.
③ [만들기] 단추를 클릭하면 빠른 실행 도구 모음에 매크로 실행 명령을 추가할 수 있다.
④ [옵션] 단추를 클릭하면 매크로 바로 가기 키를 수정할 수 있다.

40

다음 중 매크로의 특징에 대한 설명으로 옳지 않은 것은?

① 매크로 기록을 시작한 후의 키보드나 마우스 동작은 VBA 언어로 작성된 매크로 프로그램으로 자동 생성된다.
② 기록한 매크로는 편집할 수 없으므로 기능과 조작을 추가 또는 삭제할 수 없다.
③ 매크로 실행의 바로 가기 키가 엑셀의 바로 가기 키보다 우선한다.
④ 도형, 그림, 클립아트 등을 이용하여 작성된 텍스트 상자에 매크로를 지정한 후 매크로를 실행할 수 있다.

답 없이 푸는 제2회 기출변형문제

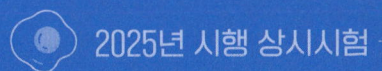

● 제한시간: 40분 ● 점수: 1과목 ___ / 100점, 2과목 ___ / 100점

정답과 해설 7쪽

※ 문항당 5점

1과목 컴퓨터 일반

01
다음 중 Windows 10의 자주 사용하는 바로 가기 키에 대한 설명으로 옳지 않은 것은?

① ⊞+D: 바탕 화면을 표시하거나 다시 원래대로 전환한다.
② Alt+Tab: 실행 중인 앱 간 전환을 할 수 있다.
③ Ctrl+Esc: 작업 관리자(Task Manager)를 실행한다.
④ ⊞+L: 컴퓨터를 잠근다.

02
다음 중 Windows 10 파일 탐색기의 [속성] 창에서 확인할 수 없는 항목은?

① 파일의 크기
② 파일의 마지막 수정 날짜
③ 파일의 액세스 권한
④ 파일의 콘텐츠 내용

03
다음 중 파일이나 폴더를 복사하거나 이동하는 방법으로 옳지 않은 것은?

① 파일이나 폴더를 선택한 후 Ctrl+C를 누르고, 원하는 위치에서 Ctrl+V를 누르면 복사된다.
② 폴더를 마우스로 선택한 후 같은 드라이브의 다른 폴더로 끌어서 놓으면 이동이 된다.
③ 파일을 마우스로 드래그할 때 같은 드라이브 내에서는 기본적으로 복사가 수행된다.
④ 파일을 마우스로 드래그할 때 다른 드라이브로 이동하면 기본적으로 복사가 수행된다.

04
다음 중 Windows 10의 [설정] 창에서 '시스템'을 선택하면 설정할 수 없는 항목은?

① 화면 해상도
② 저장 공간 관리
③ 장치 연결 설정
④ 전원 및 절전 설정

05
다음 중 Windows의 디스크 포맷에 대한 설명으로 옳지 않은 것은?

① 디스크를 포맷하면 해당 디스크의 모든 데이터가 삭제된다.
② 디스크 포맷은 파일 시스템을 설정하거나 변경할 때 사용된다.
③ 포맷 과정은 드라이브에 저장된 바이러스를 제거하는 보안 기능을 포함한다.
④ Windows에서는 FAT32, exFAT, NTFS 등의 파일 시스템으로 디스크를 포맷할 수 있다.

06
컴퓨터에서 처리되는 정보의 단위 중 가장 큰 단위는 무엇인가?

① 바이트(Byte)
② 워드(Word)
③ 니블(Nibble)
④ 비트(Bit)

07
다음 중 제어장치(Control Unit)의 주요 기능으로 옳은 것은?

① 산술 연산 수행
② 논리 연산 수행
③ 명령어 해석 및 실행 순서 제어
④ 데이터 저장

08

다음 중 RAM과 ROM의 공통적인 특징으로 옳은 것은?

① 모두 비휘발성이다.
② 모두 보조기억장치에 해당한다.
③ CPU가 직접 접근할 수 있다.
④ 데이터를 읽을 수 없다.

09

다음 중 BIOS에 대한 설명으로 옳지 않은 것은?

① BIOS는 컴퓨터의 하드웨어를 초기화하고, 운영체제를 부팅하는 역할을 한다.
② BIOS는 운영체제와 하드웨어 간의 기본적인 인터페이스 역할을 한다.
③ BIOS는 하드디스크의 데이터를 저장하는 장치이다.
④ BIOS는 주로 ROM에 저장되어 있으며, 컴퓨터 전원이 꺼져도 정보가 유지된다.

10

시스템 최적화를 위한 일반적인 방법으로 옳지 않은 것은?

① 불필요한 시작 프로그램을 비활성화한다.
② 디스크 조각 모음을 실행한다.
③ 백신 프로그램을 중지하여 CPU 사용량을 줄인다.
④ 임시 파일을 삭제한다.

11

다음 중 운영체제의 제어 프로그램(Control Program) 종류에 해당되지 않는 것은?

① 작업 제어 프로그램(Job Control Program)
② 데이터 관리 프로그램(Data Management Program)
③ 감시 프로그램(Monitor Program)
④ 언어 번역 프로그램(Language Translator)

12

다음 중 멀티미디어의 특징에 대한 설명으로 옳지 않은 것은?

① 상호작용성: 사용자가 정보를 선택하거나 조작할 수 있도록 지원한다.
② 비선형성: 정보를 일정한 순서 없이 자유롭게 접근할 수 있다.
③ 통합성: 다양한 형태의 정보를 하나의 시스템에서 통합하여 제공한다.
④ 단일성: 텍스트 정보를 중심으로 정보를 일방적으로 제공한다.

13

디지털 오디오에서 '샘플링(Sampling)'이 의미하는 것은?

① 아날로그 신호를 디지털로 변환하기 위해 신호를 일정 간격으로 측정하는 과정
② 디지털 신호를 아날로그 신호로 변환하는 과정
③ 사운드의 볼륨을 조절하는 과정
④ 오디오 신호를 압축하여 파일 크기를 줄이는 과정

14

다음 중 네트워크 구성 형태에 대한 설명으로 옳지 않은 것은?

① 성(Star)형 네트워크에서는 모든 장치가 중앙의 장비(허브, 스위치)를 통해 연결된다.
② 버스(Bus)형 네트워크에서는 모든 장치가 하나의 공유된 전송 매체에 연결되며, 회선 길이에 제한이 없다.
③ 링(Ring)형은 통신회선 중 어느 하나라도 고장 나면 전체 통신망에 영향을 미친다.
④ 망(Mesh)형은 응답 시간이 빠르고 노드의 연결성이 우수하다.

15

다음 중 게이트웨이(Gateway)에 대한 설명으로 옳은 것은?

① 동일한 네트워크 내의 장치 간에만 데이터를 전송하는 장비이다.
② 서로 다른 프로토콜을 사용하는 네트워크 간에 데이터를 전송하는 장비이다.
③ 데이터를 물리적인 전송 매체를 통해 전달하는 역할을 한다.
④ IP 주소를 기준으로 데이터를 라우팅하는 역할을 한다.

16

다음 중 웹 브라우저 관련 용어에 대한 설명으로 옳지 않은 것은?

① 미러 사이트는 원본 사이트의 복제본으로, 원본 사이트에 접속할 수 없을 때 대체 역할을 하며, 서버 부하를 분산하는 데 사용된다.
② 쿠키는 웹사이트가 사용자의 컴퓨터에 저장하는 작은 데이터 파일로, 사용자의 로그인 정보나 사이트 방문 기록 등을 저장하는 데 사용된다.
③ 웹 캐시는 웹페이지를 로드할 때마다 서버에서 새로 데이터를 요청하여 받는 방식으로, 항상 최신 정보를 제공한다.
④ 포털 사이트는 전자우편, 뉴스, 쇼핑, 게시판 등 다양한 서비스를 통합하여 제공하는 사이트이다.

17

다음 중 모든 사물을 네트워크로 연결하여 인간과 사물, 사물과 사물 간에 언제 어디서나 서로 소통할 수 있게 하는 새로운 정보통신 환경을 의미하는 것은?

① 클라우드 컴퓨팅
② IOT
③ 빅데이터
④ 와이브로

18

전자우편 관련 용어인 스팸에 대한 설명으로 옳지 않은 것은?

① 스팸 이메일은 원하지 않는 상업적 광고나 불법적인 메시지를 포함한 이메일을 말한다.
② 스팸 이메일은 주로 한 번에 많은 수신자에게 동일한 메시지를 보내는 방식으로 전송된다.
③ 스팸 이메일은 수신인이 사전에 받기로 수락한 광고성 이메일로, 법적으로 문제가 되지 않는다.
④ 스팸 필터는 사용자가 원하지 않는 스팸 이메일을 자동으로 차단하거나 필터링하는 기능을 제공한다.

19

다음 중 저작권에 대한 설명으로 옳지 않은 것은?

① 저작권은 창작한 저작물에 대해 법적으로 보호받을 수 있는 권리이다.
② 저작권은 창작과 동시에 자동으로 발생하며, 별도의 등록 절차는 필요 없다.
③ 저작권은 영리 목적이 아닐 경우, 타인의 저작물을 자유롭게 사용할 수 있다.
④ 저작권에는 저작 인격권과 저작 재산권이 포함된다.

20

다음 중 컴퓨터 바이러스 예방법으로 옳지 않은 것은?

① 신뢰할 수 있는 출처에서만 프로그램을 다운로드하고 실행한다.
② 주기적으로 바이러스 백신 프로그램을 업데이트하고, 실시간 감시 기능을 활성화한다.
③ 이메일 첨부 파일을 무작정 열어본다.
④ 운영체제와 소프트웨어의 보안 업데이트를 주기적으로 설치한다.

2과목 스프레드시트 일반

21

엑셀에서 사용할 수 있는 파일 형식과 그에 대한 설명이 옳게 연결된 것은?

① .xlsx - 매크로를 포함할 수 있는 통합 문서 형식
② .xlsb - 이진 형식으로 저장되어 파일 크기를 줄일 수 있는 형식
③ .csv - 워크시트의 서식과 수식이 유지되는 텍스트 파일 형식
④ .xltx - 매크로를 포함할 수 있는 템플릿 파일 형식

22

다음 중 시트 관리에 대한 설명으로 옳지 않은 것은?

① 시트 이름은 공백을 포함하여 최대 31자까지만 지정할 수 있다.
② 시트 간 이동은 Ctrl + PageUp 또는 Ctrl + PageDn 을 사용한다.
③ 시트 보호를 설정하면 시트의 이름 바꾸기 및 숨기기 작업을 수행할 수 없다.
④ 새 시트를 추가하려면 Shift + F11 단축키를 사용할 수 있다.

23

다음 중 날짜 및 시간 데이터에 관한 설명으로 옳지 않은 것은?

① 날짜 데이터는 연, 월, 일을 하이픈(-)이나 슬래시(/)로 구분하여 입력하며, 셀의 왼쪽에 맞추어 입력된다.
② 날짜 데이터는 연도와 월만 입력하면 자동으로 해당 월의 1일로 입력된다.
③ 현재 시스템의 날짜 입력은 Ctrl + ; , 현재 시스템의 시간 입력은 Ctrl + Shift + ; 이다.
④ 시간 데이터는 24시간제로 입력할 수 있고, 오전/오후로 표시하여 입력할 수도 있다.

24

다음 중 아래 시트에서 [C2:C5] 영역에 수행한 결과가 다르게 나타나는 것은?

	A	B	C	D	E
1	성명	출석	과제	실기	총점
2	박경수	19	14	55	88
3	이정수	12	15	60	87
4	경동식	17	15	50	82
5	김미경	14	20	45	79

① 키보드의 Backspace 를 누른다.
② 마우스의 오른쪽 버튼을 눌러서 나온 바로 가기 메뉴에서 [내용 지우기]를 선택한다.
③ [홈]-[편집]-[지우기] 메뉴에서 [내용 지우기]를 선택한다.
④ 키보드의 Delete 를 누른다.

25

다음 중 셀 서식의 표시 형식에 대한 설명으로 옳지 않은 것은?

① 일반 형식으로 지정된 셀에 열 너비보다 긴 소수가 '0.123456789'와 같이 입력될 경우 셀의 너비에 맞춰 반올림한 값으로 표시된다.
② 통화 형식은 숫자와 함께 기본 통화 기호가 셀의 왼쪽 끝에 표시되며, 통화 기호의 표시 여부를 선택할 수 있다.
③ 회계 형식은 음수의 표시 형식을 별도로 지정할 수 없고, 입력된 값이 0일 경우 하이픈(-)으로 표시된다.
④ 숫자 형식은 음수의 표시 형식을 빨강색으로 지정할 수 있다.

26

다음 중 '=SUM(B2:B6)' 수식에서 '=SUM(B2B6)'와 같이 범위 참조의 콜론(:)이 생략된 경우 나타나는 오류 메시지로 옳은 것은?

① #NAME?
② #N/A
③ #NULL!
④ #REF!

27

아래의 워크시트에서 [표1]을 이용하여 [F3:F6] 영역에 소속별 매출액의 합계를 구하고자 한다. 다음 중 [F3] 셀에 수식을 입력한 후 채우기 핸들을 이용하여 [F6] 셀까지 계산하려고 할 때 [F3] 셀에 입력할 수식으로 가장 옳은 것은?

	A	B	C	D	E	F	G
1	[표1]						
2	성명	소속	매출액		소속	총매출액	평균매출액
3	조혜경	영업1부	8,410		영업1부	39,623	7,925
4	최철웅	영업2부	8,270		영업2부	16,128	8,064
5	박용희	영업1부	7,391		영업3부	32,497	8,124
6	강의주	영업1부	8,443		영업4부	23,699	7,900
7	방성일	영업3부	8,599				
8	김은영	영업4부	7,638				
9	이채연	영업3부	8,496				
10	김영상	영업3부	7,877				
11	이화영	영업1부	7,914				
12	이현희	영업2부	7,858				
13	박가현	영업4부	8,204				
14	김태형	영업1부	7,465				
15	김승겸	영업3부	7,525				
16	김민성	영업4부	7,857				

① =SUMIF(B3:B16,E3,C3:C16)
② =SUMIF(B$3:B$16,E$3,C$3:C$16)
③ =SUMIF($B$3:$B$16,E3,$C$3:$C$16)
④ =SUMIF($B3:$B16,$E3,$C3:$C16)

28

아래 워크시트에서 '서울' 대리점의 공급단가의 합계를 구하려고 한다. 다음 중 합계를 구하기 위한 수식으로 옳지 않은 것은?

	A	B	C	D
1	대리점	판매수량	판매단가	공급단가
2	서울	120	500	450
3	인천	150	500	420
4	부산	210	500	410
5	서울	215	500	450
6	광주	230	500	440
7	성남	196	500	420
8	광주	247	500	410
9	부산	215	500	440
10				
11	서울 공급단가 합계			

① =SUM(D2,D5)
② =SUMIF(A2:A9,"서울",D2:D9)
③ =DSUM(A1:D9,D1,A2)
④ =SUMIF(A2:D9,A2,D2:D9)

29

다음 중 데이터 정렬에 대한 설명으로 옳지 않은 것은?

① 사용자 지정 목록을 사용하면 사용자가 정의한 순서대로 정렬할 수 있다.
② 최대 64개의 열을 기준으로 정렬할 수 있다.
③ 숨겨진 행이나 숨겨진 열은 정렬에 포함되지 않는다.
④ 표에 병합된 셀들이 포함되어 있는 경우 병합된 셀들은 맨 아래쪽으로 정렬된다.

30

다음 중 데이터 유효성 검사에 대한 설명으로 옳지 않은 것은?

① 목록의 값들을 미리 지정하여 데이터 입력을 제한할 수 있다.
② 입력할 수 있는 정수의 범위를 제한할 수 있다.
③ 데이터 유효성 검사는 이미 입력된 잘못된 데이터를 자동으로 수정해준다.
④ 유효성 조건 변경 시 변경 내용을 범위로 지정된 모든 셀에 적용할 수 있다.

31

다음 중 부분합에 대한 설명으로 옳지 않은 것은?

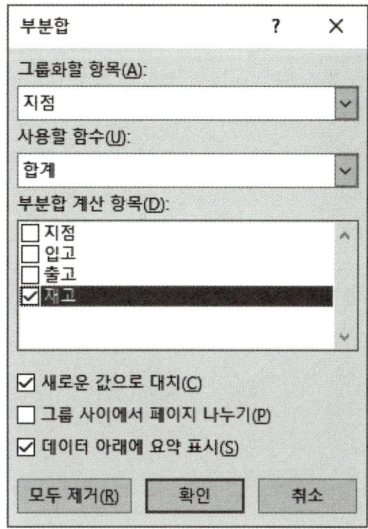

① 부분합을 실행하면 각 부분합에 대한 정보 행을 표시하고 숨길 수 있도록 목록에 윤곽이 자동으로 설정된다.
② 부분합은 한번에 한 개의 함수만 계산할 수 있으므로 두 개 이상의 함수를 이용하려면 함수의 개수만큼 부분합을 중첩해서 삽입해야 한다.
③ '새로운 값으로 대치'를 선택하면 이전의 부분합의 결과는 제거되고 새로운 부분합의 결과로 변경된다.
④ 그룹화할 항목으로 선택된 필드는 자동으로 오름차순 정렬하여 부분합이 계산된다.

32

다음 중 각 차트에 대한 설명으로 옳지 않은 것은?

① 꺾은선형 차트: 일정 간격에 따라 데이터의 추세를 나타내기에 적합하다.
② 원형 차트: 전체에 대한 각 부분의 관계를 보여주며, 여러 데이터 계열이 각각의 고리로 표시된다.
③ 방사형 차트: 각 데이터 요소의 중간 지점에 대한 값의 변화를 보여주며, 여러 데이터 계열의 집계 값을 비교하기에도 용이하다.
④ 분산형 차트: 여러 데이터 계열에 있는 숫자 값 사이의 관계를 보여주거나 두 개의 숫자 그룹을 xy 좌표로 이루어진 하나의 계열로 표시한다.

33

다음 중 차트에 대한 설명으로 옳지 <u>않은</u> 것은?

① 기본적으로 워크시트의 행과 열에서 숨겨진 데이터는 차트에 표시되지 않는다.
② 차트 제목, 가로/세로 축 제목, 범례, 그림 영역 등은 마우스로 드래그하여 이동할 수 있다.
③ Ctrl을 누른 상태에서 차트 크기를 조절하면 차트의 크기가 셀에 맞춰 조절된다.
④ 사용자가 자주 사용하는 차트 종류를 차트 서식 파일로 저장할 수 있다.

34

다음 중 <변경 전> 차트를 <변경 후> 차트로 수정하기 위해 적용한 기능으로 옳지 <u>않은</u> 것은?

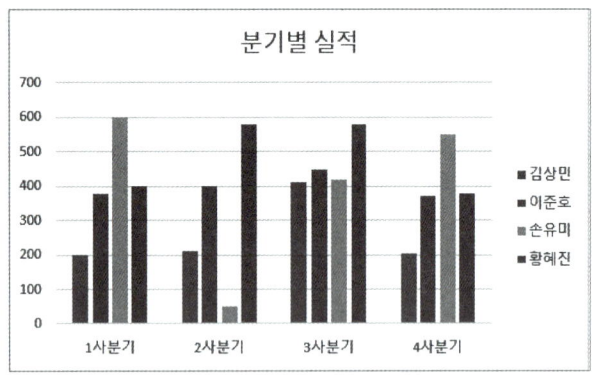

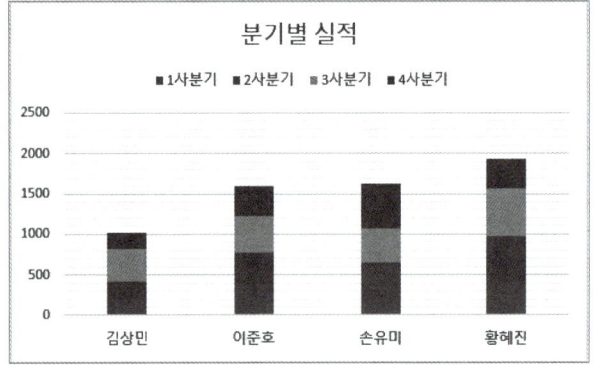

① 누적 세로 막대형으로 차트 종류 변경
② 데이터의 행과 열을 전환
③ 세로 축 보조 눈금을 추가
④ 범례의 위치를 위쪽으로 변경

35

아래 워크시트는 수량과 상품코드별 단가를 이용하여 금액을 산출한 것이다. 다음 중 [D2] 셀에 사용된 수식으로 옳은 것은? (단, 금액 = 수량 × 단가)

	A	B	C	D
1	매장명	상품코드	수량	금액
2	강북	AA-10	15	45,000
3	강남	BB-20	25	125,000
4	강서	AA-10	30	90,000
5	강동	CC-30	35	245,000
6				
7		상품코드	단가	
8		AA-10	3000	
9		BB-20	5000	
10		CC-30	7000	

① =C2*VLOOKUP(B2,$B$8:$C$10,2)
② =C2*VLOOKUP($B$8:$C$10,2,B2,FALSE)
③ =C2*VLOOKUP(B2,$B$8:$C$10,2,FALSE)
④ =C2*VLOOKUP($B$8:$C$10,2,B2)

36

다음 중 인쇄 영역과 관련된 설명으로 옳지 <u>않은</u> 것은?

① 인쇄 영역을 설정하면 지정된 영역만 인쇄된다.
② 여러 인쇄 영역을 지정하면 한 페이지에 모두 인쇄된다.
③ 인쇄 영역은 [페이지 레이아웃] 탭에서 설정할 수 있다.
④ 인쇄 영역은 해제할 수 있다.

37

다음 중 [페이지 설정] 대화상자의 [시트] 탭에 대한 설명으로 옳은 것은?

① '메모'는 셀에 설정된 메모의 인쇄 여부를 설정하는 것으로 '없음'과 '시트에 표시된 대로' 중 하나를 선택하여 인쇄할 수 있다.
② 워크시트의 셀 구분선을 그대로 인쇄하려면 '눈금선'에 체크하여 표시하면 된다.
③ '간단하게 인쇄'를 체크하면 설정된 글꼴색은 모두 검정으로, 도형은 테두리 색만 인쇄하여 인쇄 속도를 높인다.
④ '인쇄 영역'에 범위를 지정하면 특정 부분만 인쇄할 수 있으며, 지정한 범위에 숨겨진 행이나 열도 함께 인쇄된다.

38

다음 중 [매크로] 대화상자에 대한 설명으로 옳지 않은 것은?

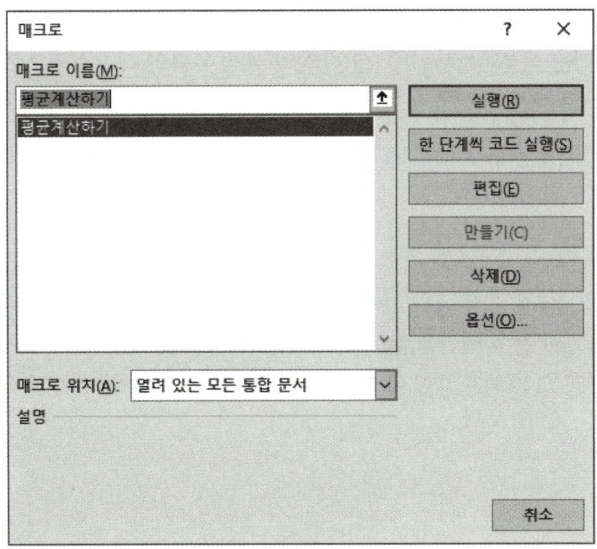

① [실행] 단추를 클릭하면 선택한 매크로가 실행된다.
② [한 단계씩 코드 실행] 단추를 클릭하면 선택한 매크로의 코드를 한 단계씩 실행할 수 있도록 Visual Basic 편집기가 실행된다.
③ [편집] 단추를 클릭하면 선택한 매크로의 명령을 수정할 수 있도록 Visual Basic 편집기가 실행된다.
④ [옵션] 단추를 클릭하면 선택한 매크로의 매크로 이름과 설명을 수정할 수 있는 [매크로 옵션] 대화상자가 표시된다.

39

다음 중 매크로에 대한 설명으로 옳지 않은 것은?

① 매크로 이름은 대·소문자를 구분하지 않으며, 공백이나 마침표를 포함하여 매크로 이름을 설정할 수 있다.
② 매크로를 실행할 Ctrl 키 조합의 바로 가기 키는 매크로가 포함된 통합 문서가 열려 있는 동안 이와 동일한 기본 엑셀 바로 가기 키를 무시한다.
③ 매크로 보안 수준을 '모든 매크로 포함'으로 설정하면 바이러스에 노출될 위험이 증가할 수 있다.
④ 기록된 매크로는 [개발 도구] 탭의 [코드] 그룹에 있는 [매크로]를 클릭하여 실행할 수 있다.

40

다음 중 [홈]-[클립보드] 그룹의 [붙여넣기]에서 선택 가능한 붙여넣기 옵션으로 옳지 않은 것은?

① 연결하여 붙여넣기
② 선택하여 붙여넣기
③ 테두리만 붙여넣기
④ 원본 열 너비 유지하여 붙여넣기

답 없이 푸는 제3회 기출변형문제

2025년 시행 상시시험

제한시간: 40분   점수: 1과목 ____ / 100점, 2과목 ____ / 100점

정답과 해설 12쪽

※ 문항당 5점

1과목 컴퓨터 일반

01
다음 중 컴퓨터의 전원이 연결된 상태에서 장치를 연결하거나 분리할 수 있도록 하는 기능을 의미하는 것은?

① 플러그 앤 플레이
② 핫 스와핑
③ 인터럽트
④ 선점형 멀티태스킹

02
다음 중 Windows 10 라이브러리 기능에 대한 설명으로 옳지 않은 것은?

① 라이브러리는 여러 위치의 폴더를 하나의 라이브러리에 통합하여 관리할 수 있다.
② 라이브러리에 추가된 모든 파일은 실제로 라이브러리 폴더에 복사되어 저장된다.
③ 라이브러리를 통해 문서, 음악, 그림, 비디오 등의 파일을 분류하여 볼 수 있다.
④ 사용자가 직접 새 라이브러리를 만들거나 기존 라이브러리를 삭제할 수 있다.

03
다음 중 메모장에 대한 설명으로 옳지 않은 것은?

① 메모장은 간단한 텍스트 파일을 작성하고 편집할 수 있는 기본 프로그램으로 그림, 차트 등의 OLE개체를 삽입할 수 없다.
② 메모장은 서식 있는 문서(.docx, .rtf 등)를 열고 편집하는 데 적합하다.
③ 메모장은 작성한 문서를 저장할 때 확장명은 기본적으로 .txt가 부여된다.
④ 메모장에서는 다른 이름으로 저장 기능을 통해 파일 인코딩을 선택할 수 있다.

04
다음 중 Windows 10 [설정] 창의 '계정 유형'에 대한 설명으로 옳지 않은 것은?

① '계정 유형'에서 표준 계정 사용자는 자신의 암호를 변경할 수 있다.
② '계정 유형'에서 표준 계정을 관리자 계정으로 변경할 수 있다.
③ '계정 유형'에서 관리자 계정 사용자는 시스템 전체에 대한 제어 권한을 갖는다.
④ '계정 유형'에서 표준 계정 사용자는 시스템 설정을 변경할 수 있다.

05
다음 중 컴퓨터의 제5세대의 목표 또는 특징으로 옳은 것은?

① 진공관, 일괄 처리 시스템
② 트랜지스터, 실시간 처리 시스템
③ 초고밀도 집적회로, 인공지능과 자연어 처리
④ 고밀도 집적회로, 개인용 PC의 사용

06

다음 중 컴퓨터에서 문자를 표현하기 위해 사용하는 대표적인 문자 코드가 아닌 것은?

① ASCII
② EBCDIC
③ Unicode
④ JPEG

07

다음 중 2진수 1010의 2의 보수는?

① 0101
② 0110
③ 0111
④ 0110

08

다음 중 중앙처리장치의 구성 요소에 해당되지 않는 것은?

① 레지스터
② 캐시 메모리
③ 산술논리연산장치
④ 하드디스크

09

다음 중 ROM(Read Only Memory)의 특징으로 가장 옳은 것은?

① 사용자가 프로그램 실행 중 자유롭게 데이터를 쓸 수 있다.
② 전원이 꺼지면 데이터가 사라진다.
③ 시스템 부팅 시 필요한 펌웨어가 저장된다.
④ 데이터의 저장과 삭제가 빠르게 이루어진다.

10

다음 중 사용자가 소스 코드를 자유롭게 수정하고 재배포할 수 있는 소프트웨어는?

① 셰어웨어
② 프리웨어
③ 오픈 소스 소프트웨어
④ 데모웨어

11

컴파일러와 인터프리터의 차이점에 대한 설명으로 옳은 것은?

① 컴파일러는 실행 시 번역을, 인터프리터는 실행 전에 번역을 한다.
② 컴파일러는 한 번에 소스 코드 전체를 번역하는 반면, 인터프리터는 소스 코드 한 줄씩 번역하여 실행한다.
③ 인터프리터는 프로그램을 실행할 수 없고, 컴파일러만 실행이 가능하다.
④ 컴파일러는 실시간으로 오류를 찾아내고, 인터프리터는 오류를 나중에 찾는다.

12

다음 중 실감 미디어에 대한 설명으로 옳지 않은 것은?

① 홀로그램(Hologram): 빛의 간섭 원리를 이용하는 기술로 레이저와 같이 간섭성이 있는 광원을 이용, 간섭 패턴을 기록한 결과물로 3차원 이미지를 만들거나 광원을 이용하여 재생하면 3차원 영상으로 표현이 가능한 기술이다.
② 증강현실(AR): 가상 세계에서 현실 세계와 같은 사회적·경제적·문화적 활동 및 일상생활이 이루어지는 가상 온라인 시공간을 의미한다.
③ 혼합현실(MR): 현실 세계에 가상현실(VR)을 접목한 것으로 현실적인 물리적 객체와 가상 객체가 상호작용할 수 있는 환경을 구현한다.
④ 가상현실(VR): 컴퓨터를 이용하여 특정 상황을 설정하고 구현하는 기술인 모의실험(Simulation)을 통해 실제 주변 상황처럼 경험하고 상호작용하는 것처럼 느끼게 할 수 있는 인터페이스 시스템이다.

13

MPEG-7 규격의 주요 목적으로 옳은 것은?

① 비디오와 오디오의 압축 방법을 정의한다.
② 비디오 파일의 메타데이터를 제공하고 검색을 용이하게 만든다.
③ 비디오 스트리밍을 위한 압축 방식만을 정의한다.
④ TV 방송에서의 화질 향상과 관련된 규격이다.

14

정보통신에서 네트워크 관련 장비에 대한 설명으로 옳지 않은 것은?

① 허브(Hub)는 네트워크의 여러 장치들을 물리적으로 연결하는 장비로, 데이터를 수신하면 이를 모든 포트에 전송한다.
② 게이트웨이(Gateway)는 한 네트워크에서 다른 네트워크로 들어가는 입구 역할을 하는 장치이다.
③ 라우터(Router)는 서로 다른 네트워크 간에 데이터를 라우팅하며, IP 주소를 기준으로 데이터를 전달한다.
④ 모뎀(Modem)은 데이터를 디지털 신호로 변환하여 전송하는 장비이다.

15

다음 중 프로토콜에 대한 설명으로 옳은 것은?

① 프로토콜은 네트워크 장치 간에 데이터를 전송하는 물리적인 방법을 정의하는 규약이다.
② TCP는 신뢰성 있는 데이터 전송을 제공하며, 데이터를 작은 단위로 나누어 전송하고, 전송 순서를 보장하는 프로토콜이다.
③ IP는 데이터를 전송하는 데 있어서 오류를 검사하고 수정하는 기능을 제공하는 프로토콜이다.
④ HTTP는 네트워크 장치 간의 연결을 설정하고, 데이터를 신뢰성 있게 전송하는 역할을 하는 프로토콜이다.

16

다음 중 인터넷 주요 서비스에 대한 설명으로 옳지 않은 것은?

① 웹 서비스는 하이퍼텍스트와 같은 다양한 문서 및 미디어 콘텐츠를 제공하는 서비스로, 사용자가 웹 브라우저를 통해 접근할 수 있다.
② 이메일은 인터넷을 통해 사용자가 전자적 메시지를 주고받을 수 있는 서비스로, SMTP, POP3, IMAP와 같은 프로토콜을 사용한다.
③ 파일 전송 프로토콜(FTP)은 웹 브라우저를 통해 직접 파일을 업로드하거나 다운로드할 수 있도록 지원하는 서비스로, HTTP와 유사한 방식으로 동작한다.
④ VoIP(Voice over IP)는 인터넷을 통해 음성을 전송하는 기술로, 인터넷 전화와 같은 서비스에 사용된다.

17

다음 중 모바일 기기 관련 용어에 대한 설명으로 옳지 않은 것은?

① 블루투스는 근거리 무선 통신 기술로, 주로 장치 간 짧은 거리에서 데이터를 전송하는 데 사용된다.
② 와이파이는 고속 인터넷 연결을 제공하며, 주로 넓은 범위에서 무선 네트워크 연결을 제공한다.
③ 테더링은 모바일 기기가 인터넷에 연결된 상태에서 다른 장치와 연결하여 인터넷을 공유하는 기술이다.
④ NFC(근거리 무선 통신)는 주로 대규모 네트워크를 구성하는 데 사용되는 무선 기술이다.

18

다음 중 정보사회의 특징으로 옳지 않은 것은?

① 정보가 빠르게 생성되고, 전 세계적으로 즉시 공유될 수 있다.
② 모든 정보와 자료가 디지털 형태로 저장되고 관리된다.
③ 정보사회의 발전으로 개인정보 보호가 강화되어 정보 유출이 없어진다.
④ 사이버 공간에 새로운 인간관계와 문화가 형성되었다.

19

다음 중 피싱(Phishing)에 대한 설명으로 가장 옳은 것은?

① 컴퓨터의 전원을 조작해 시스템을 꺼뜨리는 행위
② 사용자 몰래 웹사이트를 차단하는 기술
③ 위장된 이메일이나 사이트를 통해 개인정보를 탈취하는 행위
④ 인터넷 속도를 인위적으로 늦추는 범죄

20

다음 중 정보보안을 위협하는 유형에서 가로채기에 해당하는 것은?

① 데이터의 전달을 가로막아 수신자 측으로 정보가 전달되는 것을 방해하는 행위
② 전송되는 데이터를 전송 도중에 도청 및 몰래 보는 행위
③ 전송된 원래의 데이터를 다른 내용으로 수정하여 변조하는 행위
④ 다른 송신자로부터 데이터가 송신된 것처럼 꾸미는 행위

2과목 　스프레드시트 일반

21

다음 중 시트 보호에 대한 설명으로 옳지 않은 것은?

① 시트 보호를 설정하면 셀 내용 편집, 삭제 등을 방지할 수 있다.
② 시트 보호를 설정하면 자동으로 모든 셀이 보호 상태로 변경된다.
③ 시트 보호 후에도 사용자가 특정 셀을 수정할 수 있도록 예외를 설정할 수 있다.
④ 시트 보호를 해제하려면 반드시 파일을 열 때 암호가 필요하다.

22

다음 중 셀 포인터 이동 방법에 대한 설명이 옳지 않은 것은?

① Ctrl+방향키는 데이터가 있는 범위의 끝으로 이동한다.
② Tab을 누르면 셀 포인터는 현재 셀에서 오른쪽으로 이동한다.
③ Shift+Tab을 누르면 셀 포인터는 현재 셀에서 왼쪽으로 이동한다.
④ Home을 누르면 [A1] 셀로 이동한다.

23

다음 중 메모에 관한 설명으로 옳지 않은 것은?

① 메모는 문자, 숫자, 특수 문자도 입력 가능하지만 텍스트 서식은 지정할 수 없다.
② 메모가 삽입된 셀을 이동하면 메모의 위치도 셀과 함께 변경된다.
③ 메모는 시트에 표시된 대로 인쇄하거나 시트의 끝에 인쇄할 수 있다.
④ [서식 지우기] 기능을 이용하여 셀의 서식을 지우면 서식만 지워지고 메모는 지워지지 않는다.

24

다음 중 [찾기 및 바꾸기] 대화상자에 대한 설명으로 옳지 않은 것은?

① [찾기 및 바꾸기] 대화상자는 Ctrl+F 또는 Ctrl+H로 실행할 수 있다.
② [찾기] 탭에서는 입력한 값을 포함하는 셀을 찾아 선택할 수 있다.
③ [바꾸기] 탭을 사용하면 특정 문자열을 찾아 다른 문자열로 한 번에 모두 바꿀 수 있다.
④ [찾기 및 바꾸기] 대화상자는 시트 전체가 아닌, 현재 선택한 셀 범위 내에서는 사용할 수 없다.

25

다음 중 조건부 서식에 대한 설명으로 옳지 않은 것은?

① 조건부 서식을 사용하면 특정 조건을 만족하는 셀에 대해 글꼴, 테두리, 채우기 색 등의 서식을 자동으로 지정할 수 있다.
② 조건부 서식은 데이터의 범위에 따라 다양한 규칙을 적용하여 시각적으로 강조할 수 있다.
③ 조건부 서식은 한번 적용되면 해당 조건과 관계없이 항상 같은 서식을 유지한다.
④ 조건부 서식에서는 수식을 사용하여 보다 복잡한 조건을 지정할 수 있다.

26

아래 워크시트에서 [D2] 셀에 사원의 점수에 따른 평가를 구하고자 한다. 각 사원의 점수가 전체 점수의 평균 이상이면 평가는 '평가우수', 그렇지 않으면 '평가미달'로 표시할 경우 [D2] 셀에 입력할 수식으로 옳은 것은? (단, [D2] 셀에 수식을 입력한 후 [D6] 셀까지 채우기 핸들을 이용하여 수식 복사)

	A	B	C	D
1	사원코드	성명	점수	평가
2	A101	정윤재	92	
3	A102	황현준	74	
4	A103	손승민	95	
5	A104	박경수	86	
6	A105	이수현	91	

① =IF(C2>=AVERAGE(C2:C6),"평가우수","평가미달")
② =IF(C2>=AVERAGE($C$2:$C$6),"평가우수","평가미달")
③ =AVERAGEIF(C2:C6,">=","평가우수","평가미달")
④ =AVERAGEIF($C$2:$C$6,">=","평가우수","평가미달")

27

다음 중 아래 워크시트에서 '직무'가 90 이상이거나 '국사'와 '상식'이 모두 80 이상이면 '평가'에 '통과'를 표시하고 그렇지 않으면 공백을 표시하는 [E2] 셀의 함수식으로 옳은 것은?

	A	B	C	D	E
1	이름	직무	국사	상식	평가
2	강혜란	79	84	80	
3	주승하	82	94	86	
4	김진규	80	81	80	

① =IF(AND(B2>=90,OR(C2>=80,D2>=80)),"통과","")
② =IF(OR(AND(B2>=90,C2>=80),D2>=80),"통과","")
③ =IF(OR(B2>=90,AND(C2>=80,D2>=80)),"통과","")
④ =IF(AND(OR(B2>=90,C2>=80),D2>=80),"통과","")

28

아래 워크시트에서 [C1:G3] 영역을 참조하여 [C5] 셀에 표시된 바코드에 대한 단가를 [C6] 셀에 표시하였다. 다음 중 [C6] 셀의 수식으로 옳은 것은?

	A	B	C	D	E	F	G
1		바코드	351	352	353	354	355
2		상품명	CD	칫솔	치약	종이쪽	케이스
3		단가	1,000	1,500	2,500	800	1,100
4							
5		바코드	352				
6		단가	1,500				

① =HLOOKUP(C5,$C$1:$G$3,3,0)
② =VLOOKUP(C5,$C$1:$G$3,3,0)
③ =HLOOKUP($C$1:$G$3,C5,3,1)
④ =VLOOKUP($C$1:$G$3,C5,3,1)

29

다음 중 아래와 같이 조건을 설정한 고급 필터의 실행 결과에 대한 설명으로 옳은 것은?

소속	근무경력
<>영업팀	>=30

① 소속이 '영업팀'이 아니면서 근무경력이 30년 이상인 사원 정보
② 소속이 '영업팀'이면서 근무경력이 30년 이상인 사원 정보
③ 소속이 '영업팀'이 아니거나 근무경력이 30년 이상인 사원 정보
④ 소속이 '영업팀'이거나 근무경력이 30년 이상인 사원

30

다음 중 데이터 통합 기능에 대한 설명으로 옳지 않은 것은?

① 데이터 통합 기능은 여러 시트나 범위의 데이터를 하나로 요약하여 통합할 수 있다.
② 통합 기능은 합계, 평균, 최대값 등 다양한 함수로 데이터를 요약할 수 있다.
③ 통합할 때 참조 범위가 동일하지 않아도 자동으로 열과 행을 정렬하여 통합한다.
④ 통합할 데이터를 선택할 때 항목 라벨(제목 행이나 열)을 기준으로 통합할 수도 있다.

31

다음 중 피벗 테이블을 작성하기 위한 기본 조건으로 옳지 않은 것은?

① 원본 데이터에는 열 제목(필드 이름)이 있어야 한다.
② 원본 데이터는 셀 병합 없이 정리되어 있어야 한다.
③ 피벗 테이블은 여러 워크시트에 흩어진 데이터를 직접 통합하여 생성할 수 있다.
④ 빈 행이나 열이 없이 일관된 데이터 영역이어야 한다.

32

다음 중 3차원 차트로 변경이 가능한 차트 유형은?

① 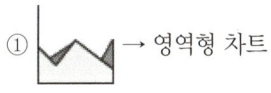 → 영역형 차트

② 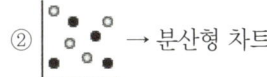 → 분산형 차트

③  → 도넛형 차트

④ → 주식형 차트

33

다음 중 차트에서 계열의 순서를 변경할 때 선택해야 할 바로 가기 메뉴는?

① 차트 이동
② 데이터 선택
③ 차트 영역 서식
④ 그림 영역 서식

34

다음 중 차트의 데이터 계열 서식에 대한 설명으로 옳지 않은 것은?

① 계열 겹치기 수치를 양수로 지정하면 데이터 계열 사이가 벌어진다.
② 차트에서 데이터 계열의 간격을 넓게 또는 좁게 지정할 수 있다.
③ 특정 데이터 계열의 값이 다른 데이터 계열의 값과 차이가 많이 나거나 데이터 형식이 혼합되어 있는 경우 보조 세로(값) 축에 하나 이상의 데이터 계열을 나타낼 수 있다.
④ 보조 축에 해당되는 데이터 계열을 구분하기 위하여 보조 축의 데이터 계열만 선택하여 차트 종류를 변경할 수 있다.

35

다음 중 부분합 기능에 대한 설명으로 옳지 않은 것은?

① 부분합 기능을 사용하려면 데이터를 먼저 기준 열을 기준으로 정렬해야 한다.
② 부분합 기능은 합계, 평균, 최대값, 개수 등 다양한 요약 함수를 제공한다.
③ 부분합 기능을 적용하면 그룹 단위로 자동 계산되고, 개요 표시 기호(+)로 구간을 접거나 펼 수 있다.
④ 부분합 기능은 두 개 이상의 필드(열)에 대해 동시에 다른 함수로 요약 계산할 수 있다.

36

다음 중 '페이지 나누기'에 대한 설명으로 옳지 않은 것은?

① [페이지 나누기 미리 보기]에서 행 높이와 열 너비를 변경하면 '자동 페이지 나누기'의 위치도 변경된다.
② [페이지 나누기 미리 보기]에서 수동으로 삽입된 페이지 나누기는 점선으로 표시된다.
③ 수동으로 삽입한 페이지 나누기를 제거하려면 페이지 나누기 선 아래 셀의 바로 가기 메뉴에서 [페이지 나누기 제거]를 선택한다.
④ 용지 크기, 여백 설정, 배율 옵션 등에 따라 자동 페이지 나누기가 삽입된다.

37

다음 중 [페이지 설정] 대화상자에 대한 설명으로 옳지 않은 것은?

① 프린터 목록에서 사용할 프린터를 선택할 수 있다.
② 셀 오류의 표시 여부를 지정할 수 있다.
③ 페이지의 가로, 세로 가운데 맞춤으로 인쇄되도록 설정할 수 있다.
④ 셀 구분선이 인쇄되도록 설정할 수 있다.

38

다음 중 매크로에 관한 설명으로 옳지 않은 것은?

① 같은 통합 문서 내에서 시트가 다르면 동일한 매크로 이름으로 기록할 수 있다.
② [매크로 기록] 대화상자에서 바로 가기 키 지정 시 영문 대문자를 사용하면 Shift 키가 자동으로 덧붙는다.
③ 엑셀을 실행할 때마다 매크로를 사용할 수 있게 하려면 [매크로 기록] 대화상자에서 매크로 저장 위치를 '개인용 매크로 통합 문서'로 선택한다.
④ 통합 문서를 열 때 어떤 상황에서 어떤 매크로를 실행할지 매크로 보안 설정을 변경하여 제어할 수 있다.

39

다음 중 [매크로 기록] 대화상자의 각 항목에 입력하는 내용으로 옳지 않은 것은?

① 매크로 이름: 공백을 사용할 수 없으므로 단어 구분 기호로 밑줄을 사용한다.
② 바로 가기 키: 영문자만 사용할 수 있으며, 대문자 입력 시에는 Ctrl + Shift 가 조합키로 사용된다.
③ 매크로 저장 위치: '현재 통합 문서'를 선택하면 모든 Excel 문서에서 해당 매크로를 사용할 수 있다.
④ 설명: 매크로에 대한 설명을 기록할 때 사용하며, 매크로 실행에 영향을 미치지 않는다.

40

셀 [B1]에 입력된 수식 =A1*2를 셀 [B2]에 복사했을 때 수식은 어떻게 변하는가?

① =A1*2
② =A2*2
③ =B1*2
④ =A$1*2

답 없이 푸는 제4회 기출변형문제

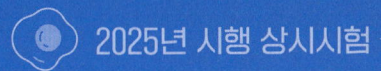

- 제한시간: 40분
- 점수: 1과목 ____ / 100점, 2과목 ____ / 100점

정답과 해설 18쪽

※ 문항당 5점

1과목 컴퓨터 일반

01

다음 중 Shift를 이용한 작업에 대한 설명으로 옳지 않은 것은?

① Shift + Delete : 삭제한 파일을 휴지통에 임시로 보관한다.
② Shift + F10 : 선택한 항목에 대한 바로 가기 메뉴를 표시한다.
③ Ctrl + Shift + Esc : 작업 관리자를 실행한다.
④ Shift + Insert : 복사한 항목을 붙여넣는다.

02

다음 중 Windows 10의 점프 목록에 대한 설명으로 옳지 않은 것은?

① 점프 목록은 작업 표시줄이나 [시작] 메뉴에서 애플리케이션 아이콘을 마우스 오른쪽 버튼으로 클릭하여 열 수 있다.
② 점프 목록에는 최근에 열었던 파일이나 폴더, 자주 사용하는 기능들이 포함된다.
③ 점프 목록에서 특정 항목을 선택하면 해당 파일이나 폴더가 열리거나 실행된다.
④ 점프 목록은 시스템을 종료하거나 로그오프할 때도 사용할 수 있다.

03

다음 중 프린터 설치에 대한 설명으로 옳지 않은 것은?

① Windows 10에서는 USB로 연결된 프린터를 자동으로 인식하여 드라이버를 설치할 수 있다.
② 네트워크에 연결된 프린터는 IP 주소나 이름을 통해 수동으로 추가할 수 있다.
③ 네트워크 프린터를 선택한 경우에는 연결할 프린터의 포트를 지정한다.
④ ⊞ - [설정]에서 [프린터 또는 스캐너 추가]를 선택해 프린터를 추가할 수 있다.

04

다음 중 Windows 10의 [키보드 속성] 대화상자에 대한 설명으로 옳지 않은 것은?

① 키 반복 속도와 키 반응 시간을 설정할 수 있다.
② 키보드의 언어 설정을 변경할 수 있다.
③ [드라이버] 탭을 통해 키보드 드라이버를 확인하거나 업데이트할 수 있다.
④ 키보드의 소리나 특수 기능을 설정할 수 있다.

05

다음 중 Windows의 레지스트리에 대한 설명으로 옳지 않은 것은?

① 레지스트리는 Windows 운영체제와 설치된 프로그램의 설정 정보를 저장하는 데이터베이스이다.
② 레지스트리는 regedit 명령어를 통해 편집할 수 있다.
③ 레지스트리의 잘못된 수정은 시스템에 영향을 줄 수 있으므로 주의가 필요하다.
④ Windows에 탑재된 레지스트리 편집기는 'reg.exe'이다.

06

다음 중 기억 용량의 단위를 작은 것부터 큰 순서로 나열한 것은?

① MB < KB < GB < TB
② KB < MB < GB < TB
③ KB < GB < MB < TB
④ MB < GB < TB < KB

07

다음 중 레지스터(Register)에 대한 설명으로 옳은 것은?

① 보조기억장치로 데이터를 장기간 저장하는 공간이다.
② 중앙처리장치 외부에 위치한 고속 임시 저장장치이다.
③ 주기억장치보다 속도는 느리지만 용량이 크다.
④ CPU 내부에 있으며 명령어 처리에 필요한 데이터를 일시적으로 저장한다.

08

다음 중 보조기억장치에 해당하는 것은?

① RAM
② ROM
③ SSD
④ 캐시 메모리

09

가상 메모리의 주요 목적은 무엇인가?

① 하드디스크의 용량을 증가시키기 위해 사용된다.
② 프로그램이 필요로 하는 메모리를 동적으로 할당하여 시스템 성능을 향상시킨다.
③ CPU의 속도를 향상시키기 위해 사용된다.
④ 보조기억장치의 데이터를 주기억장치에 저장하기 위해 사용된다.

10

하드디스크 용량이 부족할 때 가장 먼저 해야 할 적절한 조치는?

① 컴퓨터의 메모리를 업그레이드한다.
② 하드디스크를 포맷한다.
③ 불필요한 파일이나 프로그램을 삭제한다.
④ 인터넷 연결을 끊는다.

11

다음 중 고급 언어로 작성된 프로그램을 한 줄씩 번역하여 실행하며, 목적 프로그램을 만들지 않는 언어 번역 프로그램은?

① 어셈블러
② 컴파일러
③ 인터프리터
④ 프리프로세서

12

멀티미디어 시스템의 특징 중 사용자가 원하는 정보를 자유롭게 선택하고 접근할 수 있는 성질은?

① 통합성
② 동시성
③ 비선형성
④ 시간성

13

다음 중 렌더링에서 '안티앨리어싱(Anti-Aliasing)' 기술의 목적은 무엇인가?

① 이미지를 압축하여 용량을 줄인다.
② 이미지의 경계를 부드럽게 만들어 톱니 현상을 줄인다.
③ 텍스처를 추가하여 그래픽의 품질을 향상시킨다.
④ 색상 왜곡을 수정하여 선명한 이미지를 만든다.

14

근거리 통신망에 대한 설명으로 옳지 않은 것은?

① 근거리 통신망(Local Area Network, LAN)은 일반적으로 한 건물이나 제한된 지역 내에서 컴퓨터나 장치들이 연결된 네트워크이다.
② LAN은 주로 유선 연결을 사용하며, 대개 빠른 데이터 전송 속도를 제공한다.
③ LAN은 지역적으로 분산된 여러 지역을 연결하는 데 사용된다.
④ LAN은 작은 규모의 네트워크로, 고속의 데이터 전송과 자원 공유를 지원한다.

15

인터넷 주소 체계인 IPv6에 대한 설명으로 옳지 않은 것은?

① IPv6는 128비트 주소 체계를 사용하여, IPv4보다 더 많은 IP 주소를 제공한다.
② IPv6 주소는 8개의 16진수로 구성되며, 각 16진수는 16비트씩 차지한다.
③ IPv6 주소는 콜론(:)으로 구분되며, 주소 단축을 위해 각 블록에서 선행되는 0은 생략할 수 있다.
④ IPv6는 주소를 네트워크 부분의 길이에 따라 A클래스에서 E클래스까지 총 5단계로 구분한다.

16

전자우편에 사용되는 SMTP 프로토콜에 대한 설명으로 옳은 것은?

① SMTP는 이메일을 수신하기 위한 프로토콜로, 메일 서버에서 이메일을 다운로드하는 데 사용된다.
② SMTP는 이메일을 전송하기 위한 프로토콜로, 이메일을 송신 서버에서 수신 서버로 전송하는 데 사용된다.
③ SMTP는 이메일을 전송하는 데 사용되며, 이메일을 저장하거나 다운로드하는 역할을 한다.
④ SMTP는 보안 기능이 강화되어 있어서 이메일을 암호화하여 안전하게 전송할 수 있다.

17

다음 중 IoT(Internet of Things)에 대한 설명으로 옳지 않은 것은?

① IoT는 다양한 사물들이 인터넷을 통해 서로 연결되어 데이터를 수집하고 교환하는 기술이다.
② IoT는 사람 간의 통신을 주된 목적으로 하며, 주로 스마트폰과 같은 장치를 사용한다.
③ IoT는 스마트홈, 스마트카, 웨어러블 기기 등 다양한 분야에서 활용된다.
④ IoT는 자동화와 효율성을 높이기 위해 실시간 데이터 분석을 통한 의사결정을 지원한다.

18

다음 중 사용자의 기본 설정을 사이트가 인식하도록 하거나, 사용자가 웹사이트로 이동할 때마다 로그인해야 하는 번거로움을 생략할 수 있도록 사용자 환경을 향상시키는 것은?

① 히스토리
② 쿠키
③ 북마크(즐겨찾기)
④ 인덱스

19

다음 중 컴퓨터 범죄의 유형에 대한 설명으로 옳지 않은 것은?

① 해킹은 허가 없이 다른 사람의 컴퓨터 시스템에 침입하여 정보를 탈취하거나 조작하는 행위이다.
② 피싱은 사용자를 속여 개인정보를 빼내기 위해 위장된 이메일이나 웹사이트를 사용하는 사기 수법이다.
③ 스푸핑은 시스템의 성능을 향상시키기 위해 다른 장치의 IP 주소를 모방하는 합법적인 기술이다.
④ 악성코드 유포는 바이러스, 웜, 트로이 목마 등을 통해 시스템에 피해를 주는 행위이다.

20

다음 중 정보의 기밀성을 저해하는 데이터 보안 침해 형태는?

① 가로막기
② 가로채기
③ 위조
④ 수정

2과목 스프레드시트 일반

21

엑셀의 틀 고정에 대한 설명으로 옳지 않은 것은?

① 틀 고정을 사용하면 선택한 셀의 위쪽 행과 왼쪽 열이 고정된다.
② 틀 고정은 인쇄 시에도 고정된 행과 열이 반복되어 인쇄된다.
③ 틀 고정은 워크시트를 스크롤할 때 특정 행이나 열을 항상 화면에 표시하는 기능이다.
④ 틀 고정을 취소하려면 [보기] 탭 – [창] 그룹 – [틀 고정 취소]를 클릭하면 된다.

22

채우기 핸들을 이용하여 데이터를 입력하는 방법으로 옳지 않은 것은?

① 숫자가 입력된 셀의 자동 채우기 핸들을 Ctrl을 누른 채 드래그하면 똑같은 내용이 복사되어 입력된다.
② 문자 데이터를 입력하고 채우기 핸들을 드래그하면, 입력한 텍스트가 반복적으로 채워진다.
③ 셀에 수식을 입력한 후 채우기 핸들을 드래그하면, 수식이 복사되고 참조하는 셀도 자동으로 변환된다.
④ 채우기 핸들을 사용하면 셀의 내용과 셀 서식 모두를 복사할 수 있다.

23

다음 중 셀의 이동과 복사에 대한 설명으로 옳지 않은 것은?

① 셀을 복사하려면 Ctrl+C를 누르고, 붙여넣을 위치에 Ctrl+V를 눌러서 복사할 수 있다.
② 셀을 이동하려면 셀을 잘라내기(Ctrl+X)하여 원하는 위치에 붙여넣기(Ctrl+V)를 하면 된다.
③ Shift를 누른 채 선택 영역의 테두리를 원하는 위치로 드래그하면 선택 영역이 복사된다.
④ 셀을 이동할 때 기존 셀의 데이터는 삭제되고, 새 위치에 데이터가 입력된다.

24

다음 중 워크시트에 숫자 데이터 13560을 입력한 후 아래의 표시 형식을 적용했을 때 표시되는 결과로 옳은 것은?

#0.0,천원;(#0.0,천원);0.0;@학생

① 13.5천원
② (13.5천원)
③ 13,560천원
④ 13.6천원

25

다음 중 조건부 서식을 이용하여 [A2:C6] 영역에 엑셀과 파워포인트 점수의 합계가 165 이상인 행 전체에 셀 배경색을 지정하기 위한 수식으로 옳은 것은?

	A	B	C
1	이름	엑셀	파워포인트
2	양숙희	88	74
3	이상미	81	85
4	김경아	73	70
5	최진	82	81
6	유하나	95	71

① =$B2+$C2>=165
② =B$2+C$2>=165
③ =$B$2+$C$2>=165
④ =B2+C2>=165

26

다음 중 셀 또는 셀 범위에 대한 이름 정의 시 구문 규칙에 대한 설명으로 옳지 않은 것은?

① 이름은 최대 255자까지 지정할 수 있다.
② 이름의 첫 자는 반드시 문자나 밑줄(_) 또는 슬래시(/)로 시작해야 한다.
③ 이름은 공백을 사용할 수 없다.
④ 이름은 대·소문자를 구별하지 않는다.

27

아래 그림과 같이 '기록(초)' 필드를 이용하여 순위 [C2:C5]를 계산하였다. 다음 중 [C2] 셀의 수식으로 옳은 것은?

	A	B	C
1	선수명	기록(초)	순위
2	홍길동	12	3
3	이기자	15	4
4	금나래	10	1
5	나행복	11	2

① =RANK.EQ(B1,$C$2:$C$5)
② =RANK.EQ(B2,$A$2:$A$5)
③ =RANK.EQ(B2,$B$2:$B$5,1)
④ =RANK.EQ(B2,$B$2:$B$5,0)

28

다음 중 각 함수식과 그 결과가 옳지 않은 것은?

① =TRIM(" 1/4분기 수익") → 1/4분기 수익
② =SEARCH("세","세금 명세서",3) → 5
③ =PROPER("republic of korea")
   → REPUBLIC OF KOREA
④ =UPPER("Republic of Korea")
   → REPUBLIC OF KOREA

29

다음 중 '외부 데이터 가져오기' 기능을 이용하여 텍스트(.txt) 파일을 불러오는 경우에 대한 설명으로 옳은 것은?

① 텍스트 파일은 엑셀에서 직접 열 수 없으며, 먼저 메모장에서 내용을 복사해야 한다.
② 탭(Tab)이나 쉼표(,) 등으로 구분된 데이터는 구분 기호를 지정하여 올바르게 나눌 수 있다.
③ 텍스트 파일을 가져올 때, 셀 서식을 변경할 수는 없다.
④ 텍스트 파일 가져오기는 단일 열의 데이터만 처리할 수 있다.

30

다음 중 아래 그림의 시나리오 요약 보고서에 대한 설명으로 옳지 않은 것은?

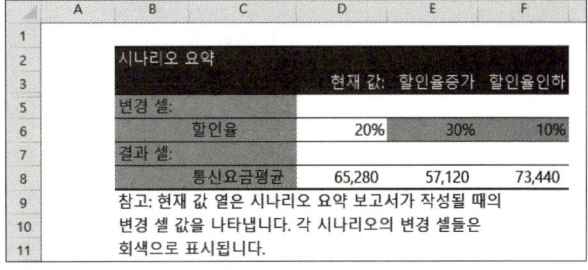

① 시나리오에서 설정된 변경 셀은 '할인율'이다.
② '할인율증가'와 '할인율인하' 시나리오에 대한 시나리오 요약 보고서이다.
③ 시나리오의 값을 변경하면 해당 변경 내용이 기존 요약 보고서에 자동으로 다시 계산되어 표시된다.
④ 시나리오 요약 보고서를 실행하기 전에 변경 셀과 결과 셀에 대해 이름을 정의하였다.

31

다음 중 이미 부분합이 계산되어 있는 상태에서 새로운 부분합을 추가하고자 할 때 수행해야 할 작업으로 옳은 것은?

① [모두 제거] 단추를 클릭
② '새로운 값으로 대치' 설정을 해제
③ '그룹 사이에 페이지 나누기'를 설정
④ '데이터 아래에 요약 표시' 설정을 해제

32

다음 중 엑셀의 피벗 테이블에 대한 설명으로 옳지 않은 것은?

① 피벗 테이블은 대량의 데이터를 요약·분석·비교하는 데 유용하다.
② 피벗 테이블에서는 필드를 행, 열, 값, 필터 영역에 자유롭게 배치할 수 있다.
③ 피벗 테이블은 원본 데이터를 직접 수정하면서 요약 결과를 변경할 수 있다.
④ 피벗 테이블에서는 합계, 평균, 개수, 최대값 등의 함수로 데이터를 집계할 수 있다.

33

다음이 설명하는 차트는 무엇인가?

- 전체 항목의 합에 대한 각 항목의 비율을 나타내는 차트로, 중요한 요소를 강조할 때 사용한다.
- 항상 한 개의 데이터 계열만 사용하므로 축이 없다.

① 세로 막대형 차트
② 도넛형 차트
③ 원형 차트
④ 분산형 차트

34

다음 중 각 차트에 대한 설명으로 옳지 않은 것은?

① 도넛형 차트: 원형 차트와 유사하지만 하나 이상의 데이터 계열을 고리 형태로 표시할 수 있다.
② 세로 막대형 차트: 범주형 데이터 간의 값을 비교하기에 적합하며, 값이 Y축에 표시된다.
③ 영역형 차트: 꺾은선형 차트와 유사하지만 값의 누적을 시각적으로 표현할 수 있다.
④ 분산형 차트: 데이터 계열의 항목 이름이 기준 축(X축)에 텍스트로 표시되며, 주로 범주형 데이터에 사용된다.

35

다음 중 차트에 대한 설명으로 옳지 않은 것은?

① 차트는 워크시트에 있는 데이터를 시각적으로 표현하여 분석을 쉽게 도와준다.
② 차트의 종류에 따라 동일한 데이터라도 표현 방식과 분석 관점이 달라질 수 있다.
③ 차트는 삽입 후에는 더 이상 데이터 범위를 수정하거나 변경할 수 없다.
④ 차트에 데이터 레이블을 추가하면 각 데이터 요소의 값을 차트에 직접 표시할 수 있다.

36

다음 중 추세선을 추가할 수 있는 차트 종류는?

① 원형 차트
② 분산형 차트
③ 도넛형 차트
④ 3차원 세로 막대형 차트

37

다음 중 [페이지 나누기 미리 보기] 기능에 대한 설명으로 옳지 않은 것은?

① 수동으로 삽입한 페이지 나누기는 실선으로 표시되고, 자동으로 추가된 페이지 나누기는 파선으로 표시된다.
② 자동 페이지 나누기 구분선을 이동하면 수동 페이지 나누기로 바뀐다.
③ 수동으로 삽입한 페이지 나누기를 제거하려면 페이지 나누기를 페이지 나누기 미리 보기 영역 밖으로 끌어 놓는다.
④ 행 높이와 열 너비를 변경하여도 자동 페이지 나누기는 영향을 받지 않고 원래대로 유지된다.

38

엑셀에서 여러 페이지로 나누어 인쇄되는 표의 첫 페이지에 있는 제목 행 [A1:F1]을 모든 페이지 상단에 반복해서 인쇄하고자 한다. 올바른 설정 방법은?

① [페이지 설정] 대화상자에서 '인쇄 영역'에 제목 행을 지정한다.
② [페이지 설정]의 [머리글/바닥글] 탭에서 제목을 삽입한다.
③ [페이지 설정]의 [시트] 탭에서 '반복할 열'에 제목 행을 지정한다.
④ [페이지 설정]의 [시트] 탭에서 '반복할 행'에 제목 행을 지정한다.

39

다음 중 Excel의 매크로 기록 기능과 관련된 설명으로 옳지 않은 것은?

① 사용자 작업을 기록하여 반복 실행할 수 있다.
② 매크로는 단축키를 지정하여 실행할 수 있다.
③ 매크로 기록 중에는 작업 내용을 편집할 수 없다.
④ 매크로는 모듈(Module)에 저장된다.

40

다음 중 매크로에 관한 설명으로 옳지 않은 것은?

① 매크로 이름은 자동으로 부여되며, 사용자가 변경할 수 있다.
② 매크로의 바로 가기 키는 Ctrl과 문자 또는 숫자를 조합하여 사용할 수 있다.
③ 매크로는 해당 작업에 대한 일련의 명령과 함수를 비주얼 베이직 모듈로 저장한 것이다.
④ 매크로가 저장되는 위치는 '개인용 매크로 통합 문서', '새 통합 문서', '현재 통합 문서' 중에서 선택할 수 있다.

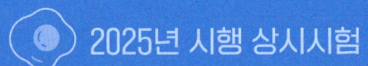

2025년 시행 상시시험
답 없이 푸는 제5회 기출변형문제

● 제한시간: 40분　● 점수: 1과목 ____ / 100점, 2과목 ____ / 100점

정답과 해설 23쪽

※ 문항당 5점

1과목 컴퓨터 일반

01

다음 중 바로 가기 아이콘에 대한 설명으로 옳지 않은 것은?

① 원본 파일이나 프로그램의 실제 위치를 가리키는 링크이다.
② 원본 파일이나 프로그램을 삭제하거나 이동하면 사용할 수 없다.
③ 바로 가기 아이콘을 삭제해도 원본 파일이나 프로그램에는 영향을 미치지 않는다.
④ 바로 가기 아이콘은 파일이나 폴더를 열 때 실행하는 프로그램을 자동으로 선택해준다.

02

다음 중 Windows 10의 휴지통에 대한 설명으로 옳지 않은 것은?

① 휴지통에 있는 파일은 물리적으로 삭제되지 않고 하드 드라이브에 남아 있다.
② 휴지통에 보관된 파일이나 폴더의 이름을 변경할 수 있다.
③ 휴지통의 파일을 마우스 오른쪽 버튼으로 클릭하여 바로 삭제하거나 복원할 수 있다.
④ 휴지통에 저장된 파일은 용량을 초과할 경우 보관된 파일 중 가장 오래된 파일이나 폴더부터 삭제된다.

03

다음 중 Windows 10에서 폴더의 [속성] 창에 대한 설명으로 옳지 않은 것은?

① 폴더의 [속성] 창에서는 읽기 전용 및 숨김 속성을 설정할 수 있다.
② [보안] 탭에서는 폴더에 대한 사용자별 권한 설정이 가능하다.
③ [일반] 탭에서는 폴더의 위치, 크기, 생성 날짜 등을 확인할 수 있다.
④ [속성] 창에서는 폴더 안에 있는 모든 파일의 내용을 직접 편집할 수 있다.

04

다음 중 Windows 10에서 시스템 종류가 32비트인지 64비트인지 확인하는 방법으로 옳은 것은?

① [제어판]-[시스템]을 열고, 시스템 정보에서 '시스템 종류' 항목을 확인한다.
② [설정]-[디스플레이]에서 '디스플레이 정보'를 확인한다.
③ [작업 관리자]-[성능] 탭에서 CPU 정보에서 '시스템 종류'를 확인한다.
④ [설정]-[업데이트 및 보안]에서 '시스템 업데이트'를 확인한다.

05

다음 중 Windows 10의 [설정]-[접근성] 설정의 주요 항목에 대한 설명으로 옳지 않은 것은?

① 돋보기를 실행하여 화면의 일부를 확대하여 더 자세히 볼 수 있다.
② 고대비 모드는 배경과 텍스트의 대비를 높여 시력이 약한 사용자에게 도움이 된다.
③ 화상 키보드는 물리적인 키보드를 대신하여 화면에서 가상 키보드를 사용할 수 있게 해준다.
④ 마우스 포인터의 표시 유형으로 포인터 자국 표시 여부를 설정할 수 있다.

06

다음 중 유니코드(Unicode)의 특징으로 옳지 않은 것은?

① 다양한 언어의 문자를 통일된 코드로 표현한다.
② 16비트를 기본 단위로 사용한다.
③ 한글도 표현할 수 있다.
④ 저장 공간을 적게 사용하기 위해 8비트만을 사용한다.

07

다음 중 제어장치(Control Unit)의 구성 요소에 대한 설명으로 옳은 것은?

① 누산기(Accumulator)는 명령어를 해석하여 제어 신호를 생성한다.
② 명령어 레지스터(IR)는 연산 결과를 저장하는 장치이다.
③ 명령어 해독기(Decoder)는 명령어를 해석하고 실행에 필요한 제어 신호를 생성한다.
④ 프로그램 카운터(PC)는 데이터의 연산을 수행하는 장치이다.

08

주기억장치 RAM에 대한 설명으로 옳지 않은 것은?

① CPU가 직접 접근할 수는 없다.
② 전원이 공급되지 않으면 모두 지워지는 휘발성 메모리이다.
③ 보조기억장치보다 속도가 빠르다.
④ 프로그램과 데이터를 일시적으로 저장한다.

09

다음 중 입출력 채널(I/O Channel)의 주요 역할로 옳지 않은 것은?

① CPU의 부하를 줄여주는 역할을 한다.
② 데이터 전송 속도를 빠르게 한다.
③ 입출력 장치와 CPU 간의 데이터를 처리한다.
④ 컴퓨터의 주기억장치와 연동되어 데이터를 저장한다.

10

시스템 성능을 향상시키기 위해 디스크 정리를 수행할 때, 삭제할 수 있는 항목은 무엇인가?

① 중요한 문서 파일
② 임시 파일, 시스템 오류 보고서, 인터넷 캐시 파일
③ 운영체제 파일
④ 모든 프로그램

11

시스템 소프트웨어의 주요 기능으로 옳지 않은 것은?

① 하드웨어와 사용자 간의 중재 역할
② 응용 소프트웨어의 실행 지원
③ 문서 작성과 이미지 편집 기능 제공
④ 장치 드라이버 관리

12

멀티미디어 시스템에서 스트리밍(Streaming)에 대한 설명으로 옳은 것은?

① 파일을 모두 다운로드한 후 재생
② 재생과 동시에 데이터 전송
③ 압축하지 않은 원본 파일을 사용하는 방식
④ 데이터 손실이 없는 무손실 방식만 사용

13

다음 중 멀티미디어 시스템에서 '시퀀싱(Sequencing)'에 대한 설명으로 가장 옳은 것은?

① 아날로그 형태의 소리 파형을 주기적으로 측정하여 디지털 데이터로 변환하고 저장하는 과정이다.
② 음악 파일의 용량을 줄이기 위해 불필요하거나 중복되는 음향 정보를 제거하는 압축 기술을 의미한다.
③ 전자 악기 간의 연주 정보(음의 높이, 길이, 강도, 악기 종류 등)를 디지털 신호로 기록하고 제어하는 기술이다.
④ 여러 개의 디지털 오디오 트랙을 시간 순서에 맞춰 배열하고 음량 조절 및 효과를 적용하여 최종 결과물을 만드는 작업이다.

14

다음 중 이기종 단말 간 통신과 호환성 등 모든 네트워크의 원활한 통신을 위해 최소한의 네트워크 구조를 제공하는 모델로 네트워크 프로토콜 디자인과 통신을 여러 계층으로 나누어 정의한 통신 규약 명칭은?

① TCP/IP 7계층
② OSI 7계층
③ ISO 7계층
④ 네트워크 7계층

15

다음 중 웹 브라우저의 기능에 대한 설명으로 옳지 않은 것은?

① 웹 브라우저는 사용자가 입력한 URL을 통해 웹 서버에 요청을 보내고, 서버의 응답을 받아 화면에 표시한다.
② 웹 브라우저는 웹페이지의 HTML, CSS, JavaScript를 해석하여 웹페이지를 화면에 표시한다.
③ 웹 브라우저는 웹 서버와의 연결을 직접 관리하지 않으며, 그 기능은 웹 서버에서만 담당한다.
④ 웹 브라우저는 사용자 입력을 통해 웹페이지에 데이터를 전송하고, 서버로부터 받은 응답을 화면에 표시한다.

16

다음 중 FTP 프로토콜에 대한 설명으로 옳지 않은 것은?

① FTP는 파일을 전송하기 위한 프로토콜로, 텍스트 파일뿐만 아니라 바이너리 파일도 전송할 수 있다.
② FTP는 데이터를 암호화하여 전송하기 때문에 보안성이 높다.
③ FTP는 클라이언트와 서버 간에 파일을 업로드하거나 다운로드할 때 사용된다.
④ FTP는 데이터 전송을 위하여 Binary 모드와 ASCII 모드를 제공한다.

17

다음 중 스마트폰을 모뎀처럼 활용하는 방법으로 컴퓨터나 노트북 등의 IT 기기를 스마트폰에 연결하여 무선 인터넷을 사용할 수 있게 하는 기능은?

① 와이파이
② 테더링
③ 블루투스
④ 와이브로

18

다음 중 스니핑(Sniffing)에 대한 설명으로 옳은 것은?

① 네트워크상에서 전송되는 데이터를 무단으로 가로채는 행위
② 검증된 사람이 네트워크를 통해 데이터를 보낸 것처럼 데이터를 변조하여 접속을 시도하는 행위
③ 서버에 불필요한 요청을 반복하여 자원을 낭비시키는 공격
④ 허가 없이 서버에 접근해 데이터를 암호화하는 행위

19

다음 중 비밀키와 공개키 암호화에 대한 설명으로 옳지 않은 것은?

① 비밀키 암호화는 같은 키를 사용하여 데이터를 암호화하고 복호화한다.
② 공개키 암호화는 두 개의 키를 사용하며, 하나는 데이터를 암호화하고, 다른 하나는 복호화에 사용한다.
③ 비밀키 암호화는 빠르고 효율적이며, 주로 데이터 전송 시 사용된다.
④ 공개키 암호화는 두 키를 모두 공개해야 하며, 키 관리가 복잡하다.

20

다음 중 분산 서비스 거부 공격(DDoS, Distributed Denial of Service)에 대한 설명으로 옳은 것은?

① 공격자가 하나의 컴퓨터를 이용해 서버에 침입하여 데이터를 탈취하는 공격이다.
② 여러 대의 컴퓨터를 이용해 동시에 공격 대상 서버에 접속하여 서비스를 마비시키는 공격이다.
③ 컴퓨터의 하드웨어를 직접 파괴하여 시스템을 중단시키는 공격이다.
④ 사용자의 동의 없이 백신 프로그램을 설치하여 보안을 강화하는 행위이다.

2과목 스프레드시트 일반

21

통합 문서 저장 시 사용하는 [일반 옵션]에 관한 설명으로 옳지 않은 것은?

① 열기 암호를 설정하면 파일을 열 때 암호를 입력해야 한다.
② 쓰기 암호를 설정하면 파일을 저장할 때마다 암호를 입력해야 한다.
③ 읽기 전용 권장 옵션을 설정하면 파일을 열 때 읽기 전용으로 열지 여부를 묻는 메시지가 표시된다.
④ 백업 파일 항상 만들기 옵션을 선택하면 파일 저장 시 자동으로 백업 파일이 생성된다.

22

다음 중 워크시트 관련 단축키와 그 기능이 바르게 연결된 것은?

① Ctrl + PageDn : 현재 셀의 값을 삭제한다.
② Ctrl + Shift + + : 새 워크시트를 추가한다.
③ Ctrl + PageUp : 이전 워크시트로 이동한다.
④ Shift + F11 : 현재 워크시트를 삭제한다.

23

다음 중 데이터 입력에 대한 설명으로 옳지 않은 것은?

① 셀 안에서 줄을 바꾸어 데이터를 입력하려면 Ctrl + Enter 를 누른다.
② 데이터를 입력하는 도중에 입력을 취소하려면 Esc 를 누른다.
③ 문자는 셀에 입력 시 왼쪽으로 정렬되며, 숫자는 자동으로 오른쪽으로 정렬된다.
④ 숫자와 문자를 혼합하여 입력할 경우, 기본적으로 문자로 인식된다.

24

다음 중 채우기 핸들 기능에 대한 설명으로 옳지 않은 것은?

① 문자와 숫자가 혼합된 셀을 선택하고 드래그하면 문자는 복사되고 숫자는 1씩 증가한다.
② 숫자 데이터가 입력된 셀을 선택하고 자동 채우기 핸들을 드래그하면 같은 데이터가 복사된다.
③ 사용자 지정 목록을 이용하여 텍스트 데이터도 연속적으로 입력할 수 있다.
④ 채우기 핸들로 수식을 복사하면 항상 고정된 참조로 복사된다.

25

다음 중 [선택하여 붙여넣기] 대화상자에 대한 설명으로 옳지 않은 것은?

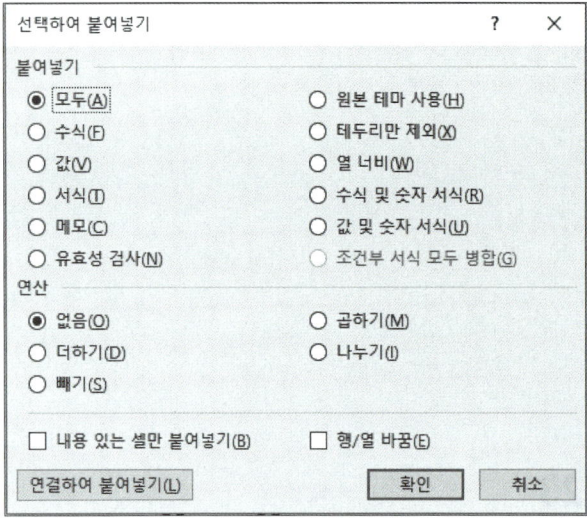

① [행/열 바꿈]을 선택한 경우 복사한 데이터의 열을 행으로, 행을 열로 변경하여 붙여넣기가 실행된다.
② [선택하여 붙여넣기] 대화상자에서 '값'을 선택하면 복사한 데이터의 수식은 제외되고 값만 붙여넣을 수 있다.
③ [선택하여 붙여넣기] 대화상자에서 '서식'을 선택하면 복사한 셀의 텍스트 서식만 붙여넣을 수 있다.
④ [선택하여 붙여넣기] 대화상자는 기본적으로 셀 범위에 대한 붙여넣기를 지원하며, 개별 셀에 대한 붙여넣기는 지원하지 않는다.

26

다음 중 셀 서식의 사용자 지정 표시 형식 중 코드와 설명이 옳지 않은 것은?

① #: 유효한 자릿수만 표시하고, 유효하지 않은 0은 표시하지 않는다.
② ?: 유효하지 않은 자릿수에 0 대신 공백을 표시하고, 소수점을 기준으로 정렬한다.
③ ss: 초 단위의 숫자를 00~59로 표시한다.
④ dddd: 요일을 Sun ~ Sat으로 표시한다.

27

다음 중 아래 워크시트에서 가입일이 2025년 이전이면 회원등급을 '골드회원', 아니면 '일반회원'으로 표시하려고 할 때 [C3] 셀에 입력할 수식으로 옳은 것은?

	A	B	C
1	회원가입현황		
2	성명	가입일	회원등급
3	심혜린	2023-01-25	골드회원
4	이유진	2024-05-26	골드회원
5	박재근	2025-06-09	일반회원
6	황현준	2024-01-09	골드회원
7	김도원	2025-08-10	일반회원

① =TODAY(IF(B3<=2025,"골드회원","일반회원")
② =IF(TODAY(B3)<=2025,"일반회원","골드회원")
③ =IF(DATE(B3)<=2025,"골드회원","일반회원")
④ =IF(YEAR(B3)<=2025,"골드회원","일반회원")

28

다음 아래의 워크시트에서 서류점수와 면접점수가 각각 90점 이상인 평균의 최대값을 구하는 수식으로 옳은 것은?

	A	B	C	D
1	성명	서류점수	영어점수	평균
2	황윤수	97	90	93.5
3	임동일	86	97	91.5
4	전서연	80	84	82
5	김준우	94	95	94.5
6	박혜진	89	82	85.5
7				
8	서류점수	영어점수		
9	>=90	>=90		

① =MAX(A1:D6,4,A8:B9)
② =DMAX(A1:D6,4,A8:B9)
③ =MIN(A1:D6,4,A8:B9)
④ =DMIN(A1:D6,4,A8:B9)

29

다음 중 아래 워크시트에서 [E2] 셀의 함수식이 =CHOOSE(RANK.EQ(D2,$D$2:$D$5),"천하","대한","영광","기쁨")일 때 결괏값으로 옳은 것은?

	A	B	C	D	E
1	성명	이론	실기	합계	수상
2	김나래	46	50	96	
3	이석주	45	44	89	
4	박명호	48	47	95	
5	장영민	46	48	94	

① 천하
② 대한
③ 영광
④ 기쁨

30

다음 중 자동 필터와 고급 필터에 대한 설명으로 옳지 <u>않은</u> 것은?

① 고급 필터를 이용하여 중복되지 않게 고유 레코드만 추출할 수 있다.
② 자동 필터에서 두 개 이상의 필드(열)로 필터링할 수 있으며, 필터는 누적 적용되므로 추가하는 각 필터는 현재 필터 위에 적용된다.
③ 고급 필터에서 다른 행에 입력된 조건은 AND 조건으로 결합된다.
④ 자동 필터에서 두 개 이상의 필드에 조건이 설정된 경우 AND 조건으로 결합된다.

31

다음 중 데이터 통합에 관한 설명으로 옳지 <u>않은</u> 것은?

① 데이터 통합은 위치를 기준으로 통합할 수도 있고, 영역의 이름을 정의하여 통합할 수도 있다.
② 통합할 데이터는 반드시 같은 형식(행 수와 열 수)이 동일해야만 통합이 가능하다.
③ '함수' 옵션을 사용하여 합계, 평균, 최대값 등 다양한 방식으로 데이터를 통합할 수 있다.
④ 여러 시트에 있는 데이터나 다른 통합 문서에 입력되어 있는 데이터를 통합할 수 있다.

32

다음 중 아래와 같은 피벗 테이블을 작성하기 위한 작업으로 옳지 <u>않은</u> 것은?

	A	B	C	D	E
18					
19	배송시간대	(모두)			
20					
21		열 레이블			
22	행 레이블	식품	의류	전자제품	총합계
23	망원동				
24	합계 : 거리(m)	550	1430	480	2460
25	합계 : 배송료	3400	7000	2800	13200
26	서교동				
27	합계 : 거리(m)	1250	1250		2500
28	합계 : 배송료	7300	6200		13500
29	합정동				
30	합계 : 거리(m)	620	600	1442	2662
31	합계 : 배송료	3400	3200	7500	14100
32	전체 합계 : 거리(m)	2420	3280	1922	7622
33	전체 합계 : 배송료	14100	16400	10300	40800

① 피벗 테이블 보고서를 넣을 위치로 기존 워크시트의 [A19] 셀을 선택하였다.
② '배송시간대' 필드를 보고서 필터 영역에 설정하였다.
③ 총합계는 행의 총합계만 표시되도록 설정하였다.
④ 행 레이블은 '배송지역', 열 레이블은 '물품종류'로 처리하였다.

33

다음 중 전체 항목의 합에 대한 각 항목의 비율을 나타내기에 적합한 차트는?

① 혼합형 차트 ② 원형 차트
③ 방사형 차트 ④ 영역형 차트

34

다음 중 아래의 데이터를 이용하여 각 데이터 간 값을 비교하는 차트를 작성하려고 할 때 가장 적합하지 <u>않은</u> 차트는?

	A	B	C	D	E
1	성명	1사분기	2사분기	3사분기	4사분기
2	홍길동	91	85	92	100
3	성춘향	96	85	90	100
4	이몽룡	92	98	89	93

① 세로 막대형
② 꺾은선형
③ 원형
④ 방사형

35

다음 중 아래 그림과 같이 연 이율과 월 적금액이 고정되어 있고, 적금기간이 1년, 2년, 3년, 4년, 5년인 경우 각 만기 후의 금액을 확인하기 위한 도구로 옳은 것은?

	A	B	C	D	E	F
1						
2		연이율	3%		적금기간(연)	만기 후 금액
3		적금기간(연)	1			₩6,083,191
4		월 적금액	500,000		1	
5		만기 후 금액	₩6,083,191		2	
6					3	
7					4	
8					5	

① 고급 필터
② 데이터 통합
③ 목표값 찾기
④ 데이터 표

36

아래 워크시트에서 [A2:B8] 영역을 참조하여 [E3:E7] 영역에 학점별 학생 수를 표시하고자 한다. 다음 중 [E3] 셀에 수식을 입력한 후 채우기 핸들을 이용하여 [E7] 셀까지 계산하려고 할 때 [E3] 셀에 입력해야 할 수식으로 옳은 것은?

	A	B	C	D	E
1	엑셀 성적 분포				
2	이름	학점		학점	학생수
3	김현미	A		A	2
4	조미림	B		B	1
5	심기훈	A		C	2
6	박원석	C		D	1
7	이영준	D		F	0
8	이세종	C			

① =COUNTIF(B3:B8,D3)
② =COUNTIF($B$3:$B$8,D3)
③ =SUMIF(B3:B8,D3)
④ =SUMIF($B$3:$B$8,D3)

37

다음 중 [페이지 설정] 대화상자의 [시트] 탭에 대한 설명으로 옳지 않은 것은?

① 반복할 행은 '$1:$3'과 같이 행 번호로 나타낸다.
② 메모의 인쇄 방법을 '시트 끝'으로 선택하면 원래 메모가 속한 각 페이지의 끝에 모아 인쇄된다.
③ 여러 페이지가 인쇄될 경우 열 우선을 선택하면 오른쪽 방향으로 인쇄를 마친 후에 아래쪽 방향으로 인쇄가 진행된다.
④ 인쇄 영역을 지정하지 않으면 기본적으로 워크시트의 모든 내용을 인쇄한다.

38

다음 중 매크로의 바로 가기 키에 대한 설명으로 옳지 않은 것은?

① 매크로 생성 시 설정한 바로 가기 키는 [매크로] 대화상자의 [옵션]에서 변경할 수 있다.
② 기본적으로 바로 가기 키는 Ctrl과 조합하여 사용하고, 대문자로 지정하면 Shift가 자동으로 덧붙는다.
③ 바로 가기 키의 조합 문자는 영문자만 가능하고, 바로 가기 키를 설정하지 않아도 매크로를 생성할 수 있다.
④ 엑셀에서 기본적으로 지정되어 있는 바로 가기 키는 매크로의 바로 가기 키로 지정할 수 없다.

39

다음 중 엑셀의 매크로 기능에 대한 설명으로 옳지 않은 것은?

① 매크로는 VBA를 통해 자동화 작업을 작성하거나 편집할 수 있다.
② 매크로를 저장한 파일은 반드시 .xls 형식으로 저장해야 한다.
③ 매크로 보안 수준은 사용자가 엑셀 옵션에서 변경할 수 있다.
④ 매크로에 바로 가기 키를 지정하면 해당 키를 누를 때 매크로가 실행된다.

40

다음 중 매크로를 실행하는 방법으로 옳지 않은 것은?

① 매크로 기록 시 Alt와 조합한 바로 가기 키를 지정하여 매크로를 실행한다.
② 빠른 실행 도구 모음에 매크로 아이콘을 추가하여 매크로를 실행한다.
③ Alt + F8을 눌러 [매크로] 대화상자를 표시한 후 매크로를 선택하고 [실행] 단추를 클릭하여 실행한다.
④ 그림, 클립아트, 도형 등의 그래픽 개체에 매크로 이름을 연결한 후 그래픽 개체 영역을 클릭하여 실행한다.

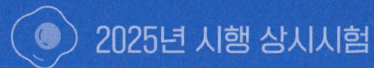

답 없이 푸는 제6회 기출변형문제

- 제한시간: 40분
- 점수: 1과목 ___ / 100점, 2과목 ___ / 100점

※ 문항당 5점

1과목 컴퓨터 일반

01
다음 중 Windows 10의 작업 표시줄에 대한 설명으로 옳지 않은 것은?

① 작업 표시줄 잠금을 설정하여 작업 표시줄의 위치나 크기를 변경하지 못하도록 할 수 있다.
② 작업 표시줄에는 [시작] 메뉴, 빠른 실행 아이콘, 알림 영역이 포함된다.
③ 작업 표시줄의 아이콘은 기본적으로 최소화된 상태에서만 표시된다.
④ 작업 표시줄에서 '작업 보기'를 클릭하면 현재 열린 모든 창을 미리 볼 수 있다.

02
다음 중 Windows 10에서 폴더의 [속성] 창에 대한 설명으로 옳지 않은 것은?

① 폴더가 포함하고 있는 하위 폴더 및 파일의 개수를 알 수 있다.
② 폴더의 특정 하위 폴더를 삭제할 수 있다.
③ 폴더를 네트워크와 연결되어 있는 다른 컴퓨터에서 접근할 수 있도록 공유할 수 있다.
④ 폴더에 '읽기 전용' 속성을 설정하거나 해제할 수 있다.

03
다음 중 파일이나 폴더를 선택하는 방법으로 옳지 않은 것은?

① [Ctrl]을 누른 채 원하는 파일을 하나씩 클릭하면 여러 개의 파일을 선택할 수 있다.
② [Shift]를 누르고 처음 파일과 마지막 파일을 클릭하면 그 사이의 파일이 모두 선택된다.
③ 선택한 항목 중에서 하나 이상의 항목을 제외하려면 [Ctrl]을 누른 상태에서 제외할 항목을 클릭한다.
④ 폴더 내의 모든 항목을 선택하려면 [Alt]+[A]를 누른다

04
Windows 10의 [설정] 창에서 '장치'를 선택하면 할 수 있는 작업으로 옳은 것은?

① 사용자 계정 추가
② 프린터 및 스캐너 연결
③ 네트워크 연결 설정
④ 화면 해상도 변경

05
다음 중 디지털 컴퓨터의 특징으로 옳지 않은 것은?

① 증폭 회로를 사용하고 기억기능이 없다.
② 데이터를 이진수(0과 1) 형태로 표현하고 처리한다.
③ 정밀하고 정확한 계산이 가능하다.
④ 논리 연산 및 수치 계산에 적합하다.

06

영문자와 숫자 등을 1바이트로 표현하며, 총 128개의 문자만 표현 가능한 문자 코드는?

① ASCII
② EBCDIC
③ Unicode
④ UTF-16

07

다음 중 연산장치(ALU)의 구성 요소에 대한 설명으로 옳은 것은?

① 명령어 해독기는 ALU 내부에서 명령어를 실행한다.
② 누산기(Accumulator)는 연산 결과를 일시적으로 저장하는 레지스터이다.
③ 프로그램 카운터(PC)는 ALU의 연산 결과를 제어한다.
④ 산술논리연산기(ALU)는 명령어를 제어장치로 전달한다.

08

RAM의 주요 특징으로 옳은 것은?

① 데이터를 장기적으로 저장하는 비휘발성 메모리이다.
② 데이터를 읽기 전용으로만 저장할 수 있는 메모리이다.
③ CPU가 직접 접근하여 데이터를 읽고 쓸 수 있는 휘발성 메모리이다.
④ 데이터가 전원 공급 없이 유지된다.

09

다음 중 컴퓨터 시스템에서 사용하는 채널(Channel)에 관한 설명으로 옳지 않은 것은?

① 채널에는 셀렉터(Selector), 멀티플렉서(Multiplexer), 블록 멀티플렉서(Block Multiplexer) 등이 있다.
② 입출력 작업이 끝나면 CPU에게 인터럽트 신호를 보낸다.
③ CPU와 주기억장치의 속도 차이를 해결하기 위하여 사용된다.
④ 주변 장치에 대한 제어 권한을 CPU로부터 넘겨받아 CPU 대신 입출력을 관리한다.

10

다음 중 운영체제의 주요 기능으로 옳지 않은 것은?

① 메모리, CPU, 입출력 장치 등의 자원 관리
② 사용자 인터페이스 제공
③ 하드웨어와 응용 프로그램 사이의 중재 역할 수행
④ 그래픽 편집 기능 제공

11

웹페이지의 디자인(스타일)을 정의하는 데 사용하는 언어는?

① HTML
② Java
③ CSS
④ SQL

12

멀티미디어의 특징으로 옳지 않은 것은?

① 디지털화
② 상호작용성
③ 선형성
④ 통합성

13

MP4 파일 형식의 장점으로 옳은 것은?

① 매우 높은 품질을 유지하면서 파일 크기가 작다.
② 파일 크기가 커서 주로 고해상도 영상에 사용된다.
③ 오직 비디오 전용 형식으로 오디오 파일은 저장할 수 없다.
④ 압축되지 않은 형식으로, 품질 저하 없이 저장된다.

14

OSI 7계층에 대한 설명으로 옳은 것은?

① 물리 계층(Physical Layer)은 데이터의 전송을 위한 실제 매체를 정의하며, 비트 단위로 데이터를 전송한다.
② 응용 계층(Application Layer)은 데이터를 포장하고 전달하는 역할을 하며, 세션 관리와 오류 검사를 담당한다.
③ 전송 계층(Transport Layer)은 패킷을 전송하고, 네트워크의 라우팅 경로를 설정하는 역할을 한다.
④ 데이터 링크 계층(Data Link Layer)은 데이터를 비트로 변환하여 전송하며, 네트워크의 물리적 연결을 담당한다.

15

프로토콜에 대한 설명으로 옳지 않은 것은?

① IP 주소는 인터넷에 연결된 각 장치에 고유하게 할당되는 주소이며, 데이터를 목적지로 전달하는 데 사용된다.
② DNS(Domain Name System)는 도메인 이름을 IP 주소로 변환하는 역할을 하며, 인터넷에서 웹사이트를 찾는 데 사용된다.
③ DHCP(Dynamic Host Configuration Protocol)는 수동으로 IP 주소를 할당하는 프로토콜이다.
④ TCP(Transmission Control Protocol)는 신뢰성 있는 데이터 전송을 보장하고, 연결 지향적인 프로토콜이다.

16

전자우편에 사용되는 POP3 프로토콜에 대한 설명으로 옳은 것은?

① POP3는 이메일을 전송하는 프로토콜로, 이메일을 송신 서버에서 수신 서버로 전송하는 데 사용된다.
② POP3는 이메일을 수신하고, 서버에서 이메일을 다운로드하여 사용자의 컴퓨터에 저장하는 데 사용된다.
③ POP3는 이메일을 수신하는 프로토콜이지만, 이메일을 서버에 계속 저장하며 다운로드하지 않는다.
④ POP3는 멀티미디어 이메일을 주고받기 위한 프로토콜이다.

17

다음 중 테더링에 대한 설명으로 옳은 것은?

① 모바일 기기에서 다른 장치로 데이터를 전송하는 기술로, Wi-Fi, 블루투스, USB 등 다양한 방법을 사용하여 연결한다.
② 인터넷에 연결된 다른 장치들로부터 데이터를 수신하는 기술로, 주로 네트워크 회선을 통해 이루어진다.
③ 다른 장치에서 제공하는 인터넷 연결을 통해 데이터를 수신하는 기술로, 주로 무선으로만 연결된다.
④ 인터넷에 연결된 다른 장치들을 네트워크에 연결하는 기술로, 주로 유선 연결만을 사용한다.

18

다음 중 LAN(Local Area Network)에 대한 설명으로 옳지 않은 것은?

① 자원 공유를 목적으로 컴퓨터들을 상호 연결하여 사용한다.
② 전송 방식으로 반이중 방식을 사용하여 상호 동시에 통신할 수 있다.
③ 프린터나 보조기억장치 등의 주변 장치들을 공유하여 사용할 수 있다.
④ 근거리 통신망으로 비교적 전송 거리가 짧아 에러 발생률이 낮다.

19

다음 중 정보사회에서 발생할 수 있는 문제점으로 옳지 않은 것은?

① 정보의 편중으로 계층 간의 정보 차이를 줄일 수 있다.
② 정보의 남용과 보안 취약점으로 인해 개인정보가 유출될 위험이 있다.
③ 정보기술을 이용한 새로운 범죄가 증가할 수 있다.
④ 과도한 디지털 기기 사용으로 인한 신체적·정신적 건강 문제가 발생할 수 있다.

20

다음 중 컴퓨터 범죄 유형에 대한 설명으로 옳지 않은 것은?

① 트로이 목마는 겉보기에는 정상적인 프로그램처럼 보이지만, 내부에 악성 기능을 숨긴 소프트웨어이다.
② 백도어는 시스템에 접근하기 위한 숨겨진 통로로, 보안 절차를 우회해 침입할 수 있게 한다.
③ 트로이 목마는 스스로 복제되어 다른 파일에 전파되며 시스템 전역에 퍼진다.
④ 백도어는 일반적으로 해커가 시스템에 침입한 후 재접속을 위해 설치하는 경우가 많다.

2과목 스프레드시트 일반

21

창 나누기에 대한 설명으로 옳지 않은 것은?

① 창 나누기를 사용하면 하나의 워크시트를 최대 네 부분으로 나누어 볼 수 있다.
② 창을 나누면 각 창은 개별적으로 스크롤할 수 있다.
③ 창 나누기는 [보기] 탭에서 설정하거나 셀을 기준으로 나눌 수 있다.
④ 창 나누기를 설정하면 워크시트가 두 개로 분리되어 저장된다.

22

다음 중 데이터 입력 및 바로 가기 키 기능에 대한 설명으로 옳은 것은?

① 숫자는 입력 시 기본적으로 오른쪽으로 정렬되지만 숫자 데이터를 문자로 취급하도록 하려면 숫자 앞에 큰따옴표(")를 입력해야 한다.
② Ctrl+;을 누르면 시스템의 오늘 날짜가 입력된다.
③ Alt+Enter를 누르면 빠른 채우기가 수행된다.
④ 시트를 실수로 삭제하더라도 Ctrl+Z를 눌러서 취소하면 복원시킬 수 있다.

23

다음 중 셀의 이동과 복사에 대한 설명으로 옳지 않은 것은?

① 이동하고자 하는 셀 영역을 선택한 후 잘라내기 바로 가기 키인 Ctrl+X를 누르면 선택 영역 주위에 점선이 표시된다.
② 클립보드에는 최대 24개의 항목이 저장 가능하므로 여러 데이터를 클립보드에 복사해 두었다가 다른 곳에 한 번에 붙여넣을 수 있다.
③ 선택된 셀 영역을 이동할 위치로 드래그하는 동안에는 선택된 셀 영역의 테두리만 표시된다.
④ Shift를 누른 채 선택 영역의 테두리를 클릭하여 원하는 위치로 드래그하면 선택 영역이 복사된다.

24

아래 보기는 입력 데이터, 표시 형식, 결과 순으로 표시한 것이다. 입력 데이터에 주어진 표시 형식으로 지정한 경우 그 결과가 옳지 않은 것은?

	입력 데이터	표시 형식	표시 결과
①	10	##0.0	10.0
②	2123500	#,###,천원	2,123.5천원
③	홍길동	@귀하	홍길동귀하
④	123.1	0.00	123.10

25

다음 중 [셀 서식] 대화상자에서 [맞춤] 탭의 기능으로 옳지 않은 것은?

① '셀 병합'은 선택 영역에서 데이터 값이 여러 개인 경우 마지막 셀의 내용만 남기고 모두 지운다.
② '셀에 맞춤'은 입력 데이터의 길이가 셀의 너비보다 긴 경우 글자 크기를 자동으로 줄인다.
③ '방향'은 데이터를 세로 방향으로 설정하거나 가로의 회전 각도를 지정하여 방향을 설정한다.
④ '자동 줄 바꿈'은 텍스트의 길이가 셀의 너비보다 긴 경우 자동으로 줄을 나누어 표시한다.

26

다음 중 엑셀의 오류 메시지에 대한 설명으로 옳지 않은 것은?

① #DIV/0! 오류는 0으로 나누기를 시도할 경우 발생한다.
② #VALUE! 오류는 잘못된 데이터 형식 간의 연산 시 발생한다.
③ #REF! 오류는 참조하고 있던 셀이 삭제되었을 때 발생한다.
④ #NAME? 오류는 숫자가 너무 커서 셀 너비를 초과했을 때 발생한다.

27

다음 중 함수식에 대한 결과가 옳지 않은 것은?

① =INT(-3.5) → -3
② =MOD(13,2) → 1
③ =POWER(2,3) → 8
④ =TRUNC(-3.5) → -3

28

다음 중 아래의 워크시트에서 수식 '=DAVERAGE(A4:E10, "수확량",A1:C2)'의 결괏값으로 옳은 것은?

	A	B	C	D	E
1	나무	높이	높이		
2	배	>10	<20		
3					
4	나무	높이	나이	수확량	수익
5	배	18	17	14	105
6	배	12	20	10	96
7	체리	13	14	9	105
8	사과	14	15	10	75
9	배	8	8	8	77
10	사과	8	9	6	45

① 15
② 12
③ 14
④ 18

29

다음 중 [데이터 유효성] 대화상자의 [설정] 탭에서 '제한 대상' 목록에 해당하지 않는 것은?

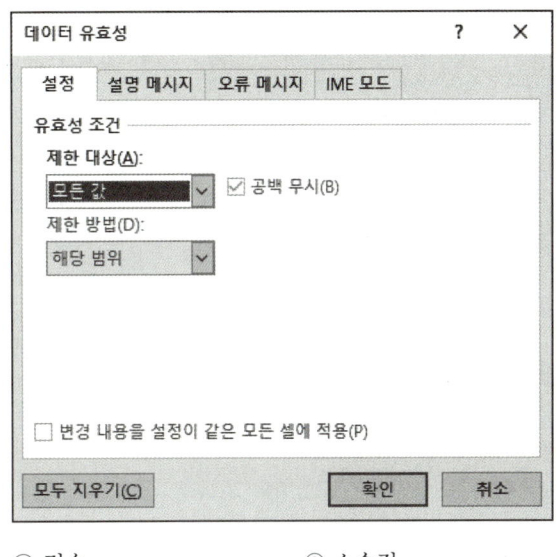

① 정수
② 소수점
③ 목록
④ 텍스트

30

다음 워크시트에서 [그림 A]는 원 데이터를, [그림 B]의 [E11] 셀은 목표값 찾기가 실행된 결과를 나타낸 경우이다. 이 워크시트에 관한 설명으로 옳은 것은?

	A	B	C	D	E
1	[그림 A]				
2	이름	언어	수리	총점	평균
3	허균	120	75.3	195.3	97.7
4	김정희	82.1	38.6	120.7	60.4
5	장주몽	83.9	80	163.9	82.0
6	홍길동	43.4	78	121.4	60.7
7					
8	[그림 B]				
9	이름	언어	수리	총점	평균
10	허균	120	75.3	195.3	97.7
11	김정희	82.1	93.9	176	88.0
12	장주몽	83.9	80	163.9	82.0
13	홍길동	43.4	78	121.4	60.7

① 김정희의 '평균'이 88이 되기 위해서 '총점'이 몇 점이 되어야 하는지를 목표값 찾기 기능을 이용하여 '총점'에 대한 값을 변경하였다.
② '수식 셀'은 목표값을 찾기 위한 수식이 들어 있는 셀을 지정하는 것으로 [C11] 셀을 선택하였다.
③ '값을 바꿀 셀'에는 [E11] 셀을 선택하였다.
④ '찾는 값'에는 '88'을 지정하였다.

31

다음 중 아래 워크시트의 부분합 실행 결과에 대한 설명으로 옳지 않은 것은?

		A	B	C	D
	1	성명	소속	직무	1차 성적
	2	박시현	교통행정과	건축	86
	3	정새연	교통행정과	건축	88
	4	김동현	교통행정과	건축	99
	5	김주원	교통행정과	행정	85
	6	최영서	교통행정과	건축	80
	7		교통행정과 최대		99
	8		교통행정과 평균		87.6
	13		보건사업과 최대		96
	14		보건사업과 평균		86.75
	18		사회복지과 최대		93
	19		사회복지과 평균		85.66667
	20		전체 최대값		99
	21		전체 평균		86.83333

① [부분합] 대화상자에서 그룹화할 항목을 '소속'으로 설정하였다.
② 그룹의 모든 정보 데이터를 표시하려면 윤곽 기호에서 ③을 클릭하면 된다.
③ 부분합 실행 시 [데이터 아래 요약 표시]를 선택 해제하면 데이터 위에 요약을 표시할 수 있다.
④ [부분합 계산 항목]으로 선택된 항목에는 SUBTOTAL 함수가 자동으로 입력되어 최대값과 평균이 계산되었다.

32

다음 중 엑셀에서 사용되는 차트 유형에 대한 설명으로 옳지 않은 것은?

① 세로 막대형 차트는 항목 간의 수치를 비교할 때 사용하며, 값이 세로 방향으로 표시된다.
② 원형 차트는 전체에 대한 각 항목의 비율을 시각적으로 표현할 때 적합하다.
③ 선형 차트는 시간의 흐름에 따른 데이터의 추세를 파악하는 데 유용하다.
④ 분산형 차트는 범주형 데이터의 구성비를 나타내는 데 적합하다.

33

다음 중 하나의 계열만 표시할 수 있는 차트 종류로 옳은 것은?

① 방사형
② 분산형
③ 영역형
④ 원형

34

다음 중 아래의 차트에 표시되지 않은 차트의 구성 요소는?

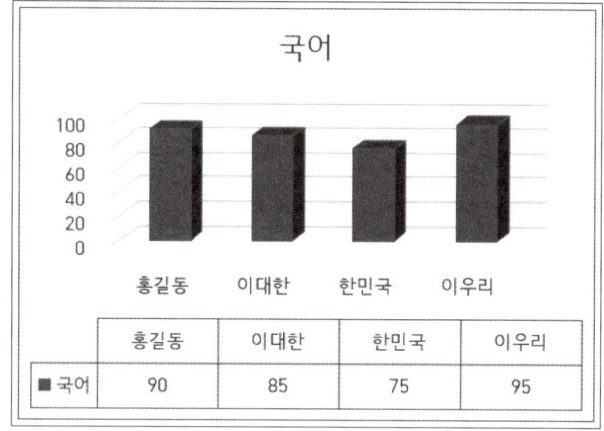

① 데이터 레이블
② 데이터 계열
③ 데이터 표
④ 눈금선

35

다음 중 [데이터]-[정렬]에 대한 설명으로 옳지 않은 것은?

① 빈 셀은 항상 위에 정렬된다.
② [선택한 데이터의 첫 행]을 머리글 행을 선택하면, 머리글 행은 정렬에서 제외된다.
③ 논리값의 경우 오름차순으로 정렬하면 FALSE 다음 TRUE의 순서로 정렬된다.
④ 혼합된 자료를 오름차순으로 정렬하면 숫자, 특수 문자, 한글, 영문 순서로 정렬된다.

36

다음 중 '페이지 나누기' 기능에 관한 설명으로 옳지 <u>않은</u> 것은?

① [페이지 나누기 미리 보기] 상태에서는 데이터의 입력이나 편집을 할 수 없다.
② 페이지 구분선을 마우스로 드래그하여 구분선의 위치를 변경할 수 있다.
③ 수동으로 삽입된 페이지 나누기는 실선으로 표시되고, 자동으로 추가된 페이지 나누기는 파선으로 표시된다.
④ 인쇄할 데이터가 많아 한 페이지가 넘어가면 자동으로 페이지 구분선이 삽입된다.

37

다음 중 [인쇄 미리 보기]에 관한 설명으로 옳지 <u>않은</u> 것은?

① [인쇄 미리 보기] 창에서 셀 너비를 조절할 수 있으나 워크시트에는 변경된 너비가 적용되지 않는다.
② [인쇄 미리 보기]를 실행한 상태에서 [페이지 설정]을 클릭하여 [여백] 탭에서 여백을 조절할 수 있다.
③ [인쇄 미리 보기] 상태에서 '확대/축소'를 누르면 화면에는 적용되지만 실제 인쇄 시에는 적용되지 않는다.
④ [인쇄 미리 보기]를 실행한 상태에서 [여백 표시]를 체크한 후 마우스 끌기를 통하여 여백을 조절할 수 있다.

38

다음 중 매크로 이름을 정의하는 규칙으로 옳지 <u>않은</u> 것은?

① '?', '/', '-' 등의 문자는 매크로 이름에 사용할 수 없다.
② 기존의 매크로 이름과 동일한 이름을 사용하면 기존의 매크로를 새로 기록하려는 매크로로 바꿀 것인지를 선택할 수 있다.
③ 매크로 이름의 첫 글자에는 숫자도 올 수 있다.
④ 매크로 이름에 사용되는 영문자는 대·소문자를 구분하지 않는다.

39

다음 중 아래와 같이 설정된 [매크로 기록] 대화상자에 대한 설명으로 옳지 <u>않은</u> 것은?

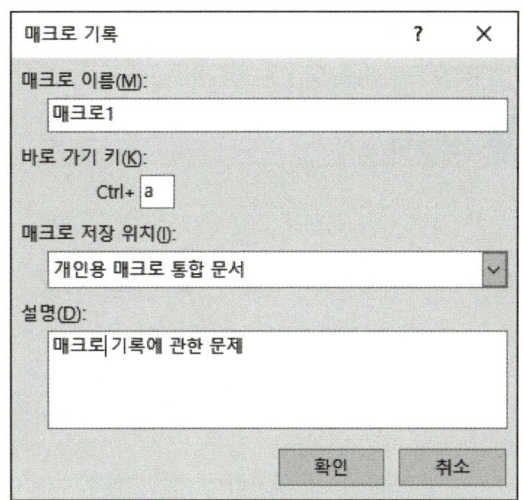

① 매크로 이름은 매크로1이며, 변경하고자 할 경우 [매크로] 대화상자에서만 변경할 수 있다.
② 작성된 '매크로1' 매크로는 'Personal.xlsb'에 저장된다.
③ 설명은 매크로에 대한 설명을 기록할 때 사용하며, 매크로 실행에 영향을 미치지 않는다.
④ 작성된 '매크로1' 매크로는 Ctrl + a 를 눌러 실행할 수 있다.

40

다음 중 매크로의 바로 가기 키에 대한 설명으로 옳지 <u>않은</u> 것은?

① 바로 가기 키는 수정할 수 있다.
② 바로 가기 키에 지정할 영문자를 대문자로 입력하면 자동으로 Shift 키가 추가되어 Ctrl + Shift + 영문자 형태로 조합된다.
③ 바로 가기 키의 조합 문자는 영문자만 가능하고, 바로 가기 키를 설정하지 않아도 매크로를 생성할 수 있다.
④ 이미 할당된 기본 바로 가기 키는 매크로 바로 가기 키로 지정할 수 없으며, 만약 지정하려고 하면 오류 메시지가 나타난다.

2024년 시행 상시시험

답 없이 푸는 제7회 기출변형문제

● 제한시간: 40분 ● 점수: 1과목 ____ / 100점, 2과목 ____ / 100점

정답과 해설 33쪽

※ 문항당 5점

1과목 컴퓨터 일반

01

다음 중 컴퓨터 운영체제에 대한 설명으로 옳지 않은 것은?

① 프로세스, 기억장치, 주변장치, 파일 등의 관리가 주요 기능이다.
② 사용자들 간의 하드웨어 공동 사용 및 자원의 스케줄링을 수행한다.
③ 데이터 및 자원 공유 기능을 제공한다.
④ 운영체제는 컴퓨터가 작동하는 동안 하드디스크에 위치하여 실행된다.

02

다음 중 파일 시스템에 대한 설명으로 옳지 않은 것은?

① 파일 시스템이란 보조기억장치에 저장되는 파일에 대해 수정, 삭제, 추가, 검색 등의 작업을 체계적으로 할 수 있도록 지원하는 관리 시스템을 말한다.
② FAT16과 비교하여 NTFS는 하드디스크의 성능을 최적화하여 시스템을 보다 빨리 사용할 수 있게 한다.
③ 디스크에 대한 할당 및 보안 등과 같은 고급 기능을 사용하기 위해서는 FAT32를 사용해야 한다.
④ FAT32의 장점은 시스템 안정성이 향상되며, 시스템 리소스를 최소화할 수 있다는 것이다.

03

다음 중 Windows 10의 점프 목록에 대한 설명으로 옳지 않은 것은?

① 작업 표시줄에서 프로그램 아이콘을 마우스 오른쪽 단추로 클릭하여 최근에 열린 파일 목록을 확인할 수 있게 한다.
② 모든 창을 최소화할 필요 없이 바탕 화면을 빠르게 미리 보거나 작업 표시줄의 해당 아이콘을 가리켜서 열린 창을 미리 볼 수 있게 하는 기능이다.
③ 프로그램의 점프 목록을 보려면 작업 표시줄의 프로그램(앱) 아이콘을 마우스 오른쪽 단추로 클릭한다.
④ 점프 목록에 항목을 고정하려면 프로그램(앱)의 점프 목록에서 항목을 가리킨 다음 [이 목록에 고정] 아이콘을 클릭한다.

04

다음 중 폴더의 [속성] 대화상자에 대한 설명으로 옳지 않은 것은?

① 폴더가 포함하고 있는 하위 폴더 및 파일의 개수를 알 수 있다.
② 폴더의 바로 가기 아이콘을 만들 수 있다.
③ 폴더를 네트워크와 연결되어 있는 다른 컴퓨터에서 접근할 수 있도록 공유시킬 수 있다.
④ 폴더에 '읽기 전용' 속성을 설정하거나 해제할 수 있다.

05

다음 중 Windows 10의 휴지통에 대한 설명으로 옳지 않은 것은?

① 휴지통 비우기를 실행한 파일은 휴지통에서 다시 복구할 수 있다.
② 지정된 휴지통의 용량이 초과되면 맨 처음 삭제된 파일이나 폴더가 삭제된다.
③ 휴지통에 보관된 파일이나 폴더의 이름을 변경할 수 없다.
④ 휴지통에서 원하는 파일이나 폴더를 선택하여 실행할 수 없다.

06

다음 중 파일이나 폴더를 복사하거나 이동하는 방법으로 옳지 않은 것은?

① 폴더를 마우스로 선택한 후 동일한 드라이브의 다른 폴더로 끌어서 놓으면 이동이 된다.
② USB에 저장되어 있는 파일을 마우스로 선택한 후 바탕화면으로 끌어서 놓으면 복사가 된다.
③ 파일을 마우스로 선택한 후 Ctrl을 누른 채 같은 드라이브의 다른 폴더로 끌어서 놓으면 복사가 된다.
④ 폴더를 마우스로 선택한 후 Alt를 누른 채 다른 드라이브의 다른 폴더로 끌어서 놓으면 이동이 된다.

07

다음 중 Windows 10의 사용자 계정에 대한 설명으로 옳지 않은 것은?

① 관리자 계정의 사용자는 다른 계정의 컴퓨터 사용 시간을 제어할 수 있다.
② 관리자 계정의 사용자는 다른 계정의 계정 유형과 계정 이름, 암호를 변경할 수 있다.
③ 표준 계정의 사용자는 컴퓨터 보안에 영향을 주는 설정을 변경할 수 없다.
④ 표준 계정의 사용자는 소프트웨어 및 하드웨어를 설치하거나 제거할 수 있고, 설치된 프로그램도 실행할 수 있다.

08

다음 중 Windows 10의 [설정]-[업데이트 및 보안]에서 설정할 수 있는 기능에 해당하지 않는 것은?

① 백업 및 복구
② Windows 보안
③ 정품 인증 확인
④ 이 PC에 다른 사용자 추가

09

다음 중 Windows 10의 운영체제에서 시스템의 속도가 느려졌을 때의 문제 해결 방법으로 가장 적절한 것은?

① [장치 관리자] 대화상자에서 중복 설치된 해당 장치를 제거한다.
② 드라이브 조각 모음 및 최적화를 수행하여 하드디스크의 단편화를 제거한다.
③ 불필요한 파일의 수를 줄여 디스크에 여유 공간을 확보한다.
④ [시스템 관리자] 대화상자에서 하드디스크의 파티션을 재설정한다.

10

다음 중 디지털 이미지, 오디오, 비디오 등의 파일에 저작권 정보를 식별할 수 있도록 삽입된 특정한 비트 패턴을 의미하는 것은?

① 홀로그램
② 디지털 워터마크(Digital Watermark)
③ 디지털 인증서(Digital Certificate)
④ 디지털 서명(Digital Signature)

11

다음 중 컴퓨터의 그래픽 데이터 표현 방식인 벡터(Vector) 방식에 대한 설명으로 옳은 것은?

① 점과 점을 연결하는 직선이나 곡선을 이용하여 이미지를 표현한다.
② 이미지를 확대하면 테두리에 계단 현상과 같은 앨리어싱이 발생한다.
③ 파일 형식에는 BMP, GIF, JPEG 등이 있다.
④ 레스터 방식이라고도 하며 다양한 색상을 사용하여 사실적 이미지를 표현할 수 있다.

12

다음 중 JPEG 표준에 대한 설명으로 옳지 않은 것은?

① 정지 화상을 위해서 만들어진 손실 압축 방식의 표준이며, 비손실 압축 방식도 규정되어 있으나 이 방식은 특허 문제나 압축률 등의 이유로 잘 쓰이지 않는다.
② JPEG 표준을 사용하는 파일 형식에는 jpg, jpeg, jpe 등의 확장자를 사용한다.
③ 웹상에서 사진 등의 화상을 보관하고 전송하는 데 가장 널리 사용되는 파일 형식이다.
④ 문자, 선, 세밀한 격자 등 고주파 성분이 많은 이미지 변환에서는 GIF나 PNG에 비해 품질이 매우 우수하다.

13

다음 중 포트의 앞과 뒤의 구별이 없고 데이터, 그래픽, 영상 등 다양한 멀티미디어 정보들을 빠른 속도로 전송할 수 있는 것은?

① DVI
② C-Type
③ VGA
④ HDMI

14

다음 중 네트워크 연결을 위하여 사용하는 프로토콜에 대한 설명으로 옳지 않은 것은?

① 통신을 원하는 두 개체 간에 무엇을, 어떻게, 언제 통신할 것인가에 대해 약속한 통신 규정이다.
② OSI 7계층 모델의 3번째 계층은 데이터 링크 계층이다.
③ 프로토콜에는 흐름 제어 기능, 동기화 기능, 에러 제어 기능 등이 있다.
④ 인터넷에서 사용하고 있는 대표적인 프로토콜은 TCP/IP이다.

15

다음 중 컴퓨터나 노트북 등의 IT 기기를 스마트폰에 연결하여 무선 인터넷을 사용할 수 있게 하는 기능은?

① 와이파이(Wi-Fi)
② 블루투스(Bluetooth)
③ 테더링(Tethering)
④ 와이브로(WiBro)

16

다음 중 정보통신기술에 대한 설명으로 옳지 않은 것은?

① 스마트 그리드는 기존의 전력망에 정보 기술을 접목하여 전력 공급자와 소비자가 쌍방향으로 실시간 정보를 교환함으로써 에너지 효율을 최적화하고 새로운 부가가치를 창출하는 차세대 전력망을 말한다.
② NFC는 아주 가까운 거리에 있는 두 장치 간에 쌍방향 무선 데이터 통신을 제공하는 근거리 무선통신의 표준으로, 보안성이 뛰어나고 안정적이고 처리 속도가 빨라 각종 카드, 핸드폰 결제, 문 열쇠 등에 이용되고 있다.
③ M2M은 모든 사물에 센서통신 기능을 부과하여 지능적으로 정보를 수집하고, 상호 전달하는 기술을 의미한다.
④ 사물인터넷(IoT)은 사물에 전자 태그를 부착하고 무선 통신을 이용하여 사물의 정보 및 주변 정보를 감지하는 센서 기술을 말한다.

17

다음 중 인터넷을 이용한 자체 검색 기능은 가지고 있지 않으나, 한 번의 검색어 입력으로 다른 검색 엔진에 검색을 의뢰해서 그 결과만 보여 주는 검색 엔진은?

① 하이브리드 검색 엔진
② 메타 검색 엔진
③ 주제별 검색 엔진
④ 키워드 검색 엔진

18

다음 중 인터넷 주소 체계인 IPv6에 대한 설명으로 옳지 않은 것은?

① 128비트의 주소를 사용하여 IPv4 주소 체계의 주소 부족 문제를 해결할 수 있다.
② 주소는 유니캐스트, 멀티캐스트, 브로드캐스트 3종류의 형태로 분류한다.
③ 각 부분은 콜론(:)으로 구분하고 16진수로 표시한다.
④ 인증성, 기밀성, 데이터 무결성의 지원으로 보안 문제를 해결할 수 있다.

19

다음 중 Open AI로 만든 인공지능 모델의 챗봇으로, 방대한 데이터를 미리 학습하여 이를 문장으로 만들어 대화 형태로 상호작용하는 것은?

① Chat GPT
② 메타버스
③ 블록체인
④ 클라우드 컴퓨팅

20

다음 중 Windows 10에서 프린터 설치에 대한 설명으로 옳지 않은 것은?

① 새로운 프린터를 설치하기 위하여 [설정]-[장치]-[프린터 및 스캐너] 창에서 [프린터 또는 스캐너 추가]를 클릭한다.
② 설치할 프린터 유형은 로컬 프린터와 네트워크, 무선 또는 Bluetooth 프린터 중에서 하나를 선택할 수 있다.
③ 네트워크 프린터를 선택한 경우에는 연결할 프린터의 포트가 지정된다.
④ 기본 프린터는 최대 두 대까지만 선택할 수 있다.

2과목　스프레드시트 일반

21

다음 중 워크시트에 대한 설명으로 옳지 않은 것은?

① 여러 개의 시트를 한 번에 선택하면 제목 표시줄의 파일명 뒤에 [그룹]이 표시된다.
② 선택된 시트의 왼쪽에 새로운 시트를 삽입하려면 Shift + F11 을 누른다.
③ 마지막 작업이 시트 삭제인 경우 빠른 실행 도구 모음의 '실행 취소(⌦)' 명령을 클릭하여 되살릴 수 있다.
④ 동일한 통합 문서 내에서 시트를 복사하면 원래의 시트 이름에 일련번호가 추가되어 시트 이름이 만들어진다.

22

다음 중 시트 보호 기능에 대한 설명으로 옳지 않은 것은?

① 새 워크시트의 모든 셀은 기본적으로 '잠금' 속성이 설정되어 있다.
② 워크시트에 있는 셀을 보호하기 위해서는 먼저 셀의 '잠금' 속성을 해제해야 한다.
③ 시트 보호가 설정된 상태에서 데이터를 수정하면 경고 메시지가 나타난다.
④ [셀 서식] 대화상자의 [보호] 탭에서 '잠금'이 설정된 셀은 보호되며, '잠금'이 해제된 셀은 보호되지 않는다.

23

다음 중 [A1] 셀을 선택하고 [연속 데이터] 대화상자의 항목을 아래 그림과 같이 설정하였을 경우 [A4] 셀에 채워질 값은?

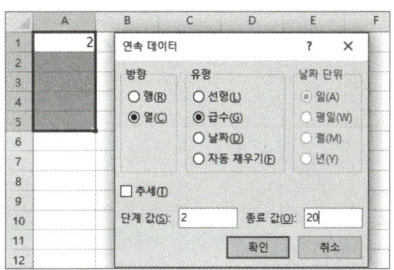

① 4
② 6
③ 8
④ 16

24

다음 중 채우기 핸들을 이용하여 데이터를 입력하는 방법으로 옳지 않은 것은?

① 인접한 셀의 내용으로 현재 셀을 빠르게 입력할 때 위쪽 셀의 내용은 단축키 Ctrl+D, 왼쪽 셀의 내용은 단축키 Ctrl+R을 누른다.
② 숫자와 문자가 혼합된 문자열이 입력된 셀의 채우기 핸들을 아래쪽으로 끌면 문자는 복사되고 마지막 숫자는 1씩 증가한다.
③ 숫자가 입력된 셀의 채우기 핸들을 아래쪽으로 끌면 똑같은 내용이 복사되어 입력된다.
④ 날짜가 입력된 셀의 채우기 핸들을 Ctrl을 누른 채 아래쪽으로 드래그하면 기본적으로 1일 단위로 증가하여 입력된다.

25

다음 중 메모에 대한 설명으로 옳지 않은 것은?

① 메모를 삭제하려면 메모가 삽입된 셀을 선택한 후 [검토] 탭 [메모] 그룹의 [삭제]를 선택한다.
② [서식 지우기] 기능을 이용하여 셀의 서식을 지우면 서식만 지워지고 메모는 남아 있다.
③ 메모가 삽입된 셀을 이동하더라도 메모의 위치는 변경되지 않는다.
④ 통합 문서에 포함된 메모를 시트에 표시된 대로 인쇄하거나 시트 끝에 인쇄할 수 있다.

26

다음 중 [홈]-[클립보드] 그룹의 [붙여넣기]에서 선택 가능한 붙여넣기 옵션으로 옳지 않은 것은?

① 하이퍼링크로 붙여넣기
② 선택하여 붙여넣기
③ 테두리만 붙여넣기
④ 원본 열 너비 유지하여 붙여넣기

27

다음 입력 데이터에 각 사용자 지정 서식을 적용했을 때 그 결과가 옳지 않은 것은?

	입력 데이터	표시 형식	결과
①	10	##0.0	10.0
②	2123500	#,###,"천원"	2,123.5천원
③	홍길동	@"귀하"	홍길동귀하
④	123.1	0.00	123.10

28

다음 중 셀 범위를 선택한 후 그 범위에 이름을 정의하는 것에 대한 설명으로 옳지 않은 것은?

① 이름은 기본적으로 절대 참조를 사용한다.
② 이름에는 공백이 없어야 한다.
③ 이름은 대·소문자를 구별하지 않는다.
④ 이름 정의 시 범위가 '통합 문서'로 되어 있을 경우 동일한 이름으로 정의할 수 있다.

29

다음 중 [데이터]-[정렬]에 대한 설명으로 옳지 않은 것은?

① 빈 셀은 항상 첫 번째에 정렬된다.
② [선택한 데이터의 첫 행]을 머리글 행을 선택하면, 머리글 행은 정렬에서 제외된다.
③ 영어는 대·소문자를 구별해서 정렬할 수 있다.
④ 혼합된 자료를 오름차순으로 정렬하면 숫자, 특수 문자, 영문, 한글 순서로 정렬된다.

30

다음 중 데이터 관리 기능인 '자동 필터'에 대한 설명으로 옳지 않은 것은?

① 자동 필터 기능은 조건에 맞는 자료들만을 다른 곳으로 추출할 수 있고, 원하는 시트에 표시할 수도 있다.
② 두 개 이상의 필드(열)로 필터링할 수 있으며, 필터는 누적 적용되므로 추가하는 각 필터는 현재 필터 위에 적용된다.
③ 필터는 필요한 데이터 추출을 위해 조건을 만족하지 않는 데이터를 잠시 숨기는 것이므로 목록 자체의 내용은 변경되지 않는다.
④ 자동 필터를 사용하여 추출한 데이터는 레코드(행) 단위로 표시된다.

31

아래 시트에서 고급 필터 기능을 이용하여 TOEIC 점수 상위 5위까지의 데이터를 추출하고자 한다. 다음 중 고급 필터의 조건식으로 옳은 것은?

	A	B	C
1	학과명	성명	TOEIC
2	경영학	김영민	790
3	영어영문	박찬진	940
4	컴퓨터	최우석	860
5	물리학	황채연	850
6	역사교육	서진동	750
7	건축학	강석우	870
8	기계공	황복동	920

① TOEIC
=RANK.EQ(C2,$C$2:$C$8)<=5

② TOEIC
=LARGE($C$2:$C$8,5)

③ 점수
=RANK.EQ(C2,$C$2:$C$8)<=5

④ 점수
=LARGE($C$2:$C$8,5)

32

아래 워크시트와 같이 평점이 3.0 미만인 행 전체에 셀 배경색을 지정하고자 한다. 다음 중 이를 위해 [조건부 서식] 설정에서 사용할 조건 수식으로 옳은 것은?

	A	B	C	D
1	학번	학년	이름	평점
2	23321001	2	김가현	3.38
3	24320010	1	정재경	2.60
4	24121101	1	최지윤	3.67
5	23221050	2	최재원	1.29
6	23520001	2	김사랑	3.50
7	24715041	1	이병훈	3.75
8	24531001	1	김병찬	2.93

① =$D2<3
② =$D&2<3
③ =D2<3
④ =D$2<3

33

다음 중 입력한 수식에서 발생한 오류 메시지와 그 발생 원인으로 옳지 않은 것은?

① #VALUE! : 잘못된 인수나 피연산자를 사용했을 때
② #DIV/0! : 특정 값(셀)을 0 또는 빈 셀로 나누었을 때
③ #NAME? : 함수 이름을 잘못 입력하거나 인식할 수 없는 텍스트를 수식에 사용했을 때
④ #REF! : 수식에 자기 자신의 셀을 참조할 때

34

다음 중 환자번호[C2:C5]를 이용하여 성별[D2:D5]을 표시하기 위해 [D2] 셀에 입력할 수식으로 옳지 <u>않은</u> 것은? (단, 환자번호의 4번째 문자가 'M'이면 '남', 'F'이면 '여'이다)

	A	B	C	D
1	번호	이름	환자번호	성별
2	1	김수필	21-M0001	
3	2	양윤희	24-F1003	
4	3	김진영	20-M5111	
5	4	정혜영	23-F0224	
6				
7	코드	성별		
8	M	남		
9	F	여		

① =IF(MID(C2,4,1)="M","남","여")
② =INDEX($A$8:$B$9,MATCH(MID(C2,4,1),$A$8:$A$9,0),2)
③ =VLOOKUP(MID(C2,4,1),$A$8:$B$9,2,FALSE)
④ =IFERROR(IF(SEARCH(C2,"M"),"남"),"여")

35

아래 워크시트는 수량과 상품코드별 단가를 이용하여 금액을 산출한 것이다. 다음 중 [D2] 셀에 사용된 수식으로 옳은 것은? (단, '금액 = 수량×단가'이다)

	A	B	C	D
1	매장명	상품코드	수량	금액
2	강북	AA-10	15	45,000
3	강남	BB-20	25	125,000
4	강서	AA-10	30	90,000
5	강동	CC-30	35	245,000
6				
7		상품코드	단가	
8		AA-10	3000	
9		BB-20	5000	
10		CC-30	7000	

① =C2*VLOOKUP(B2,$B$8:$C$10,2)
② =C2*VLOOKUP($B$8:$C$10,2,B2,FALSE)
③ =C2*VLOOKUP(B2,$B$8:$C$10,2,FALSE)
④ =C2*VLOOKUP($B$8:$C$10,2,B2)

36

다음 중 통합 데이터 도구에 대한 설명으로 옳지 <u>않은</u> 것은?

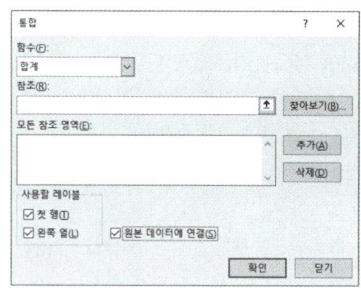

① '모든 참조 영역'에 다른 통합 문서의 워크시트를 추가하여 통합할 수 있다.
② '사용할 레이블'을 모두 선택한 경우 각 참조 영역에 결과 표의 레이블과 일치하지 않은 레이블이 있으면 통합 결과 표에 별도의 행이나 열이 만들어진다.
③ 지정한 영역에 계산될 요약 함수는 '함수'에서 선택하며, 요약 함수로는 합계, 개수, 평균, 최대값, 최소값 등이 있다.
④ '원본 데이터에 연결' 확인란을 선택하여 통합한 경우 통합에 참조된 영역에서의 행 또는 열이 변경될 때 통합된 데이터 결과도 자동으로 업데이트된다.

37

다음 중 아래 그림의 시나리오 요약 보고서에 대한 설명으로 옳지 <u>않은</u> 것은?

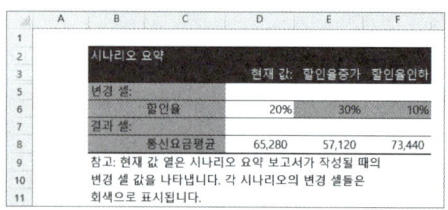

① 시나리오에서 설정된 변경 셀은 '할인율'이다.
② '할인율증가'와 '할인율인하' 시나리오에 대한 시나리오 요약 보고서이다.
③ 시나리오의 값을 변경하면 해당 변경 내용이 기존 요약 보고서에 자동으로 다시 계산되어 표시된다.
④ 시나리오 요약 보고서를 실행하기 전에 변경 셀과 결과 셀에 대해 이름을 정의하였다.

38

다음 중 피벗 테이블에 대한 설명으로 옳지 않은 것은?

① 피벗 테이블을 삭제하더라도 피벗 테이블과 연결된 피벗 차트는 삭제되지 않고 일반 차트로 변경된다.
② 원본 데이터가 변경되면 피벗 테이블 보고서의 데이터도 자동으로 변경된다.
③ 데이터 그룹 수준을 확장하거나 축소해서 요약 정보만 표시할 수 있고, 요약된 내용의 세부 데이터를 표시할 수도 있다.
④ 피벗 테이블의 삽입 위치는 새 워크시트뿐만 아니라 기존 워크시트에서 시작 위치를 선택할 수도 있다.

39

다음 중 [매크로] 대화상자에 대한 설명으로 옳지 않은 것은?

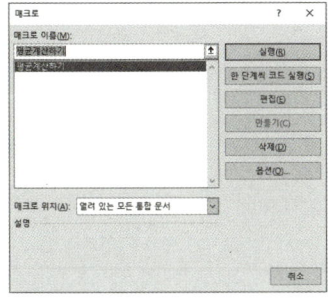

① [실행] 단추를 클릭하면 선택한 매크로가 실행된다.
② [한 단계씩 코드 실행] 단추를 클릭하면 선택한 매크로의 코드를 한 단계씩 실행할 수 있도록 Visual Basic 편집기가 실행된다.
③ [편집] 단추를 클릭하면 선택한 매크로의 명령을 수정할 수 있도록 Visual Basic 편집기가 실행된다.
④ [옵션] 단추를 클릭하면 선택한 매크로의 매크로 이름과 설명을 수정할 수 있는 [매크로 옵션] 대화상자가 표시된다.

40

다음 중 〈변경 전〉 차트를 〈변경 후〉 차트로 수정하기 위해 적용한 기능으로 옳지 않은 것은?

〈변경 전〉 〈변경 후〉

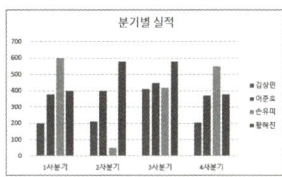 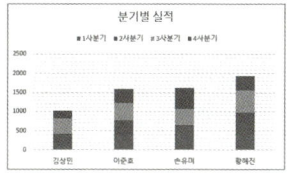

① 누적 세로 막대형으로 차트 종류 변경
② 데이터의 행과 열을 전환
③ 세로 축 보조 눈금을 추가
④ 범례의 위치를 위쪽으로 변경

2024년 시행 상시시험
답 없이 푸는 제8회 기출변형문제

- 제한시간: 40분
- 점수: 1과목 ____ / 100점, 2과목 ____ / 100점

정답과 해설 38쪽

※ 문항당 5점

1과목 컴퓨터 일반

01 다음 중 운영체제의 성능을 평가할 수 있는 항목으로 옳지 않은 것은?

① 시스템이 일정한 시간 내에 일을 처리하는 능력
② 주어진 문제를 정확하게 처리하는 신뢰할 수 있는 정도
③ 처리할 데이터를 일정한 시간 동안 모아 일괄 처리할 수 있는 능력
④ 시스템의 즉시 사용 가능한 정도

02 다음 중 컴퓨터 시스템에 장치를 연결하거나 분리할 때 시스템을 중지하지 않거나 전원을 끄지 않고 수행할 수 있는 기능은?

① 원격 지원
② 플러그 앤 플레이
③ 핫 플러그 인
④ 멀티스레딩

03 다음 중 Windows의 [폴더 옵션]에서 설정할 수 있는 작업에 해당되지 않는 것은?

① 숨김 파일 및 폴더를 표시할 수 있다.
② 색인된 위치에서는 파일 이름뿐만 아니라 내용도 검색하도록 설정할 수 있다.
③ 숨긴 파일 및 폴더의 숨김 속성을 일괄 해제할 수 있다.
④ 파일이나 폴더를 한 번 클릭해서 열 것인지, 두 번 클릭해서 열 것인지를 설정할 수 있다.

04 다음 중 Windows에 포함되어 있는 백신 프로그램으로 스파이웨어 및 그 밖의 원치 않는 소프트웨어로부터 컴퓨터를 보호할 수 있는 기능은?

① Windows Defender
② BitLocker
③ Archive
④ Malware

05 다음 중 전시장이나 쇼핑센터 등에 설치하여 방문객이 각종 안내를 받을 수 있도록 한 것으로, 터치 패널을 이용해 메뉴를 손가락으로 선택해서 정보를 얻을 수 있도록 한 것은?

① 주문형 비디오(VOD)
② CAI(Computer Assisted Instruction)
③ 키오스크(Kiosk)
④ 화상 회의 시스템(VCS)

06 다음 중 다양한 장치를 통해 컴퓨터가 만들어낸 가상 세계에서 여러 경험을 체험할 수 있도록 하는 기술은?

① 증강현실
② 가상현실
③ 메타버스
④ 홀로그램

07

다음 중 멀티미디어 데이터의 표현 방식에 대한 설명으로 옳지 않은 것은?

① PNG는 최대 256색으로 구성된 사진을 품질 저하 없이 압축한 정지화상 압축 방법이다.
② MP3는 MPEG-1 동영상의 음성 부분으로 개발되었으나 높은 압축률과 음반 CD 수준의 음질로 호평을 받아 음성 전용 코덱으로 발전하였다.
③ AC-3는 돌비 연구소에서 개발한 음성 코덱으로 입체 음향 구현에 최적화되어 DVD 등에 주로 사용된다.
④ DivX는 MPEG-4 코덱에 기반하여 개발된 동영상 코덱으로 용량 대비 화질이 높아 파일 압축에 많이 사용된다.

08

다음 중 정보통신 장비와 관련하여 리피터(Repeater)에 대한 설명으로 옳은 것은?

① 적절한 전송 경로를 선택하여 데이터를 전달하는 장치이다.
② 프로토콜이 다른 네트워크를 결합하는 장치이다.
③ 감쇠된 전송 신호를 증폭하여 다음 구간으로 전달하는 장치이다.
④ 같은 프로토콜을 사용하는 독립적인 2개의 근거리 통신망에 상호 접속하는 장치이다.

09

다음 중 ISP(Internet Service Provider) 업체에서 각 컴퓨터의 IP 주소를 자동으로 할당해 주는 프로토콜은?

① FTP
② POP3
③ URL
④ DHCP

10

다음 중 사물 인터넷(IoT)에 대한 설명으로 옳지 않은 것은?

① 모든 사물을 네트워크로 연결하여 소통하는 정보통신 환경을 의미한다.
② 스마트 센싱 기술과 무선통신 기술을 융합하여 실시간으로 데이터를 주고받는다.
③ 사람을 제외한 사물과 공간, 데이터 등을 인터넷으로 서로 연결시켜 주는 무선 통신 기술을 말한다.
④ 사물 인터넷 서비스 기반 서비스는 개방형 아키텍처를 필요로 하기 때문에 정보 공유에 대한 부작용을 최소화하기 위한 정보 보안 기술의 적용이 중요하다.

11

다음 중 인터넷 주소 체계에 대한 설명으로 옳지 않은 것은?

① URL은 인터넷상에 있는 각종 자원의 위치를 나타내는 표준 주소 체계로 프로토콜://호스트 서버주소[/파일 경로][:포트번호]로 구성된다.
② 도메인 네임은 사용자가 IP 주소를 이해하기 쉬운 문자 형태로 변환한 것을 말한다.
③ 현재는 인터넷 주소 체계인 IPv4 주소와 IPv6 주소가 함께 사용되고 있으며, IPv6 주소가 점차 확대되고 있다.
④ IPv6는 IPv4와의 호환성이 뛰어나고, 128비트의 주소를 사용하여 주소 부족 문제 및 보안 문제를 해결할 수 있다.

12

다음 중 현실 세계와 융합·복합된 인터넷상의 3차원 가상 세계를 의미하는 것은?

① Chat GPT
② 메타버스
③ 블록체인
④ 클라우드 컴퓨팅

13

다음 중 유틸리티 프로그램에 대한 설명으로 옳지 않은 것은?

① 다수의 작업이나 목적에 대하여 적용되는 편리한 서비스 프로그램이나 루틴을 말한다.
② 컴퓨터의 동작에 필수적이고, 컴퓨터를 이용하는 주목적에 대한 일부 특정 작업을 수행하는 소프트웨어들을 가리킨다.
③ 컴퓨터 하드웨어, 운영체제, 응용 소프트웨어를 관리하는 데 도움을 주도록 설계된 프로그램을 의미한다.
④ Windows에서 제공하는 유틸리티 프로그램으로는 메모장, 그림판, 계산기 등을 예로 들 수 있다.

14

다음 중 프로그래밍 언어 파이썬(Python)에 대한 설명으로 옳지 않은 것은?

① 절차 지향 프로그래밍 언어이다.
② 인터프리터 방식의 프로그래밍 언어이다.
③ 다양한 라이브러리로, 데이터를 수집·분석·시각화하는 것이 가능하다.
④ 플랫폼에 독립적이므로 다양한 운영체제에서 작동한다.

15

다음 중 컴퓨터에서 사용하는 자료 표현 형식에 대한 설명으로 옳지 않은 것은?

① 비트(Bit)는 자료 표현의 최소 단위이며, 8Bit가 모여 1니블(Nibble)이 된다.
② 워드(Word)는 바이트 모임으로, 하프워드, 풀워드, 더블워드로 분류된다.
③ 필드(Filed)는 자료 처리의 최소 단위이며, 여러 개의 필드가 모여 레코드(Record)가 된다.
④ 데이터베이스(Database)는 레코드 모임인 파일(File)들의 집합을 말한다.

16

다음 중 컴퓨터에서 사용하는 레지스터(Register)에 대한 설명으로 옳지 않은 것은?

① CPU와 주기억장치의 속도 차이 문제를 해결해 준다.
② 플립플롭(Flip-Flop)과 래치(Latch)들을 연결하여 구성된다.
③ 컴퓨터에서 사용하는 기억장치 중에서 처리 속도가 가장 빠르다.
④ 처리할 명령어나 연산의 중간 결괏값 등을 일시적으로 저장한다.

17

다음 중 플래시 메모리(Flash Memory)에 대한 설명으로 옳지 않은 것은?

① 정보의 입·출력이 자유롭고, 전송 속도가 빠르다.
② 휘발성 기억장치이다.
③ 휴대전화, 디지털카메라, 게임기, USB 메모리 등에 널리 이용된다.
④ 전력 소모가 적다.

18

다음 중 컴퓨터의 하드디스크와 관련하여 RAID(Redundant Array of Inexpensive Disks) 기술에 대한 설명으로 옳지 않은 것은?

① 여러 개의 하드디스크를 모아서 하나의 하드디스크처럼 사용할 수 있도록 하는 기술이다.
② 하드디스크의 모음뿐만 아니라 자동으로 복제해 백업 정책을 구현해 주는 기술이다.
③ 미러링과 스트라이핑 기술을 결합하여 안정성과 속도를 향상시킨 디스크 연결 기술이다.
④ 한 개의 대용량 디스크를 여러 개의 디스크처럼 나누어 관리한다.

19

다음 중 프린터의 스풀 기능에 대한 설명으로 옳지 않은 것은?

① 프린터와 같은 저속의 입·출력장치를 CPU와 병행하여 작동시켜 컴퓨터의 전체 효율을 향상시켜 준다.
② 프린터가 인쇄 중이라도 다른 응용 프로그램을 실행할 수 있다.
③ 인쇄 대기 중인 문서의 용지 방향, 용지 종류, 인쇄 매수 등의 설정을 변경할 수 있다.
④ 기본적으로 모든 사용자는 자신의 문서에 대해 인쇄 일시 중지, 계속, 다시 시작, 취소를 할 수 있다.

20

다음 중 정보보안을 위협하는 컴퓨터 범죄에 대한 설명으로 옳은 것은?

① 스니핑(Sniffing): 검증된 사람이 네트워크를 통해 데이터를 보낸 것처럼 데이터를 변조하여 접속을 시도하는 행위
② 백도어(Back Door): 기업이나 금융기관 등의 가짜 웹사이트나 이메일로 유인하여 개인의 금융 정보를 빼는 행위
③ 스푸핑(Spoofing): 네트워크를 통해 연속적으로 자신을 복제하여 시스템을 과부하시키는 행위
④ 키로거(Key Logger): 키보드상의 키 입력 캐치 프로그램을 이용하여 개인정보를 빼내는 행위

2과목 스프레드시트 일반

21

다음 중 엑셀의 화면 구성 요소에 대한 설명으로 옳지 않은 것은?

① 자주 사용하는 도구들을 모아 두는 곳이 '빠른 실행 도구 모음'이며, 원하는 도구를 추가하거나 제거할 수 있다.
② 워크시트란 숫자, 문자와 같은 데이터를 입력하고 입력된 결과가 표시되는 작업 공간이다.
③ 각 셀에는 행 번호와 열 번호가 있으며, [A1] 셀은 A열과 1행이 만나는 셀로, 그 셀의 주소가 된다.
④ 화면 상단의 '제목 표시줄'은 현재의 작업 상태나 선택한 명령에 대한 기본적인 정보가 표시되는 곳이다.

22

다음 중 데이터 입력에 대한 설명으로 옳지 않은 것은?

① 셀 안에서 줄 바꿈을 하려면 Shift + Enter 를 누른다.
② 한 행을 블록 설정한 상태에서 Enter 를 누르면 블록 내의 셀이 오른쪽 방향으로 순차적으로 선택되어 행 단위로 데이터를 쉽게 입력할 수 있다.
③ 여러 셀에 한 번에 숫자나 문자 데이터를 입력하려면 여러 셀이 선택된 상태에서 데이터를 입력한 후 바로 Ctrl + Enter 를 누른다.
④ 열의 너비가 좁아 입력된 날짜 데이터 전체를 표시하지 못하는 경우 셀의 너비에 맞춰 '#'이 반복 표시된다.

23

다음 중 워크시트 셀에 데이터를 자동으로 입력하는 방법에 대한 설명으로 옳지 않은 것은?

① 셀에 입력하는 문자 중 처음 몇 자가 해당 열의 기존 내용과 일치하면 나머지 글자가 자동으로 입력된다.
② 실수인 경우 채우기 핸들을 이용하여 '연속 데이터 채우기'를 하면 소수점 이하 첫째 자리의 숫자가 1씩 증가한다.
③ 채우기 핸들을 이용하면 숫자, 숫자/텍스트 조합, 날짜 또는 시간 등 여러 형식의 데이터 계열을 빠르게 입력할 수 있다.
④ 사용자 지정 연속 데이터 채우기를 사용하면 이름이나 판매 지역 목록과 같은 특정 데이터의 연속 항목을 더 쉽게 입력할 수 있다.

24

다음 중 워크시트에 숫자 '2234543'을 입력한 후 사용자 지정 표시 형식을 각각 설정하였을 때, 화면에 표시되는 결과로 옳지 않은 것은?

	형식	결과
①	#,##0.00	2,234,543.00
②	0.00	2234543.00
③	#,###,"천원"	2,234천원
④	#%	223454300%

25

다음 중 아래의 고급 필터 조건에 대한 설명으로 옳은 것은?

수학	영어	평균
>=80	>=85	
		>=85

① 수학이 80 이상이거나, 영어가 85 이상이거나, 평균이 85 이상인 경우
② 수학이 80 이상이거나, 영어가 85 이상이면서 평균이 85 이상인 경우
③ 수학이 80 이상이면서 영어가 85 이상이거나, 평균이 85 이상인 경우
④ 수학이 80 이상이면서 영어가 85 이상이면서 평균이 85 이상인 경우

26

다음 워크시트는 조건부 서식에 의해 셀의 배경색이 변경된 결과이다. 다음 중 [A2:C5] 영역에 설정된 조건부 서식의 규칙으로 옳은 것은?

	A	B	C
1	이름	엑셀	액세스
2	김경희	75	73
3	원은형	89	88
4	나도향	65	68
5	최은심	98	96

① =B$2+C$2<=170
② =$B2+$C2<=170
③ =$B$2+$C$2<=170
④ =B2+C2<=170

27

다음 중 [찾기 및 바꾸기] 대화상자에서 [찾기] 탭의 기능에 대한 설명으로 옳지 않은 것은?

① 대·소문자를 구분하여 찾을 수 있다.
② 수식이나 값을 찾을 수 있지만, 메모 안의 텍스트는 찾을 수 없다.
③ 이전 항목을 찾으려면 Shift를 누른 상태에서 [다음 찾기] 단추를 클릭한다.
④ 와일드카드 문자(?, *)를 사용할 수 있다.

28

다음 중 엑셀의 날짜 및 시간 데이터 함수에 대한 설명으로 옳지 않은 것은?

① 날짜 데이터는 순차적인 일련번호로 저장되기 때문에 날짜 데이터를 이용한 수식을 작성할 수 있다.
② 시간 데이터는 날짜의 일부로 인식하여 소수로 저장되며, 낮 12시는 0.5로 계산된다.
③ TODAY 함수는 셀이 활성화되거나 워크시트가 계산될 때 또는 함수가 포함된 매크로가 실행될 때마다 시스템으로부터 현재 날짜를 업데이트한다.
④ WEEKDAY 함수는 날짜에 해당하는 요일을 구하는 함수로, Return_type 인수를 생략하는 경우 '일월화수목금토' 중 해당하는 한 자리 요일이 텍스트 값으로 반환된다.

29

아래 워크시트에서 [D11] 셀에 '서울' 대리점의 '공급단가'의 합계를 구하려고 한다. 다음 중 합계를 구하기 위한 수식으로 옳지 않은 것은?

	A	B	C	D
1	대리점	판매수량	판매단가	공급단가
2	서울	120	500	450
3	인천	150	500	420
4	부산	210	500	410
5	서울	215	500	450
6	광주	230	500	440
7	성남	196	500	420
8	광주	247	500	410
9	부산	215	500	440
10				
11	서울 공급단가 합계			

① =SUM(D2,D5)
② =SUMIF(A2:A9,"서울",D2:D9)
③ =DSUM(A1:D9,D1,A2)
④ =SUMIF(A2:D9,A2,D2:D9)

30

다음 중 [D9] 셀에서 사과나무의 평균 수확량을 구하려 할 때, 나머지 셋과 다른 결과를 반환하는 수식은?

	A	B	C	D	E	F
1	나무	종류	높이	나이	수확량	수익
2	001	사과	18	17	18	105000
3	002	배	12	20	10	96000
4	003	체리	13	14	9	105000
5	004	사과	14	15	10	75000
6	005	배	8	8	8	77000
7	006	사과	8	9	10	45000
8						
9	사과나무의 평균 수확량					

① =INT(DAVERAGE(A1:F7,5,B1:B2))
② =TRUNC(DAVERAGE(A1:F7,5,B1:B2))
③ =ROUND(DAVERAGE(A1:F7,5,B1:B2),0)
④ =ROUNDDOWN(DAVERAGE(A1:F7,5,B1:B2),0)

31

아래 워크시트에서 [C1:G3] 영역을 참조하여 [C5] 셀에 표시된 바코드에 대한 단가를 [C6] 셀에 표시하였다. 다음 중 [C6] 셀의 수식으로 옳은 것은?

	A	B	C	D	E	F	G
1		바코드	351	352	353	354	355
2		상품명	CD	칫솔	치약	종이쪽	케이스
3		단가	1,000	1,500	2,500	800	1,100
4							
5		바코드	352				
6		단가	1,500				

① =HLOOKUP(C5,$C$1:$G$3,3,0)
② =VLOOKUP(C5,$C$1:$G$3,3,0)
③ =HLOOKUP($C$1:$G$3,C5,3,1)
④ =VLOOKUP($C$1:$G$3,C5,3,1)

32

다음 중 부분합에 대한 설명으로 옳지 않은 것은?

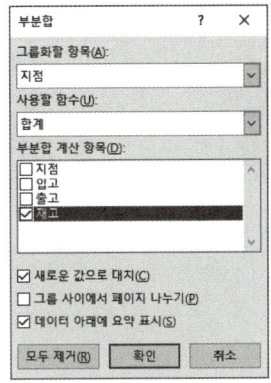

① 부분합을 실행하면 각 부분합에 대한 정보 행을 표시하고 숨길 수 있도록 목록에 개요가 자동으로 설정된다.
② 부분합은 한 번에 한 개의 함수만 계산할 수 있으므로 두 개 이상의 함수를 이용하려면 함수의 개수만큼 부분합을 중첩해서 삽입해야 한다.
③ '새로운 값으로 대치'를 선택하면 이전의 부분합의 결과는 제거되고 새로운 부분합의 결과로 변경한다.
④ 그룹화할 항목으로 선택된 필드는 자동으로 오름차순 정렬하여 부분합을 계산한다.

33

다음 중 시나리오에 대한 설명으로 옳지 않은 것은?

① 하나의 시나리오에 변경 셀을 최대 32개까지 지정할 수 있다.
② 요약 보고서나 피벗 테이블 보고서로 시나리오 결과를 작성할 수 있다.
③ 시나리오 병합을 통하여 다른 통합 문서나 다른 워크시트에 저장된 시나리오를 가져올 수 있다.
④ 입력된 자료들을 그룹별로 분류하고, 해당 그룹별로 원하는 함수를 이용한 계산 결과를 볼 수 있다.

34

다음 중 아래와 같이 설정된 [매크로 기록] 대화상자에 대한 설명으로 옳지 않은 것은?

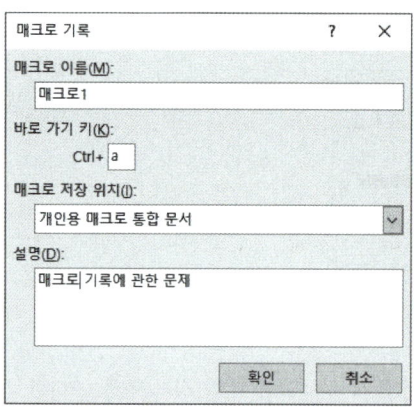

① 매크로 이름은 '매크로1'이며, 이는 [매크로] 대화상자에서만 변경할 수 있다.
② 작성된 '매크로1' 매크로는 'Personal.xlsb'에 저장된다.
③ '설명'은 매크로에 대한 설명을 기록할 때 사용하며, 매크로 실행에 영향을 미치지 않는다.
④ 작성된 '매크로1' 매크로는 Ctrl+a를 눌러 실행할 수 있다.

35

다음 중 매크로의 특징에 대한 설명으로 옳지 않은 것은?

① 매크로 기록을 시작한 후의 키보드나 마우스 동작은 VBA 언어로 작성된 매크로 프로그램으로 자동 생성된다.
② 기록한 매크로는 편집할 수 없으므로 기능과 조작을 추가 또는 삭제할 수 없다.
③ 매크로 실행의 바로 가기 키가 엑셀의 바로 가기 키보다 우선한다.
④ 도형, 그림, 클립아트 등을 이용하여 작성된 텍스트 상자에 매크로를 지정한 후 매크로를 실행할 수 있다.

36

다음 중 아래의 차트에 표시되지 않은 차트의 구성 요소는?

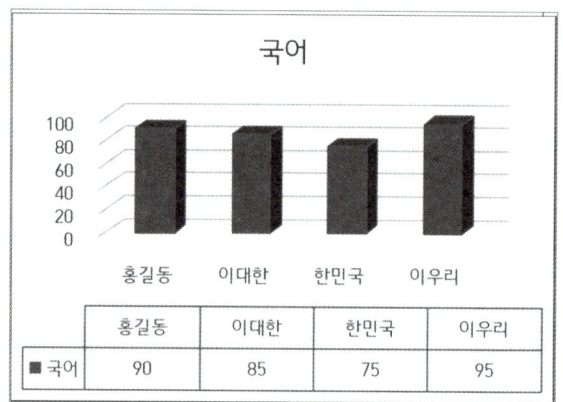

① 데이터 레이블
② 데이터 계열
③ 데이터 표
④ 눈금선

37

다음 중 데이터 유효성 검사에 대한 설명으로 옳지 않은 것은?

① 목록의 값들을 미리 지정하여 데이터 입력을 제한할 수 있다.
② 입력할 수 있는 정수의 범위를 제한할 수 있다.
③ 이미 입력된 데이터에 유효성 검사를 설정하면 잘못된 데이터를 삭제할 수 있다.
④ 유효성 조건 변경 시 변경 내용을 범위로 지정된 모든 셀에 적용할 수 있다.

38

다음 중 가상 분석 도구인 '데이터 표'에 대한 설명으로 옳지 않은 것은?

① 테스트할 변수의 수에 따라 변수가 한 개이거나 두 개인 데이터 표를 만들 수 있다.
② 데이터 표를 이용하여 입력된 데이터는 부분적으로 수정 또는 삭제할 수 있다.
③ 워크시트가 다시 계산될 때마다 데이터 표도 변경 여부에 관계없이 다시 계산된다.
④ 데이터 표의 결괏값은 반드시 변화하는 변수를 포함한 수식으로 작성해야 한다.

39

다음 중 [보기] 탭-[창] 그룹의 각 기능에 대한 설명으로 옳지 않은 것은?

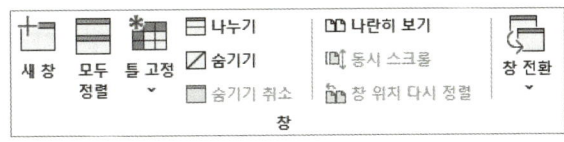

① [새 창]은 현재 활성화되어 있는 문서를 새 창에 하나 더 열어서 두 개 이상의 창을 통해 볼 수 있게 해준다.
② [틀 고정] 기능으로 열을 고정하려면 고정하려는 열의 왼쪽 열을 선택한 후 틀 고정을 실행한다.
③ [나누기]는 워크시트를 여러 개의 창으로 분리하는 기능으로 최대 4개까지 분할할 수 있다.
④ [모두 정렬]은 [창 정렬] 창을 표시하여 화면에 열려 있는 통합 문서 창들을 선택 옵션에 따라 나란히 배열한다.

40

다음 중 [페이지 나누기 미리 보기] 기능에 대한 설명으로 옳지 않은 것은?

① 수동으로 삽입한 페이지 나누기는 실선으로 표시되고, 자동으로 추가된 페이지 나누기는 파선으로 표시된다.
② 자동 페이지 나누기 구분선을 이동하면 수동 페이지 나누기로 바뀐다.
③ 수동으로 삽입한 페이지 나누기를 제거하려면 페이지 나누기를 페이지 나누기 미리 보기 영역 밖으로 끌어 놓는다.
④ 행 높이와 열 너비를 변경하여도 자동 페이지 나누기는 영향을 받지 않고 원래대로 유지된다.

2024년 시행 상시시험
답 없이 푸는 제9회 기출변형문제

- 제한시간: 40분
- 점수: 1과목 ____ / 100점, 2과목 ____ / 100점

정답과 해설 43쪽

※ 문항당 5점

1과목 컴퓨터 일반

01

다음 중 운영체제의 구성에서 제어 프로그램에 해당하지 않는 것은?

① 데이터 관리 프로그램
② 작업 관리 프로그램
③ 감시 프로그램
④ 서비스 프로그램

02

다음 중 작업 표시줄의 특징에 대한 설명 중 옳지 않은 것은?

① 작업 표시줄 오른쪽의 알림 영역에 표시할 앱 아이콘과 시스템 아이콘을 설정할 수 있다.
② [시작] 메뉴에 등록된 앱의 바로 가기 메뉴에서 [자세히]-[작업 표시줄에 고정]을 선택하면, 해당 앱이 작업 표시줄에 고정된다.
③ 작업 표시줄은 위치를 변경하거나 크기를 조절할 수 있으며 크기를 윈도우 화면 가득 채울 수 있다.
④ '작업 표시줄 잠금'이 지정된 상태에서는 작업 표시줄의 크기나 위치를 변경할 수 없다.

03

다음 중 Windows 바탕 화면에서 열려 있는 모든 창들을 미리보기로 보면서 활성 창을 전환할 수 있는 바로 가기 키는?

① Alt + Tab
② Ctrl + Esc
③ Alt + Enter
④ Alt + Esc

04

다음 중 Windows의 시스템 복원 기능에 대한 설명으로 옳지 않은 것은?

① 컴퓨터 시스템에 문제가 생겼을 경우 복원 지점을 이용하여 정상적인 상태로 만드는 기능이다.
② 복원 지점은 시스템에 의해 자동으로 설정되며 사용자가 임의로 복원 지점을 설정할 수는 없다.
③ 시스템 복원은 개인 파일을 백업하지 않으므로 삭제되었거나 손상된 개인 파일은 복구할 수 없다.
④ 시스템 복원 시 Windows Update에 의한 변경 사항도 복원된다.

05

다음 중 아래에서 설명하는 용어는?

모바일 인터넷에 접속하여 각종 음악 파일이나 음원을 제공받는 주문형 음악 서비스로, 스트리밍 기술 등을 이용하여 음악을 실시간으로도 들을 수 있다.

① VOD
② VDT
③ MOD
④ PDA

06

다음 중 오디오 데이터에 관련된 용어가 아닌 것은?

① 시퀀싱(Sequencing)
② 인터레이싱(Interlacing)
③ PCM(Pulse Code Modulation)
④ 샘플링(Sampling)

07

다음 중 네트워크 장비인 라우터(Router)에 대한 설명으로 옳은 것은?

① 네트워크를 구성할 때 여러 대의 컴퓨터를 연결하여 각 회선을 통합 관리하는 장비이다.
② 네트워크상에서 가장 최적의 IP 경로를 설정하여 전송하는 장비이다.
③ 다른 네트워크와 데이터를 보내고 받기 위한 출입구 역할을 하는 장비이다.
④ 인터넷 도메인 네임을 숫자로 된 IP 주소로 바꾸어 주는 장비이다.

08

다음 중 1994년 스웨덴의 에릭슨에 의하여 최초로 개발된 근거리 통신 기술로 휴대폰, 노트북과 같은 휴대 가능한 장치들 사이의 양방향 정보 전송을 목적으로 하는 것은?

① 와이파이(Wi-Fi)
② 블루투스(Bluetooth)
③ 테더링(Tethering)
④ 와이브로(WiBro)

09

다음 중 인터넷 주소 체계인 IPv6에 대한 설명으로 옳은 것은?

① 주소는 8비트씩 16개 부분으로 총 128비트로 구성되어 있다.
② 주소를 네트워크 부분의 길이에 따라 A 클래스에서 E 클래스까지 총 5단계로 구분한다.
③ IPv4와의 호환성은 낮으나 IPv4에 비해 품질 보장은 용이하다.
④ 0이 연속되는 경우 연속된 0은 '::'으로 생략할 수 있다.

10

다음 중 인터넷 브라우저를 이용하여 사용자가 열어 본 웹사이트 주소들을 순서대로 보관하는 기능은?

① 북마크(Bookmark)
② 히스토리(History)
③ 캐싱(Caching)
④ 쿠키(Cookie)

11

다음 중 컴퓨터 소프트웨어 관련 용어에 대한 설명으로 옳은 것을 모두 고른 것은?

(가) 상용 소프트웨어: 정식으로 사용료를 내고 사용하는 소프트웨어로, 해당 소프트웨어의 모든 기능을 사용할 수 있다.
(나) 베타 버전: 알파 테스트를 하기 전에 전 제작 회사 내에서 테스트할 목적으로 제작하는 소프트웨어이다.
(다) 벤치마크 테스트: 소프트웨어나 하드웨어의 성능을 검사하기 위해 실제로 사용되는 조건에서 처리 능력을 테스트하는 것이다.
(라) 셰어웨어: 일정 기간 동안 무료로 사용하다가 금액을 지불하고 정식으로 사용할 수 있는 소프트웨어이다.

① (가), (나)
② (가), (다)
③ (가), (나), (다)
④ (가), (다), (라)

12

다음 중 객체 지향 프로그래밍 언어가 아닌 것은?

① C 언어
② JAVA
③ PYTHON
④ Smalltalk

13

다음 중 디지털 컴퓨터의 특성에 대한 설명으로 옳지 않은 것은?

① 부호화된 숫자와 문자, 이산 데이터 등을 사용한다.
② 산술·논리 연산을 주로 한다.
③ 증폭 회로를 사용한다.
④ 연산 속도가 아날로그 컴퓨터보다 느리다.

14

다음 중 컴퓨터의 저장 용량이 가장 큰 것은?

① GB(기가 바이트)
② TB(테라 바이트)
③ PB(페타 바이트)
④ EB(엑사 바이트)

15

다음 중 컴퓨터의 연산장치에 있는 누산기(Accumulator)에 대한 설명으로 옳은 것은?

① 연산 결과를 일시적으로 기억하는 장치이다.
② 명령의 순서를 기억하는 장치이다.
③ 명령어를 기억하는 장치이다.
④ 명령을 해독하는 장치이다.

16

다음 중 플래시 메모리(Flash Memory)에 대한 설명으로 옳은 것은?

① 중앙처리장치와 주기억장치 사이에 위치하여 컴퓨터의 처리 속도를 향상시키는 역할을 한다.
② 보조기억장치의 일부를 주기억장치처럼 사용하는 메모리 관리 기법으로, 주기억장치보다 큰 프로그램을 불러와 실행해야 할 때 유용하다.
③ 주기억장치에 저장된 정보에 접근할 때 주소 대신 기억된 정보의 내용 일부를 이용하여 직접 접근하는 장치이다.
④ 전기적인 방법으로 수정이 가능한 EEPROM을 개선한 메모리 칩으로, MP3 플레이어, 휴대전화, 디지털카메라 등에 널리 사용된다.

17

다음 중 정보사회에서 정보보안을 위협하기 위해 웜(Worm)의 형태를 이용하는 것으로 옳지 않은 것은?

① 분산 서비스 거부 공격
② 버퍼 오버플로 공격
③ 슬래머
④ 트로이 목마

18

다음 중 컴퓨터에서 사용하는 하드디스크나 SSD의 파티션에 대한 설명으로 옳지 않은 것은?

① 하나의 물리적인 하드디스크를 여러 개의 파티션으로 나눌 수 있다.
② 파티션을 나눈 후에 하드디스크를 사용하기 위해서는 포맷을 해야 한다.
③ 하나의 하드디스크 내의 모든 파티션에는 동일한 운영체제만 설치할 수 있다.
④ 하나의 파티션에는 한 가지 파일 시스템만을 설치할 수 있다.

19

다음 중 인터넷을 이용한 전자우편에 대한 설명으로 옳지 않은 것은?

① 기본적으로 8비트의 유니코드를 사용하여 메시지를 전달한다.
② 전자우편 주소는 '사용자ID@호스트 주소'의 형식으로 이루어진다.
③ SMTP, POP3, MIME 등의 프로토콜을 사용한다.
④ 보내기, 회신, 첨부, 전달, 답장 등의 기능이 있다.

20

다음 중 컴퓨터에서 사용하는 레이저 프린터에 대한 설명으로 옳지 않은 것은?

① 회전하는 드럼에 토너를 묻혀서 인쇄하는 방식이다.
② 비충격식이라 비교적 인쇄 소음이 적고 인쇄 속도가 빠르다.
③ 인쇄 방식에는 드럼식, 체인식, 밴드식 등이 있다.
④ 인쇄 해상도가 높으며 복사기와 같은 원리를 사용한다.

2과목 스프레드시트 일반

21
다음 중 워크시트의 데이터 입력에 대한 설명으로 옳지 않은 것은?

① 범위를 선택한 후 값을 입력하고 Ctrl+Enter를 누르면 선택된 범위에 같은 값이 입력된다.
② Ctrl을 누른 상태에서 마우스 휠을 돌리면 화면이 확대/축소된다.
③ Alt+Enter를 누르면 셀 포인터가 위쪽 셀로 이동된다.
④ Scroll Lock을 누른 후 방향키를 누르면 셀 포인터는 고정된 상태로 화면만 이동된다.

22
다음 중 시트 보호와 통합 문서 보호에 대한 설명으로 옳지 않은 것은?

① 시트 보호에서 '잠긴 셀 선택'을 허용하지 않으려면 시트 보호 설정 전 [셀 서식] 대화상자의 [보호] 탭에 '숨김' 항목이 선택되어 있어야 한다.
② 시트 보호 시 시트 보호 해제 암호를 지정할 수 있으며, 암호를 설정하지 않으면 모든 사용자가 시트의 보호를 해제하고 보호된 요소를 변경할 수 있다.
③ 통합 문서 보호는 시트의 삽입, 삭제, 이동, 숨기기, 이름 바꾸기 등의 작업을 할 수 없도록 보호하는 것이다.
④ 통합 문서 보호에서 보호할 대상으로 창을 선택하면 통합 문서의 창을 옮기거나 크기 조정, 닫기 등을 할 수 없도록 보호한다.

23
다음 중 아래 시트에서 [C2:C5] 영역에 수행한 결과가 다르게 나타나는 것은?

	A	B	C	D	E
1	성명	출석	과제	실기	총점
2	박경수	19	14	55	88
3	이정수	12	15	60	87
4	경동식	17	15	50	82
5	김미경	14	20	45	79

① 키보드의 Backspace를 누른다.
② 마우스의 오른쪽 버튼을 눌러서 나온 바로 가기 메뉴에서 [내용 지우기]를 선택한다.
③ [홈] 탭-[편집] 그룹-[지우기] 메뉴에서 [내용 지우기]를 선택한다.
④ 키보드의 Delete를 누른다.

24
다음 중 메모에 대한 설명으로 옳지 않은 것은?

① 메모 상자의 크기는 조절이 가능하다.
② 인쇄 시 메모의 인쇄 여부를 설정할 수 있다.
③ 정렬을 하면 메모도 메모가 삽입된 셀과 함께 이동된다.
④ 피벗 테이블 보고서의 레이아웃(행, 열, 보고서 필터, 값)이 변경되면 메모도 메모가 삽입된 셀과 함께 이동된다.

25
다음 중 셀 서식의 표시 형식에 대한 설명으로 옳지 않은 것은?

① 일반 형식으로 지정된 셀에 열 너비보다 긴 소수가 입력될 경우 셀의 너비에 맞춰 반올림한 값으로 표시된다.
② 통화 형식은 숫자와 함께 기본 통화 기호가 셀의 오른쪽 끝에 표시되며, 통화 기호의 표시 여부를 선택할 수 있다.
③ 회계 형식은 음수의 표시 형식을 별도로 지정할 수 없고, 입력된 값이 0일 경우 하이픈(-)으로 표시된다.
④ 숫자 형식은 음수의 표시 형식을 빨간색으로 지정할 수 있다.

26
다음 중 엑셀에서 기본 오름차순 정렬에 대한 설명으로 옳지 않은 것은?

① 날짜는 가장 최근 날짜에서 이전 날짜 순서로 정렬된다.
② 논리값의 경우 FALSE 다음 TRUE의 순서로 정렬된다.
③ 숫자는 가장 작은 음수에서 가장 큰 양수의 순서로 정렬된다.
④ 빈 셀은 오름차순과 내림차순 정렬에서 항상 마지막에 정렬된다.

27

다음 중 조건부 서식 설정을 위한 [새 서식 규칙] 대화상자의 '규칙 유형 선택' 항목에 해당하지 않는 것은?

① 임의의 날짜를 기준으로 셀의 서식 지정
② 셀 값을 기준으로 모든 셀의 서식 지정
③ 다음을 포함하는 셀만 서식 지정
④ 고유 또는 중복 값만 서식 지정

28

다음 중 =SUM(A3:A9)와 같이 작성해야 할 수식을 =SUM(A3A9)로 콜론(:)을 생략한 경우 나타나는 오류 메시지는?

① #N/A
② #NULL!
③ #REF!
④ #NAME?

29

다음 중 아래 워크시트에서 [D4] 셀에 입력한 수식의 실행 결괏값은? (단, [D4] 셀에 설정되어 있는 표시 형식은 '날짜'이다)

	A	B	C	D	E
1	사원번호	성명	직함	생년월일	
2	1011	구민정	영업과장	2024-05-25	
3					
4				=EOMONTH(D2,5)	

① 2024-04-25
② 2024-10-31
③ 2024-06-25
④ 2024-05-20

30

아래 워크시트에서 코드표[E3:F6]를 참조하여 과목코드에 대한 과목명[B3:B5]을 구하는데 코드표에 과목코드가 존재하지 않으면 과목명을 공백으로 표시하고자 한다. 다음 중 [B3] 셀에 수식을 입력한 후 나머지 셀은 채우기 핸들을 이용하여 입력하고자 할 때 [B3] 셀에 입력해야 할 수식으로 옳은 것은?

	A	B	C	D	E	F
1	시험결과				코드표	
2	과목코드	과목명	점수		코드	과목명
3	W				W	워드
4	P				E	엑셀
5	X				P	파워포인트
6					A	액세스

① =IFERROR(VLOOKUP(A3,E3:F6,2,TRUE),"")
② =IFERROR(VLOOKUP(A3,$E$3:$F$6,2,FALSE),"")
③ =IFERROR("",VLOOKUP(A3,$E$3:$F$6,2,TRUE))
④ =IFERROR("",VLOOKUP(A3,E3:F6,2,FALSE))

31

다음 중 수식에 따른 실행 결과가 옳은 것은?

① =LEFT(MID("Sound of Music",5,6),3) → [of]
② =MID(RIGHT("Sound of Music",7),2,3) → [Mu]
③ =RIGHT(MID("Sound of Music",3,7),3) → [FM]
④ =MID(LEFT("Sound of Music",7),2,3) → [und]

32

다음 중 찾기/참조 함수에 대한 설명으로 옳지 않은 것은?

① VLOOKUP 함수의 네 번째 인수를 'FALSE'로 사용하면 참조 표의 첫 열의 값은 반드시 오름차순으로 정렬되어 있어야 한다.
② HLOOKUP 함수는 참조 표의 첫 행에서 값을 찾을 때 대·소문자를 구분하지 않는다.
③ INDEX 함수는 표나 범위에서 값 또는 값에 대한 참조를 반환한다.
④ CHOOSE 함수의 첫 번째 인수는 1에서 254 사이의 숫자를 나타내는 숫자나 수식, 셀 참조 등을 사용한다.

33

아래의 워크시트에서 [표1]을 이용하여 [F3:F6] 영역에 소속별 매출액의 평균을 구하고자 한다. 다음 중 [G3] 셀에 수식을 입력한 후 채우기 핸들을 이용하여 [G6] 셀까지 계산하려고 할 때 [G3] 셀에 입력할 수식으로 옳은 것은?

① =AVERAGEIF(B3:B16,E3,C3:C16)
② =AVERAGEIF(B$3:B$16,E3,C$3:C$16)
③ =AVERAGEIF($B$3:$B$16,E3,$C$3:$C$16)
④ =AVERAGEIF($B$3:$B$16,$E$3,$C$3:$C$16)

34

다음 중 판매관리 표에서 수식으로 작성된 판매액의 총합계가 원하는 값이 되기 위한 판매수량을 예측하는 데 가장 적절한 데이터 분석 도구는? (단, 판매액의 총합계를 구하는 수식은 판매수량을 참조하여 계산된다)

① 시나리오 관리자
② 데이터 표
③ 피벗 테이블
④ 목표값 찾기

35

다음 중 아래와 같은 피벗 테이블을 작성하기 위한 작업으로 옳지 않은 것은?

① 피벗 테이블 보고서를 넣을 위치로 기존 워크시트의 [A19] 셀을 선택하였다.
② '배송시간대' 필드를 보고서 필터 영역에 설정하였다.
③ 총합계는 행의 총합계만 표시되도록 설정하였다.
④ 행 레이블은 '배송지역', 열 레이블은 '물품종류'로 처리하였다.

36

다음 중 매크로의 바로 가기 키에 대한 설명으로 옳지 않은 것은?

① 매크로 생성 시 설정한 바로 가기 키는 [매크로] 대화상자의 [옵션]에서 변경할 수 있다.
② 기본적으로 바로 가기 키는 Ctrl과 조합하여 사용하지만 대문자로 지정하면 Shift가 자동으로 덧붙는다.
③ 바로 가기 키의 조합 문자는 영문자만 가능하고, 바로 가기 키를 설정하지 않아도 매크로를 생성할 수 있다.
④ 엑셀에서 기본적으로 지정되어 있는 바로 가기 키는 매크로의 바로 가기 키로 지정할 수 없다.

37

다음 중 아래 차트에 대한 설명으로 옳지 <u>않은</u> 것은?

구분	남	여	합계
1반	23	21	44
2반	22	25	47
3반	20	17	37
4반	21	19	40
합계	86	82	168

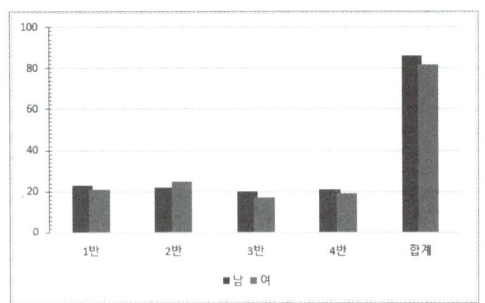

① 차트의 종류는 묶은 세로 막대형으로 계열 옵션의 '계열 겹치기'가 적용되었다.
② 세로(값) 축의 [축 서식]에는 주 눈금과 보조 눈금이 '안쪽'으로 표시되도록 설정되었다.
③ 데이터 계열로 '남'과 '여'가 사용되고 있다.
④ 표 전체 영역을 데이터 원본으로 사용하여 차트를 작성하였다.

38

다음 중 워크시트의 [틀 고정] 기능에 대한 설명으로 옳지 <u>않은</u> 것은?

① 워크시트에서 화면을 스크롤할 때 행 또는 열 레이블이 계속 표시되도록 설정하는 기능이다.
② 행과 열을 모두 잠그려면 창을 고정할 위치의 오른쪽 아래 셀을 클릭한 후 [틀 고정]을 실행한다.
③ [틀 고정] 기능에는 현재 선택 영역을 기준으로 하는 '틀 고정' 외에도 '첫 행 고정', '첫 열 고정' 등의 옵션이 있다.
④ 화면에 표시되는 틀 고정 형태는 인쇄 시에도 그대로 적용되어 출력된다.

39

다음 중 '페이지 나누기' 기능에 대한 설명으로 옳지 <u>않은</u> 것은?

① '페이지 나누기 미리 보기' 상태에서는 데이터의 입력이나 편집을 할 수 없다.
② 페이지 구분선을 마우스로 드래그하여 구분선의 위치를 변경할 수 있다.
③ 수동으로 삽입된 페이지 나누기는 실선으로 표시되고, 자동으로 추가된 페이지 나누기는 파선으로 표시된다.
④ 인쇄할 데이터가 많아 한 페이지가 넘어가면 자동으로 페이지 구분선이 삽입된다.

40

다음 중 [인쇄 미리 보기]에 대한 설명으로 옳지 <u>않은</u> 것은?

① [인쇄 미리 보기] 창에서 셀 너비를 조절할 수 있으나, 워크시트에는 변경된 너비가 적용되지 않는다.
② [인쇄 미리 보기]를 실행한 상태에서 [페이지 설정]을 클릭하여 [여백] 탭에서 여백을 조절할 수 있다.
③ [인쇄 미리 보기] 상태에서 '확대/축소'를 누르면 화면에는 적용되지만, 실제 인쇄 시에는 적용되지 않는다.
④ [인쇄 미리 보기]를 실행한 상태에서 [여백 표시]를 체크한 후 마우스 끌기를 통하여 여백을 조절할 수 있다.

답 없이 푸는 제10회 기출변형문제

2024년 시행 상시시험

● 제한시간: 40분   점수: 1과목 _____ / 100점, 2과목 _____ / 100점

정답과 해설 48쪽

※ 문항당 5점

1과목 컴퓨터 일반

01
다음 중 컴퓨터 운영체제에서 임베디드 시스템에 대한 설명으로 옳지 않은 것은?

① 제어가 필요한 시스템의 두뇌 역할을 하는 전자시스템으로 TV, 냉장고 등의 가전제품에 많이 사용된다.
② 하드웨어와 소프트웨어가 하나로 결합된 제어 시스템이다.
③ 마이크로프로세서에 특정 기능을 수행하는 응용 프로그램을 탑재하여 컴퓨터 기능을 수행한다.
④ 두 개 이상의 컴퓨터를 묶어서 단일 시스템처럼 사용하는 시스템이다.

02
다음 중 압축에 대한 설명으로 옳지 않은 것은?

① 드라이브를 압축하면 해당 드라이브에 저장된 모든 파일과 폴더에서 사용하는 공간을 줄일 수 있다.
② 파일을 압축하는 목적은 저장 공간 및 통신 시간의 절약이다.
③ 파일 압축 프로그램에는 ARJ, PKZIP, RAR, LHA 등이 있다.
④ 파일의 검색 시간을 단축시킬 수 있다.

03
다음 중 Windows의 캡처 및 스케치에 대한 설명으로 옳지 않은 것은?

① 사각형, 자유형, 창, 전체 화면 캡처 등을 할 수 있다.
② 이미지와 비디오 파일로 저장할 수 있다.
③ 캡처 및 스케치에 저장되는 파일 형식은 PNG, JPG, GIF 등이다.
④ 캡처 및 스케치 바로 가기 키는 ■+[Shift]+[S]이다.

04
다음 중 멀티미디어의 특징에 대한 설명으로 옳지 않은 것은?

① 디지털화: 다양한 아날로그 데이터를 디지털 데이터로 변환하여 통합 처리한다.
② 양방향성: 정보 제공자와 사용자 간의 소통을 통한 상호 작용에 의해 데이터가 전달된다.
③ 정보의 통합성: 텍스트, 그래픽 사운드, 동영상, 애니메이션 등의 여러 미디어를 통합하여 처리한다.
④ 선형성: 데이터가 일정한 방향으로 처리되고 순서에 관계없이 원하는 부분을 선택적으로 처리한다.

05
다음 중 아래에서 설명하는 그래픽 기법으로 옳은 것은?

> 컴퓨터 프로그램을 이용하여 3차원 애니메이션을 만드는 과정으로, 사물 모형에 명암과 색상을 추가하여 사실감을 더해주는 작업

① 안티앨리어싱(Anti-Aliasing)
② 렌더링(Rendering)
③ 디더링(Dithering)
④ 모핑(Morphing)

06
다음 중 USB 인터페이스에 대한 설명으로 옳지 않은 것은?

① 직렬 포트보다 USB 포트의 데이터 전송 속도가 더 빠르다.
② USB는 컨트롤러당 최대 127개까지 포트의 확장이 가능하다.
③ 핫 플러그 인(Hot Plug In)과 플러그 앤 플레이(Plug & Play)를 지원한다.
④ USB 커넥터를 색상으로 구분하는 경우 USB 3.0은 빨간색, USB 2.0은 파란색을 사용한다.

07

다음 중 이기종 단말 간의 통신과 호환성 등 모든 네트워크상의 원활한 통신을 위해 최소한의 네트워크 구조를 제공하는 모델로, 네트워크 프로토콜 디자인과 통신을 여러 계층으로 나누어 정의한 통신 규약 명칭은?

① ISO 7계층
② Network 7계층
③ TCP/IP 7계층
④ OSI 7계층

08

다음 중 용어에 대한 설명으로 옳지 않은 것은?

① Ubiquitous: 시간과 장소에 상관없이 자유롭게 네트워크에 접속할 수 있는 정보 통신 환경
② VoIP: 네트워크를 통해 음성을 패킷 형태로 전송하는 기술
③ WiBro: 고정된 장소에서 초고속 인터넷을 이용할 수 있는 무선 휴대 인터넷 서비스
④ RFID: 사물에 전자 태그를 부착하고, 무선 통신을 이용하여 제품 식별, 출입관리 등 다양한 분야에서 활용하는 기술

09

다음 중 인터넷 전자우편에 대한 설명으로 옳지 않은 것은?

① 보내기, 회신, 첨부, 전달, 답장 등의 기능이 있다.
② 기본적으로 8비트의 EBCDIC 코드를 사용하여 메시지를 보내고 받는다.
③ SMTP, POP3, MIME 등의 프로토콜이 사용된다.
④ 전자우편 주소는 '사용자 ID@호스트 주소'의 형식이 사용된다.

10

다음 중 컴퓨터 소프트웨어에서 셰어웨어(Shareware)에 대한 설명으로 옳은 것은?

① 정상 대가를 지불하고 사용하는 소프트웨어이다.
② 특정 기능이나 사용 기간에 제한을 두고 무료로 배포하는 소프트웨어이다.
③ 개발자가 소스를 공개한 소프트웨어이다.
④ 배포 이전의 테스트 버전의 소프트웨어이다.

11

다음 중 추상화, 캡슐화, 상속성, 다형성 등의 특징을 지니고 있으며, 크고 복잡한 프로그램 구축이 어려운 절차형 언어의 문제점을 해결하기 위해 개발된 프로그래밍 기법은?

① 객체 지향 프로그래밍
② 구조적 프로그래밍
③ 상향식 프로그래밍
④ 비주얼 프로그래밍

12

마이크로 컴퓨터는 휴대성에 따라 여러 가지 종류로 분류된다. 다음 중 스마트폰을 컴퓨터로 분류하는 경우 스마트폰이 포함될 수 있는 마이크로 컴퓨터의 종류는?

① 랩톱 컴퓨터
② 노트북 컴퓨터
③ 팜톱 컴퓨터
④ 데스크톱 컴퓨터

13

다음 중 자료의 구성 단위에 대한 설명으로 옳지 않은 것은?

① 1바이트는 8비트로 구성되며, 문자를 표현하는 최소 단위이다.
② 1바이트는 256가지의 정보를 표현할 수 있다.
③ 일반적으로 영문자나 숫자는 1바이트로 한 글자를 표현하고, 한글 및 한자는 2바이트로 한 글자를 표현한다.
④ CPU가 한 번에 처리할 수 있는 명령어 단위는 바이트이다.

14

다음 중 컴퓨터 내부에서 중앙처리장치와 메모리 사이의 데이터 전송을 위해 사용되는 버스(Bus)로 옳지 않은 것은?

① 제어 버스
② 드라이버 버스
③ 데이터 버스
④ 주소 버스

15

다음 중 가상 메모리에 대한 설명으로 옳은 것은?

① EEPROM의 일종으로 디지털 기기에서 널리 사용되는 비휘발성 메모리이다.
② 주기억장치의 크기보다 큰 용량을 필요로 하는 프로그램을 실행해야 할 때 유용하게 사용된다.
③ 주기억장치와 주기억장치 사이에 위치하여 컴퓨터의 처리 속도를 향상시킨다.
④ 주기억장치에 저장된 정보를 접근할 때 주소 대신 기억된 데이터의 내용을 이용하여 원하는 정보에 접근하는 기억장치이다.

16

다음 중 컴퓨터에서 사용하는 일반 하드디스크에 비하여 속도가 빠르고 기계적 지연이나 에러의 확률 및 발열, 소음이 적으며, 소형화·경량화할 수 있는 하드디스크 대체 저장 장치는?

① DVD
② HDD
③ SSD
④ ZIP

17

다음 중 기억장치의 접근 속도가 빠른 것에서 느린 순으로 옳게 나열한 것은?

① 캐시 메모리 → 레지스터 → 주기억장치 → 보조기억장치
② 레지스터 → 캐시 메모리 → 주기억장치 → 보조기억장치
③ 레지스터 → 주기억장치 → 캐시 메모리 → 보조기억장치
④ 주기억장치 → 레지스터 → 캐시 메모리 → 보조기억장치

18

다음 중 해커나 악성코드 공격을 유인하기 위한 가짜 시스템이나 네트워크로 옳은 것은?

① 허니팟(Honeypot)
② 방화벽(Firewall)
③ 웜(Worm)
④ 피기배킹(Piggybacking)

19

다음 중 TCP/IP 프로토콜에서 IP 프로토콜의 개요 및 기능에 대한 설명으로 옳은 것은?

① 메시지를 송/수신자의 주소와 정보를 묶어 패킷 단위로 나눈다.
② 패킷 주소를 해석하고 경로를 결정하여 다음 호스트로 전송한다.
③ 전송 데이터의 흐름을 제어하고 데이터의 에러를 검사한다.
④ OSI 7계층에서 전송 계층에 해당한다.

20

다음 중 Windows의 [설정]-[시스템]-[디스플레이]에서 설정할 수 없는 것은?

① 테마 기능을 이용하여 바탕 화면의 배경, 창 색, 소리 및 화면 보호기 등을 한 번에 변경할 수 있다.
② 모니터의 색 보정을 통해 화면의 색상을 실제와 가깝게 조정할 수 있다.
③ 여러 대의 모니터가 연결된 경우, 이들의 배치와 주 모니터를 설정할 수 있다.
④ 화면에 표시되는 글자와 앱의 크기를 조절하여 가독성을 높일 수 있다.

2과목 스프레드시트 일반

21

다음 중 워크시트 사용 방법에 대한 설명으로 옳지 않은 것은?

① 다음 워크시트로 전환하려면 [시트] 탭에서 Ctrl + PageDn을 누르고, 이전 워크시트로 전환하려면 Ctrl + PageUp을 누른다.
② 시트를 복사하려면 Shift를 누른 채 해당 시트의 [시트] 탭을 마우스로 드래그 앤 드롭을 한다.
③ 현재의 워크시트 앞에 새로운 워크시트를 삽입하려면 Shift + F11을 누른다.
④ 인접하지 않은 둘 이상의 시트를 선택할 때는 Ctrl을 누른 채 원하는 시트를 클릭한다.

22

다음 중 데이터 입력에 대한 설명으로 옳지 않은 것은?

① 데이터를 입력하는 도중에 입력을 취소하려면 Esc를 누른다.
② 셀 안에서 줄을 바꾸어 데이터를 입력하려면 Alt + Enter를 누른다.
③ 텍스트, 텍스트/숫자 조합, 날짜, 시간 데이터는 셀에 입력하는 처음 몇 자가 해당 열의 기존 내용과 일치하면 자동으로 입력된다.
④ 여러 셀에 동일한 데이터를 입력하려면 해당 셀을 범위로 지정하여 데이터를 입력한 후 Ctrl + Enter를 누른다.

23

다음 중 각 워크시트에서 채우기 핸들을 [A3] 셀로 드래그한 경우 [A3] 셀에 입력되는 값으로 옳지 않은 것은?

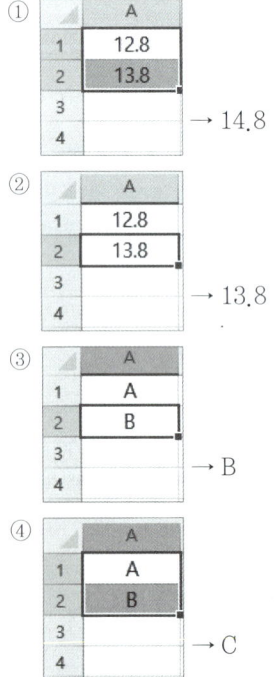

24

다음 중 [선택하여 붙여넣기] 대화상자에 대한 설명으로 옳지 않은 것은?

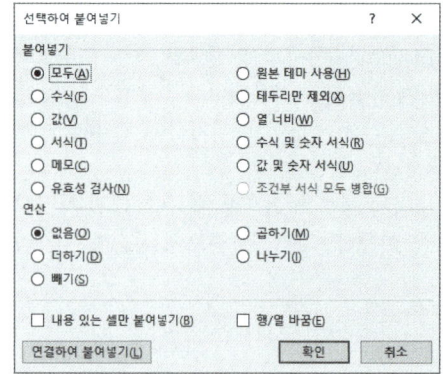

① 복사한 데이터를 여러 가지 옵션을 적용하여 붙여넣는 기능으로, [잘라내기]를 실행한 상태에서는 사용할 수 없다.
② [붙여넣기]의 '서식'을 선택한 경우 복사한 셀의 내용과 서식을 함께 붙여넣는다.
③ [내용 있는 셀만 붙여넣기]를 선택하면 복사할 영역에 빈 셀이 있는 경우 붙여넣을 영역의 값을 바꾸지 않는다.
④ [행/열 바꿈]을 선택한 경우 복사한 데이터의 열을 행으로, 행을 열로 변경하여 붙여넣기가 실행된다.

25

다음 중 입력 데이터에 표시 형식을 적용했을 때의 결괏값으로 옳지 않은 것은?

	입력 데이터	표시 형식	결과
①	12345	#,##0	12,345
②	그림	@자	그림자
③	0.4	?/?	2/5
④	5	##.0	5.00

26

다음 중 정렬에 대한 설명으로 옳지 않은 것은?

① 최대 64개의 열을 기준으로 정렬할 수 있다.
② 색상별 정렬이 가능하여 글꼴 색 또는 셀 색을 기준으로 정렬할 수도 있다.
③ 정렬 대상 범위에서 병합된 셀은 정렬할 수 없다.
④ 숨겨진 행과 숨겨진 열도 정렬에 포함된다.

27

다음 중 [텍스트 나누기] 기능에 대한 설명으로 옳지 <u>않은</u> 것은?

① 영역을 선택한 후 [데이터] 탭-[데이터 도구] 그룹의 [텍스트 나누기]를 클릭하면 [텍스트 마법사] 대화상자가 실행된다.
② [데이터 미리 보기]에서 나눠진 열을 선택한 후 드래그하여 열의 순서를 변경할 수 있다.
③ 각 열을 선택하여 데이터 서식을 지정할 수 있다.
④ 일정한 열 너비 또는 구분 기호로 구분하여 데이터를 나눌 수 있다.

28

다음 중 셀 참조에 대한 설명으로 옳지 <u>않은</u> 것은?

① 수식 작성 중 마우스로 셀을 클릭하면 기본적으로 해당 셀이 상대 참조로 처리된다.
② 수식에 셀 참조를 입력한 후 셀 참조의 이름을 정의한 경우에는 참조 에러가 발생하므로 기존의 셀 참조를 정의된 이름으로 수정한다.
③ 셀 참조 앞에 워크시트 이름과 느낌표(!)를 차례로 넣어서 다른 워크시트에 있는 셀을 참조할 수 있다.
④ 셀을 복사하여 붙여넣은 다음 [붙여넣기 옵션]의 [셀 연결] 명령을 사용하여 셀 참조를 만들 수도 있다.

29

다음 중 아래 워크시트에서 '직무'가 90 이상이거나, '국사'와 '상식'이 모두 80 이상이면 '평가'에 '통과'를 표시하고 그렇지 않으면 공백을 표시하는 [E2] 셀의 함수식으로 옳은 것은?

	A	B	C	D	E
1	이름	직무	국사	상식	평가
2	강혜란	79	84	80	
3	주승하	82	94	86	
4	김진규	80	81	80	

① =IF(AND(B2>=90,OR(C2>=80,D2>=80)),"통과","")
② =IF(OR(AND(B2>=90,C2>=80),D2>=80),"통과","")
③ =IF(OR(B2>=90,AND(C2>=80,D2>=80)),"통과","")
④ =IF(AND(OR(B2>=90,C2>=80),D2>=80),"통과","")

30

아래 시트에서 키(CM)가 170 이상인 사람의 수를 구하려고 한다. 다음 중 [E7] 셀에 입력할 수식으로 옳지 <u>않은</u> 것은?

	A	B	C	D	E	F
1	번호	이름	키(CM)	몸무게(KG)		
2	12001	홍길동	165	67		키(CM)
3	12002	이대한	177	70		>=170
4	12003	한민국	174	74		
5	12004	이우리	168	66		
6						
7	키가 170CM 이상인 사람의 수?				2	

① =DCOUNT(A1:D5,2,F2:F3)
② =DCOUNTA(A1:D5,2,F2:F3)
③ =DCOUNT(A1:D5,3,F2:F3)
④ =DCOUNTA(A1:D5,3,F2:F3)

31

아래의 워크시트에서 [표1]을 이용하여 [F3:F6] 영역에 소속별 매출액의 합계를 구하고자 한다. 다음 중 [F3] 셀에 수식을 입력한 후 채우기 핸들을 이용하여 [F6] 셀까지 계산하려고 할 때, [F3] 셀에 입력할 수식으로 옳은 것은?

	A	B	C	D	E	F	G
1	[표1]						
2	성명	소속	매출액		소속	총매출액	평균매출액
3	조혜경	영업1부	8,410		영업1부	39,623	7,925
4	최철웅	영업2부	8,270		영업2부	16,128	8,064
5	박용희	영업1부	7,391		영업3부	32,497	8,124
6	강의주	영업1부	8,443		영업4부	23,699	7,900
7	방성일	영업3부	8,599				
8	김은영	영업4부	7,638				
9	이채연	영업3부	8,496				
10	김영상	영업3부	7,877				
11	이화영	영업1부	7,914				
12	이현희	영업2부	7,858				
13	박가현	영업4부	8,204				
14	김태형	영업1부	7,465				
15	김승겸	영업3부	7,525				
16	김민성	영업4부	7,857				

① =SUMIF(B3:B16,E3,C3:C16)
② =SUMIF(B$3:B$16,E$3,C$3:C$16)
③ =SUMIF($B$3:$B$16,E3,$C$3:$C$16)
④ =SUMIF($B3:$B16,$E3,$C3:$C16)

32

다음 중 아래 워크시트에서 [E2] 셀의 함수식이 =CHOOSE(RANK.EQ(D2,$D$2:$D$5),"천하","대한","영광","기쁨")일 때 결괏값으로 옳은 것은?

	A	B	C	D	E
1	성명	이론	실기	합계	수상
2	김나래	46	50	96	
3	이석주	45	44	89	
4	박명호	48	47	95	
5	장영민	46	48	94	

① 천하
② 대한
③ 영광
④ 기쁨

33

아래 그림과 같이 '기록(초)' 필드를 이용하여 순위 [C2:C5]를 계산하였다. 다음 중 [C2] 셀의 수식으로 옳은 것은?

	A	B	C
1	선수명	기록(초)	순위
2	홍길동	12	3
3	이기자	15	4
4	금나래	10	1
5	나행복	11	2

① =RANK.EQ(B1,$C$2:$C$5)
② =RANK.EQ(B2,$A$2:$A$5)
③ =RANK.EQ(B2,$B$2:$B$5,1)
④ =RANK.EQ(B2,$B$2:$B$5,0)

34

다음 중 이미 부분합이 계산되어 있는 상태에서 새로운 부분합을 추가하고자 할 때, 수행해야 할 작업으로 옳은 것은?

① [모두 제거] 단추를 클릭
② '새로운 값으로 대치' 설정을 해제
③ '그룹 사이에 페이지 나누기'를 설정
④ '데이터 아래에 요약 표시' 설정을 해제

35

아래 워크시트에서 총이익[G12]이 500000이 되려면 4분기 판매수량[G3]이 얼마가 되어야 하는지를 '목표값 찾기'로 계산하고자 한다. 다음 중 [목표값 찾기] 대화상자에 입력할 내용이 순서대로 바르게 나열된 것은?

	A	B	C	D	E	F	G
1							
2		구분		1사분기	2사분기	3사분기	4사분기
3		판매수량		1,380	1,250	960	900
4		판매단가		100	100	120	120
5		판매금액		138,000	125,000	115,200	108,000
6		판매비	인건비용	3,000	3,100	3,100	3,200
7			광고비용	3,200	1,200	3,000	3,100
8			기타비용	1,900	1,980	2,178	2,396
9		소계		8,100	6,280	8,278	8,696
10		순이익		129,900	118,720	106,922	99,304
11							
12						총이익	454,846

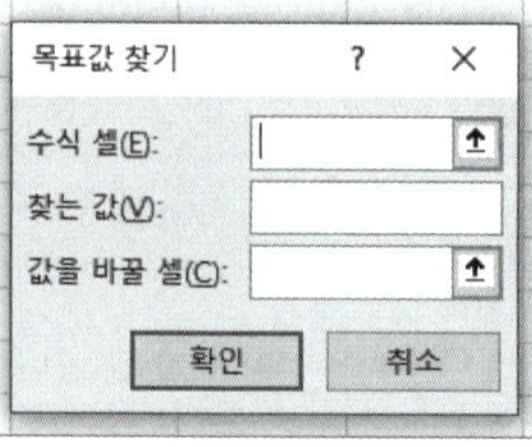

① $G$12, 500000, $G$3
② $G$3, 500000, $G$12
③ $G$3, $G$12, 500000
④ $G$12, $G$3, 500000

36

다음 중 아래 그림과 같이 연이율과 월 적금액이 고정되어 있고, 적금기간이 1년, 2년, 3년, 4년, 5년인 경우에 각 만기 후의 금액을 확인하기 위한 도구로 옳은 것은?

	A	B	C	D	E	F
1						
2		연이율	3%		적금기간(연)	만기 후 금액
3		적금기간(연)	1			₩6,083,191
4		월 적금액	500,000		1	
5		만기 후 금액	₩6,083,191		2	
6					3	
7					4	
8					5	

① 고급 필터
② 데이터 통합
③ 목표값 찾기
④ 데이터 표

37

다음 중 매크로 이름을 정의하는 규칙으로 옳지 않은 것은?

① '?', '/', '-' 등의 문자는 매크로 이름에 사용할 수 없다.
② 기존의 매크로 이름과 동일한 이름을 사용하면 기존의 매크로를 새로 기록하려는 매크로로 바꿀 것인지를 선택할 수 있다.
③ 매크로 이름의 첫 글자에는 숫자가 올 수 있다.
④ 매크로 이름에 사용되는 영문자는 대·소문자를 구분하지 않는다.

38

다음 중 매크로를 실행하는 방법으로 옳지 않은 것은?

① 매크로 기록 시 Alt와 조합한 바로 가기 키를 지정하여 매크로를 실행한다.
② 빠른 실행 도구 모음에 매크로 아이콘을 추가하여 매크로를 실행한다.
③ Alt + F8을 눌러 [매크로] 대화상자를 표시한 후 매크로를 선택하고 [실행] 단추를 클릭하여 실행한다.
④ 그림, 클립아트, 도형 등의 그래픽 개체에 매크로 이름을 연결한 후 그래픽 개체 영역을 클릭하여 실행한다.

39

다음 중 차트에 대한 설명으로 옳지 않은 것은?

① 기본적으로 워크시트의 행과 열에서 숨겨진 데이터는 차트에 표시되지 않는다.
② 차트 제목, 가로/세로 축 제목, 범례, 그림 영역 등은 마우스로 드래그하여 이동할 수 있다.
③ Ctrl 키를 누른 상태에서 차트 크기를 조절하면 차트의 크기가 셀에 맞춰 조절된다.
④ 사용자가 자주 사용하는 차트 종류를 차트 서식 파일로 저장할 수 있다.

40

아래 그림은 [보기] 탭 – [창] 그룹의 일부이다. 이에 대한 설명으로 옳지 않은 것은?

① [나란히 보기]를 클릭하면 두 개의 통합 문서를 한 화면의 위, 아래에 열어 놓고 비교할 수 있다.
② [숨기기]를 클릭하면 현재 통합 문서에서 선택된 워크시트만 숨겨진다.
③ [나누기]를 취소하려면 창을 나누고 있는 분할줄을 더블 클릭한다.
④ [모두 정렬]은 창을 정렬하는 방식으로 바둑판식/가로/세로/계단식 중에서 선택할 수 있다.

2024년 시행 상시시험
답 없이 푸는 제11회 기출변형문제

제한시간: 40분 | 점수: 1과목 ____ / 100점, 2과목 ____ / 100점

정답과 해설 53쪽

※ 문항당 5점

1과목 컴퓨터 일반

01
다음 중 컴퓨터를 이용한 자료 처리 방식에 대한 설명으로 옳지 않은 것은?

① 듀얼 시스템은 두 개 이상의 CPU를 가지고 동시에 여러 개의 작업을 처리하는 방식이다.
② 일괄 처리 시스템은 자료처리 작업을 일정한 양이나 시간 동안 모아서 한꺼번에 처리하는 방식이다.
③ 실시간 처리 시스템은 은행이나 여행사의 좌석 예약 조회 서비스 등에 이용된다.
④ 분산 처리 시스템은 각 지역의 컴퓨터가 통신 회선으로 연결되어 서로 간에 데이터를 공유할 수 있다.

02
다음 중 Windows 10에서 사용하는 바로 가기 키에 대한 설명으로 옳지 않은 것은?

① [Shift]+[Esc]: [시작] 메뉴 표시
② [Shift]+[F10]: 선택한 항목의 바로 가기 메뉴 표시
③ [Alt]+[Enter]: 선택한 항목의 [속성] 대화상자 열기
④ [⊞]+[E]: 파일 탐색기 실행

03
다음 중 파일 삭제 시 파일이 휴지통에 임시 보관되어 복원이 가능한 경우는?

① 바탕 화면에 있는 파일을 휴지통으로 드래그 앤 드롭하여 삭제한 경우
② USB 메모리에 저장되어 있는 파일을 [Delete]로 삭제한 경우
③ 네트워크 드라이브의 파일을 바로 가기 메뉴의 [삭제]를 클릭하여 삭제한 경우
④ [Shift]+[Delete]를 이용하여 C 드라이브에 저장된 파일을 삭제한 경우

04
다음 중 Windows에서 표준 사용자 계정의 사용자가 할 수 있는 작업으로 옳지 않은 것은?

① 사용자 자신의 암호를 변경할 수 있다.
② 마우스 포인터의 모양을 변경할 수 있다.
③ 컴퓨터 보안에 영향을 주는 설정을 변경할 수 있다.
④ 사용자의 사진으로 자신만의 바탕 화면을 설정할 수 있다.

05
다음 중 사용자가 눈으로 보는 현실 화면이나 실제 영상에 문자나 그래픽과 같은 가상의 3차원 정보를 실시간으로 겹쳐 보여주는 새로운 멀티미디어 기술을 의미하는 용어는?

① 가상 장치 인터페이스(VDI)
② 가상현실 모델 언어(VRML)
③ 증강현실(AR)
④ 주문형 비디오(VOD)

06
다음 중 이미지 테두리의 계단 현상을 최소화해주는 그래픽 기법은?

① 모핑(Morphing)
② 디더링(Dithering)
③ 렌더링(Rendering)
④ 안티앨리어싱(Anti-Aliasing)

07

다음 중 정보통신에서 네트워크 관련 장비에 대한 설명으로 옳지 않은 것은?

① 라우터(Router): 서로 다른 네트워크 간에 데이터를 전달하고, 최적의 경로를 선택하여 통신망을 연결하는 장치
② 허브(Hub): 두 개의 근거리 통신망(LAN)과 근거리 통신망(LAN)을 연결해주는 장치
③ 모뎀(MODEM): 네트워크를 구성할 때 디지털 신호를 아날로그 신호로 변환하여 전송하고 다시 수신된 신호를 원래대로 변환하기 위한 전송 장치
④ 게이트웨이(Gateway): 한 네트워크에서 다른 네트워크로 들어가는 입구 역할을 하는 장치로 근거리통신망(LAN)과 같은 하나의 네트워크를 다른 네트워크와 연결할 때 사용되는 장치

08

다음 중 네트워크 구성 형태에 대한 설명으로 옳지 않은 것은?

① 망(Mesh)형은 응답 시간이 빠르고 노드의 연결성이 우수하다.
② 성(Star)형은 모든 컴퓨터를 중앙 컴퓨터와 일대일로 연결한 형태로, 통신망의 처리 능력 및 신뢰성이 중앙 컴퓨터의 제어장치에 좌우된다.
③ 버스(Bus)형은 기밀 보장이 어렵고, 통신 회선의 길이에 제한이 있다.
④ 트리(Tree)형은 통신 회선 중 어느 하나라도 고장 나면 전체 통신망에 영향을 미친다.

09

다음 중 서로 다른 기종의 컴퓨터 간에 데이터를 송·수신하기 위해 개발된 인터넷 표준 프로토콜은?

① TCP/IP
② HTTP
③ FTP
④ SMTP

10

다음 중 (가)와 (나)에 해당하는 ICT 관련 신기술이 옳게 짝지어진 것은?

(가) 전기 에너지의 생산부터 소비까지의 전 과정을 정보통신 시스템과 연결하여 에너지 효율을 높이는 지능형 전력망 시스템이다.
(나) 13.56Mhz의 주파수 대역을 사용하는 비접촉식 통신 기술로, 통신 거리가 10cm 이내로 짧고 상대적으로 보안이 우수하다. 또한 데이터의 읽기와 쓰기 기능을 모두 사용할 수 있으며 연결기기 간의 설정을 하지 않아도 된다.

① (가) - NFC, (나) - USN
② (가) - 스마트 그리드, (나) - NFC
③ (가) - NFC, (나) - 스마트 그리드
④ (가) - USN, (나) - RFID

11

다음 중 인터넷에서 사용하는 도메인 네임에 대한 설명으로 옳은 것은?

① IP 주소를 사람이 이해하기 쉬운 숫자 형태로 표현한 것이다.
② 소속 국가명, 소속 기관명, 소속 기관 종류, 호스트 컴퓨터명의 순으로 구성된다.
③ 퀵돔(Quick Dom)은 2단계 체제와 같이 도메인을 짧은 형태로 줄여 쓰는 것을 말한다.
④ 국가가 다른 경우에는 중복된 도메인 네임을 사용할 수 있다.

12

다음 중 광고를 보는 대가로 무료로 사용할 수 있는 소프트웨어는?

① 프리웨어
② 셰어웨어
③ 애드웨어
④ 상용 소프트웨어

13

객체 지향 언어에는 C++, Java 등이 있다. 이들의 기본 개념과 거리가 먼 것은?

① 지역성(Locality)
② 상속개념(Inheritance)
③ 캡슐화(Encapsulation)
④ 오버로딩(Overloading)

14

다음 중 소형화·경량화를 비롯해 음성과 동작 인식 등의 기술이 적용되어 장소에 구애받지 않고 컴퓨터를 활용할 수 있도록 몸에 착용하는 컴퓨터를 의미하는 것은?

① 웨어러블 컴퓨터
② 마이크로 컴퓨터
③ 인공지능 컴퓨터
④ 서버 컴퓨터

15

다음 중 유니코드(Unicode)에 대한 설명으로 옳은 것은?

① 표현 가능한 문자 수는 최대 256자이다.
② 에러 검출이나 교정이 가능한 코드이다.
③ 연산을 빠르게 수행하기 위하여 Zone 비트와 Digit 비트로 구성한다.
④ 데이터의 처리나 교환을 위하여 1개 문자를 16비트로 표현한다.

16

다음 중 CPU에 대한 설명으로 옳지 않은 것은?

① CPU의 성능을 나타내는 단위 중 MIPS는 1초당 100만 개 단위의 명령어를 연산하는 것을 의미하는 단위이다.
② 연산장치는 산술 연산과 논리 연산을 수행하는 장치로 가산기, 보수기, 누산기 등으로 구성된다.
③ 제어장치는 컴퓨터의 모든 동작을 지시·감독·제어하는 장치이다.
④ CISC는 범용 마이크로프로세서의 명령 세트를 축소하여 설계한 컴퓨터 방식으로, 주로 고성능의 워크스테이션이나 그래픽용 컴퓨터에서 사용된다.

17

다음 중 정당한 사용자가 정상적으로 시스템을 종료하지 않고 자리를 떠났을 때 비인가된 사용자가 바로 그 자리에서 계속 작업을 수행하여 불법적 접근을 행하는 범죄 행위는?

① 피싱(Phishing)
② 스푸핑(Spoofing)
③ 스니핑(Sniffing)
④ 피기배킹(Piggybacking)

18

다음 중 컴퓨터와 관련된 용어의 설명으로 옳지 않은 것은?

① GIGO: 입력 자료가 좋지 않으면 출력 자료도 좋지 않다는 것으로 컴퓨터에 불필요한 정보를 입력하면 불필요한 정보가 출력된다는 의미임
② ALU: CPU 내에서 주기억장치로부터 읽어들인 명령어를 해독하여 해당 장치에게 제어 신호를 보내 정확하게 수행하도록 지시하는 장치
③ ADPS: 자동으로 다량의 데이터를 처리하는 시스템으로 전자정보처리시스템인 EDPS와 같이 컴퓨터를 정의하는 용어
④ CPU: 컴퓨터의 가장 중요한 부분으로 명령을 해독하고 산술논리연산이나 데이터를 처리하는 장치

19

다음 중 마이크로소프트사의 엑셀이나 워드와 같은 파일을 매개로 하고 특정 응용 프로그램으로 매크로가 사용되면 감염이 확산되는 형태의 바이러스는?

① 부트(Boot) 바이러스
② 파일(File) 바이러스
③ 부트(Boot) & 파일(File) 바이러스
④ 매크로(Macro) 바이러스

20

다음 중 Windows 10의 제어판에서 시각 장애가 있는 사용자가 컴퓨터를 사용하기에 편리하도록 설정할 수 있는 항목은?

① 동기화 센터
② 사용자 정의 문자 편집기
③ 접근성 센터
④ 프로그램 호환성 마법사

2과목 스프레드시트 일반

21

다음 중 엑셀의 화면 제어에 대한 설명으로 옳지 않은 것은?

① 화면의 확대/축소는 화면에서 워크시트를 더 크게 또는 작게 표시하는 것으로, 실제 인쇄할 때에도 설정된 화면의 크기로 인쇄된다.
② 리본 메뉴는 화면 해상도와 엑셀 창의 크기에 따라 다른 형태로 표시될 수 있다.
③ 워크시트에서 특정 영역을 마우스로 드래그하여 블록을 설정한 후 [보기]-[선택 영역 확대/축소]를 클릭하면 워크시트가 확대/축소되어 블록으로 지정한 영역이 전체 창에 맞게 보여진다.
④ 리본 메뉴가 차지하는 공간 때문에 작업이 불편한 경우 리본 메뉴의 활성 탭 이름을 더블클릭하여 리본 메뉴를 최소화할 수 있다.

22

다음 중 셀에 데이터를 입력하는 방법에 대한 설명으로 옳지 않은 것은?

① [C5] 셀에 값을 입력하고 Esc를 누르면 [C5] 셀에 입력한 값이 취소된다.
② [C5] 셀에 값을 입력하고 오른쪽 방향키를 누르면 [C5] 셀에 값이 입력된 후 [D5] 셀로 셀 포인터가 이동한다.
③ [C5] 셀에 값을 입력하고 Enter를 누르면 [C5] 셀에 값이 입력된 후 [D5] 셀로 셀 포인터가 이동한다.
④ [C5] 셀에 값을 입력하고 Home을 누르면 [C5] 셀에 값이 입력된 후 [A5] 셀로 셀 포인터가 이동한다.

23

다음 중 아래 워크시트에서 [A1:B1] 영역을 선택한 후 채우기 핸들을 이용하여 [B3] 셀까지 드래그했을 때 [A3] 셀, [B3] 셀의 값은?

	A	B
1	가-011	1월15일
2		
3		
4		

① 다-011, 01월17일
② 가-013, 01월17일
③ 가-013, 03월15일
④ 다-011, 03월15일

24

다음 중 셀 서식의 사용자 지정 표시 형식 중 코드와 설명이 옳지 않은 것은?

① #: 유효한 자릿수만 표시하고, 유효하지 않은 0은 표시하지 않는다.
② ?: 유효하지 않은 자릿수에 0 대신 공백을 표시하고, 소수점을 기준으로 정렬한다.
③ ss: 초 단위의 숫자를 00~59로 표시한다.
④ dddd: 요일을 Sun~Sat로 표시한다.

25

다음 중 원본 데이터를 지정된 서식으로 설정하였을 때 결과가 옳지 않은 것은?

	원본 데이터	서식	결과 데이터
①	314826	#,##0,	314,826
②	281476	#,##0.0	281,476.0
③	12:00:00 AM	0	0
④	2024-05-23	yyyy-mmmm	2024-May

26

다음 중 데이터 정렬에 대한 설명으로 옳지 않은 것은?

① 사용자 지정 목록을 사용하면 사용자가 정의한 순서대로 정렬할 수 있다.
② 색상별 정렬이 가능하여 글꼴 색 또는 셀 색을 기준으로 정렬할 수도 있다.
③ 정렬 옵션을 이용하면 데이터를 열 방향 또는 행 방향으로 선택하여 정렬할 수 있다.
④ 표에 병합된 셀들이 포함되어 있는 경우 병합된 셀들은 맨 아래쪽으로 정렬된다.

27

다음 중 자동 필터와 고급 필터에 대한 설명으로 옳지 않은 것은?

① 고급 필터를 이용하여 중복되지 않게 고유 레코드만 추출할 수 있다.
② 자동 필터 목록의 [상위 10 자동 필터] 기능은 항목이나 퍼센트를 기준으로 500까지 표시할 수 있다.
③ 고급 필터에서 다른 행에 입력된 조건은 AND 조건으로 결합된다.
④ 자동 필터에서 두 개 이상의 필드에 조건이 설정된 경우 AND 조건으로 결합된다.

28

다음 중 조건부 서식에 대한 설명으로 옳지 않은 것은?

① 조건부 서식의 규칙별로 다른 서식을 적용할 수 있다.
② 규칙에 맞는 셀 범위는 해당 규칙에 따라 서식이 지정되고 규칙에 맞지 않는 셀 범위는 서식이 지정되지 않는다.
③ 조건을 수식으로 입력할 경우 수식 앞에 등호(=)를 반드시 입력해야 한다.
④ 조건부 서식이 적용된 후 셀 값이 바뀌어 규칙과 일치하지 않아도 셀 서식 설정은 해제되지 않는다.

29

다음 중 날짜 및 시간 데이터에 대한 설명으로 옳지 않은 것은?

① 날짜 데이터를 입력할 때 연도와 월만 입력하면 일자는 자동으로 해당 월의 1일로 입력된다.
② 셀에 '4/9'를 입력하고 Enter를 누르면 셀에는 '04월 09일'로 표시된다.
③ 날짜 및 시간 데이터의 텍스트 맞춤은 기본 왼쪽 맞춤으로 표시된다.
④ Ctrl + ;을 누르면 시스템의 오늘 날짜, Ctrl + Shift + ;을 누르면 현재 시간이 입력된다.

30

다음 중 아래 워크시트에서 가입일이 2020년 이전이면 회원 등급을 '골드회원', 아니면 '일반회원'으로 표시하려고 할 때, [C3] 셀에 입력할 수식으로 옳은 것은?

	A	B	C
1		회원가입현황	
2	성명	가입일	회원등급
3	김형우	2020-01-05	골드회원
4	이윤경	2019-03-07	골드회원
5	권순기	2022-05-05	일반회원
6	김미영	2018-11-23	골드회원
7	김주학	2023-12-05	일반회원

① =TODAY(IF(B3<=2020,"골드회원","일반회원"))
② =IF(TODAY(B3)<=2020,"일반회원","골드회원")
③ =IF(DATE(B3)<=2020,"골드회원","일반회원")
④ =IF(YEAR(B3)<=2020,"골드회원","일반회원")

31

다음 중 각 함수식과 그 결과가 옳지 <u>않은</u> 것은?

① =TRIM(" 1/4분기 수익") → 1/4분기 수익
② =SEARCH("세","세금 명세서",3) → 5
③ =PROPER("republic of korea")
　→ REPUBLIC OF KOREA
④ =UPPER("Republic of Korea")
　→ REPUBLIC OF KOREA

32

다음 중 [A7] 셀에 수식 '=SUMIFS(D2:D6,A2:A6,"연필",B2:B6,"서울")'을 입력한 경우 결괏값으로 옳은 것은?

	A	B	C	D
1	품목	대리점	판매계획	판매실적
2	연필	경기	150	100
3	볼펜	서울	150	200
4	연필	서울	300	300
5	볼펜	경기	300	400
6	연필	서울	300	200
7	=SUMIFS(D2:D6,A2:A6, "연필", B2:B6, "서울")			

① 100
② 500
③ 600
④ 750

33

다음 중 아래 워크시트에서 참고표를 참고하여 55,000원에 해당하는 할인율을 [C6] 셀에 구하고자 할 때의 적절한 함수식은?

	A	B	C	D	E	F
1		<참고표>				
2		금액	30,000	50,000	80,000	150,000
3		할인율	3%	7%	10%	15%
4						
5		금액	55,000			
6		할인율	7%			

① =LOOKUP(C5,C2:F2,C3:F3)
② =HLOOKUP(C5,B2:F3,1)
③ =VLOOKUP(C5,C2:F3,1)
④ =VLOOKUP(C5,B2:F3,2)

34

다음 중 아래 워크시트에서 [A1:A2] 영역은 '범위1', [B1:B2] 영역은 '범위2'로 이름이 정의되어 있는 경우 각 수식의 결과로 옳지 <u>않은</u> 것은?

	A	B
1	1	2
2	3	4

① =COUNT(범위1, 범위2) → 4
② =AVERAGE(범위1, 범위2) → 2.5
③ =범위1+범위2 → 10
④ =SUMPRODUCT(범위1, 범위2) → 14

35

다음 중 아래 워크시트의 부분합 실행 결과에 대한 설명으로 옳지 <u>않은</u> 것은?

	A	B	C	D
1	성명	소속	직무	1차 성적
2	박시현	교통행정과	건축	86
3	정새연	교통행정과	건축	88
4	김동현	교통행정과	건축	99
5	김주원	교통행정과	행정	85
6	최영서	교통행정과	건축	80
7		교통행정과 최대		99
8		교통행정과 평균		87.6
13		보건사업과 최대		96
14		보건사업과 평균		86.75
18		사회복지과 최대		93
19		사회복지과 평균		85.66667
20		전체 최대값		99
21		전체 평균		86.83333

① [부분합] 대화상자에서 그룹화할 항목을 '소속'으로 설정하였다.
② 그룹의 모든 정보 데이터를 표시하려면 윤곽 기호에서 ３을 클릭하면 된다.
③ 부분합 실행 시 [데이터 아래 요약 표시]를 선택 해제하면 데이터 위에 요약을 표시할 수 있다.
④ [부분합 계산 항목]으로 선택된 항목에는 SUBTOTAL 함수가 자동으로 입력되어 최대값과 평균이 계산되었다.

36

다음 중 데이터 통합에 대한 설명으로 옳지 않은 것은?

① 데이터 통합은 위치를 기준으로 통합할 수도 있고, 영역의 이름을 정의하여 통합할 수도 있다.
② '원본 데이터에 연결' 기능은 통합할 데이터가 있는 워크시트와 통합 결과가 작성될 워크시트가 같은 통합 문서에 있는 경우에만 적용할 수 있다.
③ 다른 원본 영역의 레이블과 일치하지 않는 레이블이 있는 경우에 통합하면 별도의 행이나 열이 만들어진다.
④ 여러 시트에 있는 데이터나 다른 통합 문서에 입력되어 있는 데이터를 통합할 수 있다.

37

다음 중 매크로에 대한 설명으로 옳지 않은 것은?

① 같은 통합 문서 내에서 시트가 다르면 동일한 매크로 이름으로 기록할 수 있다.
② [매크로 기록] 대화상자에서 바로 가기 키 지정 시 영문 대문자를 사용하면 Shift가 자동으로 덧붙는다.
③ 엑셀을 실행할 때마다 매크로를 사용할 수 있게 하려면 [매크로 기록] 대화상자에서 매크로 저장 위치를 '개인용 매크로 통합 문서'로 선택한다.
④ 통합 문서를 열 때 어떤 상황에서 어떤 매크로를 실행할지 매크로 보안 설정을 변경하여 제어할 수 있다.

38

다음 중 [매크로 기록] 대화상자의 각 항목에 입력하는 내용으로 옳지 않은 것은?

① 매크로 이름: 공백을 사용할 수 없으므로 단어 구분 기호로 밑줄을 사용한다.
② 바로 가기 키: 영문자만 사용할 수 있으며, 대문자 입력 시에는 Ctrl + Shift가 조합키로 사용된다.
③ 매크로 저장 위치: '현재 통합 문서'를 선택하면 모든 Excel 문서에서 해당 매크로를 사용할 수 있다.
④ 설명: 매크로에 대한 설명을 기록할 때 사용하며, 매크로 실행에 영향을 미치지 않는다.

39

다음 중 각 차트에 대한 설명으로 옳지 않은 것은?

① 꺾은선형 차트: 일정 간격에 따라 데이터의 추세를 나타내기에 적합하다.
② 원형 차트: 전체에 대한 각 부분의 관계를 보여주며, 여러 데이터 계열이 각각의 고리로 표시된다.
③ 방사형 차트: 여러 데이터 계열의 특성이나 점수를 비교하여 특정 항목들이 어떤 특성에서 강점·약점을 가지는지 한눈에 파악하기 용이하다.
④ 분산형 차트: 여러 데이터 계열에 있는 숫자 값 사이의 관계를 보여주거나 두 개의 숫자 그룹을 xy 좌표로 이루어진 하나의 계열로 표시한다.

40

다음 중 틀 고정 및 창 나누기에 대한 설명으로 옳지 않은 것은?

① 화면에 나타나는 창 나누기 형태는 인쇄 시 적용되지 않는다.
② 창 나누기를 수행하면 셀 포인터의 오른쪽과 아래쪽으로 창 구분선이 표시된다.
③ 창 나누기는 셀 포인터의 위치에 따라 수직, 수평, 수직·수평 분할이 가능하다.
④ 첫 행을 고정하려면 셀 포인터의 위치에 상관없이 [틀 고정]-[첫 행 고정]을 선택한다.

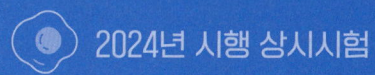

답 없이 푸는 제12회 기출변형문제

⏱ 제한시간: 40분   ✓ 점수: 1과목 ____ / 100점, 2과목 ____ / 100점

정답과 해설 58쪽

※ 문항당 5점

1과목 컴퓨터 일반

01
다음 중 Windows의 운영체제에서 시스템의 속도가 느려진 경우의 문제 해결 방법으로 가장 옳은 것은?

① [장치 관리자] 창에서 중복 설치된 해당 장치를 제거한다.
② 드라이브 조각 모음 및 최적화를 수행하여 하드디스크의 단편화를 제거한다.
③ [작업 관리자] 대화상자에서 시스템의 속도를 저해하는 Windows 프로세스를 찾아 '작업 끝내기'를 실행한다.
④ [시스템 관리자] 창에서 하드디스크의 파티션을 재설정한다.

02
Windows의 바탕 화면에 있는 바로 가기 아이콘을 선택한 후 Alt+Enter를 눌렀을 때 나타나는 현상으로 옳은 것은?

① 해당 바로 가기 아이콘의 바로 가기 메뉴가 표시된다.
② 해당 바로 가기 아이콘이 삭제된다.
③ 해당 바로 가기 아이콘의 [속성] 대화상자가 표시된다.
④ 해당 바로 가기 아이콘과 연결된 프로그램이 실행된다.

03
다음 중 Windows의 Windows 탐색기에 대한 설명으로 옳지 않은 것은?

① 컴퓨터에 설치된 디스크 드라이브, 파일 및 폴더 등을 관리하는 기능을 가진다.
② 폴더와 파일을 계층 구조로 표시하며, 폴더 앞의 > 기호는 하위 폴더가 있음을 의미한다.
③ 현재 폴더에서 상위 폴더로 이동하려면 바로 가기 키인 Backspace 를 누른다.
④ 폴더 내의 모든 항목을 선택하려면 Alt+A를 누른다.

04
다음 중 Windows 10의 드라이브 최적화 기능에 대한 설명으로 옳지 않은 것은?

① 하드디스크에 단편화되어 조각난 파일들을 모아준다.
② USB 플래시 드라이브와 같은 이동식 저장 장치도 조각화될 수 있다.
③ 수행 후에는 디스크 공간의 최적화가 이루어져 디스크의 용량이 증가한다.
④ 일정을 구성하여 드라이브 최적화(디스크 조각 모음)를 예약 실행할 수 있다.

05

다음 중 영상 신호와 음향 신호를 압축하지 않고 통합하여 전송하는 고선명 멀티미디어 인터페이스로, S-비디오, 컴포지트 등의 아날로그 케이블보다 고품질의 음향 및 영상을 감상할 수 있는 것은?

① DVI
② HDMI
③ USB
④ IEEE-1394

06

다음 중 멀티미디어 파일을 다운받을 때 지연 시간을 줄이기 위해 데이터를 다운로드 받으면서 재생할 수 있는 기술은?

① CSS 기술
② 스트리밍 기술
③ 가상현실 기술
④ 매핑기술

07

다음 중 정보통신 시스템의 구성 요소에 대한 설명으로 옳지 않은 것은?

① 데이터 전송 방식에는 클라이언트/서버 방식과 동배 간 처리 방식이 있다.
② 데이터 전송계는 데이터의 이동을 담당하는 여러 장치들을 포함한다.
③ 데이터 처리계는 데이터 처리에 사용하는 하드웨어와 통신 소프트웨어가 해당된다.
④ 단말 장치는 원격지에서 발생한 데이터의 송수신을 위한 장치로 에러 제어 기능이 있다.

08

인터넷 주소(IP Address)를 물리적 하드웨어 주소(MAC Address)로 변환하는 프로토콜은?

① DNS
② ARP
③ ICMP
④ RARP

09

다음 중 Windows에서 불필요한 임시 파일이나 시스템 캐시 파일 등을 삭제하여 하드디스크의 여유 공간을 확보하고 시스템의 전반적인 성능 향상에 기여하는 기능은?

① 리소스 모니터
② 디스크 정리
③ 디스크 포맷
④ 디스크(드라이브) 조각 모음

10

다음 중 컴퓨터 CPU 내의 구성 요소에 대한 설명으로 옳지 않은 것은?

① 명령어 레지스터는 현재 실행 중인 명령의 내용을 기억하는 레지스터이다.
② 프로그램 카운터(PC)는 앞으로 실행할 명령어의 수를 계산할 때 사용한다.
③ 명령어 해독기는 명령 레지스터에 있는 명령어를 해독하는 회로이다.
④ 제어장치는 컴퓨터에 있는 모든 장치들의 동작을 지시하고 제어하는 장치이다.

11

다음 중 Windows의 바로 가기 키에 대한 설명으로 옳지 않은 것은?

① Ctrl + Delete 는 파일을 휴지통으로 이동하지 않고 영구 삭제한다.
② Alt + F4 는 사용 중인 항목을 닫거나 실행 중인 프로그램을 종료한다.
③ Ctrl + Esc 는 [시작] 메뉴를 나타낸다.
④ Alt + Tab 은 열린 항목 사이를 전환한다.

12

다음 중 Windows의 시스템 복원 기능에 대한 설명으로 옳지 않은 것은?

① 컴퓨터 시스템에 문제가 생겼을 경우 복원 지점을 이용하여 정상적인 상태로 만드는 기능이다.
② 복원 지점은 시스템에 의해 자동으로 설정되지만 사용자가 임의로 복원 지점을 설정할 수도 있다.
③ 시스템 복원을 하면 가장 최근에 설치한 프로그램과 드라이버를 포함하여 모든 파일을 손실 없이 그대로 복원한다.
④ 시스템 복원 시 Windows Update에 의한 변경 사항도 복원된다.

13

다음 중 웹 브라우저의 기능에 대한 설명으로 옳지 않은 것은?

① 방문한 웹사이트를 수정할 수 있다.
② 전자우편을 보내거나 FTP 서버에 접속할 수 있다.
③ 웹페이지를 사용자 컴퓨터에 저장하거나 인쇄할 수 있다.
④ 자주 방문하는 웹사이트 주소를 관리할 수 있다.

14

다음 중 특정한 목적을 위한 작은 컴퓨터 시스템으로 하드웨어와 소프트웨어가 하나로 조합되어 있고 TV, 냉장고, 밥솥 등의 가전제품에 사용되는 시스템은?

① 임베디드 시스템
② 시분할 시스템
③ 클라우드 시스템
④ 듀얼 시스템

15

다음 중 차세대 웹 표준으로 텍스트와 하이퍼링크를 이용한 문서 작성 중심으로 구성된 기존 표준에 비디오, 오디오 등의 다양한 부가 기능을 추가하여 최신 멀티미디어 콘텐츠를 ActiveX 없이도 웹 서비스로 제공할 수 있는 언어는?

① XML
② VRML
③ HTML5
④ JSP

16

다음 중 2진수 101_2을 8진수로 바꾸었을 때 값은?

① 2
② 5
③ 16
④ 25

17

다음 중 컴퓨터의 주기억장치인 RAM에 대한 설명으로 옳은 것은?

① 전원이 공급되지 않더라도 기억된 내용이 지워지지 않는다.
② 시스템에서 사용하는 BIOS, POST 등이 저장된다.
③ 현재 사용 중인 응용 프로그램이나 데이터가 저장된다.
④ 펌웨어라고도 한다.

18

다음 중 컴퓨터 범죄를 예방하는 방법으로 옳지 않은 것은?

① 시스템에 방화벽을 구성하여 사용한다.
② 다운로드 받은 파일은 백신 프로그램으로 검사한 후 사용한다.
③ 의심이 가는 이메일은 열어서 내용을 확인하고 삭제한다.
④ 백신 프로그램은 수시로 업데이트한다.

19

다음 중 Windows의 [제어판]-[접근성 센터]에서 설정할 수 없는 기능은?

① 다중 디스플레이를 설정하여 두 대의 모니터에 화면을 확장하여 표시할 수 있다.
② 돋보기를 사용하여 화면에서 원하는 영역을 확대하여 크게 표시할 수 있다.
③ 내레이터를 사용하여 화면의 모든 텍스트를 소리내어 읽어주도록 설정할 수 있다.
④ 키보드가 없어도 입력 가능한 화상 키보드를 표시할 수 있다.

20

다음 중 여러 대의 컴퓨터를 일제히 동작시켜 대량의 데이터를 한 곳의 서버 컴퓨터에 집중적으로 전송시킴으로써 특정 서버가 정상적으로 동작하지 못하게 하는 공격 방식은?

① 스니핑(Sniffing)
② 분산 서비스 거부(DDoS)
③ 백도어(Back Door)
④ 해킹(Hacking)

2과목 스프레드시트 일반

21

다음 중 워크시트에 대한 설명으로 옳지 않은 것은?

① 새 통합 문서에는 [Excel 옵션]에서 설정한 시트 수만큼 워크시트가 표시되며, 최대 255개까지 워크시트를 추가할 수 있다.
② 워크시트의 이름은 공백 문자를 포함할 수 없고 /, ?, *, [,] 등의 기호도 사용할 수 없다.
③ 선택한 워크시트를 현재 통합 문서 또는 다른 통합 문서에 복사하거나 이동시킬 수 있다.
④ 시트의 삽입 또는 삭제 시 Ctrl+Z로 실행 취소 명령을 실행하여 복구할 수 없다.

22

셀에서 직접 셀의 내용을 편집하거나 수식 입력줄에서 셀의 내용을 편집할 수 있도록 셀을 편집 모드로 전환하는 과정으로 옳지 않은 것은?

① 편집하려는 데이터가 들어 있는 셀을 두 번 클릭한다.
② 편집하려는 데이터가 들어 있는 셀을 클릭하고 수식 입력줄을 클릭한다.
③ 편집하려는 데이터가 들어 있는 셀을 클릭하고 F5를 누른다.
④ 편집하려는 데이터가 들어 있는 셀을 클릭하고 F2를 누른다.

23

다음 중 채우기 핸들에 대한 설명으로 옳지 않은 것은?

① 문자와 숫자가 혼합된 셀의 채우기 핸들을 드래그하면 동일한 내용으로 복사된다.
② 숫자가 입력된 첫 번째 셀과 두 번째 셀을 범위로 설정한 후 채우기 핸들을 드래그하면 선택한 2개의 셀의 차이만큼 증가한다.
③ 숫자가 입력된 셀에서 Ctrl을 누른 채 채우기 핸들을 오른쪽으로 드래그하면 숫자가 1씩 증가한다.
④ 사용자 정의 목록에 정의된 목록 데이터의 첫 번째 항목을 입력하고 채우기 핸들을 드래그하면 목록 데이터가 입력된다.

24

다음 중 셀의 이동과 복사에 대한 설명으로 옳지 않은 것은?

① 이동하고자 하는 셀 영역을 선택한 후 잘라내기 바로 가기 키인 Ctrl+X를 누르면 선택 영역 주위에 점선이 표시된다.
② 클립보드에는 최대 24개 항목이 저장 가능하므로 여러 데이터를 클립보드에 복사해 두었다가 다른 곳에 한 번에 붙여넣을 수 있다.
③ 선택된 셀 영역을 이동할 위치로 드래그하는 동안에는 선택된 셀 영역의 테두리만 표시된다.
④ Shift를 누른 채 선택 영역의 테두리를 클릭하여 원하는 위치로 드래그하면 선택 영역이 복사된다.

25

다음 중 셀 또는 셀 범위에 대한 이름 정의 시 구문 규칙에 대한 설명으로 옳지 않은 것은?

① 이름은 최대 255자까지 지정할 수 있다.
② 이름의 첫 자는 반드시 문자나 밑줄(_) 또는 슬래시(/)로 시작해야 한다.
③ 이름에는 공백을 사용할 수 없다.
④ 이름은 대·소문자를 구별하지 않는다.

26

다음 중 [셀 서식] 대화상자에서 [맞춤] 탭의 기능으로 옳지 않은 것은?

① '셀 병합'은 선택 영역에서 데이터 값이 여러 개인 경우 마지막 셀의 내용만 남기고 모두 지운다.
② '셀에 맞춤'은 입력 데이터의 길이가 셀의 너비보다 긴 경우 글자 크기를 자동으로 줄인다.
③ '방향'은 데이터를 세로 방향으로 설정하거나 가로의 회전 각도를 지정하여 방향을 설정한다.
④ '자동 줄 바꿈'은 텍스트의 길이가 셀의 너비보다 긴 경우 자동으로 줄을 나누어 표시한다.

27

다음 중 아래와 같이 조건을 설정한 고급 필터의 실행 결과에 대한 설명으로 옳은 것은?

소속	근무경력
<>영업팀	>=30

① 소속이 '영업팀'이 아니면서 근무경력이 30년 이상인 사원의 정보
② 소속이 '영업팀'이면서 근무경력이 30년 이상인 사원의 정보
③ 소속이 '영업팀'이 아니거나 근무경력이 30년 이상인 사원의 정보
④ 소속이 '영업팀'이거나 근무경력이 30년 이상인 사원의 정보

28

다음 중 아래의 워크시트에서 수식 '=DAVERAGE(A4:E10, "수확량",A1:C2)'의 결괏값으로 옳은 것은?

	A	B	C	D	E
1	나무	높이	높이		
2	배	>10	<20		
3					
4	나무	높이	나이	수확량	수익
5	배	18	17	14	105
6	배	12	20	10	96
7	체리	13	14	9	105
8	사과	14	15	10	75
9	배	8	8	8	77
10	사과	8	9	6	45

① 15
② 12
③ 14
④ 18

29

다음 중 아래 워크시트의 [A2] 셀에 수식을 작성하는 경우 수식의 결괏값이 <u>다른</u> 하나는?

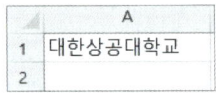

① =MID(A1,SEARCH("대",A1)+2,5)
② =RIGHT(A1,LEN(A1)−2)
③ =RIGHT(A1,FIND("대",A1)+5)
④ =MID(A1,FIND("대",A1)+2,5)

30

다음 중 수식의 실행 결과가 옳지 <u>않은</u> 것은?

① =MOD(17,−5) → 2
② =PRODUCT(7,2,2) → 28
③ =INT(−5.2) → −6
④ =ROUND(6.59,0) → 7

31

아래 워크시트에서 [A2:B8] 영역을 참조하여 [E3:E7] 영역에 학점별 학생 수를 표시하고자 한다. 다음 중 [E3] 셀에 수식을 입력한 후 채우기 핸들을 이용하여 [E7] 셀까지 계산하려고 할 때 [E3] 셀에 입력해야 할 수식으로 옳은 것은?

	A	B	C	D	E
1	엑셀 성적 분포				
2	이름	학점		학점	학생수
3	김현미	A		A	2
4	조미림	B		B	1
5	심기훈	A		C	2
6	박원석	C		D	1
7	이영준	D		F	0
8	이세종	C			

① =COUNTIF(B3:B8,D3)
② =COUNTIF($B$3:$B$8,D3)
③ =SUMIF(B3:B8,D3)
④ =SUMIF($B$3:$B$8,D3)

32

다음 중 함수식에 대한 결괏값이 옳은 것은?

① =COUNT(1,"참",TRUE,"1") → 1
② =COUNTA(1,"거짓",TRUE,"1") → 2
③ =MAX(TRUE,"10",8,3) → 10
④ =ROUND(215.143,−2) → 215.14

33

다음 워크시트에서 [그림 A]는 원 데이터를, [그림 B]의 [E11] 셀은 목표값 찾기가 실행된 결과이다. 이 워크시트에 대한 설명으로 옳은 것은?

	A	B	C	D	E
1	[그림 A]				
2	이름	언어	수리	총점	평균
3	허균	120	75.3	195.3	97.7
4	김정희	82.1	38.6	120.7	60.4
5	장주몽	83.9	80	163.9	82.0
6	홍길동	43.4	78	121.4	60.7
7					
8	[그림 B]				
9	이름	언어	수리	총점	평균
10	허균	120	75.3	195.3	97.7
11	김정희	82.1	93.9	176	88.0
12	장주몽	83.9	80	163.9	82.0
13	홍길동	43.4	78	121.4	60.7

① 김정희의 '평균'이 88이 되기 위해서 '총점'이 몇 점이 되어야 하는지를 목표값 찾기 기능을 이용하여 '총점'에 대한 값을 변경하였다.
② '수식 셀'은 목표값을 찾기 위한 수식이 들어있는 셀을 지정하는 것으로 [C11] 셀을 선택하였다.
③ '값을 바꿀 셀'에는 [E11] 셀을 선택하였다.
④ '찾는 값'에는 '88'을 지정하였다.

34

다음 중 피벗 테이블에 대한 설명으로 옳지 않은 것은?

① 예상 값을 계산하는 데 유용하다.
② 합계, 표준 편차, 분산 등의 값을 구할 수 있다.
③ 피벗 테이블의 행, 열, 페이지 영역에 설정된 항목을 이동시키거나, 새로운 항목을 추가할 수 있다.
④ 원본 데이터가 변경되었을 때 피벗 테이블에 반영하려면 '데이터 새로 고침'을 실행해 주어야 한다.

35

다음 중 매크로에 대한 설명으로 옳지 않은 것은?

① 매크로 이름은 대·소문자를 구분하지 않으며, 공백이나 마침표를 포함하여 매크로 이름을 설정할 수 있다.
② 매크로를 실행할 Ctrl을 활용한 바로 가기 키는, 매크로가 포함된 통합 문서가 열려 있는 동안 이와 동일한 기본 엑셀의 바로 가기 키를 무시한다.
③ 매크로를 기록하는 경우 실행하려는 작업을 완료하는 데 필요한 모든 단계가 매크로 레코더에 기록되며, 리본에서의 탐색은 기록에 포함되지 않는다.
④ 엑셀을 사용할 때마다 매크로를 사용할 수 있게 하려면 매크로 기록 시 매크로 저장 위치 목록에서 '개인용 매크로 통합 문서'를 선택한다.

36

다음 중 [매크로] 대화상자에 대한 설명으로 옳지 않은 것은?

① 매크로 이름을 선택한 후 [실행] 단추를 클릭하면 매크로가 실행된다.
② [한 단계씩 코드 실행] 단추를 클릭하면 Visual Basic Editor에서 매크로 실행 과정을 단계별로 확인할 수 있다.
③ [만들기] 단추를 클릭하면 빠른 실행 도구 모음에 매크로 실행 명령을 추가할 수 있다.
④ [옵션] 단추를 클릭하면 매크로 바로 가기 키를 수정할 수 있다.

37

다음 중 3차원 차트로 변경이 가능한 차트 유형은?

①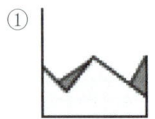

②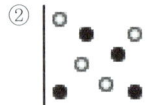

③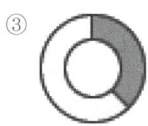

④

38

다음 중 [창]-[틀 고정]에 대한 설명으로 옳지 않은 것은?

① 셀 포인터의 이동에 상관없이 항상 제목 행이나 제목 열을 표시하고자 할 때 설정한다.
② 제목 행으로 설정된 행은 셀 포인터를 화면의 아래쪽으로 이동시켜도 항상 화면에 표시된다.
③ 제목 열로 설정된 열은 셀 포인터를 화면의 오른쪽으로 이동시켜도 항상 화면에 표시된다.
④ 틀 고정을 취소할 때에는 반드시 셀 포인터를 틀 고정된 우측 하단에 위치시키고 [창]-[틀 고정 취소]를 클릭해야 한다.

39

다음 중 [페이지 설정] 대화상자의 [시트] 탭에 대한 설명으로 옳은 것은?

① '메모'는 셀에 설정된 메모의 인쇄 여부를 설정하는 것으로 '없음'과 '시트에 표시된 대로' 중 하나를 선택하여 인쇄할 수 있다.
② 워크시트의 셀 구분선을 그대로 인쇄하려면 '눈금선'에 체크하여 표시하면 된다.
③ '간단하게 인쇄'를 체크하면 설정된 글꼴색은 모두 검정으로, 도형은 테두리 색만 인쇄하여 인쇄 속도를 높인다.
④ '인쇄 영역'에 범위를 지정하면 특정 부분만 인쇄할 수 있으며, 지정한 범위에 숨겨진 행이나 열도 함께 인쇄된다.

40

다음 중 '페이지 나누기'에 대한 설명으로 옳지 않은 것은?

① [페이지 나누기 미리 보기]에서 행 높이와 열 너비를 변경하면 '자동 페이지 나누기'의 위치도 변경된다.
② [페이지 나누기 미리 보기]에서 수동으로 삽입된 페이지 나누기는 점선으로 표시된다.
③ 수동으로 삽입한 페이지 나누기를 제거하려면 페이지 나누기 선 아래 셀의 바로 가기 메뉴에서 [페이지 나누기 제거]를 선택한다.
④ 용지 크기, 여백 설정, 배율 옵션 등에 따라 자동 페이지 나누기가 삽입된다.

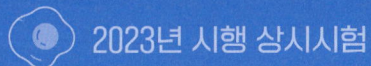

답 없이 푸는 제13회 기출변형문제

● 제한시간: 40분 ● 점수: 1과목 ___ / 100점, 2과목 ___ / 100점

※ 문항당 5점

1과목 컴퓨터 일반

01
다음 중 컴퓨터에서 사용되는 바이트(Byte)에 대한 설명으로 옳지 않은 것은?

① 영문 한 글자를 나타낼 수 있는 최소 단위는 1Byte이다.
② 자료 표현의 최소 단위이다.
③ 1Byte로 256가지의 정보를 표현할 수 있다.
④ 일반적으로 한글 및 한자는 2Byte로 한 글자를 표현한다.

02
다음 중 인터넷의 표준 주소 체계인 URL(Uniform Resource Locator)의 형식으로 옳은 것은?

① 프로토콜://호스트 서버 주소[:포트 번호][/파일 경로]
② 프로토콜://호스트 서버 주소[/파일 경로][:포트 번호]
③ 호스트 서버 주소://프로토콜[/파일 경로][:포트 번호]
④ 호스트 서버 주소://프로토콜[:포트 번호][/파일 경로]

03
다음 중 컴퓨터의 보조기억장치로 사용하는 SSD(Solid State Drive)의 특징으로 옳지 않은 것은?

① HDD보다 빠른 속도로 데이터의 읽기나 쓰기가 가능하다.
② 물리적인 외부 충격에 약하며 불량 섹터가 발생할 수 있다.
③ 작동 소음이 없으며 전력 소모가 적다.
④ 자기 디스크가 아닌 반도체를 이용하여 데이터를 저장한다.

04
다음 중 유명 기업이나 금융기관을 사칭한 가짜 웹사이트나 이메일 등으로 개인의 금융 정보와 비밀번호를 입력하도록 유도하여 예금 인출 및 다른 범죄에 이용하는 컴퓨터 범죄 유형은?

① 웜(Worm)
② 해킹(Hacking)
③ 피싱(Phishing)
④ 스니핑(Sniffing)

05
다음 중 프린터 인쇄 시 발생할 수 있는 문제의 해결 방안으로 가장 옳지 않은 것은?

① 인쇄가 되지 않을 경우 먼저 프린터의 전원이나 케이블 연결 상태를 확인한다.
② 프린터의 스풀 에러가 발생한 경우 프린터 스풀러 서비스를 중지하고 수동으로 다시 인쇄한다.
③ 글자가 이상하게 인쇄될 경우 시스템을 재부팅한 후 인쇄해 보고, 같은 결과가 나타나면 프린터 드라이버를 다시 설치한다.
④ 인쇄물의 상태가 좋지 않은 경우 헤드를 청소하거나 카트리지를 교환한다.

06
다음 중 처리하는 데이터 형태에 따른 컴퓨터의 분류에 해당하지 않는 것은?

① 하이브리드 컴퓨터
② 디지털 컴퓨터
③ 마이크로 컴퓨터
④ 아날로그 컴퓨터

07

다음 중 인터넷 주소 체계에 대한 설명으로 옳지 <u>않은</u> 것은?

① 인터넷 연결을 위해서는 IP 주소 또는 도메인 네임 중 하나를 배정받아야 하며, 인터넷에 연결된 컴퓨터의 고유 주소는 도메인 네임으로 이는 IP 주소와 동일하다.
② 국제 인터넷 주소 관리기구는 ICANN이며, 한국에서는 한국인터넷진흥원(KISA)에서 관리하고 있다.
③ 현재는 인터넷 주소 체계인 IPv4 주소와 IPv6 주소가 함께 사용되고 있으며, IPv6 주소가 점차 확대되고 있다.
④ IPv6는 128비트의 주소를 사용하여 주소 부족 문제 및 보안 문제를 해결할 수 있다.

08

다음 중 여러 대의 컴퓨터를 일제히 동작시켜 대량의 데이터를 한 곳의 서버 컴퓨터에 집중적으로 전송시킴으로써 특정 서버가 정상적으로 동작하지 못하게 하는 공격 방식은?

① 스니핑(Sniffing)
② 분산 서비스 거부(DDoS)
③ 백도어(Back Door)
④ 해킹(Hacking)

09

다음 중 애니메이션에서의 모핑(Morphing) 기법에 대한 설명으로 옳은 것은?

① 종이에 그린 그림을 셀룰로이드에 그대로 옮긴 뒤 채색하고 촬영하는 기법이다.
② 2개의 이미지나 3차원 모델 간을 부드럽게 연결하여 서서히 변하는 모습을 보여주는 기법이다.
③ 키 프레임을 이용하여 애니메이션을 만드는 기법이다.
④ 점토를 사용하여 애니메이션을 만드는 기법이다.

10

다음 중 컴퓨터를 이용한 자료 처리 방식을 발달 과정 순서대로 옳게 나열한 것은?

① 실시간 처리 시스템 – 일괄 처리 시스템 – 분산 처리 시스템
② 일괄 처리 시스템 – 실시간 처리 시스템 – 분산 처리 시스템
③ 분산 처리 시스템 – 실시간 처리 시스템 – 일괄 처리 시스템
④ 실시간 처리 시스템 – 분산 처리 시스템 – 일괄 처리 시스템

11

다음 중 가상 메모리에 대한 설명으로 옳은 것은?

① EEPROM의 일종으로 디지털 기기에서 널리 사용되는 비휘발성 메모리이다.
② 주기억장치의 크기보다 큰 용량을 필요로 하는 프로그램을 실행해야 할 때 유용하게 사용된다.
③ 중앙처리장치와 주기억장치 사이에 위치하여 컴퓨터의 처리 속도를 향상시킨다.
④ 두 장치 간의 속도 차이를 해결하기 위해 사용되는 임시 저장 공간으로 각 장치 내에 위치한다.

12

다음 중 인터넷을 이용한 전자우편(E-mail)에 대한 설명으로 옳지 <u>않은</u> 것은?

① 전자우편에서는 SMTP, MIME, POP3 프로토콜 등이 사용된다.
② 전자우편 주소는 '아이디@도메인 네임'으로 구성된다.
③ 한 사람이 동시에 여러 사람에게 동일한 전자우편을 보낼 수 있다.
④ 받은 메일에 대해 작성한 답장만 발송자에게 전송하는 기능을 전달(Forward)이라고 한다.

13

다음 중 인터넷 주소 체계인 IPv6에 대한 설명으로 옳은 것은?

① 주소는 8비트씩 16개 부분으로 총 128비트로 구성되어 있다.
② 주소는 네트워크 부분의 길이에 따라 A클래스에서 E클래스까지 총 5단계로 구분한다.
③ IPv4와의 호환성은 낮으나 IPv4에 비해 품질 보장이 용이하다.
④ 주소의 단축을 위해 각 블록에서 선행되는 0은 생략할 수 있다.

14

다음 중 Windows 10에서 바로 가기 아이콘에 대한 설명으로 옳지 않은 것은?

① 원본 파일이 있는 위치와 다른 위치에 만들 수 있다.
② 원본 파일을 삭제하여도 바로 가기 아이콘을 실행할 수 있다.
③ 바로 가기 아이콘의 확장자는 .LNK이다.
④ 하나의 원본 파일에 대하여 여러 개의 바로 가기 아이콘을 만들 수 있다.

15

다음 중 아래의 ㉠, ㉡, ㉢에 해당하는 소프트웨어의 종류를 올바르게 짝지어 나열한 것은?

홍길동은 어떤 프로그램이 좋은지 알아보기 위해 ㉠누구나 임의의 용도로 사용할 수 있는 프로그램과 ㉡주로 일정 기간 동안 일부 기능을 제한한 상태로 사용하는 프로그램을 먼저 사용해 보고, 가장 적합한 ㉢프로그램을 구입하여 사용하려고 한다.

	㉠	㉡	㉢
①	프리웨어	셰어웨어	상용 소프트웨어
②	셰어웨어	프리웨어	상용 소프트웨어
③	상용 소프트웨어	셰어웨어	프리웨어
④	셰어웨어	상용 소프트웨어	프리웨어

16

다음 중 아래 그림에서 ㉠과 ㉡에 해당하는 장치를 올바르게 연결한 것은?

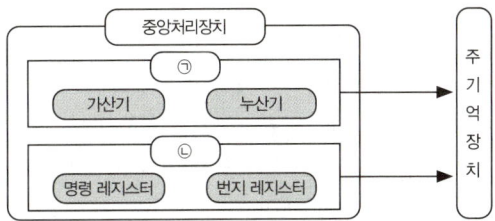

① ㉠ – 연산장치, ㉡ – 제어장치
② ㉠ – 제어장치, ㉡ – 연산장치
③ ㉠ – 연산장치, ㉡ – 보조기억장치
④ ㉠ – 제어장치, ㉡ – 캐시기억장치

17

다음 중 컴퓨터에서 사용하는 코드체계에서 에러 검출뿐만 아니라 교정도 할 수 있는 코드로 옳은 것은?

① Hamming Code
② Parity Code
③ ASCII Code
④ BCD Code

18

다음 중 Windows 10의 작업 관리자에서 설정할 수 있는 작업으로 옳지 않은 것은?

① 실행 중인 응용 프로그램은 종료할 수 없다.
② 현재 실행 중인 프로세스와 프로세스에서 실행되는 서비스를 볼 수 있다.
③ CPU 사용 정도와 CPU 사용 현황을 확인할 수 있다.
④ 실행 중인 응용 프로그램의 실행 순서는 변경할 수 없다.

19

다음 중 정보통신에서 네트워크 관련 장비에 대한 설명으로 옳지 않은 것은?

① 라우터(Router): 서로 다른 네트워크 간에 데이터를 전달하고, 최적의 경로를 선택하여 통신망을 연결하는 장치
② 리피터(Repeater): 네트워크를 구성할 때 여러 대의 컴퓨터를 연결하고, 각 회선들을 통합 관리하는 장치
③ 브리지(Bridge): LAN과 LAN을 연결하거나 LAN 안에서 컴퓨터 그룹(세그먼트)을 연결하는 장치
④ 게이트웨이(Gateway): 한 네트워크에서 다른 네트워크로 들어가는 입구 역할을 하는 장치로, 근거리 통신망(LAN)과 같은 하나의 네트워크를 다른 네트워크와 연결할 때 사용되는 장치

20

다음 중 Windows 10의 파일 탐색기에 대한 기능과 구조에 대한 설명으로 옳지 않은 것은?

① 컴퓨터에 설치된 디스크 드라이브, 파일 및 폴더 등을 관리하는 기능을 가진다.
② 폴더와 파일을 계층 구조로 표시하며, 폴더 앞의 > 기호는 하위 폴더가 있음을 의미한다.
③ 현재 폴더에서 상위 폴더로 이동하려면 바로 가기 키인 Home 을 누른다.
④ [보기] 탭을 선택하면 세부 정보 창, 레이아웃, 파일 확장명 등의 표시 여부를 선택할 수 있다.

2과목 스프레드시트 일반

21

다음 중 입력한 수식에서 발생한 오류 메시지와 그 발생 원인으로 옳지 않은 것은?

① #VALUE!: 잘못된 인수나 피연산자를 사용했을 때
② #DIV/0!: 특정 값(셀)을 0 또는 빈 셀로 나누었을 때
③ #N/A: 함수 이름을 잘못 입력하거나 인식할 수 없는 텍스트를 수식에 사용했을 때
④ #REF!: 셀 참조가 유효하지 않을 때

22

다음 중 워크시트에 숫자 '2234543'을 입력한 후 사용자 지정 표시 형식을 설정하였을 때, 화면에 표시되는 결과로 옳지 않은 것은?

① 형식: #,##0.00 결과: 2,234,543.00
② 형식: 0.00 결과: 2234543.00
③ 형식: #,###,"천원" 결과: 2,235천원
④ 형식: #% 결과: 2234543%

23

아래의 워크시트에서 [표1]을 이용하여 [F3:F5] 영역에 소속별 매출액의 합계를 구하고자 한다. 다음 중 [F3] 셀에 수식을 입력한 후 채우기 핸들을 이용하여 [F5] 셀까지 계산하려고 할 때 [F3] 셀에 입력할 함수식으로 옳은 것은?

	A	B	C	D	E	F	G
1	[표1]						
2	성명	소속	매출액		소속	총매출액	평균매출액
3	황복동	영업1부	8,777		영업1부	39,747	7,949
4	정명식	영업2부	7,022		영업2부	36,195	9,049
5	최봉수	영업1부	7,106		영업3부	30,468	7,617
6	김진영	영업2부	6,025				
7	김진호	영업1부	6,763				
8	황채연	영업1부	8,388				
9	정재경	영업2부	6,376				
10	이경희	영업3부	7,402				
11	송혜란	영업2부	6,348				
12	정희경	영업1부	8,713				
13	고동윤	영업3부	8,525				
14	정은희	영업2부	8,423				
15	이현기	영업3부	8,516				
16	한원선	영업2부	8,026				

① =SUMIF(B3:B16,E3,C3:C16)
② =SUMIF(B$3:B$16,E3,C$3:C$16)
③ =SUMIF($B$3:$B$16,E3,$C$3:$C$16)
④ =SUMIF($B3:$B16,$E3,$C3:C16)

24

다음 중 매크로에 대한 설명으로 옳지 않은 것은?

① 매크로 이름은 대·소문자를 구분하지 않으며, 공백이나 마침표를 포함하여 매크로 이름을 설정할 수 있다.
② 매크로를 실행할 Ctrl 조합 바로 가기 키는 매크로가 포함된 통합 문서가 열려 있는 동안 이와 동일한 기본 엑셀 바로 가기 키를 무시한다.
③ 매크로를 기록하는 경우 실행하려는 작업을 완료하는 데 필요한 모든 단계가 매크로 레코더에 기록되며, 리본에서의 탐색은 기록에 포함되지 않는다.
④ 엑셀을 사용할 때마다 매크로를 사용할 수 있게 하려면 매크로 기록 시 매크로 저장 위치 목록에서 '개인용 매크로 통합 문서'를 선택한다.

25

다음 중 아래 워크시트에서 [A1:A2] 영역을 선택한 후 Ctrl을 누른 채 채우기 핸들을 아래쪽으로 드래그하는 경우 [A5] 셀에 입력되는 값은?

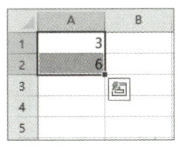

① 3   ② 6   ③ 12   ④ 15

26

다음 중 워크시트에 대한 설명으로 옳지 않은 것은?

① 새 통합 문서에는 [Excel 옵션]에서 설정한 시트 수만큼 워크시트가 표시되며, 최대 255개까지 워크시트를 추가할 수 있다.
② 워크시트의 이름은 공백 문자를 포함하여 최대 31자까지 사용할 수 있으나 /, ₩, ?, *, [,] 등의 기호는 사용할 수 없다.
③ 선택한 워크시트를 현재 통합 문서 또는 다른 통합 문서에 복사하거나 이동시킬 수 있다.
④ 시트의 삽입 또는 삭제 시 Ctrl+Z로 실행 취소 명령을 실행하여 복구할 수 있다.

27

다음 중 아래 그림의 시나리오 요약 보고서에 대한 설명으로 옳지 않은 것은?

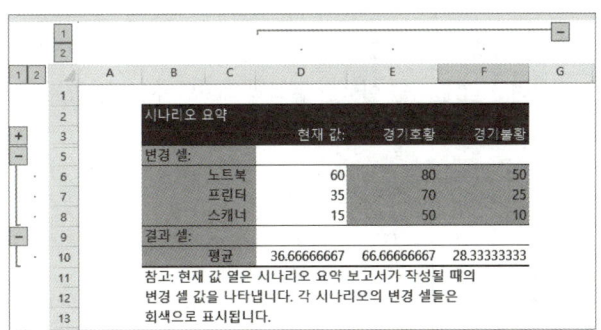

① 노트북, 프린터, 스캐너 값의 변화에 따른 평균 값을 확인할 수 있다.
② '경기호황'과 '경기불황' 시나리오에 대한 시나리오 요약 보고서이다.
③ 시나리오의 값을 변경하면 해당 변경 내용이 기존 요약 보고서에 자동으로 다시 계산되어 표시된다.
④ 시나리오 요약 보고서를 실행하기 전에 변경 셀과 결과 셀에 대해 이름을 정의하였다.

28

다음 중 아래 워크시트에서 '엑셀'이 90 이상이거나, '파워포인트'와 '엑세스'가 모두 80 이상이면 '평가'에 '통과'를 표시하고 그렇지 않으면 공백을 표시하는 [E2] 셀의 함수식으로 옳은 것은?

	A	B	C	D	E
1	이름	엑셀	파워포인트	엑세스	평가
2	황채연	81	77	86	
3	정재경	79	88	95	
4	최재원	88	79	80	

① =IF(AND(B2>=90,OR(C2>=80,D2>=80)),"통과","")
② =IF(OR(AND(B2>=90,C2>=80),D2>=80),"통과","")
③ =IF(OR(B2>=90,AND(C2>=80,D2>=80)),"통과","")
④ =IF(AND(OR(B2>=90,C2>=80),D2>=80),"통과","")

29

다음 중 머리글 편집과 바닥글 편집에서 명령 단추와 기능의 연결이 옳지 않은 것은?

① : 그림 삽입
② : 페이지 번호 삽입
③ : 시간 삽입
④ : 시트 이름 삽입

30

다음 중 부분합에 대한 설명으로 옳지 않은 것은?

① 부분합을 작성할 때 기준이 되는 필드가 반드시 정렬되어 있지 않아도 제대로 된 부분합을 실행할 수 있다.
② 부분합에 특정한 데이터만 표시된 상태에서 차트를 작성하면 표시된 데이터에 대해서만 차트가 작성된다.
③ [부분합] 대화상자에서 '새로운 값으로 대치'는 이미 작성한 부분합을 지우고, 새로운 부분합으로 실행하는 경우에 설정한다.
④ 부분합 계산에 사용할 요약 함수를 두 개 이상 사용하기 위해서는 함수의 종류 수만큼 부분합을 반복 실행해야 한다.

31

다음 중 [페이지 설정] 대화상자를 이용한 머리글/바닥글 편집에 대한 설명으로 옳지 않은 것은?

① 서식을 지정할 텍스트를 블록 설정하고 가 단추를 클릭하여 글꼴 서식을 지정할 수 있다.
② 그림이 있는 구역에 커서를 넣고 단추를 클릭하여 그림 서식을 지정할 수 있다.
③ 페이지 번호를 '- 1 -'처럼 표시하려면 '& - [페이지 번호] -'를 입력한다.
④ 머리글 또는 바닥글 내용에 '&' 문자를 포함시키려면 '&&'를 사용해야 한다.

32

다음 중 매크로 작성 시 [매크로 기록] 대화상자에서 선택할 수 있는 매크로의 저장 위치로 옳지 않은 것은?

① 새 통합 문서
② 개인용 매크로 통합 문서
③ 현재 통합 문서
④ 작업 통합 문서

33

다음 중 [A7] 셀에 수식 '=SUMIFS(D2:D6,A2:A6,"연필",B2:B6,"서울")'을 입력했을 때의 결괏값으로 옳은 것은?

① 100
② 500
③ 600
④ 750

34

다음 중 [매크로 기록] 대화상자에 대한 설명으로 옳지 않은 것은?

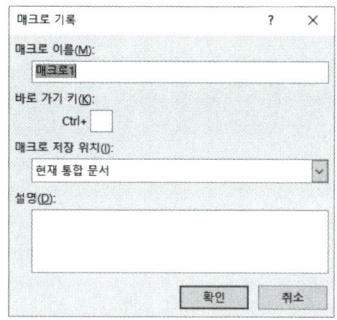

① 매크로 이름에는 공백을 포함할 수 없다.
② 바로 가기 키에 사용할 수 있는 문자는 영문자(대·소문자), '@', '#' 등이 있다.
③ 설명은 사용자가 임의로 수정할 수 있다.
④ 엑셀을 실행할 때마다 매크로를 사용할 수 있게 하려면 '개인용 매크로 통합 문서'를 매크로 저장 위치로 선택해야 한다.

35

다음 중 아래 그림의 표에서 조건 범위로 [A13:B15] 영역을 선택하여 고급 필터를 실행한 결과의 레코드 수는 얼마인가?

① 0
② 3
③ 4
④ 6

36 수정

다음 중 [데이터 도구]-[통합]에 대한 설명으로 옳지 않은 것은?

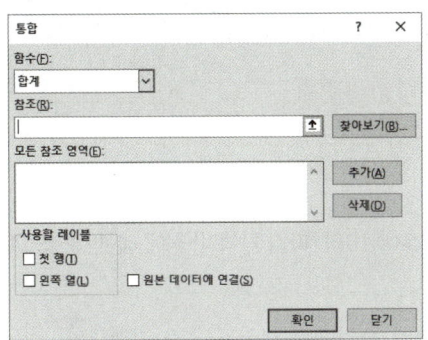

① '모든 참조 영역'에 다른 통합 문서의 워크시트를 추가하여 통합할 수 있다.
② '사용할 레이블'을 모두 선택한 경우 각 참조 영역에 결과 표의 레이블과 일치하지 않은 레이블이 있으면 통합 결과 표에 별도의 행이나 열이 만들어진다.
③ 지정한 영역에 계산될 요약 함수는 '함수'에서 선택하며, 요약 함수로는 합계, 개수, 평균, 최대, 최소 등이 있다.
④ '원본 데이터에 연결' 확인란을 선택하여 통합한 경우 통합에 참조된 영역에서의 행 또는 열이 변경될 때 통합된 데이터 결과도 자동으로 업데이트된다.

37

다음 중 피벗 테이블에 대한 설명으로 옳지 않은 것은?

① 원본의 자료가 변경되면 [모두 새로 고침] 기능을 이용하여 피벗 테이블에 반영할 수 있다.
② 작성된 피벗 테이블을 삭제하면 함께 작성한 피벗 차트도 삭제된다.
③ 피벗 테이블을 삭제하려면 피벗 테이블 전체를 범위로 지정한 후 Delete를 누른다.
④ 피벗 테이블 보고서에서는 값 영역에 표시된 데이터를 삭제하거나 수정할 수 없다.

38

특정 셀 범위를 대상으로 이름을 지정할 수 있다. 다음 중 이름과 관련된 설명으로 옳지 않은 것은?

① 이름은 이름 상자를 이용하여 정의할 수 있다.
② 수식에 사용된 이름을 지울 경우 '#NAME?' 오류가 발생되므로 이름 삭제 시 주의한다.
③ [A1:A4]는 영어, [B1:B4]는 수학으로 이름이 지정되었을 때, 두 범위 합계를 구하기 위해 '=SUM(영어,수학)'이라는 수식을 사용하면 된다.
④ 정의된 이름은 참조 시 상대 참조 방식으로 사용된다.

39

다음 중 엑셀의 오차 막대에 대한 설명으로 옳지 않은 것은?

① 데이터 계열의 각 데이터 표식에 대한 오류 가능성이나 불확실성의 정도를 표시한다.
② 고정값, 백분율, 표준 편차, 표준 오차 등으로 설정할 수 있다.
③ 3차원 세로 막대형 차트에서 사용 가능하다.
④ 오차 막대를 화면에 표시하려면 [차트 디자인]-[차트 레이아웃]-[차트 요소 추가]-[오차 막대]를 클릭한다.

40

다음 중 원형 차트에 대한 설명으로 옳지 않은 것은?

① 각 항목의 값을 전체에 대한 백분율로 전환하여 차트를 생성하므로 항목별 기여도를 비교하고자 할 때 사용한다.
② 값 축 및 항목 축을 가지지 않으며 3차원 차트로 작성할 수 있다.
③ 원형 차트를 구성하는 각 조각을 분리할 수 있고 첫 번째 조각의 각을 조정할 수 있다.
④ 여러 계열을 데이터 범위로 지정하면 항목별 계열의 합이 산출되어 차트에 표시된다.

답 없이 푸는 제14회 기출변형문제

2023년 시행 상시시험

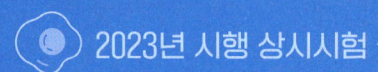

- 제한시간: 40분
- 점수: 1과목 _____ / 100점, 2과목 _____ / 100점

정답과 해설 68쪽

※ 문항당 5점

1과목 컴퓨터 일반

01

다음 중 컴퓨터에서 사용하는 EBCDIC 코드에 대한 설명으로 옳은 것은?

① 패리티 비트를 이용하여 오류 검출과 오류 교정이 가능하다.
② 4개의 존 비트와 4개의 디지트 비트로 구성되며, 주로 대형 컴퓨터의 범용 코드로 사용된다.
③ 7비트를 사용하여 영문 대·소문자, 숫자, 문장 부호, 특수 제어 문자 등을 표현한다.
④ 데이터 처리 및 통신 시스템 상호 간의 정보 교환을 위해 사용된다.

02

다음 중 인터넷을 이용할 때 자주 방문하게 되는 웹사이트로 전자우편, 뉴스, 쇼핑, 게시판 등 다양한 서비스를 통합하여 제공하는 사이트를 의미하는 것은?

① 미러 사이트
② 포털 사이트
③ 커뮤니티 사이트
④ 멀티미디어 사이트

03

다음 중 사용자의 기본 설정을 사이트가 인식하도록 하거나, 사용자가 웹사이트로 이동할 때마다 로그인해야 하는 번거로움을 생략할 수 있도록 사용자 환경을 향상시키는 것은?

① 쿠키(Cookie)
② 즐겨찾기(Favorites)
③ 웹 서비스(Web Service)
④ 히스토리(History)

04

다음 중 한글 Windows 10의 [파일 탐색기] 창에 대한 설명으로 옳지 않은 것은?

① 탐색 창에서 특정 폴더를 선택하고 숫자 키패드의 ⁎를 누르면 선택된 폴더의 모든 하위 폴더를 표시해 준다.
② 세부 정보 창에는 현재의 위치를 알려주는 경로가 표시된다.
③ Backspace 를 누르면 현재 폴더에서 상위 폴더로 이동한다.
④ 도구 모음은 현재 선택한 개체에서 가장 많이 사용하는 기능을 표시하는 곳이다.

05

다음 중 Windows 10의 [설정]-[접근성]에서 설정할 수 있는 기능으로 옳지 않은 것은?

① 가족 및 다른 사용자: 자녀가 컴퓨터를 사용할 수 있는 시간, 실행할 수 있는 게임 유형 및 실행할 수 있는 프로그램을 제한할 수 있다.
② 화상 키보드: 키보드가 없어도 입력 가능한 화상 키보드를 표시할 수 있도록 설정할 수 있다.
③ 고대비: 화면에서 텍스트와 이미지를 더 뚜렷하고 쉽게 식별할 수 있도록 설정할 수 있다.
④ 내레이터: 화면의 모든 텍스트를 소리내어 읽어주도록 설정할 수 있다.

06

다음 중 멀티미디어 특징에 대한 설명으로 옳지 않은 것은?

① 사용자의 선택에 따라 데이터가 다양한 방향으로 처리된다.
② 다양한 디지털 데이터를 아날로그 데이터로 변환하여 통합 처리한다.
③ 텍스트, 그래픽, 사운드, 동영상 등의 여러 미디어를 통합 처리한다.
④ 정보 제공자와 사용자 간의 상호작용에 의해 데이터가 전달된다.

07

다음 중 빈칸의 용어를 올바르게 나열한 것은?

(㉠)는 생활에서 관찰이나 측정을 통해 얻을 수 있는 문자나 그림, 숫자 등의 값을 의미한다. 이러한 요소들을 모아서 의미 있는 이용 가능한 형태로 바꾸면 (㉡)이(가) 된다.
(㉢)란 정보통신기술의 혁신을 바탕으로 경제와 사회의 중심이 물질이나 에너지로부터 정보로 이동하여 정보가 사회의 전 분야에 널리 확산되는 것을 말한다.

	㉠	㉡	㉢
①	자료	지식	정보화
②	자료	정보	정보화
③	정보	DB	스마트
④	정보	지식	스마트

08

다음 중 정보통신 장비와 관련하여 게이트웨이(Gateway)에 대한 설명으로 옳은 것은?

① 적절한 전송 경로를 선택하여 데이터를 전달하는 장비이다.
② 프로토콜이 다른 네트워크를 결합하는 장비이다.
③ 감쇠된 전송 신호를 증폭하여 다음 구간으로 전달하는 장비이다.
④ 같은 프로토콜을 사용하는 독립적인 2개의 근거리 통신망에 상호 접속하는 장비이다.

09

다음 중 사물 인터넷(IoT)에 대한 설명으로 옳지 않은 것은?

① IoT 구성품 가운데 디바이스는 빅데이터를 수집하며, 클라우드와 AI는 수집된 빅데이터를 저장하고 분석한다.
② IoT는 인터넷 기반으로 다양한 사물, 사람, 공간을 긴밀하게 연결하고 상황을 분석·예측·판단해서 지능화된 서비스를 자율 제공하는 제반 인프라 및 융·복합 기술이다.
③ 현재는 사물을 단순히 연결시켜 주는 단계에서 수집된 데이터를 분석해 스스로 사물에 의사결정을 내리는 단계로 발전하고 있다.
④ IoT 네트워크를 이용할 경우 통신 비용이 절감되는 효과가 있으며, 정보보안 기술의 적용이 용이해진다.

10

다음 중 정보사회에서 정보보안을 위협하기 위해 웜(Worm)의 형태를 이용하는 것에 해당하지 않는 것은?

① 분산 서비스 거부 공격
② 버퍼 오버플로 공격
③ 슬래머
④ 트로이 목마

11

다음 중 Windows 10의 작업 표시줄에 대한 설명으로 옳지 않은 것은?

① 작업 표시줄 잠금을 설정하여 작업 표시줄의 위치나 크기를 변경하지 못하도록 할 수 있다.
② 마우스 포인터 위치에 따라 작업 표시줄이 표시되지 않도록 작업 표시줄 자동 숨기기를 설정할 수 있다.
③ 작업 표시줄의 오른쪽 끝에 있는 [바탕 화면 보기] 단추를 클릭하여 바탕 화면이 표시되도록 할 수 있다.
④ [작업 표시줄 아이콘 만들기] 기능을 이용하여 작업 표시줄의 바로 가기 아이콘을 바탕 화면에 설정할 수 있다.

12

다음 중 컴퓨터에서 사용하는 캐시 메모리에 대한 설명으로 옳지 않은 것은?

① 기억 용량이 크고 속도가 빠른 버퍼 메모리이다.
② SRAM으로 만들어진 기억장치로 하드웨어로 되어 있다.
③ 기본적인 성능은 히트율(Hit Ratio)로 표현한다.
④ CPU와 주기억장치 사이에 위치한다.

13

다음 중 Windows 10의 [설정]-[시스템]-[정보]를 선택했을 때 확인할 수 있는 내용에 해당하지 않는 것은?

① 설치된 Windows 운영체제의 버전
② CPU의 종류와 설치된 메모리의 용량
③ 장치의 제품 ID 및 시스템 종류
④ 컴퓨터 이름과 현재 로그인한 사용자 계정

14

다음 중 인터넷 서비스를 위한 프로토콜로 웹페이지와 웹 브라우저 사이에서 하이퍼텍스트 문서를 전송하기 위한 것은?

① TCP/IP
② HTTP
③ FTP
④ WAP

15

다음 중 컴퓨터에서 문자 데이터를 표현하는 방법으로 옳지 않은 것은?

① EBCDIC
② Unicode
③ ASCII
④ Parity Bit

16

다음 중 멀티미디어와 관련하여 동영상 전문가 그룹에 의해서 제안된 비디오 또는 오디오 압축에 대한 일련의 표준으로 옳은 것은?

① XML
② SVG
③ JPEG
④ MPEG

17

다음 중 Windows 10에서 하드디스크를 포맷하기 위한 [포맷] 창에서 설정 가능한 항목으로 옳지 않은 것은?

① 볼륨 레이블 입력
② 파티션 제거
③ 파일 시스템 선택
④ 빠른 포맷 선택

18

다음 중 Windows 10의 메모장에 대한 설명으로 옳지 않은 것은?

① 작성한 문서를 저장할 때 확장자는 기본적으로 .txt가 부여된다.
② 특정한 문자열을 찾을 수 있는 찾기 기능이 있다.
③ 그림, 차트 등의 OLE 개체는 삽입할 수 없다.
④ 현재 시간/날짜를 삽입하는 기능은 없다.

19

다음 중 Windows 10에서 프린터 설치에 대한 설명으로 옳지 않은 것은?

① [시작]-[장치]-[프린터 및 스캐너]-[프린터 또는 스캐너 추가]를 선택하여 설치할 수 있다.
② 설치할 프린터 유형은 로컬 프린터와 네트워크, 무선 또는 Bluetooth 프린터 중에서 하나를 선택할 수 있다.
③ 네트워크 프린터를 선택한 경우에는 연결할 프린터의 포트를 지정한다.
④ 기본 프린터는 한 대만 지정할 수 있고, 다른 프린터로 변경할 수 있다.

20

다음 중 컴퓨터 범죄 예방과 대책에 대한 설명으로 옳지 않은 것은?

① 해킹 여부를 정기적으로 검사한다.
② 의심이 가는 이메일은 열어서 내용을 확인하고 삭제한다.
③ 백신 프로그램을 설치하고 자동 업데이트 기능을 설정한다.
④ 보호하려는 컴퓨터나 정보에 비밀번호를 설정하고 주기적으로 변경한다.

2과목 스프레드시트 일반

21

다음 중 판매관리표에서 수식으로 작성된 판매액의 총합계가 원하는 값이 되기 위한 판매수량을 예측하는 데 가장 적절한 데이터 분석 도구는? (단, 판매액의 총합계를 구하는 수식은 판매수량을 참조하여 계산된다)

① 시나리오 관리자
② 데이터 표
③ 피벗 테이블
④ 목표값 찾기

22

아래 워크시트에서 [A2:B6] 영역을 선택한 후 그림과 같이 중복 값을 제거하였다. 다음 중 유지되는 행의 개수로 옳은 것은?

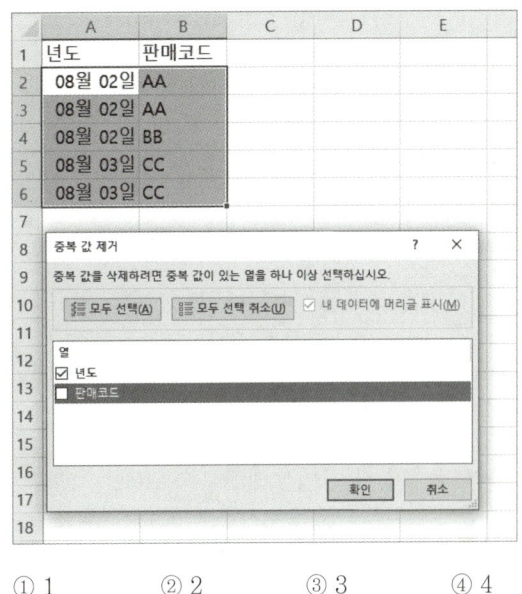

① 1   ② 2   ③ 3   ④ 4

23

다음 중 피벗 테이블에 대한 설명으로 옳지 않은 것은?

① 원본의 자료가 변경되면 [모두 새로 고침] 기능을 이용하여 일괄 피벗 테이블에 반영할 수 있다.
② 작성된 피벗 테이블을 삭제하는 경우 함께 작성한 피벗 차트는 자동으로 삭제된다.
③ 피벗 테이블을 삭제하려면 피벗 테이블 전체를 범위로 지정한 후 Delete 를 누른다.
④ 피벗 테이블의 삽입 위치는 새 워크시트뿐만 아니라 기존 워크시트에서 시작 위치를 선택할 수도 있다.

24

다음 중 수식에 잘못된 인수나 피연산자를 사용할 때 표시되는 오류 메시지로 옳은 것은?

① #DIV/0!
② #NUM!
③ #NAME?
④ #VALUE!

25

다음 중 아래와 같이 설정된 [매크로 기록] 대화상자에 대한 설명으로 옳지 않은 것은?

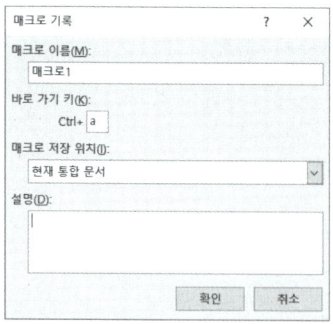

① 매크로 이름은 매크로1이며, 변경하고자 할 경우 [매크로] 대화상자에서만 변경할 수 있다.
② 매크로 저장 위치는 '현재 통합 문서', '새 통합 문서', '개인용 매크로 통합 문서' 중에서 선택할 수 있다.
③ 설명은 일종의 주석으로, 반드시 지정해 주지 않아도 된다.
④ 작성된 '매크로1' 매크로는 Ctrl+a를 눌러 실행할 수 있다.

26

다음 중 [부분합] 대화상자의 각 항목 설정에 대한 설명으로 옳지 않은 것은?

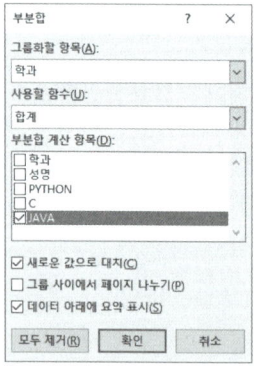

① '그룹화할 항목'에서 선택할 필드를 기준으로 미리 오름차순 또는 내림차순으로 정렬한 후 부분합을 실행해야 한다.
② 부분합 실행 전 상태로 되돌리려면 [부분합] 대화상자의 [모두 제거] 단추를 클릭한다.
③ 세부 정보가 있는 행 아래에 요약 행을 지정하려면 '데이터 아래에 요약 표시'를 선택하여 체크한다.
④ 이미 작성된 부분합을 유지하면서 부분합 계산 항목을 추가할 경우에는 '새로운 값으로 대치'를 선택하여 체크한다.

27

다음 중 워크시트에 숫자 '2234543'을 입력한 후 사용자 지정 표시 형식을 설정하였을 때, 화면에 표시되는 결과로 옳지 않은 것은?

① 형식: #,##0.00 결과: 2,234,543.00
② 형식: 0.00 결과: 2234543.00
③ 형식: #,###,"천원" 결과: 2,234천원
④ 형식: #% 결과: 223454300%

28

다음 중 [페이지 설정] 대화상자의 [시트] 탭에 대한 설명으로 옳지 않은 것은?

① 셀에 삽입된 메모를 시트 끝에 인쇄되도록 설정할 수 있다.
② 셀 구분선이나 그림 개체 등은 제외하고 셀에 입력된 데이터만 인쇄되도록 설정할 수 있다.
③ 워크시트의 행 머리글과 열 머리글을 포함하여 인쇄할 수 있다.
④ 페이지를 기준으로 가운데에 인쇄되도록 '페이지 가운데 맞춤'을 설정할 수 있다.

29

다음 중 [A5] 셀의 메모(노트)가 지워지는 작업에 해당하는 것은?

① [A4] 셀의 채우기 핸들을 아래쪽으로 드래그하였다.
② [A5] 셀의 바로 가기 메뉴에서 [메모 숨기기]를 선택하였다.
③ [A5] 셀을 선택하고, [홈] 탭-[편집] 그룹-[지우기]에서 [모두 지우기]를 선택하였다.
④ [A5] 셀을 선택하고, 키보드의 Backspace를 눌렀다.

30

다음 중 [선택하여 붙여넣기] 대화상자에 대한 설명으로 옳지 않은 것은?

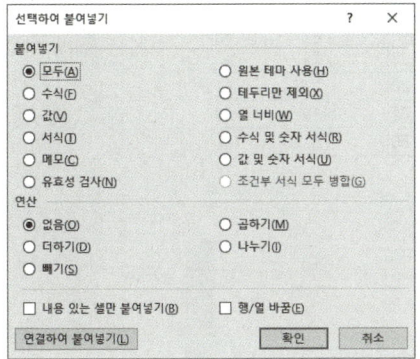

① 복사한 데이터를 여러 가지 옵션을 적용하여 붙여넣는 기능으로, [잘라내기]를 실행한 상태에서는 사용할 수 없다.
② [서식]을 선택한 경우 복사한 셀의 내용과 서식을 함께 붙여넣는다.
③ [내용 있는 셀만 붙여넣기]를 선택하면 복사할 영역에 빈 셀이 있는 경우 붙여넣을 영역의 값을 바꾸지 않는다.
④ [행/열 바꿈]을 선택한 경우 복사한 데이터의 열을 행으로, 행을 열로 변경하여 붙여넣기가 실행된다.

31

다음 중 아래 시트에서 [A1] 셀을 선택하고 Ctrl을 누른 채 채우기 핸들을 [A4] 셀까지 드래그했을 때 [A4] 셀에 입력되는 값은?

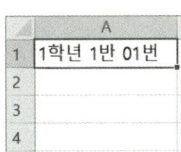

① 1학년 1반 01번   ② 1학년 1반 04번
③ 1학년 4반 01번   ④ 4학년 4반 04번

32

다음 중 매크로의 바로 가기 키에 대한 설명으로 옳지 않은 것은?

① 기본적으로 조합키 Ctrl과 함께 사용할 영문자를 지정한다.
② 바로 가기 키 지정 시 영문자를 대문자로 입력하면 조합키는 Ctrl + Shift로 변경된다.
③ 바로 가기 키로 영문자와 숫자를 함께 지정할 때에는 조합키로 Alt를 함께 사용해야 한다.
④ 바로 가기 키를 지정하지 않아도 매크로를 기록할 수 있다.

33

다음 중 [A1:C3] 영역과 같이 조건을 작성한 후 고급 필터를 실행했을 때, 추출되는 데이터에 대한 설명으로 옳은 것은?

	A	B	C
1	영어	영어	국어
2	>=80	<=90	
3			>=90

① 국어 점수가 90점 이상이고, 영어 점수가 80점 이상이거나 90점 이하인 데이터
② 국어 점수가 90점 이상이거나, 영어 점수가 80점 이상이고 90점 이하인 데이터
③ 국어 점수가 90점 이상이면서, 영어 점수가 80점 이상이고 90점 이하인 데이터
④ 국어 점수가 90점 이상이거나, 영어 점수가 80점 이상이거나 90점 이하인 데이터

34

다음은 '등급에 따라 분반'을 출력하는 수식이다. 수식으로 옳지 않은 것은?

- 조건 -
- 등급이 'A'이면 '고급반'
- 등급이 'B'이면 '중급반'
- 등급이 'C'이면 '초급반'

	A	B	C	D	E	F	G	H
2	번호	이름	국어	영어	수학	평균	등급	분반
3	1	황동호	100	97	86	94	A	고급반
4	2	조현경	86	75	75	79	C	초급반
5	3	최재원	79	86	85	83	B	중급반
6	4	김진우	80	75	75	77	C	초급반
7	5	김진영	65	65	80	70	C	초급반

① =IF(G3="A","고급반",IF(G3="B","중급반","초급반"))
② =SWITCH(G3,"A","고급반","B","중급반","C","초급반")
③ =IFS(G3="A","고급반",G3="B","중급반",G3="C","초급반")
④ =IFS(G3,"A","고급반","B","중급반","C","초급반")

35

다음 중 인쇄에 대한 설명으로 옳은 것은?

① 기본적으로 워크시트에서 숨기기를 실행한 영역도 인쇄된다.
② 인쇄 영역에 포함된 도형들을 함께 인쇄하려면 [인쇄] 대화상자에서 '개체 인쇄'를 선택하여 인쇄한다.
③ 워크시트에 삽입된 차트만 인쇄하려면 차트가 선택된 상태에서 인쇄 명령을 실행한다.
④ [인쇄 미리 보기] 상태에서도 인쇄 영역을 설정할 수 있다.

36

다음 중 셀에 데이터를 입력하는 방법에 대한 설명으로 옳지 않은 것은?

① [A1] 셀에 값을 입력하고 Esc를 누르면 [A1] 셀에 입력한 값이 취소된다.
② [A1] 셀에 값을 입력하고 오른쪽 방향키 →를 누르면 [A1] 셀에 값이 입력된 후 [B1] 셀로 셀 포인터가 이동한다.
③ [A1] 셀에 값을 입력하고 Enter를 누르면 [A1] 셀에 값이 입력된 후 [A2] 셀로 셀 포인터가 이동한다.
④ [C5] 셀에 값을 입력하고 Home을 누르면 [C5] 셀에 값이 입력된 후 [C1] 셀로 셀 포인터가 이동한다.

37

다음 중 수식의 실행 결과가 나머지 셋과 다른 것은?

① =SEARCH("C","Connection")
② =SEARCH("c","Connection")
③ =FIND("c","Connection")
④ =FIND("C","Connection")

38

다음 중 데이터 정렬에 대한 설명으로 옳지 않은 것은?

① 글꼴 색 또는 셀 색을 기준으로 정렬할 수는 없다.
② 사용자 지정 목록을 사용하면 사용자가 정의한 순서대로 정렬할 수 있다.
③ 표에 병합된 셀들이 포함되어 있는 경우 정렬할 수 없다.
④ 위쪽에서 아래쪽으로 정렬 시 숨겨진 행이나 열은 정렬에 포함되지 않는다.

39

다음 중 아래의 차트에 대한 설명으로 옳지 않은 것은?

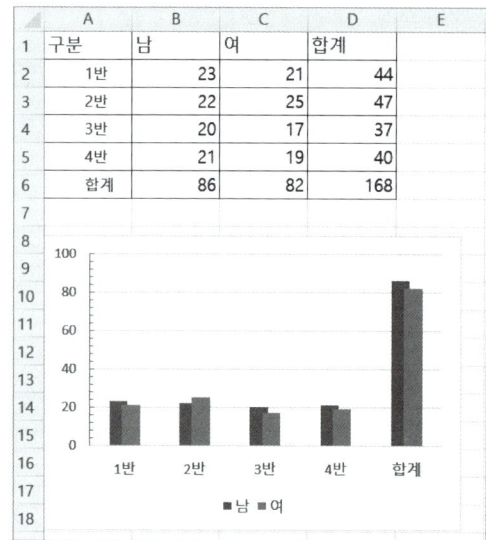

① 차트의 종류는 묶은 세로 막대형으로 계열 옵션의 '계열 겹치기' 수치가 음수로 적용되었다.
② 세로(값) 축의 [축 서식]에는 주 눈금과 보조 눈금이 '안쪽'으로 표시되도록 설정되었다.
③ 데이터 계열로 '남'과 '여'가 사용되고 있다.
④ 데이터 원본으로 표 전체 영역에서 합계 계열을 제외한 모든 영역이 사용되었다.

40 수정

다음 중 차트에 대한 설명으로 옳지 않은 것은?

① 차트 작성 후 원본 셀의 데이터를 수정했는데, 차트의 값이 자동으로 변경되지 않으면 [수식]-[계산 옵션]의 계산 옵션이 '수동'으로 설정된 경우이다.
② 기본적으로 워크시트의 행과 열에서 숨겨진 데이터는 차트에 표시되지 않는다.
③ 차트를 작성한 후 원본 데이터 셀에 입력된 값이 변경되더라도 차트의 값은 변경되지 않는다.
④ 차트로 작성할 데이터를 시트에 입력하지 않고 [차트 디자인]-[데이터]-[데이터 선택]에서 직접 모든 원본 데이터를 입력할 수도 있다.

답 없이 푸는 제15회 기출변형문제

2023년 시행 상시시험

- 제한시간: 40분
- 점수: 1과목 ____ / 100점, 2과목 ____ / 100점

정답과 해설 74쪽

※ 문항당 5점

1과목 컴퓨터 일반

01
다음 중 JPEG 표준에 대한 설명으로 옳지 <u>않은</u> 것은?

① 손실 압축 기법과 무손실 압축 기법이 있지만 특허 문제나 압축률 등의 이유로 무손실 압축 방식은 잘 쓰이지 않는다.
② JPEG 표준을 사용하는 파일 형식에는 jpg, jpeg, jpe 등의 확장명을 사용한다.
③ 웹에서 사진과 같이 색이 다양한 정지 영상을 표현하기에 적합하다.
④ 문자, 선, 세밀한 격자 등 고주파 성분이 많은 이미지의 변환에서는 GIF나 PNG에 비해 품질이 매우 우수하다.

02
컴퓨터에 문제가 발생했을 때 문제 해결 방법에 대한 설명으로 옳지 <u>않은</u> 것은?

① 메모리가 부족한 경우: 불필요한 프로그램을 종료하거나 시스템을 재부팅한다.
② 시스템 속도가 느려진 경우: 디스크 정리를 수행한다.
③ 모니터 화면이 보이지 않는 경우: 모니터 전원 및 연결 부분을 점검한다.
④ 인쇄되지 않는 경우: 프린터의 전원이나 케이블의 연결 상태를 확인한다.

03
다음 중 버전에 따른 소프트웨어에 대한 설명으로 옳지 <u>않은</u> 것은?

① 트라이얼 버전(Trial Version): 특정한 하드웨어나 소프트웨어를 구매하였을 때 무료로 주는 프로그램
② 베타 버전(Beta Version): 소프트웨어의 정식 발표 전 테스트를 위하여 사용자들에게 무료로 배포하는 시험용 프로그램
③ 데모 버전(Demo Version): 정식 프로그램을 홍보하기 위해 사용기간이나 기능을 제한하여 배포하는 프로그램
④ 패치 버전(Patch Version): 이미 제작하여 배포된 프로그램의 오류 수정이나 성능 향상을 위해 프로그램의 일부 파일을 변경해 주는 프로그램

04
다음 중 운영체제의 성능을 평가하는 항목에 대한 설명으로 옳지 <u>않은</u> 것은?

① 시스템이 일정한 시간 내에 일을 처리하는 능력
② 주어진 문제를 정확하게 처리하는지 신뢰할 수 있는 정도
③ 처리할 데이터를 일정 시간 동안 모아 일괄 처리할 수 있는 능력
④ 시스템의 즉시 사용 가능한 정도

05
다음 중 중앙처리장치(CPU)에 대한 설명으로 옳지 <u>않은</u> 것은?

① 명령 레지스터는 현재 실행 중인 명령어의 내용을 기억하는 레지스터이다.
② 레지스터는 중앙처리장치에서 사용하는 임시 기억장치로 메모리 중 가장 빠른 속도로 접근이 가능하다.
③ CPU는 제어장치, 연산장치, 레지스터로 구성된다.
④ 연산장치는 컴퓨터에 있는 모든 장치들의 동작을 지시하고 제어하는 장치이다.

06
다음 중 인터넷에서 사용하는 도메인 네임에 대한 설명으로 옳은 것은?

① IP 주소를 사람이 이해하기 쉬운 숫자 형태로 표현한 것이다.
② 소속 국가명, 소속 기관명, 소속 기관 종류, 호스트 컴퓨터명의 순으로 구성된다.
③ 퀵돔(QuickDom)은 2단계 체제와 같이 도메인을 짧은 형태로 줄여 쓰는 것을 말한다.
④ 국가가 다른 경우에는 중복된 도메인 네임을 사용할 수 있다.

07

다음 중 응용 소프트웨어만 선택하여 나열한 것은?

| ㉠ 윈도우 | ㉡ 포토샵 | ㉢ 리눅스 |
| ㉣ 한컴오피스 | ㉤ 유닉스 | |

① ㉠, ㉡
② ㉡, ㉣
③ ㉠, ㉢, ㉤
④ ㉡, ㉣, ㉤

08

다음 중 Windows 10에서 사용하는 바로 가기 키에 대한 설명으로 옳지 않은 것은?

① Ctrl + Esc : [시작] 메뉴 표시
② Shift + F10 : 선택한 항목의 바로 가기 메뉴 표시
③ Alt + Tab : 선택한 항목의 속성 표시
④ ⊞ + E : 탐색기 실행

09

다음 중 파일이나 폴더를 복사하거나 이동하는 방법으로 옳지 않은 것은?

① 폴더를 마우스로 선택한 후 동일한 드라이브의 다른 폴더로 끌어서 놓으면 이동이 된다.
② USB에 저장되어 있는 파일을 마우스로 선택한 후 바탕 화면으로 끌어서 놓으면 복사가 된다.
③ 파일을 마우스로 선택한 후 Ctrl을 누른 채 같은 드라이브의 다른 폴더로 끌어서 놓으면 복사가 된다.
④ 폴더를 마우스로 선택한 후 Alt를 누른 채 같은 드라이브의 다른 폴더로 끌어서 놓으면 이동이 된다.

10

다음 중 Windows 10의 [설정]-[접근성]에서 설정할 수 없는 기능은?

① 다중 디스플레이를 설정하여 두 대의 모니터에 화면을 확장하여 표시할 수 있다.
② 돋보기를 사용하여 화면에서 원하는 영역을 확대하여 크게 표시할 수 있다.
③ 내레이터를 사용하여 화면의 모든 텍스트를 소리내어 읽어 주도록 설정할 수 있다.
④ 키보드가 없어도 입력 가능한 화상 키보드를 표시할 수 있다.

11

다음 중 삭제된 파일이 휴지통에 임시 보관되어 있다가 복원이 가능한 경우는?

① 바탕 화면에 있는 파일을 휴지통으로 드래그 앤 드롭하여 삭제한 경우
② USB 메모리에 저장되어 있는 파일을 Delete로 삭제한 경우
③ 네트워크 드라이브의 파일을 바로 가기 메뉴의 [삭제]를 클릭하여 삭제한 경우
④ [휴지통 속성]에서 최대 크기를 0MB로 설정한 후 [내 문서] 폴더 안의 파일을 삭제한 경우

12

다음 중 정보사회에서 발생할 수 있는 문제점으로 적절하지 않은 것은?

① 정보의 편중으로 계층 간의 정보 차이를 줄일 수 있다.
② 중앙컴퓨터 또는 서버의 장애나 오류로 사회적·경제적 혼란을 초래할 수 있다.
③ 정보기술을 이용한 새로운 범죄가 증가할 수 있다.
④ VDT 증후군이나 테크노스트레스와 같은 직업병이 발생할 수 있다.

13

다음 중 인트라넷(Intranet)에 대한 설명으로 옳은 것은?

① 휴대폰, 노트북 등과 같은 단말장치의 근거리 무선 접속을 지원하기 위한 통신 기술이다.
② 인터넷 기술과 통신 규약을 기업 내의 전자우편, 전자결재 등과 같은 정보 시스템에 적용한 것이다.
③ 납품업체나 고객업체 등 관련 있는 기업들 간의 원활한 통신을 위한 시스템이다.
④ 분야별 공통의 관심사를 가진 인터넷 사용자들이 서로의 의견을 주고받을 수 있게 하는 서비스이다.

14

다음 중 인터넷 전자우편에 대한 설명으로 옳지 않은 것은?

① 한 사람이 동시에 여러 사람에게 전자우편을 보낼 수 있다.
② 송신자가 작성한 메일을 수신자의 계정에 전송하는 프로토콜은 POP3이다.
③ 불특정 다수에게 대량으로 보내는 광고성 메일을 스팸 메일이라 한다.
④ 전자우편 주소는 '사용자 ID@호스트 주소'의 형식이 사용된다.

15

다음 중 Windows 10에서 하드디스크에 저장된 파일의 위치를 재정렬하는 단편화 제거 과정을 통해 디스크에서의 파일 읽기/쓰기 성능을 향상시키는 기능은?

① 디스크 검사
② 디스크 정리
③ 디스크 포맷
④ 드라이브 조각 모음 및 최적화

16

다음 중 가상 메모리에 대한 설명으로 옳은 것은?

① EEPROM의 일종으로 디지털 기기에서 널리 사용되는 비휘발성 메모리이다.
② 주기억장치의 크기보다 큰 용량을 필요로 하는 프로그램을 실행해야 할 때 유용하게 사용된다.
③ 중앙처리장치와 주기억장치 사이에 위치하여 컴퓨터의 처리 속도를 향상시킨다.
④ 주소 대신 기억된 데이터의 내용을 이용하여 원하는 정보에 접근하는 기억장치이다.

17

다음 중 이기종 단말 간 통신과 호환성 등 모든 네트워크의 원활한 통신을 위해 최소한의 네트워크 구조를 제공하는 모델로, 네트워크 프로토콜 디자인과 통신을 여러 계층으로 나누어 정의한 통신 규약 명칭은?

① ISO 7 계층
② Network 7 계층
③ TCP/IP 7 계층
④ OSI 7 계층

18

다음 중 컴퓨터를 이용한 가상현실(Virtual Reality)에 대한 설명으로 옳은 것은?

① 고화질 영상을 제작하여 텔레비전에 나타내는 기술이다.
② 고도의 컴퓨터 그래픽 기술과 3차원 기법을 통하여 현실의 세계처럼 구현하는 기술이다.
③ 여러 영상을 통합하여 2차원 그래픽으로 표현하는 기술이다.
④ 복잡한 데이터를 단순화시켜 컴퓨터 화면에 나타내는 기술이다.

19

다음 중 프린터 인쇄 시 발생할 수 있는 문제의 해결 방안으로 가장 적절하지 <u>않은</u> 것은?

① 인쇄가 되지 않을 경우 먼저 프린터의 전원이나 케이블 연결 상태를 확인한다.
② 프린터의 스풀 에러가 발생한 경우 프린터 스풀러 서비스를 중지하고 수동으로 다시 인쇄한다.
③ 글자가 이상하게 인쇄될 경우 시스템을 재부팅한 후 인쇄해 보고, 같은 결과가 나타나면 프린터 드라이버를 다시 설치한다.
④ 인쇄물의 상태가 좋지 않은 경우 헤드를 청소하거나 카트리지를 교환한다.

20

다음 중 Windows의 작업 관리자에서 설정할 수 있는 작업으로 옳지 <u>않은</u> 것은?

① 실행 중인 응용 프로그램을 [작업 끝내기]로 종료할 수 있다.
② 현재 실행 중인 프로세스와 프로세스에서 실행되는 서비스를 볼 수 있다.
③ CPU 사용 정도와 CPU 사용 현황을 확인할 수 있다.
④ 실행 중인 응용 프로그램의 실행 순서를 변경할 수 있다.

2과목 스프레드시트 일반

21

다음 중 새 워크시트에서 보기의 내용을 그대로 입력하였을 때, 입력한 내용이 텍스트로 인식되지 <u>않는</u> 것은?

① 01:02AM
② 0 1/4
③ '1234
④ 1월30일

22

다음 중 매크로에 대한 설명으로 옳지 <u>않은</u> 것은?

① 매크로 이름은 대·소문자를 구분하지 않으며, 공백이나 마침표를 포함하여 매크로 이름을 설정할 수 있다.
② 매크로를 실행할 Ctrl 조합 바로 가기 키는 매크로가 포함된 통합 문서가 열려 있는 동안 이와 동일한 기본 엑셀 바로 가기 키를 무시한다.
③ 매크로 바로 가기 키의 조합 문자는 영문자만 가능하고, 바로 가기 키를 설정하지 않아도 매크로를 생성할 수 있다.
④ 엑셀을 사용할 때마다 매크로를 사용할 수 있게 하려면 매크로 기록 시 매크로 저장 위치 목록에서 '개인용 매크로 통합 문서'를 선택한다.

23

다음 중 워크시트상에서 매크로를 연결할 수 없는 양식 컨트롤 유형은?

① [옵션] 단추
② 텍스트 필드
③ 단추
④ 확인란

24

다음 중 아래 워크시트의 [B2:I11] 영역에서 3단, 6단, 9단의 배경색을 변경하기 위한 조건부 서식의 함수식으로 옳은 것은?

	A	B	C	D	E	F	G	H	I
1					구구단				
2			2	3	4	5	6	7	8	9
3	1	2	3	4	5	6	7	8	9
4	2	4	6	8	10	12	14	16	18
5	3	6	9	12	15	18	21	24	27
6	4	8	12	16	20	24	28	32	36
7	5	10	15	20	25	30	35	40	45
8	6	12	18	24	30	36	42	48	54
9	7	14	21	28	35	42	49	56	63
10	8	16	24	32	40	48	56	64	72
11	9	18	27	36	45	54	63	72	81

① =MOD($B2,3)=0
② =MOD(B$2,3)=0
③ =(B$2/3)=0
④ =($B2/3)=0

25

다음 중 피벗 테이블 보고서에 대한 설명으로 옳지 않은 것은?

① 피벗 테이블 보고서를 작성한 후에 사용자가 새로운 수식을 추가하여 표시할 수 있다.
② 원본 데이터가 변경되는 즉시 피벗 테이블 보고서의 데이터도 자동으로 변경된다.
③ 피벗 테이블 보고서는 현재 작업 중인 워크시트나 새로운 워크시트에 작성할 수 있다.
④ 피벗 테이블을 삭제하더라도 피벗 테이블과 연결된 피벗 차트는 삭제되지 않고 일반 차트로 변경된다.

26

다음 중 데이터 정렬에 대한 설명으로 옳지 않은 것은?

① 사용자 지정 목록을 사용하여 사용자가 정의한 순서대로 정렬할 수 있다.
② 색상별 정렬이 가능하여 글꼴 색 또는 셀 색을 기준으로 정렬할 수도 있다.
③ 정렬 옵션을 이용하면 데이터를 열 방향 또는 행 방향으로 선택하여 정렬할 수 있다.
④ 표에 병합된 셀들이 포함되어 있는 경우 병합된 셀들은 맨 아래쪽으로 정렬된다.

27

다음 중 틀 고정 및 창 나누기에 대한 설명으로 옳지 않은 것은?

① 화면에 나타나는 창 나누기 형태는 인쇄 시 적용되지 않는다.
② 창 나누기를 수행하면 셀 포인트의 오른쪽과 아래쪽으로 창 구분선이 표시된다.
③ 창 나누기는 셀 포인트의 위치에 따라 수직, 수평, 수직·수평 분할이 가능하다.
④ 첫 행을 고정하려면 셀 포인트의 위치에 상관없이 [틀 고정]-[첫 행 고정]을 선택한다.

28

아래 워크시트에서 수강생들의 학점별 학생수를 [E3:E7] 영역에 계산하였다. 다음 중 [E3] 셀에 입력한 함수식으로 옳은 것은?

	A	B	C	D	E
1	엑셀 성적 분포				
2	이름	학점		학점	학생수
3	황나연	A		A	3
4	최지윤	B		B	3
5	김연수	B		C	1
6	정재경	A		D	0
7	김가현	A		F	0
8	정태경	B			
9	최재원	C			

① =COUNT(B3:B9,D3)
② =COUNTA($B$3:$B$9,D3)
③ =COUNTIF(D3,$B$3:$B$9)
④ =COUNTIF($B$3:$B$9,D3)

29

다음 중 매크로에 대한 설명으로 옳은 것은?

① 매크로의 이름은 문자로 시작하여야 하고, 공백을 포함할 수 있다.
② 한 번 작성된 매크로는 삭제할 수 없다.
③ 매크로 작성을 위해 Visual Basic 언어를 따로 설치해야 한다.
④ 매크로란 반복적인 작업을 단순화하기 위해 작업과정을 자동화하는 기능이다.

30

다음 중 워크시트의 인쇄에 대한 설명으로 옳지 않은 것은?

① 인쇄 영역에 포함된 도형은 기본적으로 인쇄되지 않으므로 인쇄를 하려면 도형의 [크기 및 속성] 대화상자에서 '개체 인쇄' 옵션을 선택해야 한다.
② 인쇄하기 전에 워크시트를 미리 보려면 Ctrl+F2를 누른다.
③ 기본적으로 화면에 표시되는 열 머리글(A, B, C 등)이나 행 머리글(1, 2, 3 등)은 인쇄되지 않는다.
④ 워크시트의 내용 중 특정 부분만을 인쇄 영역으로 설정하여 인쇄할 수 있다.

31

다음 중 아래 그림과 같이 목표값 찾기를 실행했을 때 이에 대한 의미로 옳은 것은?

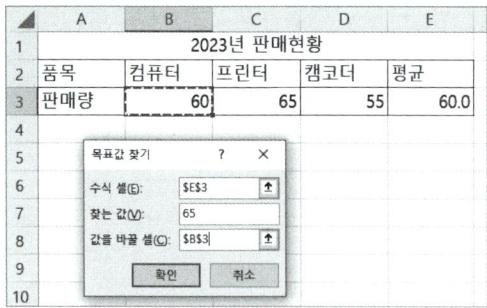

① 평균이 65가 되려면 컴퓨터의 판매량이 얼마가 되어야 하는가?
② 컴퓨터 판매량이 65가 되려면 평균은 얼마가 되어야 하는가?
③ 평균이 65가 되려면 프린터의 판매량은 얼마가 되어야 하는가?
④ 컴퓨터 판매량이 65가 되려면 캠코더의 판매량은 얼마가 되어야 하는가?

32

아래 워크시트에서 부분합의 기능을 이용하여 '성별'에 따라 점수의 평균을 구하고자 한다. 부분합을 실행한 결과가 바르게 나오기 위해 가장 먼저 해야 하는 작업으로 옳은 것은?

	A	B	C	D
1	코딩 테스트 결과			
2	수험번호	성별	점수	결과
3	A1201	남	86	합격
4	A1202	남	80	합격
5	A1203	여	75	불합격
6	A1204	남	85	합격
7	A1205	여	60	불합격

① 평균 필드를 점수 필드 옆에 삽입해야 한다.
② 성별 필드를 기준으로 데이터를 정렬해야 한다.
③ [부분합] 대화상자에서 [새로운 값으로 대치]를 설정해야 한다.
④ 점수 필드를 결과 필드 옆으로 이동해야 한다.

33

다음 중 판정 [G2:G6] 영역에서 총점이 160 이상이면 '우수', 100 이상 160 미만이면 '보통', 100 미만이면 '노력'으로 입력하려고 할 경우 [G2] 셀에 입력할 함수식으로 옳은 것은?

	A	B	C	D	E	F	G
1		번호	이름	영어	상식	총점	판정
2		1	김상협	83	87	170	우수
3		2	김광숙	70	85	155	보통
4		3	류선정	89	84	173	우수
5		4	강은숙	86	81	167	우수
6		5	윤지숙	50	40	90	노력

① =IF(F2>=160,IF(F2>=100,"우수","보통","노력"))
② =IF(F2>=160,"우수",IF(F2>=100,"보통","노력"))
③ =IF(OR(F2>=160,"우수",IF(F2>=100,"보통","노력"))
④ =IF(F2>=160,"우수",IF(F2>=100,"보통",IF(F2=100,"노력"))

34

다음 중 아래 워크시트의 [A1:E8] 영역에서 고급 필터를 실행하여 영어 점수가 영어 평균 점수를 초과하거나 성명의 두 번째 문자가 '진'인 데이터를 추출하고자 할 때, 조건으로 (가)와 (나)에 입력할 내용으로 옳은 것은?

	A	B	C	D	E	F	G	H
1	성명	반	국어	영어	수학		영어 평균	성명
2	양명식	1	94	84	93		(가)	
3	김복동	2	74	72	75			(나)
4	김숙희	2	85	95	81			
5	김진호	1	71	78	86			
6	최봉식	2	82	90	82			
7	김진영	2	80	74	87			
8	양선희	1	71	100	76			

① (가) =D2>AVERAGE(D2:D8)   (나) ="=?진*"
② (가) =D2>AVERAGE(D2:D8)   (나) ="=*진?"
③ (가) =D2>AVERAGE($D$2:$D$8)   (나) ="=?진*"
④ (가) =D2>AVERAGE($D$2:$D$8)   (나) ="=*진?"

35

다음 중 채우기 핸들에 대한 설명으로 옳지 않은 것은?

① 문자와 숫자가 혼합된 셀의 채우기 핸들을 Ctrl을 누른 채 드래그하면 동일한 내용으로 복사된다.
② 숫자가 입력된 첫 번째 셀과 두 번째 셀을 범위로 설정한 후 채우기 핸들을 드래그하면 첫 번째 셀과 두 번째 셀의 차이만큼 값이 증가하거나 감소된다.
③ 숫자가 입력된 셀에서 Ctrl을 누른 채 채우기 핸들을 오른쪽으로 드래그하면 숫자가 1씩 감소한다.
④ 사용자 정의 목록에 정의된 목록 데이터의 첫 번째 항목을 입력하고 Ctrl을 누른 채 채우기 핸들을 드래그하면 첫 번째 항목이 그대로 복사된다.

36

다음 중 데이터 통합에 대한 설명으로 옳지 않은 것은?

① 데이터 통합은 위치를 기준으로 통합할 수도 있고, 영역의 이름을 정의하여 통합할 수도 있다.
② '원본 데이터에 연결' 기능은 통합할 데이터가 있는 워크시트와 통합 결과가 작성될 워크시트가 같은 통합 문서에 있는 경우에만 적용할 수 있다.
③ 다른 원본 영역의 레이블과 일치하지 않는 레이블이 있는 경우에 통합하면 별도의 행이나 열이 만들어진다.
④ 여러 시트에 있는 데이터나 다른 통합 문서에 입력되어 있는 데이터를 통합할 수 있다.

37

아래 워크시트에서 [B2:D5] 영역은 '점수'로 이름이 정의되어 있다. 다음 중 [A6] 셀에 수식 '=AVERAGE(INDEX(점수,2,1), MAX(점수))'를 입력하는 경우 결괏값으로 옳은 것은?

	A	B	C	D
1	성명	중간	기말	실기
2	장혜정	91	93	87
3	채은이	96	98	89
4	최혜지	82	97	98
5	양숙희	100	85	98
6				

① 85
② 90
③ 98
④ 100

38

다음 중 입력한 수식에서 발생한 오류 메시지와 그 발생 원인으로 옳지 않은 것은?

① #VALUE!: 잘못된 인수나 피연산자를 사용했을 때
② #DIV/0!: 특정 값(셀)을 0 또는 빈 셀로 나누었을 때
③ #NAME?: 함수 이름을 잘못 입력하거나 인식할 수 없는 텍스트를 수식에 사용했을 때
④ #REF!: 숫자 인수가 필요한 함수에 다른 인수를 지정했을 때

39

다음 중 [보기] 탭–[창] 그룹–[틀 고정] 기능에 대한 설명으로 옳지 않은 것은?

① 워크시트를 스크롤할 때 특정 행이나 열이 한 자리에 계속 표시되도록 선택할 수 있는 기능이다.
② 첫 행과 첫 열을 고정하여 표시되도록 한 번에 설정할 수 있다.
③ 틀 고정 선의 아무 곳이나 더블클릭하여 틀 고정을 취소할 수 있다.
④ 화면에 표시되는 틀 고정 형태는 인쇄 시 적용되지 않는다.

40

다음 중 아래 차트에 대한 설명으로 옳은 것은?

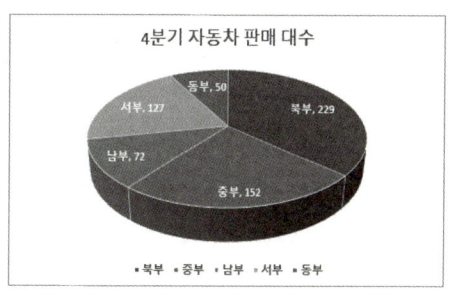

① 계열 옵션으로 첫째 조각의 각을 90°로 설정하였다.
② 차트 종류는 원형으로 지정하였다.
③ 데이터 레이블 내용으로 항목 이름과 값을 함께 표시하였다.
④ 차트 제목을 그림 영역 안의 위쪽에 표시하였다.

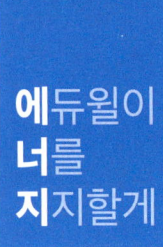

내가 꿈을 이루면
나는 누군가의 꿈이 된다.

– 이도준

여러분의 작은 소리
에듀윌은 크게 듣겠습니다.

본 교재에 대한 여러분의 목소리를 들려주세요.
공부하시면서 어려웠던 점, 궁금한 점,
칭찬하고 싶은 점, 개선할 점, 어떤 것이라도 좋습니다.

에듀윌은 여러분께서 나누어 주신 의견을
통해 끊임없이 발전하고 있습니다.

EXIT 합격 서비스 exit.eduwill.net
- 부가학습자료 및 정오표: EXIT 합격 서비스 → 자료실 / 정오표 게시판
- 교재문의: EXIT 합격 서비스 → 실시간 질문답변 게시판(내용) / Q&A 게시판(내용 외)

에듀윌 컴퓨터활용능력 2급 필기 초단기끝장

발 행 일	2025년 7월 4일 초판
편 저 자	이상미 · 양숙희
펴 낸 이	양형남
펴 낸 곳	(주)에듀윌
I S B N	979-11-360-3794-7
등록번호	제25100-2002-000052호
주 소	08378 서울특별시 구로구 디지털로34길 55 코오롱싸이언스밸리 2차 3층

* 이 책의 무단 인용 · 전재 · 복제를 금합니다.

www.eduwill.net
대표전화 1600-6700

IT자격증 단기 합격!
에듀윌 EXIT 시리즈

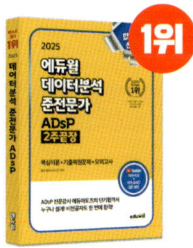 

데이터자격검정

- **데이터분석 준전문가 ADsP**
  이론부터 탄탄하게! 한번에 확실한 합격!
- **SQL 개발자 SQLD**
  비전공자도 이해할 수 있게! 단 2주면 합격 구조 완성!

컴퓨터활용능력

- **필기 초단기끝장(1/2급)**
  문제은행 최적화, 이론은 가볍게 기출은 무한반복!
- **필기 기본서(1/2급)**
  기초부터 제대로, 한권으로 한번에 합격!
- **실기 기본서(1/2급)**
  출제패턴 집중훈련으로 한번에 확실한 합격!

실무 엑셀

- **회사에서 엑셀을 검색하지 마세요**
  자격증은 있지만 실무가 어려운 직장인을 위한
  엑셀 꿀기능 모음 zip

* 2024 에듀윌 데이터분석 준전문가 ADsP 2주끝장: YES24 수험서 자격증 > 기타/신규 자격증 베스트셀러 1위 (2024년 9월 5주 주별 베스트)
* 2024 에듀윌 EXIT 컴퓨터활용능력 1급 필기 초단기끝장: YES24 수험서 자격증 > 컴퓨터 수험서 > 컴퓨터활용능력 베스트셀러 1위 (2023년 10월 4주 주별 베스트)

2026
에듀윌 컴퓨터활용능력
2급 필기 초단기끝장

정답 & 해설

eduwill

2026
에듀윌 컴퓨터활용능력
2급 필기 초단기끝장

에듀윌
컴퓨터활용능력
2급 필기 초단기끝장
정답과 해설

2025년 시행 상시시험 꼼꼼하고 확실하게 끝내는 **정답과 해설**

답 없이 푸는 제1회 기출변형문제

문제 ▶ 82쪽

01	③	02	④	03	③	04	③	05	③
06	③	07	②	08	②	09	②	10	②
11	④	12	③	13	③	14	③	15	③
16	②	17	③	18	④	19	③	20	②
21	③	22	②	23	④	24	①	25	③
26	④	27	②	28	①	29	③	30	④
31	①	32	③	33	②	34	②	35	①
36	②	37	①	38	③	39	③	40	②

1과목 컴퓨터 일반

01 ③ ▶ 노른자 001

에어로 피크(Aero Peek)는 '작업 표시줄 오른쪽 끝에 있는 투명한 사각형(작은 막대)'에 마우스를 올리면 현재 열려 있는 모든 창이 투명해지고 바탕 화면을 미리 볼 수 있는 기능이다. 클릭하면 실제로 바탕 화면이 표시되고, 다시 클릭하면 원래대로 돌아온다.

오답 해설
① 자동정렬 기능은 아이콘 정렬과 관련 있으며 에어로 피크(Aero Peek)와는 무관하다.
② 에어로 셰이크(Aero Shake)에 대한 설명이다.
④ 에어로 스냅(Aero Snap)에 대한 설명이다.

⚠ 가장 빠른 합격비법
Windows 10의 특징은 시험에 종종 출제됩니다. 에어로 셰이크(Aero Shake), 에어로 피크(Aero Peek)는 반드시 기억해두세요.

02 ④ ▶ 노른자 006

현재 폴더에서 상위 폴더로 이동하려면 바로 가기 키인 `Backspace`를 누른다.

⚠ 가장 빠른 합격비법
Windows 10의 파일 탐색기의 특징과 폴더의 [속성] 대화상자의 특징은 시험에 자주 출제됩니다. 컴퓨터로 직접 파일 탐색기를 열어 노른자 006과 함께 실습하면 이해하기 쉽습니다.

03 ③ ▶ 노른자 010

작업 관리자에서는 드라이버 업데이트 기능은 제공하지 않는다. 드라이버 업데이트는 '장치 관리자(장치 관리 도구)'에서 수행해야 한다.

⚠ 가장 빠른 합격비법
작업 관리자는 시험에 자주 출제되는 내용은 아닙니다. 기출문제 위주로 학습하세요.

04 ③ ▶ 노른자 025

스풀러 서비스가 중지되면 인쇄 작업이 대기열에 쌓이지 않고, 출력되지 않으며, 작업은 대기 상태에서 멈추게 된다.

⚠ 가장 빠른 합격비법
프린터 스풀 기능은 자주 출제되는 내용과 유형은 아닙니다. 문제와 선택지에서 제시하고 있는 내용 위주로 학습하세요.

05 ③

시스템 소리 및 알림 소리 설정은 [설정] 창의 '[시스템]-[소리]'에서 설정할 수 있다.

⚠ 가장 빠른 합격비법
PC의 [설정]-[앱]에 들어가서 기능을 확인하며 학습하세요.

06 ③ ▶ 노른자 027

컴퓨터에서 각종 명령을 처리하는 기본단위는 워드(Word)이다.

⚠ 가장 빠른 합격비법
자료의 크기를 나타내는 단위는 시험에 종종 출제됩니다. 노른자 027을 보면서 자료의 물리적 구성 단위인 비트 - 니블 - 바이트 - 워드와 논리적 구성 단위인 필드 - 레코드 - 파일 - 데이터베이스에 대해 정리해두세요.

07 ② ▶ 노른자 029

중앙처리장치(CPU)는 기본적으로 '제어장치(Control Unit)'와 '산술논리연산장치(ALU)'로 구성된다.

⚠ 가장 빠른 합격비법
중앙처리장치(CPU)는 컴퓨터 시스템의 핵심 장치인 만큼 자주 출제됩니다. 노른자 029에서 제어장치, 연산장치를 중심으로 각 장치의 개념과 구성 요소를 학습하세요.

08 ②   노른자 033

오답 해설

① 주기억장치보다 빠르다.
③ 용량이 작아 프로그램 전체 저장은 불가하다.
④ 보조기억장치의 특징으로 캐시 메모리와 무관하다.

> **가장 빠른 합격비법**
> 기억장치는 매우 중요합니다. 문제와 함께 노른자 033을 꼼꼼히 읽어보세요. 특히 캐시 메모리, 가상 메모리, 연관 메모리를 확실히 학습하세요.

09 ②   노른자 034

오답 해설

① USB 포트는 Windows뿐만 아니라 macOS, Linux, Android 등 다양한 운영체제에서 널리 사용되는 범용적인 인터페이스이다.
③ USB 포트는 데이터를 전송하고 전원을 공급하는 기능을 모두 지원한다.
④ 일반적인 USB A 또는 USB B 포트는 자체적으로 비디오 출력 기능을 지원하지 않는다. 비디오 출력을 위해서는 HDMI, DisplayPort, DVI 등 전용 비디오 포트가 필요하다.

> **가장 빠른 합격비법**
> 포트는 빈번하게 출제되지는 않지만 출제되면 USB에 대해 많이 출제되므로 USB 포트를 중심으로 학습하세요.

10 ②   노른자 037

디스크 조각 모음은 하드디스크(HDD)에 흩어진 파일 조각들을 연속적으로 정리하여 파일 검색 및 읽기 속도를 향상시킨다.

> **가장 빠른 합격비법**
> 드라이브 조각 모음 및 최적화는 집이 지저분할 때 물건들을 보기 좋게 재배치하는 것과 같은 이치입니다.

11 ④   노른자 041

함수형 프로그래밍은 객체 지향 프로그래밍의 핵심 개념에 포함되지 않는다. 객체 지향 프로그래밍에서는 캡슐화, 상속, 다형성 등이 중요한 개념이다.

> **가장 빠른 합격비법**
> 객체 지향 프로그래밍에 대한 문제는 최근 자주 출제되고 있습니다. 반드시 개념과 특징을 이해하세요.

12 ③   노른자 043

HTML5는 HTML4의 단점을 보완하여 멀티미디어, 시맨틱 구조, 모바일 호환성 등을 강화한 차세대 웹 표준 언어이다.

> **가장 빠른 합격비법**
> 노른자 043에서 웹 프로그래밍 언어를 확인하세요. 각 언어의 모든 사항을 암기하기보다는 핵심 키워드 위주로 학습하는 것이 좋습니다.

13 ③   노른자 044, 047

스트리밍(Streaming)은 데이터를 실시간으로 전송하며, 다운로드 없이 바로 재생 가능하다.

> **가장 빠른 합격비법**
> 멀티미디어는 새로 나오는 용어 중심으로 학습하세요. 스트리밍(Streaming)은 오디오 및 비디오 파일을 모두 다운받기 전에 파일을 재생할 수 있는 기술이며 최근 자주 출제되고 있는 내용 중 하나이므로 노른자 047을 통해 정리하세요.

14 ③   노른자 045

벡터는 수학적 표현이기 때문에 해상도에 영향을 받지 않으므로 확대해도 선명도를 유지할 수 있다.

오답 해설

① 도형 중심은 벡터 방식이 적합하다.
② 디지털 사진 편집에는 비트맵 방식이 주로 사용된다.
④ 수학적 연산은 벡터 방식의 특징이다.

> **가장 빠른 합격비법**
> 비트맵 방식과 벡터 방식의 특징을 비교하는 문제는 매번 출제되고 있습니다. 비트맵 방식과 벡터 방식의 특징을 노른자 045를 통해 알아두세요.

15 ②   노른자 048

전이중 전송 방식은 송신과 수신을 동시에 할 수 있는 방식으로, 전화기나 대부분의 컴퓨터 네트워크에서 사용된다.

오답 해설

① 반이중 전송 방식에 대한 설명이다.
③ 단방향 전송 방식에 대한 설명이다.
④ 전이중 전송 방식은 빠른 속도를 지원한다.

> **가장 빠른 합격비법**
> 시험에 거의 출제되지 않으므로, 선택지와 해설 위주로 학습하고 넘어가세요.

16 ②
노른자 052

오답 해설

①③ IPv6는 128비트 주소 체계를 사용하며, 이는 IPv4의 32비트 주소보다 훨씬 많은 IP 주소를 제공한다.

④ IPv6는 128비트 주소를 사용하므로 주소 공간이 사실상 무한에 가까워 IP 주소 부족 문제는 발생하지 않는다. IPv4에서의 주소 부족 문제를 해결하기 위해 IPv6가 도입되었다.

> **가장 빠른 합격비법**
> 인터넷 IP 주소 체계는 IPv4와 IPv6를 반드시 비교하여 학습하고 각 주소 체계의 특징을 꼼꼼하게 학습하세요.

17 ②
노른자 057

오답 해설

① IoT(Internet of Things)는 사람들이 아니라 사물들이 서로 인터넷을 통해 연결되어 데이터를 교환하는 기술이다. 즉, IoT는 스마트폰, 가전 제품, 차량, 센서 등이 서로 연결되어 데이터를 공유하는 시스템을 말한다.

③ 이전 세대인 4G보다 훨씬 높은 속도와 넓은 연결 범위를 제공하는 기술로, 5G는 초고속 데이터 전송과 저지연성을 특징으로 하며 많은 장치가 동시에 연결될 수 있는 기술이다.

④ 클라우드 컴퓨팅은 로컬 저장소가 아닌 원격 서버에 데이터를 저장하고 이를 인터넷을 통해 처리하는 기술로, 클라우드를 통해 사용자는 언제 어디서나 데이터를 저장하고 액세스할 수 있다.

> **가장 빠른 합격비법**
> ICT 신기술에 대한 문제는 자주 출제되고 있습니다. 책에 있는 내용만으로는 대비할 수 없는 부분이므로 기존 출제된 용어를 중심으로 확장시켜 학습하도록 하세요.

18 ④
노른자 055

받은 메일에 대해 작성한 답장만 발송자에게 전송하는 기능을 '회신'이라 한다. '전달'은 받은 메일을 그대로 다른 사람에게 전송하는 기능이다.

> **가장 빠른 합격비법**
> 회신과 전달을 잘 구분해두시고, 노른자 055 '전자우편과 전자우편 프로토콜' 내용을 함께 학습해두세요.

19 ③

오답 해설

① 개인정보는 기업 내부에서만 사용하더라도 법의 보호 대상이다.
② 개인정보는 숫자 정보뿐만 아니라 이름, 사진, 이메일, 위치 정보, 음성 등 특정 개인을 식별할 수 있는 모든 정보가 포함된다.
④ 공개된 정보라도 개인정보로 분류되면 보호 대상이다. 무단 수집, 저장, 활용은 법적 제재를 받을 수 있다.

> **가장 빠른 합격비법**
> 개인정보는 정의, 특징, 예방 대책 등을 묻는 문제가 주로 출제됩니다. 개인정보 관련 주요 용어들을 추가적으로 학습하는 것이 좋습니다.

20 ②
노른자 060

오답 해설

① 스파이웨어에 대한 설명이다.
③ 피싱(Phishing)에 대한 설명이다.
④ 키로거 공격에 대한 설명이다.

> **가장 빠른 합격비법**
> 다양한 컴퓨터 범죄의 유형은 출제 가능성이 매우 높습니다. 노른자 060 내용을 중심으로 반드시 학습하세요.

2과목 스프레드시트 일반

21 ③
노른자 066

눈금선은 기본적으로 인쇄되지 않으며, 인쇄 설정에서 눈금선 출력 옵션을 선택해야 인쇄된다.

> **가장 빠른 합격비법**
> 화면 제어 문제는 출제 빈도가 높습니다. 노른자 066을 통해 [창] 그룹에 있는 모든 항목을 정리해두세요. 틀 고정과 창 나누기 기능을 비교하며 학습하는 것이 좋습니다.

22 ②
노른자 064, 072

[Enter] 방향키가 아래쪽일 때 [Shift]+[Enter]를 누르면 셀 포인터가 위쪽 셀로 이동된다.

> **가장 빠른 합격비법**
> 워크시트에 대해서 폭넓게 출제된 문제입니다. 관련 노른자 번호들을 확인하면서 워크시트에 대한 내용은 반드시 학습하고 넘어가시기 바랍니다. 시험에 자주 출제됩니다.

23 ④
노른자 072

숫자와 문자가 혼합되면(예 123abc) 엑셀은 이를 텍스트로 인식한다.

> **가장 빠른 합격비법**
> '데이터 입력'은 시험에 자주 출제됩니다. 노른자 072를 다회독하여 확실히 기억하는 것이 중요합니다.

24 ① 노른자 073

Ctrl을 누른 채 채우기 핸들을 드래그하면 선택한 영역의 패턴이 반복된다. 예를 들어 [A1:A2]에 '월'과 '화'가 입력되어 있다면, 이를 드래그하면 '월', '화', '월', '화' 순으로 반복된다.

> ① 가장 빠른 합격비법
> 자동 채우기 핸들 문제는 다양한 형식으로 자주 출제됩니다. 노른자 073을 학습하고 '부록'을 따라 하며 이해 위주로 학습하세요.

25 ③ 노른자 079

- 0: 유효하지 않은 자릿수를 0으로 표시한다.
- ,(쉼표): 천 단위를 의미하는 기호로 ,(쉼표) 이후에 더 이상 형식 코드를 사용하지 않으면 천 단위 배수로 반올림해서 표시한다.
- 예) 12345에 0.0,를 적용한 경우 → 12.3
  12345에 0.0을 적용한 경우 → 12345.0

따라서 34567에 0.0,를 적용한 경우는 34.6이다.

> ① 가장 빠른 합격비법
> 사용자 지정 표시 형식은 거의 매회 출제됩니다. 기출문제를 통해서 반복 학습하고, 실습을 통해 직접 서식을 지정하며 연습해 보는 것이 좋습니다.

26 ④ 노른자 081

조건에 맞지 않는 경우에 대한 서식은 지정할 수가 없다.

> ① 가장 빠른 합격비법
> 조건부 서식은 필기시험과 실기시험 모두 출제 빈도가 높습니다. 노른자 081을 통해 학습하고 실습을 통해 사용 방법도 꼭 정리해두세요.

27 ② 노른자 082

이름을 정의하여도 셀 참조를 할 수 있다.

> ① 가장 빠른 합격비법
> 참조는 한번 이해하면 암기할 필요 없이 쉽게 맞출 수 있는 내용입니다. 노른자 082를 중심으로 암기하고 기출문제를 반복해서 학습하세요.

28 ① 노른자 088

COUNTIFS(조건 범위1,조건1,조건 범위2,조건2): 조건 범위1에서 조건1을 만족하고 조건 범위2에서 조건2를 만족하는 경우의 개수를 구한다.
=COUNTIFS(B2:B10,B2,C2:C10,C7): 부서([B2:B10])에서 영업부([B2])이고 직급([C2:C10])에서 과장([C7])인 경우의 인원수를 구하면 결괏값은 1(송유비)이다.

> ① 가장 빠른 합격비법
> 통계 함수는 출제 빈도가 높은 함수입니다. 노른자 088과 함께 직접 실습을 통해 정리해두세요. 개념이 비슷한 함수를 묶어서 이해하는 것도 좋습니다.

29 ③ 노른자 089

❶ FIND("대",A1): [A1] 셀의 '대'가 첫 글자이므로 1을 반환함
❷ RIGHT(A1,1+5): [A1] 셀의 오른쪽부터 시작해서 6글자 추출함. 결괏값은 한상공대학교

오답 해설

① =MID(A1,SEARCH("대",A1)+2,5)

❶ SEARCH("대",A1): [A1] 셀의 '대'가 첫 글자이므로 1을 반환함
❷ MID(A1,1+2,5): [A1] 셀에서 3번째 글자부터 5글자를 추출함. 결괏값은 상공대학교

② =RIGHT(A1,LEN(A1)-2)

❶ LEN(A1): [A1] 셀의 문자열 길이 7을 반환함
❷ RIGHT(A1,7-2): [A1] 셀의 오른쪽부터 시작해서 5글자 추출함. 결괏값은 상공대학교

④ =MID(A1,FIND("대",A1)+2,5)

❶ FIND("대",A1): [A1] 셀의 '대'가 첫 글자이므로 1을 반환함
❷ MID(A1,1+2,5): [A1] 셀에서 3번째 글자부터 5글자를 추출함. 결괏값은 상공대학교

> ① 가장 빠른 합격비법
> 함수는 필기시험과 실기시험 합격에 매우 중요한 부분이기 때문에 시간이 오래 걸리더라도 완벽하게 학습해야 합니다.

30 ④ 노른자 092

엑셀의 '외부 데이터 가져오기' 기능은 구조화된 데이터(표 형태)를 가져오는 데 사용되며, .psd처럼 이미지 편집용 비정형 파일 형식은 지원하지 않는다.

> ① 가장 빠른 합격비법
> 엑셀의 '외부 데이터 가져오기' 기능은 주로 데이터를 분석하고 관리하기 위한 목적으로 설계되었기 때문에 텍스트 기반의 데이터 파일이나 데이터베이스 파일과의 연동을 지원합니다.

31 ①   노른자 103

아래와 같이 입력한다.
- 수식 셀: 총이익[G12]
- 찾는 값: 500000
- 값을 바꿀 셀: 판매수량[G3]

> **⚠ 가장 빠른 합격비법**
> 목표값 찾기는 간단하면서도 유용한 기능으로, 출제 빈도가 높습니다. 어떤 경우에 활용할 수 있는지 실습을 통해 꼭 정리해두세요.

32 ②   노른자 105

원본 데이터가 변경되어도 피벗 테이블 보고서의 데이터는 자동으로 변경되지 않으므로 [모두 새로 고침] 기능을 이용하여 피벗 테이블에 반영해야 한다.

> **⚠ 가장 빠른 합격비법**
> 피벗 테이블과 피벗 차트는 시험에 자주 출제됩니다. 그중 피벗 테이블은 필기시험뿐만 아니라 실기시험에도 출제되는 중요한 유형입니다. 노른자 105를 통해 개념을 파악하고, 피벗 테이블과 피벗 차트의 관계도 이해할 필요가 있습니다. 특히 피벗 테이블을 삭제하면 차트는 일반 차트가 된다는 것을 꼭 기억하세요.

33 ②   노른자 107

3차원 차트는 데이터를 입체적으로 표현하여 시각적인 효과를 높이는 데 사용된다. 분산형 차트는 상관관계를 보여주는 것이 목적이므로, 데이터를 입체적으로 표현하는 3차원 옵션은 제공되지 않는다.

> **⚠ 가장 빠른 합격비법**
> 차트의 종류는 출제 빈도가 상당히 높습니다. 노른자 107에 정리된 모든 차트의 종류와 특징을 꼭 정리해두세요. 3차원 차트로 변경이 불가능한 차트는 암기해둘 필요가 있습니다.

34 ②   노른자 107

분산형 차트는 X축과 Y축 모두 수치형 데이터를 사용하며, 두 변수 간 상관관계, 트렌드, 패턴, 이상치 등을 분석할 때 사용된다.

> **⚠ 가장 빠른 합격비법**
> 노른자 107을 통해 차트의 종류를 확인하면서 데이터의 종류와 성격에 따라 다르게 표현되는 차트의 종류를 학습하세요.

35 ①   노른자 108

계열 겹치기 값이 양수 값(예 50%, 100%)이면 데이터 계열의 막대들이 서로 겹쳐서 표시되고, 음수 값(예 -50%, -100%)이면 데이터 계열의 막대들이 서로 떨어져서 표시된다.

> **⚠ 가장 빠른 합격비법**
> 차트 관련 문제는 매회 반드시 출제됩니다. 특히 차트 각 부분의 명칭을 반드시 기억하세요.

36 ③   노른자 112

수동 페이지 나누기는 진한 파란 실선으로 표시되고, 자동 페이지 나누기는 점선(연한 파란선)으로 나타난다.

오답 해설

① [페이지 레이아웃]-[나누기]에서 수동으로 페이지 나누기를 삽입할 수 있다.
② 점선으로 표시되는 페이지 나누기는 사용자가 직접 삽입한 '수동 페이지 나누기'가 아니라, Excel이 자동으로 설정한 '자동 페이지 나누기'이다.
④ 수동 페이지 나누기는 인쇄될 페이지를 구분하는 기준이 되므로, 인쇄 미리 보기에서도 적용된 페이지 구분이 명확하게 보인다. 인쇄 미리 보기에서 페이지가 어떻게 나뉘어 인쇄될지 확인할 수 있다.

> **⚠ 가장 빠른 합격비법**
> 페이지 나누기는 종종 출제되는 개념이므로 노른자 112를 통해 페이지를 나누는 법, 페이지 레이아웃을 보는 법 등을 학습하세요. 이때 페이지 구분선이 어떤 경우에 실선과 점선으로 표시되는지 꼭 기억해야 합니다.

37 ①   노른자 111

가: &[페이지 번호] → 현재 페이지 번호를 자동으로 삽입
나: &[전체 페이지 수] → 인쇄 범위의 전체 페이지 수를 삽입
다: &[경로]&[파일] → 통합 문서 파일의 저장 경로를 삽입
라: &[파일] → 해당 파일의 이름을 삽입
마: &[탭] → 해당 워크시트의 이름을 삽입

> **⚠ 가장 빠른 합격비법**
> [페이지 설정] 대화상자는 시험에 자주 출제됩니다. 노른자 111을 보면서 각 탭에 대해 학습해두는 것이 좋습니다.

38 ③
→ 노른자 065

.xlsm은 매크로가 포함된 Excel 문서용 확장자이다.

> ⓘ 가장 빠른 합격비법
> 파일 확장자별 특징과 사용 목적을 묻는 문제가 종종 출제됩니다. 자주 등장하는 확장자는 정리해두세요.

39 ③
→ 노른자 115

매크로 이름을 입력하고 [만들기] 단추를 클릭하면 매크로를 VBA에서 만들 수 있다.

> ⓘ 가장 빠른 합격비법
> 매크로는 옳고 틀린 것을 묻는 문제가 주로 출제됩니다. 따라서 개념을 정리하고 자주 출제되는 지문에 익숙해지는 것이 필요합니다.

40 ②
→ 노른자 114, 115, 116

매크로는 VBA 언어로 기록되며, 잘못 기록하더라도 Visual Basic 편집기를 사용하여 매크로를 편집할 수 있다.

> ⓘ 가장 빠른 합격비법
> 매크로에서 VBA에 대한 기본 내용과 프로그램의 결과를 묻는 문제가 주로 출제되고, 개념과 특징도 빈출되고 있습니다. 노른자 114, 115, 116의 내용을 확실하게 학습하세요.

답 없이 푸는 제2회 기출변형문제

문제 → 89쪽

01	③	02	④	03	③	04	③	05	③
06	②	07	③	08	③	09	③	10	③
11	④	12	④	13	①	14	②	15	②
16	③	17	②	18	③	19	③	20	③
21	②	22	③	23	①	24	①	25	②
26	①	27	③	28	③	29	④	30	③
31	④	32	②	33	③	34	③	35	③
36	②	37	③	38	④	39	①	40	②

1과목 컴퓨터 일반

01 ③
→ 노른자 002

Ctrl + Esc 는 [시작] 메뉴를 여는 단축키이며, 작업 관리자는 Ctrl + Shift + Esc 또는 Ctrl + Alt + Delete 를 통해 실행한다.

> ⓘ 가장 빠른 합격비법
> 바로 가기 키는 시험장에 들어가기 바로 전 눈에 익히는 것이 효율적입니다.

02 ④

[속성] 창에서는 파일의 메타 데이터(크기, 날짜, 권한 등)를 확인할 수 있지만, 파일 내부의 내용은 볼 수 없다.

> ⓘ 가장 빠른 합격비법
> [속성] 창은 파일이나 폴더의 메타데이터(속성 정보)를 보여주는 곳이지, 파일 내부의 실제 내용(콘텐츠)을 직접 보여주지는 않습니다. 파일의 내용을 확인하려면 해당 파일을 열어야 합니다(예: 텍스트 파일은 메모장으로, 그림 파일은 그림 뷰어로).

03 ③
→ 노른자 007

같은 드라이브 내에서 드래그하면 '이동'이 기본 동작이다. 복사하려면 Ctrl 키를 누르면서 드래그한다.

> ⓘ 가장 빠른 합격비법
> 매우 쉬운 문제입니다. 그만큼 출제율도 높지 않아요. 노른자 007 '파일과 폴더' 내용을 한 번 읽어보세요.

04 ③
→ 노른자 015

'시스템'에서 화면 해상도, 저장 공간, 전원 절전 등 시스템 관련 설정을 할 수 있지만, 장치 연결 설정은 '장치' 항목에서 설정한다.

> ⓘ 가장 빠른 합격비법
> 노른자 015를 학습하여 [시스템 속성] 대화상자의 [컴퓨터 이름] 탭, [하드웨어] 탭, [고급] 탭, [시스템 보호] 탭, [원격] 탭에서 가능한 작업들을 꼭 알아두세요.

05 ③
↗ 노른자 019

포맷은 데이터를 삭제하기는 하지만, 바이러스를 완벽히 제거하는 보안 기능을 포함하지는 않는다. 일부 바이러스는 부트 레코드 등에 남을 수 있으며, 보안 포맷이나 별도의 백신 프로그램이 필요하다.

> ⓘ 가장 빠른 합격비법
> 디스크 포맷은 시험에 자주 출제되는 유형은 아닙니다. 선택지와 노른자 019 위주로 정리하세요.

06 ②
↗ 노른자 027

워드는 컴퓨터가 한 번에 처리하는 데이터의 크기로, 보통 2바이트 이상이다.

> ⓘ 가장 빠른 합격비법
> 자료의 크기를 나타내는 단위는 시험에 종종 출제됩니다. 노른자 027을 통해 자료 구성 단위의 명칭과 특징에 대해 학습하세요.

07 ③
↗ 노른자 029

제어장치는 명령어를 해석하고, 각 장치에 명령을 내려 실행 순서를 제어한다.

> ⓘ 가장 빠른 합격비법
> 제어장치는 연산장치와 함께 시험에 자주 출제되는 내용입니다. 노른자 029에서 각 장치의 개념과 구성 요소를 학습하세요.

08 ③
↗ 노른자 031

오답 해설
① RAM은 휘발성, ROM은 비휘발성이다.
② RAM과 ROM은 모두 주기억장치에 해당한다.
④ RAM과 ROM 둘 다 읽기는 가능하다. RAM은 읽고 쓰기 모두 가능하고, ROM은 읽기 전용이다.

> ⓘ 가장 빠른 합격비법
> RAM과 ROM의 각각의 특징을 비교하며 학습하세요.

09 ③
↗ 노른자 034

BIOS는 하드디스크에 데이터를 저장하는 장치가 아니라, 하드웨어 초기화와 운영체제 부팅을 담당하는 펌웨어이다. BIOS는 ROM에 저장되어 전원이 꺼져도 정보가 유지된다.

> ⓘ 가장 빠른 합격비법
> BIOS에 대한 문제는 정의, 역할, 특징과 관련된 개념형 문제로 출제되며 보통 기본 상식 수준에서 맞힐 수 있는 난이도로 출제됩니다.

10 ③
↗ 노른자 037

백신 프로그램을 중지하는 것은 보안상 위험하며 권장되지 않는다.

> ⓘ 가장 빠른 합격비법
> 노른자 037을 통해 시스템 최적화를 위한 다른 기능도 익혀두세요.

11 ④
↗ 노른자 039

언어 번역 프로그램은 '운영체제의 서비스 프로그램(처리 프로그램)'에 해당하며, 제어 프로그램이 아니다.

〈운영체제의 제어 프로그램(Control Program)〉
- 감시 프로그램(Monitor Program): 전체 시스템 운영 감시
- 작업 제어 프로그램(Job Control Program): 작업의 순서 및 실행 제어
- 데이터 관리 프로그램(Data Management Program): 입출력 장치와 데이터 흐름 관리

> ⓘ 가장 빠른 합격비법
> 운영체제에 대한 정의와 역할, 운영체제의 처리 프로그램과 제어 프로그램의 종류를 중점으로 학습하세요.

12 ④
↗ 노른자 044

'단일성'은 멀티미디어의 특징이 아니며, 오히려 '다양성'과 '통합성'을 특징으로 한다.

> ⓘ 가장 빠른 합격비법
> 멀티미디어의 특징인 통합성, 디지털화, 쌍방향성, 비선형성의 의미를 정리해두세요. 멀티미디어가 어떤 특징을 가지고 있고, 어떻게 활용되고 있는지 이해하면 좋습니다.

13 ①
↗ 노른자 046

샘플링은 아날로그 신호를 디지털로 변환하기 위해 일정 간격으로 신호를 측정하는 과정이다.

> ⓘ **가장 빠른 합격비법**
> 샘플링은 개념 위주로 종종 출제되므로, 정의 및 샘플링 주파수 등의 핵심 개념을 중심으로 정리하세요.

14 ②   ↗ 노른자 048

버스(Bus)형은 회선 길이에 제한이 있으며, 길이가 길어질수록 신호의 손실이 발생하고 네트워크 성능이 저하될 수 있다.

> ⓘ **가장 빠른 합격비법**
> 네트워크 구성 형태는 시험에 종종 출제됩니다. 노른자 048을 통해 네트워크의 구성 형태를 그림과 함께 이해하고 넘어가세요.

15 ②   ↗ 노른자 050

오답 해설

① 게이트웨이는 서로 다른 네트워크 간에 데이터를 전달하는 장비이다. 동일한 네트워크 내의 장치 간 데이터 전송은 스위치나 허브가 담당한다.
③ 물리적인 전송 매체를 통해 데이터를 전달하는 역할은 물리 계층의 장비인 허브나 모뎀이 수행한다.
④ IP 주소를 기준으로 데이터를 라우팅하는 역할은 라우터가 수행한다.

> ⓘ **가장 빠른 합격비법**
> 정보통신 장비에 관련된 문제는 시험에 자주 출제됩니다. '라우터는 경로 설정', '리피터는 신호 증폭', '허브는 여러 대의 컴퓨터 연결', '브리지는 네트워크 연결', '게이트웨이는 다른 프로토콜의 네트워크 연결'로 암기해보세요.

16 ③   ↗ 노른자 056

웹 캐시는 웹페이지의 복사본을 브라우저나 서버에 저장하여 다음 요청 시 빠르게 로드할 수 있도록 돕는다. 이 방식은 반복적인 요청에 대한 속도를 높이는 데 사용되지만, 항상 최신 정보를 제공하지는 않는다.

> ⓘ **가장 빠른 합격비법**
> 자주 출제되는 내용은 아닙니다. 웹 브라우저의 특징과 기능 중심으로 학습하세요.

17 ②   ↗ 노른자 057

오답 해설

① 클라우드 컴퓨팅: 인터넷 서버를 통해 IT 관련 서비스를 한 번에 사용할 수 있는 컴퓨팅 환경이다.
③ 빅데이터: 디지털 환경에서 생성되는 데이터로, 규모는 방대하고 생성 주기는 짧으며 형태는 수치 데이터뿐만 아니라 문자와 영상 데이터를 포함하는 대규모 데이터이다.
④ 와이브로: 이동 중에도 초고속 인터넷을 이용할 수 있는 무선 휴대 인터넷 서비스이다.

> ⓘ **가장 빠른 합격비법**
> 노른자 057에 나오는 인터넷 서비스의 용어들은 시험에 자주 출제되므로 잘 정리해두세요.

18 ③   ↗ 노른자 055

수신인이 사전에 받기로 수락한 광고성 이메일로, 법적으로 문제가 되지 않는 메일은 옵트인 메일에 대한 설명이다.

> ⓘ **가장 빠른 합격비법**
> 스팸 메일의 정의, 특징, 대응방법 등이 주로 출제되며 점수확보용 문제로 출제되므로 기본적인 내용을 중심으로 학습하세요.

19 ③   ↗ 노른자 058

영리 목적이 아니더라도 저작권자의 허락 없이 사용하면 침해가 될 수 있다.

> ⓘ **가장 빠른 합격비법**
> 저작권은 저작권법 개념, 지적재산권의 보호 기간, 저작재산권의 제한 사항 위주로 학습하는 것이 좋습니다.

20 ③   ↗ 노른자 061

이메일 첨부 파일은 출처를 확인한 후 열어야 한다. 무작정 열면 악성 코드나 바이러스가 포함된 파일에 감염될 수 있다.

> ⓘ **가장 빠른 합격비법**
> 바이러스 예방법 문제는 크게 어렵지 않습니다. 문제 위주로 학습하고 넘어가세요.

2과목 스프레드시트 일반

21 ②   ↗ 노른자 065

.xlsb: 이진 통합 문서 형식으로 저장 속도가 빠르고 파일 크기를 줄일 수 있다.

오답 해설

① .xlsx: Exel 통합 문서로, 매크로는 포함이 안 된다.
③ .csv: 쉼표로 구분된 텍스트 파일로, 서식 및 수식은 저장되지 않는다.

④ .xltx: 매크로를 포함하지 않는 템플릿 형식이다(매크로 포함 템플릿은 .xltm).

> ⚠️ **가장 빠른 합격비법**
> 파일 확장자별 특징과 사용 목적을 묻는 문제가 종종 출제됩니다. 자주 등장하는 확장자는 정리해두세요.

22 ③   🔗 노른자 067, 068, 069, 070

시트 보호를 설정해도 시트의 이름 바꾸기 및 숨기기 작업을 수행할 수 있다.

> ⚠️ **가장 빠른 합격비법**
> 워크시트에 대해서 폭넓게 출제된 문제입니다. 관련 노른자들을 확인하면서 워크시트에 대한 내용은 반드시 학습하고 넘어가세요. 시험에 자주 출제됩니다.

23 ①   🔗 노른자 072

날짜 및 시간 데이터의 텍스트 맞춤은 기본 오른쪽 맞춤으로 표시된다.

> ⚠️ **가장 빠른 합격비법**
> 데이터 입력에 관한 문제는 자주 출제됩니다. 데이터 입력, 셀 포인터 이동에 관련된 바로 가기 키도 꼭 정리해두세요.

24 ①   🔗 노른자 075

Backspace를 누르면 선택한 영역에서 첫 번째 셀만 삭제되므로 [C2] 셀의 내용만 삭제된다. 나머지는 [C2:C5] 영역의 내용이 모두 삭제된다.

> ⚠️ **가장 빠른 합격비법**
> 자주 출제되는 내용은 아닙니다. 기본적인 셀의 작동 원리를 알아두세요.

25 ②   🔗 노른자 079

통화 기호는 숫자 앞에 표시되며, 회계 기호는 셀의 왼쪽 끝에 표시된다.

> ⚠️ **가장 빠른 합격비법**
> 사용자 지정 서식은 자주 출제되는 유형입니다. 노른자 079를 통해 숫자, 문자, 날짜, 시간 서식의 코드를 암기하고, 컴퓨터로 실습하면서 직접 서식을 지정해보세요.

26 ①   🔗 노른자 084

#NAME?: 잘못된 함수 이름이나 정의되지 않은 셀 이름을 사용한 경우, 수식에 잘못된 문자열을 사용한 경우

오답 해설
② #N/A: 수식에서 잘못된 값으로 연산을 시도한 경우, 찾기 함수에서 결괏값을 찾지 못한 경우
③ #NULL!: 교점 연산자(공백)를 사용했을 때 교차 지점을 찾지 못한 경우
④ #REF!: 셀 참조를 잘못 사용한 경우

> ⚠️ **가장 빠른 합격비법**
> 함수의 오류 메시지에 대한 문제는 빈번하게 출제됩니다. 오류의 발생 원인을 정확하게 알아두세요.

27 ③   🔗 노른자 087

SUMIF(조건 범위,조건,합계 범위): 조건 범위에서 조건에 만족하는 값을 찾아서 합계 범위의 합계를 구한다. 조건 범위와 합계 범위는 수식을 복사할 경우 셀 주소가 바뀌면 안 되므로 절대 참조 '$' 표시를 해야 한다. 조건은 수식을 복사할 경우 [E4]~[E6]으로 바뀌어야 하므로 상대 참조이어야 한다.

> ⚠️ **가장 빠른 합격비법**
> 함수 문제는 함수의 쓰임새와 함께 설정하는 인수의 순서를 기억하는 것이 가장 중요합니다. 함수는 필기와 실기의 합격에 매우 중요한 부분이기 때문에 시간이 오래 걸리더라도 완벽하게 학습하세요.

28 ③   🔗 노른자 087, 091

DSUM(데이터 범위,열 제목,조건): 데이터 범위에서 조건을 만족하는 열 제목의 합계를 표시한다.
=DSUM(A1:D9,D1,A1:A2): 데이터 범위[A1:A9]에서 대리점이 '서울'[A1:A2]인 공급단가[D1]열의 합계를 계산한다(조건은 제목까지 표시해주어야 한다).

> ⚠️ **가장 빠른 합격비법**
> 함수 문제는 함수의 쓰임새와 함께 설정하는 인수의 순서를 기억하는 것이 가장 중요합니다. 함수는 필기와 실기시험 합격에 매우 중요한 부분이기 때문에 시간이 오래 걸리더라도 완벽하게 학습해야 합니다. 실습을 통해 직접 함수의 사용법을 익혀보는 것도 좋습니다.

29 ④   🔗 노른자 093

정렬 대상 범위에서 병합된 셀은 정렬할 수 없다.

> ⚠️ **가장 빠른 합격비법**
> 정렬은 데이터 관리 기능 중 비교적 쉬운 부분입니다. 선택지와 해설 위주로 정리하고, 노른자 093을 통해 추가로 학습하세요.

30 ③ 노른자 098

데이터 유효성 검사는 새로운 데이터 입력을 제한하는 기능이며, 이미 입력된 데이터는 자동으로 수정되지 않는다.

> ⓘ 가장 빠른 합격비법
> 데이터 유효성 검사는 난도가 높은 내용은 아닙니다. 노른자 098을 정독하면서 기능에 대해 살펴보고 문제 위주로 학습하세요.

31 ④ 노른자 102

부분합을 작성할 때 기준이 되는 필드(그룹화할 항목)가 정렬되어 있어야 제대로 된 부분합을 실행할 수 있다. 자동으로 정렬이 되지 않는다.

> ⓘ 가장 빠른 합격비법
> 부분합은 시험에 자주 출제됩니다. 노른자 102를 보면서 부분합에 대한 전체적인 내용을 학습하세요.

32 ② 노른자 107

도넛형 차트에 대한 설명으로, 원형 차트는 한 개의 데이터 계열만 사용할 수 있다.

> ⓘ 가장 빠른 합격비법
> 노른자 107을 통해 차트의 종류를 확인하면서 데이터의 종류와 성격에 따라 다르게 표현되는 차트의 종류를 학습하세요.

33 ③ 노른자 106, 109

Alt 를 누른 상태에서 차트 크기를 조절하면 차트의 크기가 셀에 맞춰 조절된다.

> ⓘ 가장 빠른 합격비법
> 차트 관련 문제는 매회 다양한 형식으로 출제됩니다. 노른자 106~110을 꼼꼼하게 학습하면서 차트에 대한 사항을 반드시 숙지하기 바랍니다.

34 ③ 노른자 108

가로 축 보조 눈금이 추가되었다.

> ⓘ 가장 빠른 합격비법
> 차트 구성 요소에 포함되는 항목들은 노른자 108을 통해 학습하세요. 자주 출제되는 문제인 만큼 차트를 보면서 어떤 구성 요소인지 알 수 있도록 꼼꼼하게 학습하는 것이 중요합니다.

35 ③ 노른자 090

VLOOKUP(기준셀,참조 범위,열 번호,옵션): 기준셀에 참조되는 값을 참조 범위에 있는 열 번호에서 찾아 표시한다. 기준셀[B2]에 참조되는 값을 참조 범위[$B$8:$C$10]의 2번째 열에서 정확한 값(FALSE)을 찾아준다. 참조 범위는 고정되어야 하므로 절대 참조이어야 한다.

> ⓘ 가장 빠른 합격비법
> 찾기/참조 함수는 출제 빈도가 높고 어려운 함수입니다. 찾으려는 데이터 필드값의 방향이 행 방향이면 HLOOKUP 함수를, 열 방향이면 VLOOKUP 함수를 사용한다는 것을 꼭 기억해두세요. FALSE는 정확히 일치하는 값을, TRUE는 유사하게 일치하는 값을 반환한다는 뜻입니다.

36 ② 노른자 113

여러 인쇄 영역을 설정하면 각각 다른 페이지에 인쇄된다.

> ⓘ 가장 빠른 합격비법
> 인쇄에 대한 문제는 종종 출제됩니다. 문제와 선택지를 꼼꼼하게 이해하고 넘어가세요.

37 ② 노른자 111

오답 해설

① [페이지 설정] 대화상자의 [시트] 탭에서 '메모' 인쇄 옵션은 주로 '없음', '시트 끝', '시트에 표시된 대로' 중 하나를 선택할 수 있다.
③ '간단하게 인쇄'는 인쇄 속도를 높이기 위한 기능은 맞지만, 주로 그래픽 개체(차트, 도형, 그림 등)를 빈 상자로 인쇄하거나 아예 인쇄하지 않음으로써 인쇄 속도를 높이는 기능이다.
④ '인쇄 영역'에 범위를 지정하면 해당 부분만 인쇄되는 것은 맞지만, 숨겨진 행이나 열은 기본적으로 인쇄되지 않는다.

> ⓘ 가장 빠른 합격비법
> [페이지 설정] 대화상자의 [시트] 탭에 대해 묻는 문제입니다. 페이지 설정은 자주 출제되는 내용이므로 노른자 111을 통해 확실하게 학습해야 합니다.

38 ④ 노른자 114

매크로 설명은 수정할 수 있으나 매크로 이름은 변경할 수 없다. 매크로 이름은 [편집]에서 변경 가능하다.

> ⓘ 가장 빠른 합격비법
> 매크로는 개념부터 특징까지 모든 것이 다 빈출 주제입니다. 꼼꼼하게 학습하세요.

39 ①

> 노른자 114

매크로 이름에는 공백이나 마침표를 사용할 수 없다.

> **가장 빠른 합격비법**
> 매크로 기록 문제는 매우 자주 출제되는 주제입니다. 노른자 114를 통해 [매크로 기록] 대화상자의 각 항목에 대한 내용은 완벽하게 익혀두어야 합니다.

40 ③

> 노른자 076

'테두리 없음' 옵션은 있다.

> **가장 빠른 합격비법**
> 시험에 자주 출제되는 문제는 아닙니다. 문제 위주로 읽고 넘어가세요.

답 없이 푸는 제3회 기출변형문제

문제 ▶ 96쪽

01	②	02	②	03	②	04	④	05	③
06	④	07	②	08	④	09	③	10	③
11	②	12	②	13	②	14	④	15	②
16	③	17	④	18	③	19	③	20	②
21	④	22	②	23	①	24	④	25	③
26	②	27	②	28	①	29	①	30	③
31	③	32	①	33	②	34	①	35	④
36	②	37	①	38	①	39	③	40	②

1과목　컴퓨터 일반

01 ②

> 노른자 001

전원이 켜진 상태에서 장치를 연결 또는 분리하는 것을 핫 스와핑이라고 한다.

> **오답 해설**
> ① 플러그 앤 플레이: 하드웨어 장치의 설치나 드라이버 확장 시 사용자의 편의를 돕기 위해 사용자가 직접 설정할 필요 없이 운영체제가 자동으로 인식하게 하는 기능을 말한다.
> ③ 인터럽트: 컴퓨터에서 정상적인 작업을 수행하는 도중에 외부의 어떠한 변화로 인하여 해당 프로그램의 실행이 정지되고, 변화에 대응하는 다른 프로그램이 먼저 실행되는 일을 말한다.
> ④ 선점형 멀티태스킹: 운영체제가 프로그램의 제어권을 가지므로 응용 프로그램의 오류가 발생했을 경우 오류가 발생한 응용 프로그램만 강제 종료할 수 있다.

> **가장 빠른 합격비법**
> 출제 빈도는 높지 않은 문제로, 보기에 대해 기본 개념 정도만 학습하면 됩니다.

02 ②

> 노른자 006

라이브러리는 일종의 가상 폴더 역할을 하므로 라이브러리에 폴더를 추가하더라도 실제 파일이 복사되거나 이동되지 않는다.

> **가장 빠른 합격비법**
> 라이브러리 기능은 정의, 역할 등을 묻는 형태로 출제됩니다. 자주 출제되는 기능은 아니므로 선택지와 해설을 중심으로 정리하세요.

03 ②
> 노른자 023

메모장은 '서식 없는 텍스트 파일(.txt)'만 편집할 수 있으며, .docx, .rtf와 같은 서식 있는 문서는 제대로 열리지 않거나 형식이 깨진다.

> ⓘ 가장 빠른 합격비법
> 메모장은 자주 출제되지 않습니다. 선택지와 해설 위주로 확인하고 넘어가세요.

04 ④
> 노른자 017

표준 계정 사용자는 시스템 설정을 변경할 수 없다. 표준 계정 사용자는 시스템에 대한 제한된 권한만 가지며, 관리자 권한 없이 중요한 시스템 설정을 변경할 수 없다.

> ⓘ 가장 빠른 합격비법
> 컴퓨터 시스템의 보안, 암호와 같은 주요 설정은 관리자 계정을 통해서만 가능합니다. 사용자 계정의 관리자 계정과 표준 계정을 비교하여 어떤 차이가 있는지 잘 알아두세요.

05 ③
> 노른자 026

오답 해설
① 1세대의 특징이다.
② 2세대의 특징이다.
④ 4세대의 특징이다.

> ⓘ 가장 빠른 합격비법
> 컴퓨터의 세대별 발전은 종종 출제됩니다. 노른자 026을 학습하고 세대별 주요 소자와 특징을 꼭 기억해두세요.

06 ④
> 노른자 028

JPEG는 이미지 압축 방식이며, 문자 표현과는 관련이 없다.

> ⓘ 가장 빠른 합격비법
> 자료의 표현 중 문자의 표현과 관련된 코드들이 많이 출제되었습니다. 각 코드별 특징까지 비교하며 학습하세요.

07 ②
> 노른자 028

- 1의 보수: 1010 → 0101
- 2의 보수: 0101 + 1 = 0110

> ⓘ 가장 빠른 합격비법
> 자주 출제되는 유형은 아닙니다. 진수의 개념을 이해하면 별도의 암기 없이 쉽게 해결할 수 있는 문제입니다.

08 ④
> 노른자 029

하드디스크는 보조기억장치이며, 중앙처리장치(CPU)의 내부 구성 요소는 아니다.

> ⓘ 가장 빠른 합격비법
> 중앙처리장치(CPU)는 컴퓨터를 구성하는 하드웨어 중에서 가장 중요한 장치로, 시험에 자주 출제됩니다. 노른자 029에서 중앙처리장치의 개념과 구성 요소를 학습하세요.

09 ③
> 노른자 031

ROM은 비휘발성 메모리로, BIOS와 같은 부팅 관련 정보가 저장된다.

> ⓘ 가장 빠른 합격비법
> ROM은 RAM과 비교하여 각각의 특징을 학습해야 하며 RAM은 휘발성, ROM은 비휘발성이라는 점을 꼭 기억하세요.

10 ③
> 노른자 040

오픈 소스 소프트웨어는 소스 코드가 공개되어 있어 사용자가 자유롭게 수정·사용·재배포할 수 있다.

오답 해설
① 셰어웨어는 특정 기능이나 사용 기간에 제한을 두고 무료로 배포하는 소프트웨어이다.
② 프리웨어는 무료로 배포되어 자유롭게 사용할 수 있는 소프트웨어이다.
④ 데모웨어는 홍보용으로, 사용 기간 또는 기능을 제한하여 배포하는 소프트웨어이다.

> ⓘ 가장 빠른 합격비법
> 소프트웨어의 종류에 대한 문제는 종종 출제됩니다. 노른자 040 '소프트웨어의 구분'을 통해 각 소프트웨어의 분류에 따른 특징을 학습하세요.

11 ②
> 노른자 042

컴파일러는 소스 코드 전체를 번역한 후 실행하며, 인터프리터는 소스 코드 한 줄씩 번역하여 바로 실행한다.

오답 해설
① 컴파일러는 실행 전에 소스 코드 전체를 번역하여 실행 가능한 파일을 만든다. 이 파일을 한 번 만들면 이후에는 번역 과정 없이 바로 실행할 수 있다. 인터프리터는 프로그램을 실행할 때마다 소스 코드를 한 줄씩 번역하여 실행한다.
③ 인터프리터도 소스 코드를 직접 읽고 번역하여 실행한다.

④ 컴파일러는 소스 코드 전체를 번역하는 과정에서 번역 전에 모든 구문 오류를 발견하여 보고하고, 인터프리터는 소스 코드를 한 줄씩 실행하다가 해당 줄에서 오류가 발생하면 그 시점에서 실행을 중단하고 오류를 보고한다.

> ⓘ **가장 빠른 합격비법**
> 컴파일러와 인터프리터는 두 개념을 비교하거나, 각각 옳지 않은 설명을 고르는 문제로 자주 출제됩니다. 두 개념의 차이점을 중심으로 학습하세요.

12 ② ↗노른자 044

보기는 메타버스(Metaverse)에 대한 설명이다. 메타버스(Metaverse)는 '초월(Meta)'과 '우주'를 뜻하는 유니버스(Universe)의 합성어로, VR(가상현실)이나 AR(증강현실)의 상위 개념으로서 가상 자아인 아바타를 통해 사회·경제적 활동 등이 가능한 4차원의 가상 온라인 시공간을 의미한다.

증강현실(AR; Augmented Reality)은 사람이 눈으로 볼 수 있는 실세계와 관련된 3차원의 부가 정보를 제공받을 수 있는 기술이다.

> ⓘ **가장 빠른 합격비법**
> 노른자 044를 통해 멀티미디어가 어떤 특징을 가지고 있고, 어떻게 활용되고 있는지 이해하면 좋습니다. IT 관련 용어는 시험에 자주 출제되고 있는데, 필요할 경우 노른자 057로 신기술 관련 용어를 학습하세요.

13 ② ↗노른자 047

MPEG-7은 비디오 및 오디오 콘텐츠의 메타데이터를 정의하여, 검색과 관리가 용이하도록 만드는 규격이다.

> ⓘ **가장 빠른 합격비법**
> MPEG 관련 개념들의 출제 빈도는 낮은 편입니다. MPEG1~7을 간략하게 구분해두는 것이 좋습니다.

14 ④ ↗노른자 050

모뎀은 디지털 신호를 아날로그 신호로 변환하여 전화선 등을 통해 데이터를 전송한다.

> ⓘ **가장 빠른 합격비법**
> 네트워크 장치에 대한 문제는 자주 출제됩니다. '모뎀은 변복조 장치(신호를 바꾸는 장치)', '허브는 여러 대의 컴퓨터 연결', '게이트웨이는 다른 프로토콜의 네트워크 연결'로 정리해두세요.

15 ② ↗노른자 054

오답 해설

① 프로토콜은 네트워크 장치 간의 통신 규약을 정의하는 것이며, 물리적인 전송 방법은 물리 계층에서 정의된다. 물리 계층에서는 신호, 전기적 특성 등을 다루고 있다.
③ IP(Internet Protocol)는 데이터 전송의 경로를 설정하는 프로토콜로, 오류 검사는 담당하지 않는다. 오류 검사는 주로 TCP의 역할이며 IP는 주로 데이터 패킷의 주소 지정과 라우팅을 담당한다.
④ HTTP(HyperText Transfer Protocol)는 웹 통신에 사용되는 응용 계층의 프로토콜로, 신뢰성 있는 데이터 전송은 제공하지 않는다. 신뢰성 있는 전송은 TCP가 담당한다.

> ⓘ **가장 빠른 합격비법**
> 프로토콜 문제는 자주 출제됩니다. TCP/IP와 기타 프로토콜인 HTTP, DHCP, ARP, RARP, UDP 등은 출제 빈도가 높으므로 각 프로토콜의 특징을 노른자 054를 통해 파악하세요.

16 ③ ↗노른자 057

FTP는 웹 브라우저를 통해 직접 파일을 업로드하거나 다운로드하는 서비스가 아니며, FTP 클라이언트를 사용하는 것이 일반적이다.

> ⓘ **가장 빠른 합격비법**
> 인터넷 서비스는 출제 빈도가 높은 유형입니다. 노른자 057을 통해 인터넷 서비스의 종류 및 용어를 학습하세요.

17 ④ ↗노른자 057

블루투스는 대규모 네트워크를 구성하는 것이 아니라, 짧은 거리에서 소형 장치들 간의 데이터 전송에 적합한 기술이다. 대규모 네트워크를 구성하려면 와이파이(Wi-Fi)나 이더넷(Ethernet)과 같은 기술이 더 적합하다. 블루투스는 근거리에서의 장치 간 통신을 주로 다룬다.

NFC는 Near Field Communication의 약자로, 이름처럼 매우 짧은 거리(일반적으로 10cm 이내)에서 비접촉식으로 데이터를 주고받는 기술로 모바일 결제, 대중교통 카드, 태그 인식 등에 활용된다.

> ⓘ **가장 빠른 합격비법**
> 정보통신 분야는 발전이 매우 빨라 새로운 기술들이 계속 나오고 있습니다. 출제 빈도도 높으므로 노른자 057을 통해 인터넷 서비스의 종류 및 용어를 학습하세요.

18 ③ 노른자 059

정보사회가 발전함에 따라 개인정보 유출의 위험이 오히려 커질 수 있다.

> ⓘ 가장 빠른 합격비법
> 정보사회의 정의, 특징, 변화 양상 등을 중심으로 자주 출제됩니다. 선택지를 잘 정리해 두세요.

19 ③ 노른자 060

피싱(Phishing)은 위장된 이메일이나 사이트를 통해 개인정보를 탈취하는 행위이다.

> ⓘ 가장 빠른 합격비법
> 다양한 컴퓨터 범죄의 유형은 출제 가능성이 매우 높습니다. 노른자 060 내용을 잘 정리해두세요.

20 ② 노른자 062

오답 해설

① 가로막기에 대한 설명이다.
③ 변조/수정에 대한 설명이다.
④ 위조에 대한 설명이다.

> ⓘ 가장 빠른 합격비법
> '가로채기=몰래 엿보기'라는 개념으로 정보의 기밀성을 침해합니다. 스니핑, 패킷 가로채기 등이 포함됩니다.

2과목 스프레드시트 일반

21 ④ 노른자 070

시트 보호를 해제하려면 암호를 입력해야 할 수 있지만, 시트 보호 설정 시 암호를 설정하지 않았다면 암호 없이 해제할 수 있다. 암호를 설정한 경우에만 암호 입력이 필요하다.

오답 해설

① 시트 보호를 설정하면 셀 편집 및 삭제를 방지할 수 있다.
② 기본적으로 모든 셀은 보호 상태로 설정되며, 특정 셀에 대해 보호를 해제할 수 있다.
③ 특정 셀만 편집 가능하도록 설정할 수 있어, 예외적으로 수정할 수 있다.

> ⓘ 가장 빠른 합격비법
> 시트 보호와 통합 문서 보호는 자주 출제되는 유형입니다. 노른자 070을 통해 자세히 정리해두세요.

22 ④ 노른자 072

Home 을 누르면 해당 행의 A열로 이동한다. [A1] 셀로 이동하는 단축키는 Ctrl + Home 이다.

> ⓘ 가장 빠른 합격비법
> 데이터 입력 및 셀 포인터 이동에 관한 단축키는 반드시 학습해두세요.

23 ① 노른자 074

[메모 서식] 기능을 이용해서 텍스트 서식도 지정할 수 있다.

> ⓘ 가장 빠른 합격비법
> 메모 기능에 대해서 '서식 지정 가능', '인쇄 가능', '찾기 가능', '메모 크기를 자동으로 조정 가능'을 기억하고, 노른자 074에서 메모 삭제 방법도 알아두세요.

24 ④ 노른자 077

[찾기 및 바꾸기] 대화상자는 현재 선택한 셀 범위 내에서도 사용할 수 있다. 원하는 범위를 먼저 선택한 후 실행하면 해당 범위 내에서만 검색하거나 바꾸기가 적용된다.

> ⓘ 가장 빠른 합격비법
> [찾기 및 바꾸기] 대화상자에 대한 문제는 자주 출제되는 유형은 아닙니다. 문제와 선택지 위주로 정리해두세요.

25 ③ 노른자 081

조건부 서식은 조건을 만족할 때에만 지정된 서식이 적용되며 조건이 변하면 서식도 자동으로 변경된다.

> ⓘ 가장 빠른 합격비법
> 조건부 서식은 필기시험과 실기시험 모두 출제 빈도가 높습니다. 노른자 081을 통해 학습하고 실습을 통해 사용 방법을 꼭 정리해두세요.

26 ② 노른자 088

=IF(C2)=AVERAGE($C$2:$C$6),"평가우수","평가미달"): [C2]는 상대 참조로 유지되어 각 행의 점수를 올바르게 참조하고, AVERAGE 함수는 [$C$2:$C$6]과 같이 절대 참조를 사용하여 평균 계산 범위가 고정되므로 올바른 수식이다.

오답 해설

① =IF(C2)=AVERAGE(C2:C6),"평가우수","평가미달"): AVERAGE 함수에 상대 참조[C2:C6]를 사용하여 수식 복사 시 평균 범위가 변하게 되므로 옳지 않다.

③ =AVERAGEIF(C2:C6,")=","평가우수","평가미달"): AVERAGEIF 함수는 특정 조건에 맞는 셀들의 평균을 계산하는 함수이며, '평가우수'나 '평가미달'과 같은 텍스트를 반환하는 용도로 사용되지 않는다.

④ =AVERAGEIF($C$2:$C$6,")=","평가우수","평가미달"): ③번과 마찬가지로 AVERAGEIF 함수는 이 문제의 목적에 맞지 않다.

> ⚠ **가장 빠른 합격비법**
> 통계 함수는 출제 빈도가 매우 높은 함수입니다. 노른자 088과 함께 직접 실습을 통해 정리해두세요. 개념이 비슷한 함수를 묶어서 이해하는 것도 좋습니다.

27 ③ ↗ 노른자 086

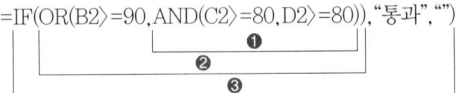

❶ AND 함수는 모든 조건이 참이면 TRUE, 그렇지 않으면 FALSE를 반환함. 따라서 AND(C2>=80,D2>=80) 함수는 [C2] 셀이 80 이상이고, [D2] 셀이 80 이상인 경우 TRUE를 반환함

❷ OR 함수는 조건 중 하나라도 참이면 TRUE, 그렇지 않으면 FALSE를 반환함. 따라서 OR(B2>=90,❶) 함수는 [B2] 셀이 90 이상이거나, ❶의 결과가 TRUE인 경우 TRUE를 반환함

❸ [B2] 셀이 90 이상이거나, [C2] 셀이 80 이상이고 [D2] 셀이 80 이상인 경우 '통과'를 표시하고, 그렇지 않은 경우 공백("")을 표시함

> ⚠ **가장 빠른 합격비법**
> IF 함수 관련 문제는 난도가 높고, 실기에서 반드시 출제되는 함수입니다. 해설을 꼼꼼하게 보면서 IF 함수의 동작 원리를 파악하세요.

28 ① ↗ 노른자 090

HLOOKUP(기준셀,참조 범위,행 번호,옵션): 기준셀에서 참조되는 값을 참조 범위에 있는 행 번호에서 찾아 표시한다.
=HLOOKUP(C5,$C$1:$G$3,3,0): 기준셀[C5]인 352에 참조되는 값을 참조 범위[$C$1:$G$3]에 있는 3번째 행(단가행)에서 찾아 표시한다.

> ⚠ **가장 빠른 합격비법**
> 찾기/참조 함수는 출제 빈도가 높고 어려운 함수입니다. 찾으려는 데이터 필드 값의 방향이 행 방향이면 HLOOKUP 함수를, 열 방향이면 VLOOKUP 함수를 사용한다는 것을 꼭 기억해두세요. 0 또는 FALSE는 정확히 일치하는 값을, 1 또는 생략 또는 TRUE는 유사하게 일치하는 값을 반환한다는 뜻입니다.

29 ① ↗ 노른자 095

조건이 모두 같은 행에 입력되어 있기 때문에 AND 조건이다.

> ⚠ **가장 빠른 합격비법**
> 고급 필터 문제는 자주 출제됩니다. AND 조건과 OR 조건을 비교해서 정리해두세요. AND 조건은 조건을 모두 같은 행에 입력하고, OR 조건은 조건을 서로 다른 행에 입력합니다.

30 ③ ↗ 노른자 099

통합할 데이터는 일관된 구조(행/열 위치와 라벨 등)를 가져야 하며, 라벨이 다르거나 위치가 불일치하면 정확한 통합이 되지 않거나 오류가 발생할 수 있다.

> ⚠ **가장 빠른 합격비법**
> 데이터 통합 문제는 자주 출제되지는 않습니다. 노른자 099를 가볍게 읽고 문제 위주로 학습하세요.

31 ③ ↗ 노른자 105

피벗 테이블은 기본적으로 하나의 연속된 표 형태의 데이터 범위를 기반으로 생성된다.

> ⚠ **가장 빠른 합격비법**
> 피벗 테이블은 필기시험뿐만 아니라 실기시험에도 출제되는 중요한 부분입니다. 노른자 105를 통해 개념을 파악하고, 피벗 테이블과 피벗 차트의 관계도 이해할 필요가 있습니다. 특히 피벗 테이블을 삭제하면 차트는 일반 차트가 된다는 것을 꼭 기억하세요.

32 ① ↗ 노른자 107

영역형 차트는 3차원 차트로 변경이 가능하다. 3차원 차트 변경이 불가능한 차트는 분산형 차트, 도넛형 차트, 방사형 차트, 주식형 차트이다.

> ⚠ **가장 빠른 합격비법**
> 차트의 종류는 출제 빈도가 상당히 높습니다. 노른자 107에 정리된 모든 차트의 종류와 특징을 꼭 정리해두세요. 3차원 차트로 변경이 불가능한 차트는 암기해둘 필요가 있습니다.

33 ② ↗ 노른자 109

차트의 계열 순서를 변경하려면 차트에서 오른쪽 클릭-[데이터 선택] 클릭-'범례 항목(계열)'에서 원하는 계열을 선택한 후 위/아래 버튼으로 순서를 조정한다.

> ⚠ **가장 빠른 합격비법**
> [데이터 원본 선택] 대화상자에서는 차트에 표시되는 데이터 계열을 추가·편집·제거할 수 있으며, 계열의 순서도 위/아래로 조정할 수 있는 옵션을 제공합니다.

34 ① ↗ 노른자 108, 109

'계열 겹치기'는 막대형 차트에서 계열 간 간격을 조절하는 옵션으로 양수(ⓓ +100%)로 설정하면 막대가 겹치고, 음수로 설정할수록 막대 간 간격이 벌어진다.

> ⓘ 가장 빠른 합격비법
> 차트 관련 문제는 매회 고정적으로 출제됩니다. 특히 선택지 ①의 '계열 겹치기'의 기준을 혼동하는 경우가 많은데, '계열 겹치기' 기능이기 때문에 '양수'로 설정하면 '데이터 계열이 겹쳐진다'는 것을 기억하면 좋습니다. 추가로 차트의 각 부분에 대한 명칭도 반드시 기억하세요.

35 ④ 　　　　　　　　　　　　　　↗ 노른자 102

엑셀의 기본 부분합 기능에서는 여러 필드에 대해 같은 함수만 적용할 수 있으며, 부분합 계산에 사용할 요약 함수를 두 개 이상 사용하기 위해서는 함수의 종류 수만큼 부분합을 반복 실행해야 한다.

> ⓘ 가장 빠른 합격비법
> 부분합은 시험에 자주 출제됩니다. 부분합을 실행하기 위해 해야 하는 작업과 사용할 수 있는 함수에 대해 노른자 102를 통해 꼭 기억해두세요.

36 ② 　　　　　　　　　　　　　　↗ 노른자 112

자동으로 삽입된 페이지 나누기는 점선(파선)으로 표시되고, 수동으로 삽입된 페이지 나누기는 실선으로 표시된다.

> ⓘ 가장 빠른 합격비법
> [페이지 나누기 미리 보기] 기능은 워크시트를 인쇄할 페이지 상태로 보면서 작업할 수 있도록 하는 기능입니다. 종종 출제되는 개념이므로 노른자 112를 통해 학습하고 넘어가세요.

37 ① 　　　　　　　　　　　　　　↗ 노른자 111

[페이지 설정] 대화상자는 인쇄 페이지의 레이아웃과 형식을 설정하는 곳이며, 프린터 선택은 [인쇄] 대화상자에서 설정한다. 따라서 프린터 목록에서 선택하는 기능은 [페이지 설정] 대화상자에는 없다.

> ⓘ 가장 빠른 합격비법
> 페이지 설정은 출제 빈도가 상당히 높습니다. 노른자 111을 통해 [페이지 설정] 대화상자의 [페이지] 탭, [여백] 탭, [머리글/바닥글] 탭, [시트] 탭의 각 항목들에 대해 자세히 정리해두세요.

38 ① 　　　　　　　　　　　　　　↗ 노른자 114

매크로 이름은 고유성을 가지기 때문에 같은 통합 문서 내에서는 동일한 이름이 존재할 수 없다.

> ⓘ 가장 빠른 합격비법
> 매크로는 시험에 아주 많이 출제되는 기능입니다. 필기시험과 실기시험 모두 출제되는 기능으로, 특히 매크로 이름과 바로 가기 키, 매크로 저장 위치가 중요하므로 반드시 기억하세요. 실기시험을 대비해 실습을 통해 기능을 익히는 것도 좋습니다.

39 ③ 　　　　　　　　　　　　　　↗ 노른자 114

매크로 저장 위치가 '개인용 매크로 통합 문서'일 경우 모든 Excel 문서에서 해당 매크로를 사용할 수 있다.

> ⓘ 가장 빠른 합격비법
> 매크로는 시험에 아주 많이 출제되고, 특히 '매크로 이름', '바로 가기 키', '매크로 저장 위치'가 빈출되므로 반드시 기억하세요.

40 ② 　　　　　　　　　　　　　　↗ 노른자 082

기본적으로 상대 참조가 적용되며, 한 행 아래로 복사했기 때문에 참조도 [A1] → [A2]로 바뀐다.

> ⓘ 가장 빠른 합격비법
> 엑셀에서 수식을 복사할 때, 셀 참조는 기본적으로 상대 참조로 작동합니다. 혼합 참조, 절대 참조도 함께 실습을 통해 정리해두시기 바랍니다.

답 없이 푸는 제4회 기출변형문제

문제 → 103쪽

01	①	02	④	03	③	04	②	05	④
06	②	07	④	08	③	09	②	10	③
11	③	12	③	13	②	14	③	15	④
16	②	17	②	18	②	19	③	20	②
21	②	22	①	23	③	24	④	25	①
26	②	27	②	28	③	29	②	30	③
31	②	32	③	33	③	34	④	35	③
36	②	37	④	38	④	39	③	40	②

1과목 컴퓨터 일반

01 ① → 노른자 002

Shift + Delete : 휴지통을 사용하지 않고 완전 삭제한다.

⚠ 가장 빠른 합격비법
출제율도 낮고 쉬운 문제에 속합니다. 노른자 002의 내용을 보며 실습을 해 보세요.

02 ④ → 노른자 003

점프 목록은 실행 중인 프로그램과 관련된 기능으로, 시스템 종료나 로그오프 기능은 포함되지 않는다.

⚠ 가장 빠른 합격비법
점프목록은 필기시험에서 출제 빈도가 높지는 않으므로 문제 위주로 학습해두세요.

03 ③ → 노른자 024

네트워크 프린터는 연결할 프린터의 포트가 자동으로 지정되므로 포트를 지정하지 않는다.

⚠ 가장 빠른 합격비법
프린터 설치에 대한 문제는 종종 출제됩니다. 노른자 024를 확인하고, 특히 기본 프린터에 대해서 학습하는 것이 중요합니다.

04 ② → 노른자 016

[키보드 속성] 대화상자에서는 언어 설정을 변경할 수 없다. 언어 설정은 [설정]에서 '시간 및 언어' 옵션을 통해 변경한다.

⚠ 가장 빠른 합격비법
키보드는 시험에 자주 출제되지 않습니다. 선택지의 내용을 읽어보는 정도로 넘어가셔도 좋습니다.

05 ④ → 노른자 011

Windows에 탑재된 레지스트리 편집기는 'regedit.exe'이다.

⚠ 가장 빠른 합격비법
레지스트리는 출제 빈도가 낮은 편이므로, 문제 위주로 학습해두세요.

06 ② → 노른자 028

기억 용량 단위는 일반적으로 Byte < KB < MB < GB < TB < PB …이다.

⚠ 가장 빠른 합격비법
자료의 단위는 크기 순서를 반드시 알고 있어야 합니다. 자료의 단위와 크기를 정확하게 알아두세요.

07 ④ → 노른자 029

레지스터는 CPU 내부에 위치하며, 연산에 필요한 데이터나 명령어, 주소 등을 임시로 저장하는 고속의 저장장치이다.

오답 해설
① 레지스터가 아니라 하드디스크, SSD와 같은 보조기억장치에 대한 설명이다.
③ 레지스터는 주기억장치보다 속도가 훨씬 빠르고 용량은 매우 작다.

⚠ 가장 빠른 합격비법
레지스터의 개념이나 특징을 묻는 문제는 자주 출제되고 있습니다. 노른자 029에 대한 내용을 집중해서 학습하세요.

08 ③ → 노른자 032

SSD는 하드디스크와 같은 보조기억장치이며, 주기억장치(RAM, ROM)와는 구분된다.

⚠ 가장 빠른 합격비법
보조기억장치에 대한 문제는 자주 출제되므로 대표적인 보조기억장치, 주기억장치와의 구분, 특징을 중심으로 학습하세요.

09 ②

가상 메모리는 시스템에서 프로그램이 요구하는 메모리를 동적으로 할당하여, 물리적 메모리 용량을 초과하는 데이터를 보조기억장치에 저장하고 필요한 시점에 불러와 사용함으로써 시스템 성능을 향상시킨다.

> ⚠️ **가장 빠른 합격비법**
> 기억장치는 매우 중요합니다. 문제와 함께 노른자 033을 꼼꼼히 읽어보세요. 특히 캐시 메모리, 가상 메모리, 연관 메모리를 확실히 학습하세요.

10 ③

하드디스크 용량이 부족할 경우, 불필요한 파일이나 사용하지 않는 프로그램을 삭제하는 것이 가장 기본적인 해결 방법이다.

> ⚠️ **가장 빠른 합격비법**
> 다양한 상황에 따른 컴퓨터 문제 해결에 대해 출제되고 있습니다. 노른자 036을 보면서 각 상황에 따른 대처 방법을 꼼꼼하게 학습하는 것이 좋습니다.

11 ③

인터프리터(Interpreter): 대화식 언어로 작성된 프로그램을 필요할 때마다 매번 기계어로 번역하여 실행하는 프로그램이다.

오답 해설

① 어셈블러: 어셈블리 언어로 작성된 프로그램을 기계어로 번역하는 언어 번역기이다.
② 컴파일러: 고급 언어로 작성된 프로그램을 기계어로 번역하는 언어 번역기로 목적 프로그램을 생성한다.
④ 프리프로세서: 프로그램을 컴파일하기 전에 필요한 작업을 미리 처리한다.

> ⚠️ **가장 빠른 합격비법**
> 언어 번역 프로그램은 자주 출제되므로, 노른자 042 내용 위주로 학습하세요.

12 ③

비선형성은 사용자가 흐름을 자유롭게 선택할 수 있다는 뜻이다.

오답 해설

① 통합성: 텍스트, 이미지, 오디오, 비디오 등 다양한 미디어 데이터를 하나로 통합하여 표현하는 특성을 말한다.
② 동시성: 여러 미디어 데이터가 시간적으로 동기화되어 동시에 재생되거나 상호작용하는 특성을 말한다.
④ 시간성: 데이터가 시간의 흐름에 따라 변화하고, 시간에 맞춰 적절하게 제공되어야 하는 특성을 말한다. 주로 스트리밍 미디어에서 중요하게 다루어진다.

> ⚠️ **가장 빠른 합격비법**
> 멀티미디어의 특징인 통합성, 디지털화, 쌍방향성, 비선형성의 의미를 정리해 두세요. 멀티미디어가 어떤 특징을 가지고 있고, 어떻게 활용되고 있는지 이해하면 좋습니다.

13 ②

안티앨리어싱(Anti-Aliasing)은 이미지의 경계를 부드럽게 만들어 '톱니 현상(계단 현상)'을 줄이는 기술이다.

> ⚠️ **가장 빠른 합격비법**
> 그래픽 관련 용어는 반드시 숙지하고 있어야 합니다. 노른자 045를 통해 각각의 특징을 학습하세요.

14 ③

근거리 통신망(LAN)은 하나의 제한된 지역 내에서 연결된 네트워크이다. 여러 지역을 연결하는 것은 'WAN(Wide Area Network)'의 역할이다.

> ⚠️ **가장 빠른 합격비법**
> 학교, 사무실, 가정 내에서 네트워크를 구성할 때 사용하는 통신망이 근거리 통신망(LAN)입니다. 시험에 거의 출제되지 않습니다. 선택지와 해설 위주로 학습하고 넘어가세요.

15 ④

IPv6는 클래스를 구분하지 않고 유니캐스트, 애니캐스트, 멀티캐스트의 형태로 구분하여 사용한다.

> ⚠️ **가장 빠른 합격비법**
> 32비트 주소를 사용하는 IPv4는 IT 기기가 증가하면서 주소가 부족해졌고, 이에 따라 128비트의 IPv6가 등장하였습니다. 이때 단순히 주소의 개수만 늘린 것이 아니라 보안인증성, 기밀성, 무결성도 강화하였습니다. 인터넷 IP 주소 체계는 IPv4와 IPv6를 비교하여 학습하고 각 주소 체계의 특징을 기억해두세요.

16 ②

오답 해설

① SMTP(Simple Mail Transfer Protocol)는 이메일을 전송하는 프로토콜로, 수신을 담당하지 않는다. 이메일을 수신하려면 POP3(Post Office Protocol 3) 또는 IMAP(Internet Message Access Protocol) 프로토콜이 사용된다.
③ SMTP는 이메일 전송을 위한 프로토콜로, 저장하거나 다운로드하는 역할은 하지 않는다. 이메일을 저장하거나 다운로드하는 역할은 POP3나 IMAP 프로토콜이 담당한다.

④ 기본적인 SMTP는 암호화 기능이 없다. 그러나 보안을 강화하려면 SMTPS(Secure SMTP)나 TLS/SSL을 사용하여 이메일 전송을 암호화할 수 있다.

> ⓘ **가장 빠른 합격비법**
> 전자우편의 프로토콜 정도는 꼭 기억해두세요. 노른자 055를 통해 전자우편 프로토콜에 관련된 개념과 특징을 학습하는 것이 좋습니다.

17 ② 　　노른자 057

IoT(Internet of Things)는 사람 간의 통신이 아니라, 사물들이 서로 연결되어 데이터를 교환하는 기술이다. IoT의 주요 목적은 사람이 아닌 사물들 간의 연결을 통해 자동화된 정보 처리 및 효율성 증가를 이끌어내는 것이다.

> ⓘ **가장 빠른 합격비법**
> 사물 인터넷(IoT)은 모든 사물들이 인터넷을 사용하여 다양한 정보를 공유하는 기술입니다. 선택지와 해설을 참고하여 사물 인터넷(IoT)에 대해 정리하세요.

18 ② 　　노른자 056

쿠키(Cookie)는 인터넷 웹사이트의 방문 정보를 기록하는 텍스트 파일로, 인터넷 사용자가 웹사이트에 접속한 후 이 사이트 내에서 어떤 정보를 읽고 어떤 정보를 남겼는지에 대한 정보가 사용자의 PC에 저장되며, 고의로 사용자의 정보를 빼낼 수 있는 통로의 역할을 할 수도 있다.

> ⓘ **가장 빠른 합격비법**
> 쿠키는 웹 브라우저 관련 용어로 정의, 주요기능 위주로 정리하시면 됩니다.

19 ③ 　　노른자 060

'스푸핑(Spoofing)'은 IP 주소나 이메일 주소 등을 속여 위장하거나 사칭하는 행위로, 불법적인 목적으로 사용된다.

> ⓘ **가장 빠른 합격비법**
> 컴퓨터 범죄 관련 문제는 시험에 자주 출제됩니다. 노른자 060을 확인하면서 각각의 공격에 대한 방식을 반드시 암기하세요.

20 ② 　　노른자 062

오답 해설
① 가용성 침해에 해당한다.
③④ 무결성 침해에 해당한다.

> ⓘ **가장 빠른 합격비법**
> 종종 출제되는 유형으로 기밀성, 무결성, 가용성을 각각 침해하는 공격 유형을 정리해두세요.

2과목　스프레드시트 일반

21 ② 　　노른자 066

틀 고정은 화면에서만 적용되는 기능이며, 인쇄에는 영향을 주지 않는다. 인쇄 시 제목 행을 반복하려면 '인쇄 제목' 기능을 사용해야 한다.

> ⓘ **가장 빠른 합격비법**
> [창]-[틀 고정] 문제는 출제 빈도가 높습니다. 선택지와 해설 그리고 노른자 066을 꼭 정리해두세요. 특히 틀 고정과 창 나누기 기능의 공통점과 차이점을 구분해두세요.

22 ① 　　노른자 073

숫자가 입력된 셀의 자동 채우기 핸들을 드래그하면 '셀 복사', Ctrl 을 누른 채 드래그하면 1씩 증가한 값이 채워진다.

> ⓘ **가장 빠른 합격비법**
> 자동 채우기는 데이터를 입력한 후 해당 셀의 자동 채우기 핸들을 이용하여 데이터를 채우는 기능입니다. 숫자, 문자, 숫자 + 문자, 날짜 데이터를 입력하는 방법은 자주 출제되므로 노른자 073을 통해 방법을 익혀두세요.

23 ③ 　　노른자 076

Ctrl 을 누른 채 선택 영역의 테두리를 원하는 위치로 드래그하면 선택 영역이 복사된다.

> ⓘ **가장 빠른 합격비법**
> 시험에 자주 출제되는 문제는 아닙니다. 문제 위주로 한두 번 읽고 넘어가세요.

24 ④ 　　노른자 079

〈셀 서식 대화상자 표시 형식의 기본 구역〉

> 양수일 때 서식; 음수일 때 서식; 0일 때 서식; 텍스트일 때 서식

13560은 양수이므로 #0.0,천원이 적용되고 ,(쉼표)에 의해 13560.0이 13.6으로 되며 텍스트 "천원"이 붙어서 13.6천원이 된다.

- #: 하나의 자릿수를 의미하며 해당 자릿수에 숫자가 없을 경우 표시하지 않는다.
- 0: 하나의 자릿수를 의미하여 해당 자릿수에 숫자가 없을 경우 0을 표시한다.
- .(마침표): 소수점의 자리 표시에 사용한다.
- ,(쉼표): 천 단위를 의미하는 기호로 ,(쉼표) 이후에 더 이상 형식 코드를 사용하지 않으면 천 단위 배수로 반올림해서 표시한다.

> ⓘ 가장 빠른 합격비법
> 사용자 지정 표시 형식은 거의 매회 출제됩니다. '#'과 '0'의 사용법을 우선으로 학습하고, 기출문제를 통해서 반복 학습하세요.

25 ① 🔗 노른자 081

조건부 서식에서 행 전체에 서식을 지정하기 위해서는 열을 고정하는 혼합 참조의 형식으로 설정해야 한다.

> ⓘ 가장 빠른 합격비법
> 조건부 서식에서 수식을 입력할 때 서식을 '행'에 입력할 것인지 '열'에 입력할 것인지에 따라 참조 방법이 다릅니다. 조건에 맞는 '행'에 서식을 지정하고자 할 때는 열 주소 앞에 $로 설정(예 $B2)하고, '열'에 서식을 지정하고자 할 때는 행 주소 앞에 $로 설정(예 B$2)합니다. 실기에도 등장하는 규칙이므로 반드시 기억하세요.

26 ② 🔗 노른자 083

이름의 첫 글자는 반드시 문자 또는 밑줄(_)로 시작되며 슬래시(/)는 사용할 수 없다.

> ⓘ 가장 빠른 합격비법
> 이름 정의는 종종 출제되는 문제입니다. 선택지와 노른자 083을 통해 내용을 정리해보세요. 실기시험에서 출제되기도 하므로 잘 알아두는 것이 좋습니다.

27 ③ 🔗 노른자 088

RANK.EQ(기준셀,범위,1): 기준셀이 범위에서 몇 등인지를 표시한다. 옵션 1은 낮은 수가 1등(오름차순)이다.

> ⓘ 가장 빠른 합격비법
> 통계 함수는 출제 빈도가 매우 높은 함수입니다. 노른자 088과 함께 직접 실습을 통해 정리해두세요. 개념이 비슷한 함수를 묶어서 이해하는 것도 좋습니다.

28 ③ 🔗 노른자 089

PROPER(문자열): 영어 단어의 첫 글자만 대문자로 표시하기 때문에 결과는 Republic Of Korea이다.

오답 해설

① TRIM(문자열): 문자열 좌/우 공백은 제거하고 나머지 공백은 한 칸으로 만든다.
② SEARCH(찾을 문자,문자열,K): 문자열 K번째부터 시작해서 찾을 문자의 위치를 숫자로 반환한다(대·소문자를 구별하지 않는다).
④ UPPER(문자열): 문자열을 모두 영문자의 대문자로 반환한다.

> ⓘ 가장 빠른 합격비법
> 노른자 089를 통해 개념을 이해하고, '부록'을 통해서 직접 엑셀에 실습해보며 확실히 학습해두세요.

29 ② 🔗 노른자 092

탭(Tab)이나 쉼표(,) 등으로 구분된 데이터는 구분 기호를 지정하여 올바르게 나눌 수 있다. 엑셀에서 텍스트 파일을 가져올 때 구분 기호(Delimiter)를 지정하면, 해당 기호를 기준으로 데이터를 열 단위로 분리할 수 있다(예 CSV, 탭 구분 텍스트 등).

오답 해설

① 엑셀은 텍스트 파일을 직접 열거나 가져올 수 있다.
③ 텍스트 가져오기 후 셀 서식 지정이 가능하다.
④ 여러 열로 구성된 텍스트 데이터도 처리할 수 있다.

> ⓘ 가장 빠른 합격비법
> 가끔 출제되는 문제이므로 문제 위주로 학습해두세요. '외부 데이터 가져오기' 기능은 실기시험에서도 출제됩니다.

30 ③ 🔗 노른자 104

시나리오 요약 보고서를 만든 후에는 시나리오 값이나 원본 데이터를 수정해도 반영되지 않는다(시나리오 요약 보고서는 독립적으로 존재한다).

> ⓘ 가장 빠른 합격비법
> 시나리오 요약 보고서를 생성하면 별도의 시트에 작성됩니다. 원본 데이터에 연결된 데이터가 아니라 새로운 시트에 보고서가 작성된다는 원리를 이해하면 쉽게 정답을 고를 수 있습니다.

31 ② 🔗 노른자 102

새로운 값으로 대치: 체크되어 있으면 기존 부분합은 사라지고 새 부분합이 수정된다. 만약 체크가 해제된다면 기존 부분합에 새 부분합이 추가된다.

> ⓘ 가장 빠른 합격비법
> 부분합은 출제 빈도가 매우 높습니다. 노른자 102를 참고하여 부분합을 실행하기 위해 해야 하는 작업과, 사용할 수 있는 함수에 대해 꼭 기억해두세요. 실기시험에도 출제되는 만큼 실습해보면서 학습하는 방법도 좋습니다.

32 ③ 🔗 노른자 105

피벗 테이블은 원본 데이터를 직접 수정하지 않고, 원본 데이터를 기반으로 요약된 결과를 생성한다. 피벗 테이블 자체에서 데이터를 직접 입력하거나 수정할 수 없다.

> ⚠ **가장 빠른 합격비법**
> 피벗 테이블은 시험에 자주 출제되며 필기시험뿐만 아니라 실기시험에도 출제되는 중요한 부분입니다. 노른자 105를 통해 개념을 파악하고, 피벗 테이블과 피벗 차트의 관계도 이해할 필요가 있습니다.

33 ③   노른자 107

보기는 원형 차트에 대한 설명이다.

> ⚠ **가장 빠른 합격비법**
> 노른자 107을 통해 차트의 종류를 확인하면서 데이터의 종류와 성격에 따라 다르게 표현되는 차트의 종류를 학습하세요.

34 ④   노른자 107

분산형 차트는 X축과 Y축 모두 수치형이며, 텍스트 범주가 기준이 되는 범주형 차트가 아니다. 항목 이름이 텍스트로 표시되는 것은 주로 세로 막대형이나 꺾은선형과 같은 범주형 차트이다.

> ⚠ **가장 빠른 합격비법**
> 차트의 종류는 출제 빈도가 높습니다. 주어진 데이터에 해당하는 차트를 선택하는 것이 중요한 만큼, 노른자 107에 정리된 모든 차트의 종류와 특징을 꼭 알아두세요.

35 ③   노른자 106, 108

차트를 삽입한 후에도 언제든지 데이터 범위, 계열, 축 등 구성 요소를 수정할 수 있다. 차트는 동적으로 원본 데이터와 연결되어 있어 데이터가 변경되면 차트도 자동으로 갱신된다.

> ⚠ **가장 빠른 합격비법**
> 차트 관련 문제는 차트를 제시한 문제나 이론적인 문제로 출제되는 경우가 일반적입니다. 따라서 노른자 106~110을 꼼꼼하게 학습하면서 차트에 대한 사항을 반드시 숙지하기 바랍니다.

36 ②   노른자 110

- 추세선은 수치형 데이터의 경향이나 예측선을 나타내기 위한 기능으로, 주로 분산형(Scatter), 꺾은선형(Line), 세로 막대형(Column) 등 2차원 계열 차트에서 사용 가능하다.
- **추세선 추가 불가 차트 유형**: 원형, 도넛형, 3차원 대부분, 방사형, 버블형 등

> ⚠ **가장 빠른 합격비법**
> 추세선을 사용할 수 없는 차트에 대해서 종종 출제됩니다. 추세선이 불가능한 차트에는 원형 차트, 도넛형 차트, 표면형 차트, 방사형 차트(암기팁: 원형 모양 도넛을 표방)가 있다는 것을 알아두세요.

37 ④   노른자 112

행 높이와 열 너비를 변경하면 자동 페이지 나누기 구분선의 위치는 변경된다.

> ⚠ **가장 빠른 합격비법**
> 페이지 나누기에 대한 문제는 종종 시험에 출제됩니다. 노른자 112와 문제를 위주로 학습하세요.

38 ④   노른자 111

[페이지 설정]의 [시트] 탭에서 '반복할 행'에 제목 행을 지정한다.

> ⚠ **가장 빠른 합격비법**
> 페이지 설정은 거의 매회 출제되는 내용입니다. 노른자 111을 통해 확실하게 학습하세요.

39 ③   노른자 114

매크로 기록 중에도 작업을 자유롭게 할 수 있으며, 그 작업이 기록된다.

> ⚠ **가장 빠른 합격비법**
> 매크로 기록 관련 문제는 시험에 자주 출제됩니다. 그중에서도 [매크로 기록] 대화상자의 각 항목에 대한 문제가 빈출되므로 완벽하게 숙지하고 있어야 합니다.

40 ②   노른자 114

매크로 바로 가기 키는 영문자만 가능하다. 한글과 숫자는 불가능하다.

> ⚠ **가장 빠른 합격비법**
> 매크로는 시험에 아주 많이 출제되는 기능입니다. 필기시험과 실기시험 모두 출제되는 기능으로, 특히 매크로 이름과 바로 가기 키, 매크로 저장 위치가 중요하므로 반드시 기억하세요. 실기시험을 대비해 실습을 통해 기능을 익히는 것도 좋습니다.

답 없이 푸는 제5회 기출변형문제

문제 ➡ 110쪽

01	④	02	②	03	④	04	①	05	④
06	④	07	③	08	①	09	④	10	②
11	③	12	②	13	③	14	②	15	③
16	②	17	②	18	①	19	④	20	②
21	②	22	③	23	①	24	④	25	④
26	④	27	②	28	②	29	①	30	③
31	②	32	①	33	②	34	③	35	④
36	②	37	②	38	④	39	②	40	①

1과목 컴퓨터 일반

01 ④   ➡ 노른자 004

바로 가기 아이콘은 파일이나 폴더를 여는 것을 도와주지만, 실행하는 프로그램을 자동으로 선택해주지는 않는다. 바로 가기 아이콘은 링크 역할을 할 뿐, 프로그램 선택 기능을 제공하지 않는다.

> ⓘ **가장 빠른 합격비법**
> 바로 가기 아이콘은 실제 실행되는 파일을 연결만 해놓은 파일로, 원본 파일로 연결하는 것에 사용되는 데이터만 가지고 있는 빈 껍데기에 불과합니다.

02 ②   ➡ 노른자 005

휴지통에 보관된 파일이나 폴더를 복원하기 전에 파일이나 폴더의 이름을 변경할 수 없다.

> ⓘ **가장 빠른 합격비법**
> 비교적 쉬운 문제입니다. 노른자 005의 내용을 한 번 읽어보세요.

03 ④   ➡ 노른자 006

[속성] 창에서는 파일의 내용을 직접 편집할 수 없다. 편집은 해당 파일을 실행해서 해야 하며, [속성] 창은 정보 확인 및 속성 설정 용도이다.

> ⓘ **가장 빠른 합격비법**
> 폴더의 [속성] 창에서 설정할 수 있는 것에 대한 내용은 자주 출제되고 있습니다. 이 외에도 노른자 008을 통해 폴더의 개념뿐만 아니라 특징도 함께 학습하세요.

04 ①   ➡ 노른자 015

[제어판]에서 [시스템]을 선택하면 시스템 정보에서 '시스템 종류' 항목을 확인할 수 있으며, 여기에서 32비트인지 64비트인지 확인할 수 있다.

> ⓘ **가장 빠른 합격비법**
> 가끔 출제되는 개념으로, 문제 위주로 학습하세요.

05 ④   ➡ 노른자 018

마우스 포인터의 표시 유형은 [마우스 속성] 창에서 설정할 수 있다.

> ⓘ **가장 빠른 합격비법**
> [접근성]은 시각장애나 청각장애가 있는 사용자들이 컴퓨터를 사용하기 편리하도록 제공하는 기능을 모아 둔 곳입니다. 돋보기, 고대비, 내레이터 등 항목에 따라 어떤 장애가 있는 사용자들을 위한 기능인지 구분하면 이해하기 쉽습니다.

06 ④   ➡ 노른자 028

유니코드(Unicode)는 다양한 언어를 표현하기 위해 보통 16비트 또는 그 이상을 사용한다.

> ⓘ **가장 빠른 합격비법**
> 유니코드(Unicode)의 특징은 빈출되는 주제 중 하나입니다. 유니코드는 모든 문자를 16비트로 표현한다는 것을 반드시 기억하세요.

07 ③   ➡ 노른자 029

'명령어 해독기(Decoder)'는 제어장치의 핵심 구성요소 중 하나로, '명령어 레지스터(IR)'에 저장된 명령어를 해석하고 제어 신호를 생성한다.

오답 해설
① 누산기(Accumulator)는 연산 결과를 임시로 저장하는 ALU(산술논리연산장치)의 일부이다.
② 명령어 레지스터(IR)는 현재 실행 중인 명령어를 저장하는 레지스터이다.
④ 프로그램 카운터(PC)는 다음에 실행할 명령어의 주소를 저장하는 레지스터이다.

> ⓘ **가장 빠른 합격비법**
> 연산장치와 제어장치는 시험에 자주 출제되는 내용입니다. 노른자 029에서 각 장치의 개념과 구성 요소를 학습하세요.

08 ① 노른자 031

RAM은 CPU가 직접 접근할 수 있는 메모리이다.

> ⚠️ **가장 빠른 합격비법**
> RAM은 자주 출제되며 ROM과 비교하여 정리해두세요.

09 ④ 노른자 035

'입출력 채널(I/O Channel)'은 주로 입출력 장치와 CPU 간의 데이터 처리를 담당하며, 주기억장치와의 직접적인 연동은 담당하지 않는다. 주기억장치와의 연동은 메모리 컨트롤러가 담당한다.

> ⚠️ **가장 빠른 합격비법**
> 입출력 채널(I/O Channel)은 가끔 출제되는 개념으로 선택지와 해설 위주로 정리해두세요.

10 ② 노른자 037

디스크 정리를 수행할 때는 임시 파일, 시스템 오류 보고서, 인터넷 캐시 파일과 같은 불필요한 항목을 삭제할 수 있다. 중요한 파일이나 운영체제 파일은 삭제하지 않아야 한다.

> ⚠️ **가장 빠른 합격비법**
> 디스크 정리는 종종 출제되므로 기출문제 위주로 정리해두세요.

11 ③ 노른자 038

문서 작성이나 이미지 편집은 응용 소프트웨어의 기능이다. 시스템 소프트웨어는 하드웨어와 응용 프로그램 사이의 중재 및 자원 관리 역할을 수행한다.

> ⚠️ **가장 빠른 합격비법**
> 시스템 소프트웨어는 시스템을 사용하기 위해 반드시 필요한 소프트웨어로, 대표적으로 운영체제가 있습니다. 시스템 소프트웨어에 대한 정의와 문제 위주로 학습하되, 응용 소프트웨어와의 차이점도 알아두세요.

12 ② 노른자 047

스트리밍(Streaming)은 다운로드 없이 실시간으로 재생하는 방식이다.

> ⚠️ **가장 빠른 합격비법**
> 스트리밍(Streaming)은 오디오 및 비디오 파일을 모두 다운받기 전에 파일을 재생할 수 있는 기술입니다. 최근 자주 출제되고 있는 내용 중 하나이므로 노른자 047을 통해 정리하세요.

13 ③ 노른자 046

시퀀싱(Sequencing)은 전자 악기나 음악 소프트웨어에서 연주 정보를 시간 순서대로 기록하고, 이를 재생하거나 편집하는 기술을 의미한다. 주로 MIDI 데이터를 기반으로 하며, 실제 음이 아닌 음의 이벤트 정보(언제 어떤 음을 어떤 세기로 얼마나 길게 연주할지 등)를 다룬다.

오답 해설

① 아날로그 소리를 디지털로 바꾸는 과정은 샘플링(Sampling)에 해당한다.
② 음악 파일의 용량을 줄이기 위한 기술은 오디오 압축(Audio Compression)이다.
④ 여러 오디오 트랙을 편집하고 효과를 적용하는 작업은 믹싱(Mixing) 또는 멀티트랙 편집에 해당한다.

> ⚠️ **가장 빠른 합격비법**
> 시퀀싱(Sequencing)에 대한 개념은 출제 빈도가 낮은 편이며 다른 보기와 함께 출제되는 경우가 많으므로 문제에 나온 내용 위주로 정리해두세요.

14 ② 노른자 050

OSI 7계층 모델은 네트워크 프로토콜을 계층적으로 나누어 정의한 모델로, 이 기종 단말 간의 호환성을 보장하고, 원활한 통신을 위한 최소한의 네트워크 구조를 제공한다. OSI 모델은 7개의 계층으로 구성되어 있으며, 각 계층은 서로 다른 통신 기능을 담당한다.

> ⚠️ **가장 빠른 합격비법**
> OSI 7계층은 각 계층에 대한 내용을 묻는 문제로 자주 출제됩니다. 개념과 각 계층의 특징까지 확실하게 알아두세요.

15 ③ 노른자 056

웹 브라우저는 웹 서버와의 연결을 직접 관리한다. 웹 브라우저는 HTTP 요청을 보내고, 서버와의 연결을 설정하며, 서버에서 받은 응답을 처리하여 웹페이지를 표시한다. 서버는 클라이언트의 요청에 따라 연결을 수립하고 응답을 보내는 역할을 하지만, 여러 서버와의 연결을 효율적으로 관리하는 것은 웹 브라우저의 중요한 기능 중 하나이다.

> ⚠️ **가장 빠른 합격비법**
> 자주 출제되는 내용은 아니지만 웹 브라우저의 기능을 묻는 문제가 출제되었습니다. 노른자 0560에 나와 있는 내용을 확실하게 학습하세요.

16 ② 노른자 057

FTP는 기본적으로 데이터를 암호화하지 않는다. 이로 인해 FTP를 통해 전송되는 데이터는 보안에 취약할 수 있다.

> ⓘ 가장 빠른 합격비법
> 출제 빈도가 높으므로 노른자 057을 통해 용어를 학습하세요.

17 ②   ↗ 노른자 057

오답 해설

① 와이파이는 IT 기기들이 일정한 거리 안에서 무선 랜에 연결할 수 있게 하는 기술이다.
③ 블루투스는 다양한 기기들이 무선 주파수를 이용하여 서로 통신하며 정보를 교환하는 기술이다.
④ 와이브로는 고정된 장소가 아닌, 이동하면서 초고속 인터넷을 이용할 수 있는 무선 휴대 인터넷 서비스이다.

> ⓘ 가장 빠른 합격비법
> 선택지에 제시된 용어들을 포함해 노른자 057에 나오는 인터넷 서비스의 용어들은 시험에 자주 출제됩니다.

18 ①   ↗ 노른자 060

오답 해설

② 스푸핑에 대한 설명이다.
③ 서비스 거부 공격(DoS, Denial of Service)에 대한 설명이다.
④ 랜섬웨어에 대한 설명이다.

> ⓘ 가장 빠른 합격비법
> 다양한 컴퓨터 범죄의 유형은 비교적 난도가 높은 편이며, 자주 출제되고 있습니다. 노른자 060을 꼭 학습하여 컴퓨터 범죄의 유형과 특징을 익혀두세요.

19 ④   ↗ 노른자 062

공개키 암호화에서 공개키는 공개되어도 되지만, 개인키는 비밀로 유지해야 한다. 공개키는 자유롭게 배포할 수 있지만, 개인키는 보호해야 하므로 두 키를 모두 공개하는 것은 잘못된 설명이다. 공개키 암호화는 키 관리가 복잡할 수 있지만, 공개키만 공개하면 된다.

> ⓘ 가장 빠른 합격비법
> 자주 출제되는 개념으로 공개키 암호화와 비밀키 암호화를 비교하여 정리해 두세요.

20 ②   ↗ 노른자 060

오답 해설

① 해킹에 대한 설명이다.
③ 이것은 물리적인 파괴 행위로, 사이버 공격의 범주와는 다르다.
④ 사용자 동의 없이 설치하는 것은 불법적이며 DDoS와도 관련 없다.

> ⓘ 가장 빠른 합격비법
> 보안 관련 문제는 시험에 자주 출제됩니다. 노른자 060을 확인하면서 각각의 공격에 대한 방식을 반드시 암기하세요.

| 2과목 | 스프레드시트 일반 |

21 ②   ↗ 노른자 065

쓰기 암호는 저장할 때마다 입력하는 것이 아니라, 파일을 열 때 쓰기 권한으로 열기 위해 입력하는 암호이다. 암호를 입력하지 않으면 읽기 전용으로 열리게 된다.

> ⓘ 가장 빠른 합격비법
> [일반 옵션]은 실기시험에서는 자주 출제되는 개념이므로 직접 설정해 보는 것이 좋습니다.

22 ③   ↗ 노른자 067, 068

Ctrl + PageUp은 이전 워크시트로 이동이고, Ctrl + PageDn은 다음 워크시트로 이동이다.

오답 해설

① Ctrl + PageDn은 워크시트 이동이다. 셀 내용 삭제는 Delete 이다.
② Ctrl + Shift + + 는 셀 또는 행/열을 삽입한다.
④ Shift + F11 은 새 워크시트를 추가한다.

> ⓘ 가장 빠른 합격비법
> 워크시트에 대해서 폭넓게 출제된 문제입니다. 관련 노른자들을 확인하면서 워크시트에 대한 내용은 반드시 학습하고 넘어가세요. 시험에 자주 출제됩니다.

23 ①   ↗ 노른자 072

셀 안에서 줄을 바꾸어 데이터를 입력하는 키는 Alt + Enter 이다. Ctrl + Enter 는 여러 셀에 동일한 데이터를 입력할 때 사용된다.

> ⓘ 가장 빠른 합격비법
> 데이터 입력은 시험에 자주 출제됩니다. 데이터 입력 과정에서 바로 가기 키는 물론이고, 노른자 072의 데이터의 형식도 중요한 내용이므로 꼼꼼하게 학습해야 합니다.

24 ④   ↗ 노른자 073

채우기 핸들로 수식을 복사하면 기본적으로 상대 참조로 복사되며, 고정된 참조를 사용하려면 절대 참조($)를 수식에 직접 지정해야 한다.

> ⓘ 가장 빠른 합격비법
> 자동 채우기 핸들 문제는 다양한 형태로 시험에 자주 출제됩니다. 노른자 073을 학습하고, '부록'을 통해 실제 따라 해보세요.

25 ④ 노른자 076

[선택하여 붙여넣기] 대화상자는 개별 셀에도 적용할 수 있으며, 셀 범위뿐만 아니라 개별 셀에도 특정 값, 수식, 서식 등을 붙여넣을 수 있다.

> ⓘ 가장 빠른 합격비법
> 시험에 자주 출제되는 문제는 아닙니다. 선택지와 해설 위주로 한두 번 읽고 넘어가세요.

26 ④ 노른자 079

ddd는 요일을 Sun~Sat으로, dddd는 요일을 Sunday, Monday ~Saturday로 표시한다.

> ⓘ 가장 빠른 합격비법
> 사용자 지정 표시 형식은 거의 매회 출제됩니다. 표시 형식에서 기본적으로 제공하지 않는 형식을 사용자가 직접 지정해야 해서 어려움이 있을 수 있는 부분으로, '#'과 '0'의 사용법을 우선적으로 학습하고 기출문제를 통해 반복 학습하세요.

27 ④ 노른자 085, 086

=IF(YEAR(B3)<=2025,"골드회원","일반회원")
　　　　❶　　　　　　　❷

❶ YEAR(B03): [B3] 셀에서 연도를 추출함. 결괏값은 2025
❷ IF(연도<=2025,"골드회원","일반회원"): 연도가 2025 이하인 경우 조건이 맞으면 '골드회원' 그렇지 않으면 '일반회원'으로 표시함. 따라서 결괏값은 '골드회원'

> ⓘ 가장 빠른 합격비법
> 함수는 작성 방법을 정확하게 이해하고 결괏값을 구할 수 있어야 합니다. 필기 시험에서는 식과 자료를 보고 결괏값을 해석할 수 있어야 하므로 값을 해석하는 연습을 하세요.

28 ② 노른자 091

DMAX(데이터베이스[표 범위],열 번호[열레이블],조건): 데이터베이스(표 범위)에서 조건에 맞는 데이터 중 지정된 열에서 숫자가 있는 셀의 최대값을 구한다.
=DMAX(A1:D6,4,A8:B9)
- 표 범위: 데이터가 있는 범위로 [A1:D6]
- 열 번호: '평균'이 있는 열 번호로 4
- 조건: 조건이 있는 범위로 [A8:B9]

따라서 결괏값이 94.5가 산출된다.

> ⓘ 가장 빠른 합격비법
> D함수는 일반 함수만큼은 아니지만 종종 출제되는 함수입니다. 함수와 기능을 알아두세요.

29 ① 노른자 088, 090

=CHOOSE(RANK.EQ(D2,$D$2:$D$5),"천하","대한","영광","기쁨")
　　　　　　　❶
　　　　　　　❷

❶ RANK.EQ(D2,$D$2:$D$5): [D2:D5] 영역에서 [D2] 셀의 값이 1번째로 큰 수이므로 1을 반환함
❷ CHOOSE(1,"천하","대한","영광","기쁨"): K의 값이 1이므로 '천하'를 반환함

> ⓘ 가장 빠른 합격비법
> RANK 함수가 속한 통계 함수에는 다양한 함수가 포함되어 있습니다. 그중 RANK 함수의 범위를 지정할 경우, 반드시 절대 참조를 사용해야 합니다. 내림차순이 기본값이지만, 오름차순도 지정할 수 있다는 것도 알아두세요.

30 ③ 노른자 094, 095

같은 행이면 AND 조건, 다른 행이면 OR 조건이다.

> ⓘ 가장 빠른 합격비법
> 자동 필터와 고급 필터를 비교하면 고급 필터의 출제 비중이 더 높습니다. 자동 필터와 고급 필터를 적용했을 때의 결괏값을 구하는 연습을 해보세요.

31 ② 노른자 099

엑셀의 데이터 통합 기능에서는 데이터 형식이 반드시 일치하지 않아도 레이블 기준으로 데이터를 병합할 수 있으며, 일치하지 않는 경우 별도 행/열로 처리된다.

> ⓘ 가장 빠른 합격비법
> 자주 출제되는 내용은 아니므로, 기출문제 위주로 알아두세요.

32 ① 노른자 105

피벗 테이블 보고서를 넣을 위치로 [A21] 셀을 선택하였다.

> ⓘ 가장 빠른 합격비법
> 피벗 테이블과 피벗 차트는 필기시험과 실기시험 모두 출제 빈도가 높은 유형입니다. 노른자 105를 통해 개념 및 특징을 학습하세요.

33 ② 노른자 107

원형 차트는 전체 항목의 값이 항목 합계의 비율로 표시되고, 하나의 데이터 계열만 표시할 수 있다.

> ⓘ 가장 빠른 합격비법
> 데이터의 종류와 성격에 따라 표현하는 차트의 종류를 알아두세요.

34 ③ 노른자 107

원형 차트는 하나의 데이터 계열만 표시할 수 있기 때문에 각 데이터 간의 값을 비교하는 차트를 작성할 수 없다.

> ⓘ 가장 빠른 합격비법
> 차트의 종류는 출제 빈도가 높습니다. 주어진 데이터에 따라서 해당하는 차트를 선택하는 것이 중요한 만큼, 노른자 107에 정리된 모든 차트의 종류와 특징을 꼭 알아두세요.

35 ④ 노른자 100

데이터 표는 특정 수식에 대해 하나 또는 두 개의 변수값이 변할 때 결괏값이 어떻게 변하는지를 보여준다.

> ⓘ 가장 빠른 합격비법
> 데이터 표는 이론적으로 이해가 어려운 부분이 있습니다. 엑셀에서의 표는 우리가 일반적으로 이해하는 표와 다른 부분이 있기 때문이죠. 직접 실습해 보면서 이해하기 바랍니다.

36 ② 노른자 088

COUNTIF(범위,조건): 범위에서 조건을 만족하는 셀의 개수를 표시한다.

> ⓘ 가장 빠른 합격비법
> '통계 함수' 관련 문제입니다. 시험에 매우 자주 출제되므로 노른자 088과 함께 관련 기출문제도 다회독하시기 바랍니다.

37 ② 노른자 111

[페이지 설정] 대화상자 – [시트] 탭 – 메모에서 '시트 끝'을 선택하면 모든 페이지의 메모가 문서의 마지막에 한꺼번에 인쇄되는 특징이 있다.

> ⓘ 가장 빠른 합격비법
> [페이지 설정] 대화상자의 [시트] 탭에 대해 묻는 문제입니다. 페이지 설정은 자주 출제되는 내용이므로 노른자 111을 통해 확실하게 학습해야 합니다.

38 ④ 노른자 114

엑셀의 바로 가기 키가 있어도 매크로 바로 가기 키를 지정할 수 있으며, 매크로 바로 가기 키가 우선으로 동작한다.

> ⓘ 가장 빠른 합격비법
> 매크로는 시험에 아주 많이 출제되는 기능입니다. 필기시험과 실기시험 모두 출제되는 기능으로, 특히 매크로 이름과 바로 가기 키, 매크로 저장 위치가 중요하므로 반드시 기억하세요. 실기시험을 대비해 실습하면서 기능을 익히는 것도 좋습니다.

39 ② 노른자 114

매크로를 포함한 통합 문서는 반드시 .xlsm 형식으로 저장해야 하며, .xls는 이전 버전이므로 일부 기능이 제한된다.

> ⓘ 가장 빠른 합격비법
> 매크로는 최빈출 문제 중 하나입니다. 노른자 114와 함께 확실하게 익혀두세요.

40 ① 노른자 114, 115

매크로 바로 가기 키는 반드시 영문자만 가능하며 Ctrl+소문자, Ctrl+Shift+대문자로 가능하다.

> ⓘ 가장 빠른 합격비법
> 매크로는 시험에 아주 많이 출제되는 기능입니다. 필기시험과 실기시험 모두 출제되는 기능으로, 특히 매크로 이름과 바로 가기 키, 매크로 저장 위치가 중요하므로 반드시 기억하세요. 실기시험을 대비해 실습하면서 기능을 익히는 것도 좋습니다.

답 없이 푸는 제6회 기출변형문제

문제 ➡ 117쪽

01	③	02	②	03	④	04	②	05	①
06	①	07	②	08	③	09	③	10	④
11	③	12	③	13	①	14	①	15	③
16	②	17	②	18	②	19	②	20	③
21	④	22	②	23	④	24	②	25	①
26	④	27	②	28	②	29	④	30	②
31	②	32	④	33	④	34	①	35	①
36	①	37	①	38	②	39	②	40	④

1과목 컴퓨터 일반

01 ③ ➡ 노른자 003

작업 표시줄 아이콘은 실행 중인 프로그램을 보여주는 방식으로 표시된다. 최소화된 상태뿐만 아니라 실행 중인 앱은 작업 표시줄에 아이콘이 표시된다.

> ⓘ **가장 빠른 합격비법**
> 작업 표시줄은 선택지 내용과 노른자 003 정도만 학습하고 넘어가세요.

02 ② ➡ 노른자 006

폴더를 삭제하는 작업은 [속성] 대화상자에서는 할 수 없으며, 해당 폴더를 선택하여 삭제할 수 있다.

> ⓘ **가장 빠른 합격비법**
> Windows 10의 기본 기능(특히 파일 및 폴더 관리, 속성 설정, 파일 탐색기 활용 등)에 대한 문제가 종종 출제됩니다. 실제로 윈도우 탐색기에서 폴더를 마우스 오른쪽 클릭-[속성]을 열어 각 탭(일반, 보안 등)을 직접 확인해 보세요.

03 ④ ➡ 노른자 007

폴더 내의 모든 항목을 선택하려면 Ctrl+A를 누른다.

> ⓘ **가장 빠른 합격비법**
> 쉬운 문제입니다. 그만큼 출제율도 높지 않아요. 노른자 007 '파일과 폴더' 내용을 한 번 읽어보세요.

04 ② ➡ 노른자 015, 017, 024

'장치'에서 프린터 및 스캐너를 연결하고, 블루투스 장치 설정도 할 수 있다.

> **오답 해설**
> ① 사용자 계정 추가: [설정]-[계정]
> ③ 네트워크 연결 설정: [설정]-[네트워크 및 인터넷]
> ④ 화면 해상도 변경: [설정]-[시스템]-[디스플레이]

> ⓘ **가장 빠른 합격비법**
> Windows 10의 [설정] 창의 각 항목의 기능을 구분하는 문제로 [설정]을 열어 메뉴를 눌러보며 구조를 익히는 것이 중요합니다.

05 ① ➡ 노른자 026

디지털 컴퓨터는 '논리 회로'를 사용하고 '기억기능'이 있다. 증폭 회로는 아날로그 컴퓨터의 특성이다.

> ⓘ **가장 빠른 합격비법**
> 디지털 컴퓨터와 아날로그 컴퓨터의 특징과 차이점을 확실하게 구분할 수 있도록 공부해야 합니다. 노른자 026의 내용을 학습하세요.

06 ① ➡ 노른자 028

ASCII는 7비트(확장형은 8비트)로 구성되며, 기본적으로 128개 문자를 표현한다.

> **오답 해설**
> ② EBCDIC: 하나의 문자를 4비트의 존 부분과 4비트의 디지트 부분으로 구성하고, 256가지의 문자를 표현할 수 있다.
> ③ Unicode: 컴퓨터에서 세계 각국의 언어를 통일된 방법으로 표현할 수 있도록 고안된 국제 표준 코드로 한글, 한자, 영문, 숫자 등 하나의 문자를 16비트로 표현한다.
> ④ UTF-16: 유니코드 문자를 2바이트 단위(16비트)로 표현하고, 필요에 따라 4바이트(32비트)로 확장(서로 게이트 페어 사용-)하는 방식이다.

> ⓘ **가장 빠른 합격비법**
> 문자의 표현 방법인 BCD 코드, ASCII 코드, EBCDIC 코드, 유니코드와 오류 검출 코드인 패리티 코드, 해밍 코드 등을 비교하여 알아두세요. 자주 출제되는 만큼 빠짐없이 꼼꼼히 암기하는 것이 중요합니다.

07 ② ➡ 노른자 029

'누산기(Accumulator)'는 ALU 내부의 레지스터로, 연산 결과를 임시 저장한다.

> **오답 해설**
> ① 명령어 해독기는 제어장치에 포함된 구성 요소이다.
> ③ 프로그램 카운터(PC)는 다음 실행할 명령어의 주소를 저장하는 제어장치의 일부이다.
> ④ 산술논리연산기(ALU)는 명령어를 실행하지만, 제어 신호는 '제어장치(Control Unit)'에서 전달받는다.

> ⓘ 가장 빠른 합격비법
> 연산장치와 제어장치는 시험에 자주 출제됩니다. 노른자 029에서 각 장치의 개념과 구성 요소를 학습하세요.

08 ③   ↗ 노른자 031

RAM은 휘발성 메모리로, CPU가 직접 데이터를 읽고 쓸 수 있으며, 전원이 꺼지면 데이터가 사라진다.

> ⓘ 가장 빠른 합격비법
> RAM은 휘발성, ROM은 비휘발성이라는 점을 기억하시고, 각각의 특징을 학습하세요.

09 ③   ↗ 노른자 035

캐시 메모리에 대한 설명이다.

> ⓘ 가장 빠른 합격비법
> 채널(Channel)은 주기억장치와 입출력장치 간의 데이터 전송을 중계하는 전용 통신 회로로, 자주 출제되는 개념은 아닙니다.

10 ④   ↗ 노른자 039

그래픽 편집 기능은 응용 소프트웨어(예 포토샵, 그림판 등)의 기능이다. 운영체제는 컴퓨터 시스템의 자원을 관리하고, 사용자와 하드웨어 간의 연결을 담당하는 시스템 소프트웨어이다.

> ⓘ 가장 빠른 합격비법
> 운영체제는 출제 빈도가 높습니다. 선택지와 노른자 039를 통해 운영체제의 구성과 목적, 운영 방식을 잘 정리하여 알아두세요.

11 ③   ↗ 노른자 043

'CSS(Cascading Style Sheets)'는 웹 요소의 색상, 글꼴, 레이아웃 등 시각적 스타일을 정의하는 데 사용된다.

> ⓘ 가장 빠른 합격비법
> 웹 프로그래밍 언어는 자주 출제되는 유형은 아닙니다. 노른자 043을 가볍게 읽으며 학습하세요.

12 ③   ↗ 노른자 044

순차적으로 진행되는 것(선형성)이 아니라 사용자와의 상호작용을 통해 진행 상황을 제어한다.

> ⓘ 가장 빠른 합격비법
> 노른자 044를 통해 멀티미디어가 어떤 특징을 가지고 있고, 어떻게 활용되고 있는지 이해하면 좋습니다.

13 ①   ↗ 노른자 047

MP4는 손실 압축 방식으로 파일 크기를 줄이면서도 비교적 높은 품질을 유지할 수 있는 파일 형식이다.

> ⓘ 가장 빠른 합격비법
> MP4 문제는 단독으로 잘 출제되지 않는 개념이며, 노른자 047의 동영상 파일 형식과 함께 알아두세요.

14 ①   ↗ 노른자 050

오답 해설

② 응용 계층(Application Layer): 응용 계층은 사용자가 네트워크 서비스를 이용할 수 있게 해주는 계층이다. 세션 관리와 오류 검사는 '세션 계층(Session Layer)'과 '전송 계층(Transport Layer)'에서 담당한다.
③ 전송 계층(Transport Layer): 전송 계층은 데이터 전송의 안정성을 보장하고, 데이터의 흐름 제어 및 오류 검사를 담당한다. 라우팅 경로 설정은 '네트워크 계층(Network Layer)'에서 이루어진다.
④ 데이터 링크 계층(Data Link Layer): 데이터 링크 계층은 프레임 단위로 데이터를 전송하고, 오류 검출 및 흐름 제어를 담당한다. 비트 단위의 전송은 '물리 계층(Physical Layer)'에서 이루어진다.

> ⓘ 가장 빠른 합격비법
> OSI 7계층은 계층마다에 대한 내용을 묻는 문제로 자주 출제됩니다. 개념과 각 계층의 특징까지 확실하게 알아두세요.

15 ③   ↗ 노른자 054

DHCP는 자동으로 IP 주소를 할당하는 프로토콜로, 네트워크에 연결된 장치가 동적으로 IP 주소를 자동으로 받을 수 있게 해준다.

> ⓘ 가장 빠른 합격비법
> 노른자 054를 통해 인터넷 표준 프로토콜인 TCP와 IP 및 기타 프로토콜에 대해 정리해두세요.

16 ②   ↗ 노른자 055

오답 해설

① POP3(Post Office Protocol 3)는 이메일을 수신하는 프로토콜이며, 이메일을 전송하는 역할을 하지 않는다. 이메일을 전송하는 데 사용되는 프로토콜은 SMTP이다.
③ POP3는 이메일을 다운로드하여 사용자의 로컬 컴퓨터에 저장하고, 대부분의 경우 이메일은 서버에서 삭제된다. 이메일을 서버에 계속 저장하는 것은 IMAP(Internet Message Access Protocol)의 특징이다.

④ 멀티미디어 이메일을 주고받기 위한 인터넷 메일의 표준 프로토콜은 MIME이다.

> ⚠ **가장 빠른 합격비법**
> 노른자 055를 통해 전자우편 프로토콜에 관련된 개념과 특징을 학습하는 것이 좋습니다.

17 ① → 노른자 057

오답 해설

② 데이터를 '수신'하는 기술이 아닌, 데이터를 '공유'하는 기술이다.
③④ Wi-fi, 블루투스 등 무선뿐만 아니라 USB 유선 연결도 포함된다.

> ⚠ **가장 빠른 합격비법**
> 정보통신 분야는 발전이 매우 빨라 새로운 기술들이 계속 나오고 있습니다. 출제 빈도도 높으므로 노른자 057을 통해 인터넷 서비스의 종류 및 용어를 학습하세요.

18 ② → 노른자 049

근거리 통신망(LAN)은 상호 동시에 통신이 가능한 전이중 방식을 사용한다.

> ⚠ **가장 빠른 합격비법**
> 학교, 사무실, 가정 내에서 네트워크를 구성할 때 사용하는 통신망이 근거리 통신망(LAN)입니다. 시험에 거의 출제되지 않습니다. 선택지와 해설 위주로 학습하고 넘어가세요.

19 ① → 노른자 059

정보 접근에 대한 불균형으로 일부 계층이 정보화 사회에서 소외될 수 있다(정보 격차).

> ⚠ **가장 빠른 합격비법**
> 정보사회의 정의, 특징, 변화 양상 등을 중심으로 가끔 출제됩니다. 선택지를 잘 정리해두세요.

20 ③ → 노른자 060

이 설명은 컴퓨터 바이러스나 웜의 특징이다. 트로이 목마는 자체적으로 복제하거나 전파하지 않는다.

> ⚠ **가장 빠른 합격비법**
> 다양한 컴퓨터 범죄의 유형은 비교적 난도가 높은 편이며, 자주 출제되고 있습니다. 노른자 060을 꼭 학습해 컴퓨터 범죄의 유형과 특징을 익혀두세요.

2과목 스프레드시트 일반

21 ④ → 노른자 066

창 나누기는 화면에서만 분할하여 보는 기능이며, 실제로 워크시트가 분리되어 저장되지는 않는다. 즉, 화면 보기 용도일 뿐이며 저장 시에는 하나의 워크시트로 그대로 저장된다.

> ⚠ **가장 빠른 합격비법**
> 화면 제어 문제는 출제 빈도가 높습니다. 노른자 066을 통해 [창] 그룹에 있는 모든 항목을 정리해두세요. 틀 고정과 창 나누기 기능을 비교하며 학습하는 것이 좋습니다.

22 ② → 노른자 072

오답 해설

① 숫자 데이터를 문자로 취급하도록 하려면 앞에 작은따옴표(')를 입력해야 된다.
③ Alt + Enter 를 누르면 자동 줄 바꿈이 실행된다.
④ 삭제된 시트는 Ctrl + Z 를 눌러서 취소할 수 없다.

> ⚠ **가장 빠른 합격비법**
> 데이터 입력은 시험에 자주 출제됩니다. 데이터 입력 과정에서 바로 가기 키는 물론이고, 노른자 072의 데이터의 형식도 중요한 내용이므로 꼼꼼하게 학습해야 합니다.

23 ④ → 노른자 076

Ctrl 를 누른 채 선택 영역의 테두리를 원하는 위치로 드래그하면 선택 영역이 복사된다.

> ⚠ **가장 빠른 합격비법**
> 시험에 자주 출제되는 문제는 아닙니다. 문제 위주로 한두 번 읽고 넘어가세요.

24 ② → 노른자 079

천 단위마다 쉼표, 반올림하여 천 단위 절삭, 숫자 뒤에 '천원'을 입력하여 표시한다. → 2,124천원

> ⚠ **가장 빠른 합격비법**
> 사용자 지정 서식은 자주 출제되는 유형입니다. 노른자 079를 통해 숫자, 문자, 날짜, 시간 서식의 코드를 암기하고, 컴퓨터로 실습하면서 직접 서식을 지정해보세요.

25 ①   노른자 078

셀 병합 시 첫 번째 셀의 내용만 남기고 모두 지워진다.

> **⚠ 가장 빠른 합격비법**
> [셀 서식] 대화상자에 대한 문제는 표시 형식에 대한 문제로 주로 출제됩니다. 노른자 078을 통해 각 탭의 기능을 확인하고 노른자 0790에서 표시 형식에 대한 내용까지 학습하면 좋습니다.

26 ④   노른자 084

숫자가 너무 크거나 셀 너비가 부족한 경우는 ######과 같은 샵 기호로 표시되며, #NAME? 오류는 잘못된 함수 이름이나 정의되지 않은 이름을 사용할 때 발생한다.

〈각 오류의 원인〉
- #DIV/0! : 0으로 나누기를 시도할 때
- #VALUE! : 잘못된 데이터 형식 간 연산 시 (에 텍스트 + 숫자)
- #REF! : 셀 참조가 유효하지 않을 때(삭제된 셀 참조 등)
- #NAME? : 잘못된 함수 이름 또는 정의되지 않은 이름 사용 시
- ##### : 셀 너비가 부족할 때

> **⚠ 가장 빠른 합격비법**
> 오류 메시지는 시험에 종종 출제됩니다. 엑셀 작업 중 나타나는 오류 메시지를 잘 이해해야 잘못된 작업을 수정할 수 있습니다. 오류 메시지의 명칭과 오류 발생 이유를 연결하면 기억에 오래 남습니다. NAME은 '이름', NUM은 '숫자', DIV는 '나누기', VALUE는 '값', REF는 '주소(참조)'로 기억하세요.

27 ①   노른자 087

INT(숫자): 숫자에서 가장 가까운 정수로 내린 값을 반환하기 때문에 INT(-3.5)의 결과는 -4이다.

> **⚠ 가장 빠른 합격비법**
> 함수는 필기와 실기시험의 합격에 매우 중요한 부분이기 때문에 시간이 오래 걸리더라도 완벽하게 학습하세요.

28 ②   노른자 091

DAVERAGE(A4:E10,"수확량",A1:C2): 데이터 범위[A4:E10]에서 조건[A1:C2]에 만족하는 수확량 열의 평균을 계산한다.

> **⚠ 가장 빠른 합격비법**
> D함수는 일반 함수만큼은 아니지만 종종 출제되는 함수입니다. 함수와 기능을 알아두세요.

29 ④   노른자 098

유효성 조건 제한 대상에는 정수, 소수점, 목록, 날짜, 시간, 텍스트 길이, 사용자 지정이 있다.

> **⚠ 가장 빠른 합격비법**
> 데이터 유효성 검사는 난이도가 높은 내용은 아닙니다. 노른자 098을 정독하면서 기능에 대해 살펴보고 문제 위주로 학습하세요.

30 ④   노른자 103

오답 해설
① '수리'가 몇 점이 되어야 하는지를 목표값 찾기 기능을 이용하여 '수리'에 대한 값을 변경하였다.
② '수식 셀'은 [E11] 셀을 선택한다.
③ '값을 바꿀 셀'은 [C11] 셀을 선택한다.

> **⚠ 가장 빠른 합격비법**
> 목표값 찾기는 결과를 정하고 수식에 사용된 셀의 값을 변경하는 기능입니다. 노른자 103에 설명된 대화상자의 항목들을 이해하면 어렵지 않게 문제를 풀 수 있습니다.

31 ②   노른자 102

모든 정보 데이터를 표시하려면 윤곽 기호에서 4 를 클릭하면 된다.

> **⚠ 가장 빠른 합격비법**
> 부분합은 시험에 자주 출제됩니다. 노른자 102를 보면서 부분합에 대한 전체적인 내용을 학습하세요.

32 ④   노른자 107

분산형 차트는 두 개의 수치형 데이터 간 관계나 상관성을 분석할 때 사용한다. 범주형 데이터의 구성비를 표현하려면 원형 차트가 적합하다.

> **⚠ 가장 빠른 합격비법**
> 노른자 107을 통해 차트의 종류를 확인하고, 데이터의 종류와 성격에 따라 표현하는 차트의 종류를 학습하시기 바랍니다.

33 ④   노른자 107

〈원형 차트〉
- 반드시 하나의 데이터 계열만을 가지고 만들어야 하므로 축이 없다.
- 해당 계열 전체에 대한 각 요소들의 기여도를 표시한다.
- 항목의 값들이 합계의 비율로 표시되므로 중요한 요소를 강조할 때 사용한다.

> **⚠ 가장 빠른 합격비법**
> 차트의 종류는 출제 빈도가 높습니다. 주어진 데이터에 따라서 해당하는 차트를 선택하는 것이 중요한 만큼, 노른자 107에 정리된 모든 차트의 종류와 특징을 꼭 알아두세요.

34 ①   노른자 108

데이터 계열의 값이나 항목을 이름표로 표시하는 것을 데이터 레이블이라고 하는데, 해당 차트에서 데이터 레이블은 표시되어 있지 않다.

> ⓘ 가장 빠른 합격비법
> 차트 구성 요소에 포함되는 항목들을 노른자 108을 통해 학습하세요. 자주 출제되는 문제인 만큼 차트를 보면서 어떤 구성 요소인지 알 수 있도록 꼼꼼하게 학습하는 것이 중요합니다.

35 ①   노른자 093

빈 셀은 오름차순과 내림차순 정렬에서 항상 마지막에 정렬된다.

> ⓘ 가장 빠른 합격비법
> 정렬은 데이터 관리 기능 중 비교적 쉬운 부분입니다. 선택지와 해설 위주로 정리하고, 노른사 093을 통해 추가로 학습하세요.

36 ①   노른자 112

[페이지 나누기 미리 보기] 상태에서도 [기본] 보기와 같이 차트나 그림 등의 개체를 삽입할 수 있고 데이터의 입력이나 편집을 할 수 있다.

> ⓘ 가장 빠른 합격비법
> [페이지 나누기 미리 보기]는 워크시트를 인쇄할 페이지 상태로 보면서 작업할 수 있도록 하는 기능입니다. 이 의미만 정확히 파악해도 어렵지 않게 문제를 풀 수 있습니다. 종종 출제되는 개념이므로 노른자 112를 통해 꼭 학습하고 넘어가세요.

37 ①   노른자 113

워크시트에도 너비가 적용된다.

> ⓘ 가장 빠른 합격비법
> 인쇄에 대한 문제는 종종 출제됩니다. 선택지를 꼼꼼하게 이해하고 넘어가세요.

38 ③   노른자 114

매크로 이름의 첫 글자는 반드시 문자로 지정해야 한다.

> ⓘ 가장 빠른 합격비법
> 매크로는 시험에 아주 많이 출제되고, 특히 '매크로 이름', '바로 가기 키', '매크로 저장 위치'가 빈출되므로 반드시 기억하세요.

39 ①   노른자 114

매크로 이름은 [매크로] 대화상자에서 '편집'을 클릭하여 수정 가능하다.

> ⓘ 가장 빠른 합격비법
> 매크로 기록 관련 문제는 시험에 자주 출제됩니다. 그중에서도 [매크로 기록] 대화상자의 각 항목에 대한 문제가 빈출되므로 완벽하게 숙지하고 있어야 합니다.

40 ④   노른자 114

엑셀의 바로 가기 키가 있어도 매크로 바로 가기 키를 지정할 수 있으며, 매크로 바로 가기 키가 우선적으로 동작한다.

> ⓘ 가장 빠른 합격비법
> 매크로는 매회 시험에 빠지지 않고 출제되는 내용 중 하나입니다. 개념, 기능, 옵션 모두 세세하게 알아두세요.

2024년 시행 상시시험 꼼꼼하고 확실하게 끝내는 **정답과 해설**

답 없이 푸는 제7회 기출변형문제

문제 ▶ 124쪽

01	④	02	③	03	②	04	②	05	①
06	④	07	④	08	④	09	②	10	②
11	①	12	④	13	②	14	②	15	③
16	④	17	②	18	②	19	③	20	④
21	③	22	②	23	②	24	②	25	③
26	③	27	②	28	④	29	①	30	①
31	②	32	①	33	②	34	④	35	④
36	④	37	③	38	②	39	④	40	③

1과목　컴퓨터 일반

01 ④　　▶ 노른자 039

운영체제는 컴퓨터가 작동하는 동안에 주기억장치인 RAM에 위치하여 실행된다.

> ⚠ 가장 빠른 합격비법
> 운영체제는 컴퓨터를 사용하기 위해 반드시 필요한 중요한 프로그램으로 출제 빈도가 높습니다. 선택지와 노른자 039를 통해 잘 정리하세요.

02 ③　　▶ 노른자 001

성능, 보안, 안정성 면에서 고급 기능을 제공하는 파일 시스템을 사용하려면 NTFS를 사용해야 한다.

> ⚠ 가장 빠른 합격비법
> FAT에 대한 내용을 몰라도 NTFS에 대해 정확하게 알고 있으면 맞힐 수 있는 문제입니다. NTFS의 특징을 묻는 문제는 자주 출제되고 있습니다. NTFS뿐만 아니라 다른 Windows 10의 특징을 함께 알아두세요.

03 ②　　▶ 노른자 001, 003

에어로 피크 기능에 대한 설명이다.

> ⚠ 가장 빠른 합격비법
> Windows 10의 특징에는 어떤 것들이 있는지 알고 있어야 합니다. 노른자 001에 있는 내용은 반드시 학습하고 시험장에 들어가세요.

04 ②　　▶ 노른자 006

폴더의 [속성] 대화상자에서는 바로 가기 아이콘을 만들 수 없다. 바로 가기 아이콘은 바로 가기 메뉴를 통해 만들 수 있다.

> ⚠ 가장 빠른 합격비법
> 실제 컴퓨터에서 파일 탐색기를 열어서 노른자 006과 함께 실습해보면 쉽게 이해할 수 있습니다.

05 ①　　▶ 노른자 005

휴지통 비우기를 실행하면 해당 파일을 다시 복구할 수 없다.

> ⚠ 가장 빠른 합격비법
> 휴지통의 개념 및 기능, 보관되지 않는 경우는 자주 출제되고 있습니다. 선택지와 노른자 005를 통해 잘 정리하세요.

06 ④　　▶ 노른자 007

폴더를 마우스로 선택한 후 Shift를 누르면 다른 드라이브로 이동할 수 있다.

> ⚠ 가장 빠른 합격비법
> 매우 쉬운 문제입니다. 그만큼 출제율도 높지 않아요. 노른자 007 '파일과 폴더' 내용을 한 번 읽어보세요. 컴퓨터를 켜서 한번 따라해보면 바로 이해할 수 있습니다.

07 ④　　▶ 노른자 017

표준 계정의 사용자는 소프트웨어 및 하드웨어를 설치하거나 제거할 수 없다.

> ⚠ 가장 빠른 합격비법
> 컴퓨터 시스템의 보안, 암호와 같은 주요 설정은 관리자 계정을 통해서만 가능합니다. 사용자 계정의 관리자 유형과 표준 계정을 비교하여 어떤 차이가 있는지 잘 알아두세요.

08 ④　　▶ 노른자 017, 020

'이 PC에 다른 사용자 추가'는 [설정]-[계정]의 '가족 및 다른 사용자'에서 추가할 수 있다.

> ⓘ 가장 빠른 합격비법
> [설정]에 대한 문제는 종종 출제됩니다. PC의 [설정] 앱에 들어가서 기능을 확인하세요.

09 ② 　　　　　　　　　　　　　　　↗ 노른자 036

시스템의 속도가 느려진 경우 드라이브 조각 모음 및 최적화를 수행하여 하드디스크의 단편화를 제거한다.

> ⓘ 가장 빠른 합격비법
> 컴퓨터의 문제 해결 방법은 자주 출제되는 유형입니다. 실생활에서도 활용할 수 있는 만큼, 컴퓨터 관리법과 문제 해결 방법을 잘 알아둘 필요가 있습니다. 노른자 036을 통해 학습하며 어떤 경우에 어떻게 대처해야 하는지 알아두세요.

10 ② 　　　　　　　　　　　　　　　↗ 노른자 057

디지털 워터마크(Digital Watermark)란 불법 복제 방지 기술로, 어떤 파일에 관한 저작권 정보를 식별할 수 있도록 디지털 이미지나 오디오 및 비디오 파일에 삽입한 비트 패턴 기술을 말한다.

오답 해설

① 홀로그램: 빛의 간섭 현상을 이용하여 입체 정보를 기록하고 재생하는 기술(3차원 영상으로 실물과 같이 입체적으로 보이는 현상)을 말한다.

> ⓘ 가장 빠른 합격비법
> 정보통신 분야는 발전이 매우 빨라 새로운 기술들이 계속 나오고 있습니다. 출제 빈도가 높으므로 노른자 057을 통해 인터넷 서비스의 종류 및 용어를 학습하시고, 추가적으로 뉴스나 최근 이슈가 되는 기술들은 정리할 수 있도록 하세요.

11 ① 　　　　　　　　　　　　　　　↗ 노른자 045

오답 해설

②③④ 비트맵(Bitmap) 방식에 대한 설명이다.

> ⓘ 가장 빠른 합격비법
> 비트맵 방식과 벡터 방식의 특징을 비교하는 문제는 매번 출제되고 있습니다. 비트맵 방식과 벡터 방식의 특징을 노른자 045를 통해 알아두세요.

12 ④ 　　　　　　　　　　　　　　　↗ 노른자 045

문자, 선, 세밀한 격자 등 고주파 성분이 많은 이미지의 변환에서 JPEG는 GIF나 PNG에 비해 품질이 떨어진다.

> ⓘ 가장 빠른 합격비법
> JPEG와 같은 그래픽 파일의 형식을 포함하는 '그래픽 데이터' 문제는 자주 출제되는 주제 중 하나입니다. 노른자 045의 '그래픽 데이터의 표현 방식', '그래픽 파일의 형식'을 숙지하세요.

13 ② 　　　　　　　　　　　　　　　↗ 노른자 034

오답 해설

① DVI: 디지털 영상을 전송하기 위한 인터페이스로 VGA보다 좀 더 선명한 화질을 볼 수 있다.
③ VGA: 디지털 영상을 전송하기 위한 인터페이스이다.
④ HDMI: 영상신호와 음향신호를 압축하지 않고 통합하여 전송하는 고선명 멀티미디어 인터페이스이다.

> ⓘ 가장 빠른 합격비법
> 포트는 빈번하게 출제되지는 않지만 출제되면 USB에 대해 많이 출제됩니다.

14 ② 　　　　　　　　　　　　　　　↗ 노른자 050

3번째 계층은 네트워크 계층이다. 데이터 링크 계층은 2번째 계층에 해당한다.

> ⓘ 가장 빠른 합격비법
> 노른자 050을 통해 OSI 7계층의 순서와 특징을 정리해두세요. 어려운 부분이지만 출제 빈도가 높은 만큼 관련 개념을 충분히 숙지하고 시험에 임해야 합니다.

15 ③ 　　　　　　　　　　　　　　　↗ 노른자 057

컴퓨터나 노트북 등의 IT 기기를 스마트폰에 연결하여 무선 인터넷을 사용할 수 있게 하는 기능은 테더링(Tethering)이다.

> ⓘ 가장 빠른 합격비법
> 인터넷 서비스는 출제 빈도가 높은 유형입니다. 노른자 057을 통해 인터넷 서비스의 종류 및 용어를 학습하세요. 그중 인트라넷과 엑스트라넷을 구분하여 꼭 정리해두세요.

16 ④ 　　　　　　　　　　　　　　　↗ 노른자 057

사물에 전자 태그를 부착하고 무선 통신을 이용하여 사물의 정보 및 주변 정보를 감지하는 센서 기술은 RFID 기술이다.

> ⓘ 가장 빠른 합격비법
> ICT 신기술에 대한 문제는 자주 출제되고 있습니다. 책에 있는 내용만으로 대비할 수 없는 부분이기도 하므로 기존 출제된 용어를 중심으로 확장시켜 학습하도록 하세요.

17 ②

노른자 057

오답 해설

① **하이브리드 검색 엔진**: 키워드 검색 엔진과 주제별 검색 엔진의 기능을 모두 제공하는 검색 엔진이다.
③ **주제별 검색 엔진**: 경제, 정치, 문화 등과 같이 주제별로 정보를 분류해 놓은 형태로, 디렉토리형 검색이라고도 한다.
④ **키워드 검색 엔진**: 찾으려는 정보에 대한 키워드를 입력함으로써 원하는 결과를 얻는 검색 엔진이다.

> ⓘ **가장 빠른 합격비법**
> ICT 신기술에 대한 문제는 자주 출제되고 있습니다. 책에 있는 내용만으로 대비할 수 없는 부분이기도 하므로 기존 출제된 용어를 중심으로 확장시켜 학습하도록 하세요.

18 ②

노른자 052

IPv6에서 주소는 유니캐스트, 멀티캐스트, 애니캐스트로 분류한다.

> ⓘ **가장 빠른 합격비법**
> IP 주소에 대한 내용은 매우 중요하며 그만큼 자주 출제되는 개념입니다. 꼼꼼하게 학습한 후 시험장에 들어갈 수 있도록 하세요.

19 ①

노른자 057

오답 해설

② **메타버스**: 현실 세계와 융합·복합된 인터넷상의 3차원 가상 세계를 의미한다.
③ **블록체인**: 분산 컴퓨팅 기술 기반의 데이터 위·변조를 방지하고 정보를 투명하게 공유할 수 있는 기술이다.
④ **클라우드 컴퓨팅**: 클라우드 공급자로부터 필요에 따라 컴퓨팅 파워, 스토리지, 데이터베이스와 같은 기술 서비스를 액세스할 수 있으며 사용한 만큼 비용을 지불하는 것이다.

> ⓘ **가장 빠른 합격비법**
> ICT 신기술에 대한 문제는 자주 출제되고 있습니다. 책에 있는 내용만으로 대비할 수 없는 부분이기도 하므로 기존 출제된 용어를 중심으로 확장시켜 학습하도록 하세요.

20 ④

노른자 024

여러 대의 프린터 중 기본 프린터는 하나만 설정할 수 있다.

> ⓘ **가장 빠른 합격비법**
> 프린터 설치에 대한 문제는 종종 출제됩니다. 노른자 024를 확인하고, 특히 기본 프린터에 대해서 학습하는 것이 중요합니다.

2과목 | **스프레드시트 일반**

21 ③

노른자 067, 068

시트 삭제 시 아래와 같은 메시지 상자가 표시된다. 시트 삭제는 영구히 삭제되어 복구할 수 없다.

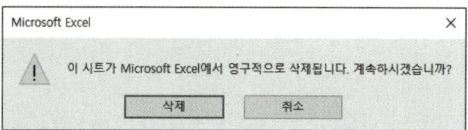

> ⓘ **가장 빠른 합격비법**
> 동일한 문제가 반복적으로 출제되고 있는 만큼 문제 위주로 학습하면 됩니다. 엑셀은 기본적으로 워크시트에서 작업하는 만큼 시트와 관련된 기능을 잘 익혀두면 엑셀을 수월하게 사용할 수 있습니다.

22 ②

노른자 070

[셀 서식] 대화상자의 [보호] 탭에서 '잠금'이 설정된 셀은 보호되며 '잠금'이 해제된 셀은 보호되지 않는다.

> ⓘ **가장 빠른 합격비법**
> 시트 보호 및 잠금에 대한 문제는 방법이 종종 출제됩니다. 방법과 특징을 정확하게 알아두세요.

23 ④

노른자 073

- **방향 – 열**: 세로 방향으로 데이터가 채워진다.
- **유형 – 급수**: 시작값 2에 단계값 2를 곱하면서 채워지고 종료값 20이 되기 전까지만 채워진다.

따라서 [A4] 셀에는 2×2×2×2=16이 입력된다.

> ⓘ **가장 빠른 합격비법**
> 자동 채우기는 데이터를 입력한 후 해당 셀의 자동 채우기 핸들을 이용하여 데이터를 채우는 기능입니다. 숫자, 문자, 숫자+문자, 날짜 데이터를 입력하는 방법은 자주 출제되므로 노른자 073을 통해 방법을 학습하세요.

24 ④

노른자 073

날짜가 입력된 셀에서 채우기 핸들을 아래쪽으로 드래그하면 1일 단위로 증가하고, Ctrl을 누른 채 아래쪽으로 끌면 동일한 내용이 복사된다.

> ⓘ **가장 빠른 합격비법**
> 데이터가 입력된 셀에 채우기 핸들을 적용했을 때 결괏값을 묻는 문제가 출제됩니다. 직접 실습해 보면서 문자, 숫자, 날짜 등을 입력했을 때 결괏값이 어떻게 나오는지 확인하세요.

25 ③ 📎 노른자 074

메모가 삽입된 셀을 이동하면 메모의 위치도 셀과 함께 변경된다.

> ⓘ **가장 빠른 합격비법**
> MS Office가 2021 버전으로 변경됨에 따라 스레드 메모와 노트 기능이 구분되었습니다. 스레드 메모와 노트에 어떤 차이점이 있는지 실습하면서 확인하세요.

26 ③ 📎 노른자 076

테두리 없이 붙여넣기를 하는 옵션은 있으나 테두리만 붙여넣을 수 있는 옵션은 없다.

> ⓘ **가장 빠른 합격비법**
> 시험에 자주 출제되는 문제는 아닙니다. 문제 위주로 한두 번 읽고 넘어가세요.

27 ② 📎 노른자 079

천 단위마다 쉼표, 반올림하여 천 단위 절삭, 숫자 뒤에 '천원'을 입력하여 표시한다. → 2,124천원

> ⓘ **가장 빠른 합격비법**
> 사용자 지정 표시 형식을 적용했을 때 결괏값을 찾는 문제가 자주 출제됩니다. 엑셀에 직접 입력해 보면서 원리를 파악한 후 암기하세요.

28 ④ 📎 노른자 083

범위가 '통합 문서'일 경우 동일한 이름으로 정의할 수 없으며, 범위가 '시트 이름'으로 선택되어 있으면 시트마다 동일한 이름이 있을 수 있다.

> ⓘ **가장 빠른 합격비법**
> 이름 정의는 종종 출제되는 문제입니다. 선택지와 노른자 083을 통해 내용을 정리해보세요. 실기시험에서 출제되기도 하므로 잘 알아두는 것이 좋습니다.

29 ① 📎 노른자 093

빈 셀은 정렬 순서에 상관없이 항상 마지막에 정렬된다.

> ⓘ **가장 빠른 합격비법**
> 정렬은 거의 매회 출제되고 있는 중요한 내용입니다. 오름차순, 내림차순 정렬뿐만 아니라 정렬의 세부적인 내용도 꼼꼼하게 학습하세요. 정렬 순서를 묻는 문제는 빈출되는 내용입니다.

30 ① 📎 노른자 094

자동 필터는 설정에 맞는 데이터를 원본 데이터가 있는 위치에 표시할 수 있다.

> ⓘ **가장 빠른 합격비법**
> 필터와 관련된 문제는 자주 출제됩니다. 이 문제는 자동 필터의 일반적인 사항을 묻는 문제로 어렵지 않게 풀 수 있는 문제입니다. 자동 필터는 고급 필터와 함께 출제되기도 하므로 노른자 094, 095를 꼼꼼하게 학습하기 바랍니다.

31 ③ 📎 노른자 095

조건의 첫 번째 행에 원본 데이터의 필드명과 다른 이름을 입력하거나 입력하지 않아야 하며, 조건을 입력하면 셀에는 'TRUE'나 'FALSE'가 표시된다. 조건식이 아닌 '수식'을 이용할 경우 TOEIC이라는 항목(필드)이 이미 있으므로 중복하여 사용할 수 없다.

> ⓘ **가장 빠른 합격비법**
> 고급 필터 문제는 자주 출제됩니다. 특히 AND 조건과 OR 조건도 비교해서 정리해 두세요. AND 조건은 조건을 모두 같은 행에 입력하는 것이고, OR 조건은 조건을 서로 다른 행에 입력하는 것입니다.

32 ① 📎 노른자 081

평점을 나타내는 D열에서만 행이 바뀌면서 3보다 작은 값을 찾으므로 열이 고정되어야 한다. 따라서 D열 앞에만 $를 붙여준다.

> ⓘ **가장 빠른 합격비법**
> 조건부 서식에서 수식을 입력할 때 서식을 '행'에 입력할 것인지 '열'에 입력할 것인지에 따라 참조 방법이 다릅니다. 조건에 맞는 '행'에 서식을 지정하고자 할 때는 열 주소 앞에 $로 설정(예 $B2)하고, '열'에 서식을 지정하고자 할 때는 행 주소 앞에 $로 설정(예 B$2)합니다. 실기에도 등장하는 규칙이므로 반드시 기억하세요.

33 ④ 📎 노른자 084

'순환 참조 경고'에 대한 설명이다. '#REF!'는 유효하지 않는 셀 참조를 지정할 때 발생한다.

> ⓘ **가장 빠른 합격비법**
> 함수의 오류값에 대한 문제는 빈번하게 출제됩니다. 오류의 발생 원인을 정확하게 알아두세요.

34 ④ 　노른자 086, 090

SEARCH(문자열1,문자열2,시작위치): '문자열2'의 시작 위치부터 '문자열1'을 찾아 시작 위치를 반환한다.
SEARCH(C2,"M")은 인수값의 오류(문자열M에서 [C2] 셀의 값을 찾을 수 없음)로 #VALUE! 오류가 발생한다.

> ⓘ 가장 빠른 합격비법
> 문제에서 제시한 함수식처럼 여러 개의 함수가 중첩되어 있는 경우, 안쪽 함수식부터 차례대로 풀어보는 것이 쉽게 이해하는 방법입니다. 마치 수학 문제를 풀 때 괄호 먼저 계산하는 것처럼 말이죠. 차근차근 하나씩 살펴보면서 전체 함수를 이해해보시기 바랍니다.

35 ③ 　노른자 090

VLOOKUP(기준 셀,참조 범위,열 번호,옵션): 기준 셀에 참조되는 값을 참조 범위에 있는 열 번호에서 찾아 표시한다. 기준 셀[B2]에 참조되는 값을 참조 범위[$B$8:$C$10]의 두 번째 열에서 정확한 값(FALSE)을 찾는다. 참조 범위는 고정되어야 하므로 절대 참조로 한다.

> ⓘ 가장 빠른 합격비법
> 찾기/참조 함수는 출제 빈도가 높고 어려운 함수입니다. 찾으려는 데이터 필드 값의 방향이 행 방향이면 HLOOKUP 함수, 열 방향이면 VLOOKUP 함수를 사용한다는 것을 꼭 기억해두세요. FALSE는 정확히 일치하는 값을, TRUE는 유사하게 일치하는 값을 반환한다는 뜻입니다.

36 ④ 　노른자 099

통합된 데이터의 제목 행과 왼쪽 열이 업데이트되고 통합된 데이터 결과는 업데이트되지 않는다.

> ⓘ 가장 빠른 합격비법
> 통합의 개념과 [통합] 대화상자를 구성하는 요소들의 기능을 반드시 알아두세요.

37 ③ 　노른자 104

시나리오 요약 보고서를 만든 후에는 시나리오 값이나 원본 데이터를 수정해도 반영되지 않는다(시나리오 요약 보고서는 독립적으로 존재한다).

> ⓘ 가장 빠른 합격비법
> 시나리오의 사용 목적이 무엇인지 알아보고, 시나리오와 목표값 찾기의 차이점을 알아두세요.

38 ② 　노른자 105

원본의 자료가 변경되면 [모두 새로 고침] 기능을 이용하여 일괄적으로 피벗 테이블에 반영할 수 있고 자동으로 변경되지 않는다.

> ⓘ 가장 빠른 합격비법
> 피벗 테이블과 피벗 차트는 시험에 자주 출제됩니다. 그중 피벗 테이블은 필기시험뿐만 아니라 실기시험에도 출제되는 중요한 유형입니다. 노른자 105를 통해 개념을 파악하고, 피벗 테이블과 피벗 차트의 관계도 이해할 필요가 있습니다. 특히 피벗 테이블을 삭제하면 차트는 일반 차트가 된다는 것을 꼭 기억하세요.

39 ④ 　노른자 115

매크로 설명은 수정할 수 있으나 매크로 이름은 변경할 수 없다. 매크로 이름은 [편집]에서 변경 가능하다.

> ⓘ 가장 빠른 합격비법
> 매크로는 개념부터 특징까지 모든 것이 다 빈출 주제입니다. 꼼꼼하게 학습하세요.

40 ③ 　노른자 108

가로 축 보조 눈금이 추가되었다.

> ⓘ 가장 빠른 합격비법
> 차트 구성 요소에 포함되는 항목들은 노른자 108을 통해 학습하세요. 자주 출제되는 문제인 만큼 차트를 보면서 어떤 구성 요소인지 알 수 있도록 꼼꼼하게 학습하는 것이 중요합니다.

답 없이 푸는 제8회 기출변형문제

문제 ▶ 132쪽

01	③	02	③	03	③	04	①	05	③
06	②	07	①	08	③	09	④	10	③
11	①	12	②	13	②	14	①	15	①
16	①	17	②	18	④	19	③	20	④
21	④	22	①	23	②	24	③	25	③
26	④	27	④	28	④	29	③	30	④
31	①	32	④	33	④	34	①	35	②
36	①	37	③	38	②	39	②	40	④

1과목 컴퓨터 일반

01 ③
▶ 노른자 039

운영체제의 성능을 평가할 수 있는 항목에는 처리 능력, 신뢰도, 사용 가능도, 반환 시간 등이 있다.

⚡ 가장 빠른 합격비법
운영체제는 개념부터 특징까지 모든 부분에서 다양한 문제가 출제되고 있습니다. 노른자 039의 내용을 확실하게 학습하세요.

02 ③
▶ 노른자 001

오답 해설
① 원격 지원: 네트워크를 통해 원격지에 있는 컴퓨터에 접속하여 문제를 해결하거나 조작을 도와주는 기능이다.
② 플러그 앤 플레이: 하드웨어 장치의 설치나 드라이버 확장 시 사용자의 편의를 돕기 위해 사용자가 직접 설정할 필요 없이 운영체제가 자동으로 인식하게 하는 기능이다.
④ 멀티스레딩: 하나의 프로세스 내에서 둘 이상의 스레드가 동시에 작업을 수행하는 기능이다.

⚡ 가장 빠른 합격비법
Windows 10의 특징은 시험에 종종 출제됩니다. 노른자 001의 내용 정도는 확실하게 알아두세요.

03 ③
▶ 노른자 008

숨긴 파일 및 폴더의 숨김 속성은 [속성] 창에서 일괄 해제할 수 있다. 파일 및 폴더를 선택한 후 바로 가기 메뉴에서 [속성]을 클릭한 후 [일반] 탭의 숨김을 체크 해제해야 한다.

⚡ 가장 빠른 합격비법
폴더의 [속성]에서 설정할 수 있는 것에 대한 내용은 자주 출제되고 있습니다. 폴더의 개념뿐만 아니라 특징도 함께 노른자 008을 통해 학습하세요.

04 ①
▶ 노른자 001

오답 해설
② BitLocker: 시스템 드라이브 및 이동식 디스크를 암호화하여 드라이브의 데이터를 허가받지 않은 사람이나 시스템으로부터의 접근을 제한하는 것이다.
③ Archive: zip 파일과 같이 압축된 파일이나 '보관 속성' 또는 '저장 속성'을 가진 파일을 말한다.
④ Malware: 시스템과 모든 소프트웨어에 해를 끼치기 위해 고안된 악성 소프트웨어를 말한다.

⚡ 가장 빠른 합격비법
Windows 10의 특징에는 어떤 것들이 있는지 알고 있어야 합니다. 노른자 001에 있는 내용은 반드시 학습하고 시험장에 들어가세요.

05 ③
▶ 노른자 044

오답 해설
① 주문형 비디오(VOD): 가입자가 원하는 시간에 원하는 프로그램을 선택하여 시청할 수 있는 멀티미디어 서비스이다.
② CAI(Computer Assisted Instruction): 컴퓨터를 이용한 교수 학습 시스템이다.
④ 화상 회의 시스템(VCS): 초고속 정보통신망을 이용하여 멀리 떨어져 있는 사람들과 비디오와 오디오를 통해 회의할 수 있도록 하는 멀티미디어 시스템이다.

⚡ 가장 빠른 합격비법
멀티미디어는 빈번하게 출제되는 유형은 아닙니다. 노른자 044를 통해 멀티미디어가 어떤 특징을 가지고 있고, 어떻게 활용되고 있는지 이해하면 좋습니다. IT 관련 용어는 시험에 자주 출제되고 있는데, 필요할 경우 노른자 057로 신기술 관련 용어를 학습하세요.

06 ②
▶ 노른자 044

오답 해설
① 증강현실(AR): 가상현실(Virtual Reality)의 한 분야로, 실제 환경에 가상 사물을 합성하여 원래의 환경에 존재하는 것처럼 보여주는 것을 말한다.
③ 메타버스: 가상 세계에서 일상생활이나 경제적 활동이 가능하며, 사용자를 대신하는 캐릭터에서 가상 세계에서의 사회적 책임과 의무를 요구하고 있다.

④ 홀로그램: 기록 매체에 레이저와 같이 간섭성이 있는 광원을 이용하여 간섭 패턴을 기록한 결과물로, 광원을 이용하여 재생하면 3차원 영상으로 표현된다.

> ⓘ 가장 빠른 합격비법
> 멀티미디어의 활용은 새로 나오는 용어를 중심으로 학습하세요.

07 ① 노른자 045, 046, 047

PNG는 트루 컬러(24비트) 및 알파 채널(32비트)을 지원하여 훨씬 더 다양한 색상을 표현할 수 있다.

> ⓘ 가장 빠른 합격비법
> JPEG와 같은 그래픽 파일의 형식을 포함하는 '그래픽 데이터' 문제는 자주 출제되는 주제 중 하나입니다. 노른자 045의 '그래픽 데이터의 표현 방식', '그래픽 파일의 형식'을 숙지하세요. 또한 선택지에 있는 사운드 데이터 및 동영상 데이터 관련 형식에 대해서도 알아두세요.

08 ③ 노른자 050

오답 해설

① 라우터(Router)에 대한 설명이다.
② 게이트웨이(Gateway)에 대한 설명이다.
④ 브리지(Bridge)에 대한 설명이다.

> ⓘ 가장 빠른 합격비법
> 네트워크 장비에 대한 문제는 모든 내용이 골고루 자주 출제되고 있습니다. 모두 소홀하지 않고 개념과 특징을 정확하게 학습하세요.

09 ④ 노른자 054, 055

오답 해설

① FTP: 인터넷 환경에서 파일을 송수신할 때 사용되는 원격 파일 전송 프로토콜이다.
② POP3: 메일 서버의 이메일을 사용자의 컴퓨터로 가져오기 위한 프로토콜이다.
③ URL: 인터넷에 존재하는 정보나 서비스에 대해 접근 방법, 존재 위치, 자료 파일명 등의 요소를 표시하는 표준 주소 체계이다.

> ⓘ 가장 빠른 합격비법
> 프로토콜 문제는 자주 출제됩니다. TCP/IP와 기타 프로토콜인 HTTP, DHCP, ARP, RARP, UDP 등은 출제 빈도가 높으므로 각 프로토콜의 특징을 노른자 054를 통해 학습하세요.

10 ③ 노른자 057

사물 인터넷(IoT)은 인터넷을 기반으로 다양한 사물, 사람, 공간을 긴밀하게 연결하고 상황을 분석·예측·판단해서 지능화된 서비스를 자율 제공하는 제반 인프라 및 융복합 기술이다.

> ⓘ 가장 빠른 합격비법
> 인터넷의 다양한 서비스는 골고루 출제되고 있습니다. 그중 출제 빈도가 높은 전자우편, FTP, 텔넷, 유즈넷, 인트라넷, 엑스트라넷, 미러사이트 등도 꼭 정리하고 기억하세요.

11 ① 노른자 052, 053

URL은 프로토콜://호스트 서버주소[:포트번호][/파일 경로]로 구성된다.

> ⓘ 가장 빠른 합격비법
> IP, DNS, URL의 개념과 형식을 묻는 문제는 항상 중요하게 자주 출제되었습니다. 노른자 052, 053의 내용을 꼼꼼하게 학습하세요.

12 ② 노른자 057

오답 해설

① Chat GPT: Open AI로 만든 인공지능 모델의 챗봇으로, 방대한 데이터를 미리 학습하여 이를 문장으로 만들어 대화 형태로 상호작용하는 것이다.
③ 블록체인: 분산 컴퓨팅 기술 기반의 데이터 위·변조를 방지하고 정보를 투명하게 공유할 수 있는 기술이다.
④ 클라우드 컴퓨팅: 클라우드 공급자로부터 필요에 따라 컴퓨팅 파워, 스토리지, 데이터베이스와 같은 기술 서비스를 액세스할 수 있으며 사용한 만큼 비용을 지불하는 것이다.

> ⓘ 가장 빠른 합격비법
> ICT 신기술에 대한 문제는 자주 출제되고 있습니다. 책에 있는 내용만으로 대비할 수 없는 부분이기도 하므로 기존 출제된 용어를 중심으로 확장시켜 학습하세요.

13 ② 노른자 038

유틸리티 프로그램은 컴퓨터 동작에 필수적이지는 않지만, 컴퓨터를 이용하는 주목적에 대한 특정 작업을 지원하는 소프트웨어를 말한다.

> ⓘ 가장 빠른 합격비법
> 유틸리티 프로그램에 대한 내용은 자주 출제되지는 않습니다. 노른자 038의 내용 정도만 학습하세요.

14 ①   노른자 041

파이썬(Python)은 객체 지향 프로그래밍 언어이다.

> ⚠ **가장 빠른 합격비법**
> 프로그래밍 언어에서 객체 지향 프로그래밍에 대한 내용을 확실하게 알아두도록 하세요. 빈출되고 있는 내용입니다.

15 ①   노른자 027

8Bit가 모여 1Byte가 되며, Nibble은 4bit로 구성된다.

> ⚠ **가장 빠른 합격비법**
> 자료의 크기를 나타내는 단위는 시험에 종종 출제됩니다. 노른자 027을 보면서 자료의 물리적 구성 단위인 '비트 – 니블 – 바이트 – 워드'와 논리적 구성 단위인 '필드 – 레코드 – 파일 – 데이터베이스'를 기억하세요.

16 ①   노른자 029

캐시 메모리(Cache Memory)에 대한 설명이다.

> ⚠ **가장 빠른 합격비법**
> 레지스터의 개념이나 특징을 묻는 문제는 자주 출제되고 있습니다. 노른자 029에 대한 내용을 집중해서 학습하세요.

17 ②   노른자 033

플래시 메모리(Flash Memory)는 비휘발성 기억장치이다.

> ⚠ **가장 빠른 합격비법**
> '주기억장치'나 '보조기억장치'를 묻는 문제보다 가상 메모리와 같은 '기타 기억장치'를 묻는 문제가 더 자주 출제됩니다. 노른자 033을 통해 캐시 메모리, 가상 메모리, 연관 메모리, 플래시 메모리 등 '기타 기억장치'의 종류별 특징을 꼭 알아두세요.

18 ④   노른자 032

RAID 기술은 다수의 일반 하드디스크로 구성한다. 데이터를 분할해서 분산 저장하여 디스크 고장에 대비하고 데이터의 안정성을 높여 준다.

> ⚠ **가장 빠른 합격비법**
> RAID 기술은 종종 개념을 묻는 문제로 출제됩니다. 출제 빈도는 낮지만, 기본 개념에 대해 알고 있으면 쉽게 맞힐 수 있는 문제입니다.

19 ③   노른자 025

인쇄 대기 중인 문서는 용지 방향, 용지 종류, 인쇄 매수 등의 설정을 변경할 수 없다.

> ⚠ **가장 빠른 합격비법**
> 프린터 스풀은 자주 출제되는 내용과 유형은 아닙니다. 문제와 선택지에서 제시하고 있는 내용 위주로 학습하세요.

20 ④   노른자 060

오답 해설

① 스푸핑(Spoofing)에 대한 설명이다. 스니핑(Sniffing)은 네트워크의 주변을 돌아다니는 패킷을 엿보면서 계정과 패스워드를 알아내는 행위이다.
② 피싱(Phishing)에 대한 설명이다. 백도어(Backdoor)는 시스템에 침입한 해커가 다시 쉽게 침입하기 위해서 만들어 놓은 불법 침입 경로를 말한다.
③ 웜(Worm)에 대한 설명이다.

> ⚠ **가장 빠른 합격비법**
> 정보보안 관련 문제는 출제 가능성이 매우 높습니다. 특히 스니핑, 스푸핑, 스미싱은 혼동되기 쉬운데, '곰돌이 푸 속이기(스푸핑은 속이기)', '니 것을 훔쳐본다(스니핑은 훔쳐보기)'로 기억. '스미싱 = SMS'는 문자 메세지를 이용한 사이버 범죄로 기억하면 좋습니다.

2과목   스프레드시트 일반

21 ④   노른자 064

상태 표시줄에 대한 설명이다. '제목 표시줄'은 현재 작업 중인 파일의 이름이 표시되고, 리본 메뉴의 표시 옵션, 창 조절 단추(최소화, 최대화, 이전 크기)가 나타난다.

> ⚠ **가장 빠른 합격비법**
> 자주 출제되는 내용은 아니지만 노른자 064의 내용 정도는 알고 시험장에 갈 수 있도록 하세요.

22 ①   노른자 072

줄 바꿈에 대한 단축키는 [Alt] + [Enter]이다.

> ⚠ **가장 빠른 합격비법**
> 데이터 입력은 시험에 자주 출제됩니다. 이 문제에서의 데이터 입력 과정에서 단축키는 물론이고, 노른자 072의 데이터 형식도 중요한 내용으로 꼼꼼하게 학습해야 합니다.

23 ②   노른자 073

숫자 데이터에 [Ctrl]을 누른 상태로 자동 채우기 핸들을 드래그하면 숫자가 1씩 증가한다.

> ⓘ 가장 빠른 합격비법
> 자동 채우기 문제는 다양한 형식으로, 자주 출제됩니다. 노른자 073을 학습하고 '부록'을 따라하며 이해 위주로 학습하세요.

24 ③   노른자 079

천 단위마다 쉼표, 반올림하여 천 단위 절삭, 숫자 뒤에 '천원'을 입력하여 표시한다. → 2,235천원

> ⓘ 가장 빠른 합격비법
> 사용자 지정 표시 형식은 거의 매회 출제되고 있습니다. 사용자 지정 표시를 이용해서 조건에 만족하는 것을 찾을 수 있을 정도로 연습해야 합니다.

25 ③   노른자 095

수학이 80 이상이면서 영어가 85 이상이거나, 평균이 85 이상인 경우인 행을 필터링하라는 의미이다(같은 행은 AND 조건, 다른 행은 OR 조건).

> ⓘ 가장 빠른 합격비법
> 고급 필터의 조건을 적용하는 방법에 대한 내용은 거의 매회 출제됩니다. 적용하는 방법과 결괏값을 반드시 학습하세요.

26 ②   노른자 081

B열과 C열이 고정되어야 하므로 B열과 C열 앞에 $가 붙는다.

> ⓘ 가장 빠른 합격비법
> 참조에서 중요한 점은 셀을 이동하는 것에 따른 변화를 알아야 한다는 점입니다. 결괏값을 통해 함수의 변화를 확인하세요.

27 ②   노른자 077

[찾기] 탭에서는 메모 안의 텍스트도 찾을 수 있다.

> ⓘ 가장 빠른 합격비법
> [찾기] 탭의 기능은 자주 출제되지는 않지만 기능의 전체적인 내용을 알아야 풀 수 있는 문제가 출제되었습니다. 기본적인 내용에 더해 세세한 내용까지 알아두세요.

28 ④   노른자 085

WEEKDAY 함수에서 Return-type 인수는 요일을 숫자로 표시한다.
=WEEKDAY(날짜,반환값)
- 옵션=1: 1(일요일)~7(토요일)
- 옵션=2: 1(월요일)~7(일요일)
- 옵션=3: 0(월요일)~6(일요일)

예 =WEEKDAY("2024-05-18",1) → 7로 반환됨

> ⓘ 가장 빠른 합격비법
> 인수에 따라 명령이 지정되어 있는 함수들이 많습니다. 함수를 해석하는 방법을 함께 연습하세요.

29 ③   노른자 087, 091

DSUM(데이터 범위,열 제목,조건): 데이터 범위에서 조건을 만족하는 열 제목의 합계를 표시한다.
=DSUM(A1:D9,D1,A1:A2): 데이터 범위[A1:A9]에서 대리점이 '서울' [A1:A2]인 [D1] 열(공급단가)의 합계를 계산한다(조건은 제목까지 표시해야 한다).

> ⓘ 가장 빠른 합격비법
> 함수 문제는 함수의 쓰임새와 함께, 설정하는 인수의 순서를 기억하는 것이 가장 중요합니다. 함수는 필기와 실기시험 합격에 매우 중요한 부분이기 때문에 시간이 오래 걸리더라도 완벽하게 학습해야 합니다. 실습을 통해 직접 함수의 사용법을 익혀보는 것도 좋습니다.

30 ③   노른자 087, 091

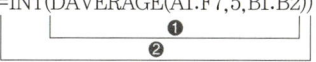
=ROUND(DAVERAGE(A1:F7,5,B1:B2),0)

❶ DAVERAGE(A1:F7,5,B1:B2): [A1:F7] 셀의 범위의 5번째 열인 수확량에서 종류가 '사과'인 것의 평균을 구하면 결괏값은 12.6667
❷ ROUND(12.6667,0): 소수점 첫째 자리에서 반올림하면 결괏값은 13

오답 해설

① =INT(DAVERAGE(A1:F7,5,B1:B2))
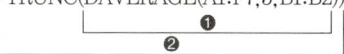

❶ DAVERAGE(A1:F7,5,B1:B2): [A1:F7] 셀의 범위의 5번째 열인 수확량에서 종류가 '사과'인 것의 평균을 구하면 결괏값은 12.6667
❷ INT(12.6667): 12.6667을 가까운 정수로 내림하면 결괏값은 12

② =TRUNC(DAVERAGE(A1:F7,5,B1:B2))

❶ DAVERAGE(A1:F7,5,B1:B2): [A1:F7] 셀의 범위의 5번째 열인 수확량에서 종류가 '사과'인 것의 평균을 구하면 결괏값은 12.6667
❷ TRUNC(12.6667): 12.6667에서 소수점 이하를 버림하면 결괏값은 12

④ =ROUNDDOWN(DAVERAGE(A1:F7,5,B1:B2),0)

❶ DAVERAGE(A1:F7,5,B1:B2): [A1:F7] 셀의 범위의 5번째 열인 수확량에서 종류가 '사과'인 것의 평균을 구하면 결괏값은 12.6667
❷ ROUNDDOWN(12.6667,0): 12.6667를 정수로 내림하면 결괏값은 12

> ⓘ 가장 빠른 합격비법
> 함수 문제는 함수의 쓰임새와 함께, 설정하는 인수의 순서를 기억하는 것이 가장 중요합니다. 함수는 필기와 실기의 합격에 매우 중요한 부분이기 때문에 시간이 오래 걸리더라도 완벽하게 학습하기 바랍니다.

31 ① 노른자 090

HLOOKUP(기준셀,참조 범위,행 번호,옵션): 기준셀에서 참조되는 값을 참조 범위에 있는 행 번호에서 찾아 표시한다.
=HLOOKUP(C5,$C$1:$G$3,3,0): 기준셀[C5]의 값인 352에 참조되는 값을 참조 범위[$C$1:$G$3]에 있는 세 번째 행(단가 행)에서 찾아 표시한다.

> ⚠️ 가장 빠른 합격비법
> 찾기/참조 함수는 출제 빈도가 높고 어려운 함수입니다. 찾으려는 데이터 필드 값의 방향이 행 방향이면 HLOOKUP 함수를, 열 방향이면 VLOOKUP 함수를 사용한다는 것을 꼭 기억해두세요. FALSE는 정확히 일치하는 값을, TRUE는 유사하게 일치하는 값을 반환한다는 뜻입니다.

32 ④ 노른자 102

부분합을 작성할 때는 기준이 되는 필드(그룹화할 항목)가 정렬되어 있어야 제대로 부분합을 실행할 수 있다. 필드는 자동으로 정렬되지 않는다.

> ⚠️ 가장 빠른 합격비법
> 부분합은 개념과 특징에 대한 이해가 매우 중요합니다. 또한 부분합을 활용하기 위해서는 정렬 작업이 선행되어야 하는 것을 반드시 기억하세요.

33 ④ 노른자 104

주어진 내용은 부분합에 관한 설명이다.

> ⚠️ 가장 빠른 합격비법
> 시나리오 요약 보고서를 생성하면 별도의 시트에 작성됩니다. 원본 데이터에 연결된 데이터가 아니라 새로운 시트에 보고서가 작성된다는 원리를 이해하면 쉽게 정답을 고를 수 있습니다.

34 ① 노른자 114

매크로 이름은 [매크로] 대화상자에서 '편집'을 클릭해서 수정 가능하다.

> ⚠️ 가장 빠른 합격비법
> 매크로는 옳고 틀린 것을 묻는 문제가 주로 출제됩니다.

35 ② 노른자 115, 116

매크로는 VBA 언어로 기록되며, 잘못 기록하더라도 Visual Basic 편집기를 사용하여 매크로를 편집할 수 있다.

> ⚠️ 가장 빠른 합격비법
> 매크로에서 VBA에 대한 기본 내용과 프로그램의 결과를 묻는 문제가 주로 출제되고, 개념과 특징도 빈출되고 있습니다. 노른자 115, 116의 내용을 확실하게 학습하세요.

36 ① 노른자 108

데이터 계열의 값이나 항목을 이름표로 표시하는 것을 데이터 레이블이라고 하는데, 해당 차트에서 데이터 레이블은 표시되어 있지 않다.

> ⚠️ 가장 빠른 합격비법
> 차트 관련 문제는 매회 꼭 출제됩니다. 특히 차트 각 부분의 명칭을 반드시 기억하세요.

37 ③ 노른자 098

잘못된 데이터를 찾을 수는 있지만 삭제하지는 않는다.

> ⚠️ 가장 빠른 합격비법
> 데이터 유효성 검사는 난도가 높은 내용은 아닙니다. 노른자 098을 정독하면서 기능에 대해 살펴보고 문제 위주로 학습하세요.

38 ② 노른자 100

데이터 표를 이용하여 입력된 데이터는 결과 데이터 전체를 수정 또는 삭제할 수 있지만 부분적으로 수정 또는 삭제는 할 수 없다.

> ⚠️ 가장 빠른 합격비법
> 데이터 표는 이론적으로 이해가 어려운 부분이 있습니다. 엑셀에서의 표는 우리가 일반적으로 이해하는 표와 다른 부분이 있기 때문이죠. 직접 실습해 보면서 이해하기 바랍니다.

39 ② 노른자 066

고정하려는 열의 오른쪽 열을 선택한 후 틀 고정을 실행해야 한다.

> ⚠️ 가장 빠른 합격비법
> 틀 고정 및 창 나누기 문제는 종종 출제됩니다. 선택지와 함께 노른자 066을 학습하세요.

40 ④ 노른자 112

행 높이와 열 너비를 변경하면 자동 페이지 나누기 구분선의 위치는 변경된다.

> ⚠️ 가장 빠른 합격비법
> [페이지 나누기 미리 보기] 기능은 워크시트를 인쇄할 페이지 상태로 보면서 작업할 수 있도록 하는 기능입니다. 종종 출제되는 개념이므로 노른자 112를 통해 학습하고 넘어가세요.

답 없이 푸는 제9회 기출변형문제

문제 ➡ 140쪽

01	④	02	③	03	①	04	②	05	③
06	②	07	②	08	②	09	④	10	②
11	④	12	①	13	③	14	④	15	①
16	④	17	②	18	③	19	①	20	③
21	③	22	①	23	①	24	④	25	②
26	①	27	①	28	②	29	③	30	②
31	②	32	①	33	③	34	②	35	①
36	④	37	④	38	④	39	①	40	①

1과목 컴퓨터 일반

01 ④   ➡ 노른자 039

운영체제는 제어 프로그램과 처리 프로그램으로 나뉘며, 제어 프로그램의 종류에는 감시 프로그램, 작업 관리 프로그램, 데이터 관리 프로그램이 있고, 처리 프로그램의 종류에는 언어 번역 프로그램, 서비스 프로그램, 문제 처리 프로그램이 있다.

> ⓘ **가장 빠른 합격비법**
> 제어 프로그램과 처리 프로그램의 종류 및 특징을 구분하는 문제는 자주 출제됩니다. 노른자 039를 통해 확실하게 학습하세요.

02 ③   ➡ 노른자 003

작업 표시줄의 크기는 화면의 1/2까지만 늘릴 수 있다.

> ⓘ **가장 빠른 합격비법**
> 작업 표시줄은 특징과 설정할 수 있는 기능에 대해 묻는 문제가 자주 출제됩니다. 특히 크기에 대한 내용은 선택지로 자주 출제되는 편입니다. 노른자 003의 내용을 숙지하고 시험장에 들어갈 수 있도록 하세요.

03 ①   ➡ 노른자 002

오답 해설

② Ctrl + Esc : [시작] 메뉴를 표시한다.
③ Alt + Enter : 선택한 항목의 [속성] 대화상자를 연다.
④ Alt + Esc : 현재 실행 중인 앱을 순서대로 전환한다.

> ⓘ **가장 빠른 합격비법**
> 바로 가기 키는 시험을 위해서뿐만 아니라, 실생활에서도 유용하게 사용할 수 있는 기능입니다. 노른자 002의 내용을 바탕으로 실습을 통해 연습해보는 것이 좋습니다.

04 ②   ➡ 노른자 020

사용자가 임의로 복원 지점을 설정할 수 있다.

> ⓘ **가장 빠른 합격비법**
> 자주 출제되는 내용은 아닙니다. 선택지와 노른자 020에 나오는 내용을 한두 번 읽어보세요.

05 ③   ➡ 노른자 044

MOD(Music On Demand)는 주문형 음악을 말한다. 사용자의 요구에 따라서 유선 방송 또는 인터넷상으로 실시간 재생할 수 있는 스트리밍 기술을 통해 음악을 보내 주는 서비스이다.

> ⓘ **가장 빠른 합격비법**
> 멀티미디어에서는 멀티미디어의 특징과 활용에 대한 내용을 알고 있어야 합니다. 멀티미디어에서 멀티(Multi)는 여러 개를 의미하고 미디어(Media)는 영상·음성·문자 등과 같은 다양한 정보 매체를 의미합니다. 즉, 멀티미디어는 영상·음성·문자 등과 같은 다양한 정보 매체를 디지털 데이터로 통합 처리된 것을 말합니다.

06 ②   ➡ 노른자 045, 046

인터레이싱(Interlacing)은 그림 파일을 표시하는 데 있어서 이미지의 대략적인 모습을 먼저 보여준 다음 점차 자세한 모습을 보여주는 기법이다.

> ⓘ **가장 빠른 합격비법**
> 그래픽 파일의 형식은 꼭 비교하여 정리하세요. 출제 빈도가 높은 유형으로, 노른자 045를 통해 해당 형식들이 어떤 표현 방식에 속하는지 함께 학습하는 것도 좋습니다.

07 ②   ➡ 노른자 050

오답 해설

① 허브(Hub)에 대한 설명이다.
③ 게이트웨이(Gateway)에 대한 설명이다.
④ DNS에 대한 설명이다.

> ⓘ **가장 빠른 합격비법**
> 네트워크 장비에 대한 문제는 모든 내용이 골고루 자주 출제되고 있습니다. 모두 소홀하지 않고 개념과 특징을 정확하게 학습하세요.

08 ②   ➡ 노른자 057

오답 해설

① 와이파이(Wi-Fi): IEEE 802.11 기술 규격의 브랜드명으로, 사용 거리에 제한이 있고, 전송 속도가 3G 이동통신보다 빠르며, 전송 비용이 저렴하다.

③ 테더링(Tethering): 컴퓨터나 노트북 등의 IT 기기를 스마트폰에 연결하여 무선 인터넷을 사용할 수 있게 하는 기능이다.
④ 와이브로(WiBro): 이동 중에도 초고속 인터넷을 이용할 수 있는 무선 휴대 인터넷 서비스이다.

> ⓘ **가장 빠른 합격비법**
> 정보통신 분야는 발전이 매우 빨라 새로운 기술들이 계속 나오고 있습니다. 출제 빈도도 높으므로 노른자 057을 통해 인터넷 서비스의 종류 및 용어를 학습하세요. 인트라넷과 엑스트라넷은 구분하여 꼭 정리해두세요.

09 ④ 　　　　　　　　　　　　　　　　 노른자 052

오답 해설

① IPv6의 주소는 16비트씩 8개 부분으로 구분된다.
② IPv4에 대한 설명이다.
③ IPv6는 IPv4와 호환성이 우수하고 품질을 쉽게 보장할 수 있다.

> ⓘ **가장 빠른 합격비법**
> 이 문제에서 가장 중요한 포인트는 IPv4 주소와 IPv6 주소입니다. 32비트 주소를 사용하는 IPv4는 IT 기기가 증가하면서 주소가 부족해졌고 이에 따라 128비트의 IPv6가 등장하였습니다. 이때 단순히 주소의 개수만 늘린 것이 아니라 보안(인증성, 기밀성, 무결성)도 강화하였습니다. 인터넷 IP 주소 체계는 IPv4와 IPv6를 비교하여 학습하고 각 주소 체계의 특징을 기억해두세요.

10 ② 　　　　　　　　　　　　　　　　 노른자 056

오답 해설

① 북마크(Bookmark): 특정 웹사이트를 등록해 두는 기능으로, 자주 보는 웹사이트를 등록하여 열람 가능하다.
③ 캐싱(Caching): 사용자가 열어본 페이지에 관련된 파일을 보관하여 이후 다시 해당 사이트에 접속을 요구하면 그 사이트에서 갱신된 내용만 가져와서 보다 빠르게 보여주는 기능이다.
④ 쿠키(Cookie): 웹사이트 접속 시 매번 아이디와 비밀번호를 입력하지 않고도 자동 로그인할 수 있도록 지원하는 것이다.

> ⓘ **가장 빠른 합격비법**
> 자주 출제되는 내용은 아니지만 웹 브라우저의 기능을 묻는 문제가 출제되었습니다. 노른자 056에 나와 있는 내용을 확실하게 학습하세요.

11 ④ 　　　　　　　　　　　　　　　　 노른자 040

오답 해설

(나) 베타 버전은 정식 버전이 출시되기 전에 테스트용으로 제작되어 일반인에게 공개하는 소프트웨어를 말한다.

> ⓘ **가장 빠른 합격비법**
> 소프트웨어의 종류와 관련한 문제는 종종 출제되고 있습니다. 노른자 040을 통해 소프트웨어의 분류에 따른 특징을 학습하세요.

12 ① 　　　　　　　　　　　　　　　　 노른자 041

객체 지향 프로그래밍 언어에는 C++, Actor, Smalltalk, Java 등이 있다. C 언어는 절차 지향 프로그래밍 언어이다.

> ⓘ **가장 빠른 합격비법**
> 현재까지 프로그래밍 언어에서 객체 지향 프로그래밍에 대한 내용이 더 많이 출제되었으므로 이를 위주로 확실하게 알아두도록 하세요.

13 ③ 　　　　　　　　　　　　　　　　 노른자 026

- 디지털 컴퓨터: 산술이나 논리 연산을 하고 논리 회로로 구성되어 있다. 프로그래밍이 필요하며 기억 기능이 있다.
- 아날로그 컴퓨터: 증폭 회로로 구성되어 있으며 프로그래밍이 불필요하고 기억 기능이 없다.

> ⓘ **가장 빠른 합격비법**
> 디지털 컴퓨터와 아날로그 컴퓨터의 특징과 차이점을 확실하게 구분할 수 있도록 공부해야 합니다. 노른자 026의 내용을 꼼꼼하게 학습하세요.

14 ④ 　　　　　　　　　　　　　　　　 노른자 028

하드디스크 용량: KB(2^{10}Byte) → MB(2^{20}Byte) → GB(2^{30}Byte) → TB(2^{40}Byte) → PB(2^{50}Byte) → EB(2^{60}Byte)

> ⓘ **가장 빠른 합격비법**
> 자료의 단위는 크기 순서를 반드시 알고 있어야 합니다. 자료의 단위와 크기를 정확하게 알아두세요.

15 ① 　　　　　　　　　　　　　　　　 노른자 029

오답 해설

② **명령의 순서를 기억하는 장치**: 프로그램 카운터(PC)
③ **명령어를 기억하는 장치**: 명령 레지스터
④ **명령을 해독하는 장치**: 명령 해독기

> ⓘ **가장 빠른 합격비법**
> 중앙처리장치(CPU)는 컴퓨터를 구성하는 하드웨어 중에서 가장 중요한 장치로, 시험에 자주 출제됩니다. 노른자 029를 통해 각 장치의 개념과 구성 요소를 꼭 학습하세요.

16 ④ 　　　　　　　　　　　　　　　　 노른자 033

플래시 메모리(Flash Memory)는 비휘발성 메모리인 EEPROM의 일종으로, 정보의 입·출력이 자유롭다.

오답 해설

① 캐시 메모리(Cache Memory)에 대한 설명이다.
② 가상 메모리(Virtual Memory)에 대한 설명이다.
③ 연관 메모리(Associative Memory)에 대한 설명이다.

> ⓘ **가장 빠른 합격비법**
> 기타 메모리에 대한 문제는 자주 출제됩니다. 각 메모리의 특징과 용도를 정확하게 알아두세요.

17 ④ 　　　　　　　　　　　　　　　　노른자 060

웜(Worm)은 네트워크를 통해 연속적으로 자신을 복제하여 시스템을 과부하시킨다. 트로이 목마는 자기복제 능력은 없으나, 프로그램 내에 숨어 있다가 해당 프로그램이 실행될 때 활성화되어 부작용을 일으킨다.

> ⓘ **가장 빠른 합격비법**
> 컴퓨터 범죄는 사회적 이슈인 만큼 관련 문제도 매우 자주 출제됩니다. 노른자 060 내용을 잘 정리해두세요.

18 ③ 　　　　　　　　　　　　　　　　노른자 032

하드디스크는 파티션마다 서로 다른 운영체제를 설치할 수 있다.

> ⓘ **가장 빠른 합격비법**
> SSD(Solid State Drive)는 반도체를 이용한 기억장치로, 초고속 메모리 칩(Chip)에 데이터를 저장하는 방식입니다. 하드디스크보다 속도가 빠르고 외부의 충격에도 강합니다. 기계적 지연이나 오류의 확률, 발열, 소음, 전력 소모가 적고 소형화·경량화할 수 있어요. 기억 매체로 플래시 메모리나 DRAM을 이용하므로 배드섹터(Bad Sector)가 발생하지 않습니다.

19 ① 　　　　　　　　　　　　　　　　노른자 055

전자우편은 7비트의 ASCII 코드를 이용하여 메시지를 전송한다.

> ⓘ **가장 빠른 합격비법**
> 각 코드의 특징을 묻는 문제는 빈출되는 내용 중 하나입니다. 각 코드의 특징 및 표현할 수 있는 문자 수를 반드시 기억하세요.

20 ③ 　　　　　　　　　　　　　　　　노른자 024

드럼식, 체인식, 밴드식은 충격식 프린터의 인쇄 방식이다. 레이저 프린터는 비충격식 프린터이다.

> ⓘ **가장 빠른 합격비법**
> 프린터에 대한 문제는 종종 출제됩니다. 노른자 024를 통해 프린터의 설치 방법 및 기본 프린터에 대해 확인하세요.

2과목　스프레드시트 일반

21 ③ 　　　　　　　　　　　　　　　　노른자 072

Shift + Enter 를 누르면 셀 포인터가 위쪽 셀로 이동된다.

> ⓘ **가장 빠른 합격비법**
> 데이터를 입력하는 문제는 자주 출제됩니다. 데이터 입력, 셀 포인터 이동에 관련된 바로 가기 키도 꼭 정리해두세요.

22 ① 　　　　　　　　　　　　　　　　노른자 070

시트 보호에서 '잠긴 셀 선택'을 허용하지 않으려면 시트 보호 설정 전 [셀 서식] 대화상자의 [보호] 탭에 '잠금' 항목이 해제되어 있어야 한다.

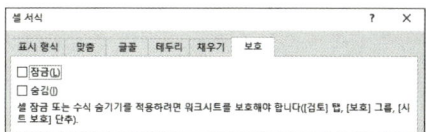

> ⓘ **가장 빠른 합격비법**
> 시트 보호 시 워크시트에서 허용할 내용, 통합 문서 보호의 사용 목적, 적용 대상 등을 노른자 070의 내용을 통해 알아두세요.

23 ① 　　　　　　　　　　　　　　　　노른자 075

키보드의 Backspace 를 누르면 [C2] 셀 내용만 지워진다. 다른 선지의 방식은 선택된 영역인 [C2:C5]의 내용이 지워진다.

> ⓘ **가장 빠른 합격비법**
> 자주 출제되는 내용은 아닙니다. 기본적인 셀의 작동 원리를 알아두세요.

24 ④ 　　　　　　　　　　　　　　　　노른자 074

피벗 테이블 보고서의 레이아웃이 변경되어도 메모가 들어가 있는 셀은 이동되지 않는다.

> ⓘ **가장 빠른 합격비법**
> 메모 기능에 대해서 '서식 지정 가능', '인쇄 가능', '찾기 가능', '메모 크기를 자동으로 조정 가능'을 기억하고, 노른자 074에서 메모 삭제 방법도 알아두세요.

25 ② 　　　　　　　　　　　　　　　　노른자 079

통화 기호는 숫자 앞에 표시되며, 회계 기호는 셀의 왼쪽 끝에 표시된다.

⚠ 가장 빠른 합격비법
사용자 지정 표시 형식은 거의 매회 출제됩니다. '#'과 '0'의 사용법을 우선으로 학습하고, 기출문제를 통해서 반복 학습하세요.

26 ①   📤 노른자 093
내림차순 정렬에 대한 설명이다. 오름차순 정렬에서 날짜는 가장 이전 날짜에서 가장 최근 날짜의 순서로 정렬된다.

⚠ 가장 빠른 합격비법
데이터 정렬의 출제 빈도는 대략 50%입니다. 이 문제와 노른자 093을 통해 정렬에 대한 기본적인 내용을 알아두세요.

27 ①   📤 노른자 081
임의의 날짜를 기준으로 셀의 서식을 지정한다는 기준은 포함되어 있지 않다.

⚠ 가장 빠른 합격비법
[서식 규칙 편집] 대화상자를 확인해보세요.

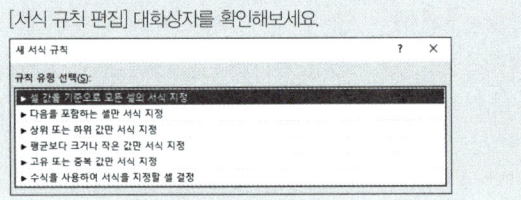

28 ④   📤 노른자 084
잘못된 셀 주소를 참조한 경우 #NAME?이라는 오류 메시지를 나타낸다.

⚠ 가장 빠른 합격비법
함수의 오류 메시지에 대한 문제는 빈번하게 출제됩니다. 오류의 발생 원인을 정확하게 알아두세요.

29 ②   📤 노른자 085
EOMONTH(날짜,K): 날짜의 월에 K를 더한 달의 마지막 날짜를 표시한다.

⚠ 가장 빠른 합격비법
날짜와 시간 함수 중 EOMONTH는 자주 출제되는 함수 중 하나입니다. 작성 방법을 정확하게 알아두세요.

30 ②   📤 노른자 086
=IFERROR(VLOOKUP(A3,$E$3:$F$6,2,FALSE),"")
　　　　　　　❶
　　❷

❶ VLOOKUP(A3,$E$3:$F$6,2,FALSE): 기준 셀([A3])에 참조되는 값을 참조 범위[$E$3:$F$6]의 2번째 열에서 정확한 값(FALSE)을 찾음. 참조 범위는 채우기 핸들을 사용해도 고정되어 있어야 하므로 따라서 W의 결괏값은 '워드'

❷ IFERROR(워드,""): 값을 표시해주고 값이 오류이면 '오류값'을 표시함. VLOOKUP을 이용하여 먼저 값을 찾아 주고 오류가 나면 오류값으로 설정된 공백("")을 표시함

⚠ 가장 빠른 합격비법
VLOOKUP 함수는 자주 출제되는 함수이지만, 많이 어려워 하는 함수 중 하나이기도 합니다. 정확하게 이해하지 않으면 헷갈리는 함수이므로 정확하게 이해하도록 하세요. 함수 문제는 실제 엑셀 창에서 적용시켜 보는 것이 가장 좋습니다.

31 ②   📤 노른자 089

오답 해설
① =LEFT(MID("Sound of Music",5,6),3)
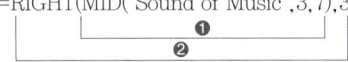

❶ MID("Sound of Music",5,6): 5번째 글자부터 시작해서 6글자를 추출함. 따라서 결괏값은 d of M

❷ LEFT('d of M',3): 왼쪽에서부터 3글자를 추출함. 따라서 결괏값은 d o

③ =RIGHT(MID("Sound of Music",3,7),3)

❶ MID("Sound of Music",3,7): 3번째 글자부터 시작해서 7글자를 추출함. 따라서 결괏값은 und of

❷ RIGHT('und of ',3): 오른쪽에서부터 3글자를 추출함. 따라서 결괏값은 of (of 뒤에 공백 포함)

④ =MID(LEFT("Sound of Music",7),2,3)

❶ LEFT("Sound of Music",7): 왼쪽부터 7글자를 추출함. 따라서 결괏값은 Sound o

❷ MID("Sound o",2,3): 2번째 글자부터 시작해서 3글자를 추출함. 따라서 결괏값은 oun

⚠ 가장 빠른 합격비법
함수 문제는 함수의 쓰임새와 함께, 설정하는 인수의 순서를 기억하는 것이 가장 중요합니다. 함수는 필기와 실기시험 합격에 매우 중요한 부분이기 때문에 시간이 오래 걸리더라도 완벽하게 학습해야 합니다. 실습을 통해 직접 함수의 사용법을 익혀보는 것도 좋습니다.

32 ①

정렬과 상관없이 정확한 값을 찾을 때는 0(FALSE), 유사한 값을 찾을 때는 1(TRUE)을 사용한다.

> **가장 빠른 합격비법**
> 찾기/참조 함수는 출제 빈도가 높고 어려운 함수입니다. 찾으려는 데이터 필드 값의 방향이 행 방향이면 HLOOKUP 함수를, 열 방향이면 VLOOKUP 함수를 사용한다는 것을 꼭 기억해두세요. FALSE는 정확히 일치하는 값을, TRUE는 유사하게 일치하는 값을 반환한다는 뜻입니다.

33 ③

AVERAGEIF(조건 범위,조건,평균 범위): 조건 범위에서 조건에 만족하는 값을 찾아서 평균 범위의 평균을 구한다. 조건 범위와 평균 범위는 수식을 복사할 경우 셀 주소가 바뀌면 안 되므로 절대 참조($) 표시를 해야 한다. 조건은 수식을 복사할 경우 바뀌어야 하므로 상대 참조이어야 한다.

> **가장 빠른 합격비법**
> 통계 함수는 출제 빈도가 매우 높은 함수입니다. 노른자 088과 함께 직접 실습을 통해 정리해두세요. 개념이 비슷한 함수를 묶어서 이해하는 것도 좋습니다.

34 ④

'목표값 찾기'는 수식에서 원하는 결과는 알고 있지만, 그 결과를 얻는 데 필요한 입력값을 구하는 경우에 사용하는 기능이다.

> **가장 빠른 합격비법**
> 목표값 찾기는 결과를 정하고 수식에 사용된 셀의 값을 변경하는 기능입니다. 노른자 103에 설명된 대화상자의 항목들을 이해하면 어렵지 않게 문제를 풀 수 있습니다.

35 ①

피벗 테이블 보고서를 넣을 위치로 기존 워크시트의 [A21] 셀을 선택했을 때의 결과이다.

> **가장 빠른 합격비법**
> 피벗 테이블은 개념뿐만 아니라 기능을 포함한 세세한 내용 모두 중요합니다. 자주 출제되므로 노른자의 피벗 테이블에 관한 내용은 모두 꼼꼼하게 학습하세요.

36 ④

엑셀의 바로 가기 키가 있어도 매크로 바로 가기 키를 지정할 수 있으며, 매크로 바로 가기 키가 우선으로 작동한다.

> **가장 빠른 합격비법**
> 매크로는 매회 시험에 빠지지 않고 출제되는 내용 중 하나입니다. 개념, 기능, 옵션 모두 세세하게 알아 두세요.

37 ④

일부 영역만 선택해서 차트를 작성하였다(4번째 합계 열을 제외하고 차트를 작성하였다).

> **가장 빠른 합격비법**
> 차트 관련 문제는 매회 다양한 형식으로 출제됩니다. 노른자 106~110을 꼼꼼하게 학습하면서 차트에 대한 사항을 반드시 숙지하기 바랍니다.

38 ④

창 나누기와 틀 고정은 인쇄 시 적용되지 않는다.

> **가장 빠른 합격비법**
> 창 나누기와 틀 고정을 비교하는 문제는 빈출되고 있습니다. 창 나누기의 구분선은 틀 고정과 달리 마우스로 위치 수정이 가능하다는 점을 기억하세요.

39 ①

'페이지 나누기 미리 보기' 상태에서도 [기본] 보기와 같이 차트나 그림 등의 개체를 삽입할 수 있고 데이터의 입력이나 편집을 할 수 있다.

> **가장 빠른 합격비법**
> 페이지 나누기의 특징은 자주 출제되는 개념 중 하나입니다. 페이지 나누기는 이론으로 정리하는 것보다 실습을 통해 정리하는 것이 훨씬 이해가 쉽습니다.

40 ①

[인쇄 미리 보기] 창에서 셀 너비를 조절하면 워크시트에도 너비가 적용된다.

> **가장 빠른 합격비법**
> 인쇄 미리 보기는 인쇄하기 전의 화면으로, 출력 결과를 미리 확인하는 기능입니다. 노른자 113을 통해 관련 내용을 학습하고 정리해두세요.

답 없이 푸는 제10회 기출변형문제

문제 ➡ 147쪽

01	④	02	④	03	②	04	④	05	②
06	④	07	④	08	③	09	②	10	②
11	①	12	③	13	④	14	②	15	②
16	③	17	②	18	①	19	②	20	①
21	②	22	③	23	④	24	②	25	④
26	④	27	②	28	②	29	③	30	①
31	②	32	①	33	③	34	②	35	①
36	④	37	③	38	①	39	③	40	②

1과목 컴퓨터 일반

01 ④
노른자 030, 039

두 개 이상의 컴퓨터를 묶어서 단일 시스템처럼 사용하는 시스템은 클러스터링 시스템이다.

> ⚠ **가장 빠른 합격비법**
> 운영체제의 운영 방식에 대한 문제는 자주 출제되지만, 임베디드 운영 방식은 자주 출제되는 내용은 아니므로 노른자 030, 039의 내용 정도는 반드시 학습하세요.

02 ④
노른자 038

압축은 검색 시간과 상관이 없으며, 압축할 경우 자료 전송에 걸리는 시간을 절약할 수는 있다.

> ⚠ **가장 빠른 합격비법**
> 시스템 소프트웨어와 응용 소프트웨어의 특징과 종류를 비교해서 알아둘 필요가 있습니다. 노른자 038을 통해 학습하세요.

03 ②

[캡처 및 스케치] 프로그램을 이용해서 비디오 파일을 저장할 수는 없다.

> ⚠ **가장 빠른 합격비법**
> **캡처 및 스케치**
> - [시작]-[캡처 및 스케치] 클릭 또는 ⊞+Shift+S
> - [캡처] 창에서 새 캡처가 가능하고, 터치 쓰기, 볼펜, 연필, 형광펜, 지우개, 눈금자, 이미지 자르기 기능을 사용할 수 있음

04 ④
노른자 044

멀티미디어는 파일 형식과 접근하는 방식이 다양하므로 사용자 선택에 따라 다양한 방향으로 처리되는 비선형성의 특징을 갖는다.

> ⚠ **가장 빠른 합격비법**
> 노른자 044를 통해 멀티미디어가 어떤 특징을 가지고 있고, 어떻게 활용되고 있는지 이해하면 좋습니다.

05 ②
노른자 045

렌더링(Rendering)은 3차원 그래픽에서 사물 모형에 명암과 색상을 추가하여 사실감을 더하는 과정이다.

오답 해설
① **안티앨리어싱(Anti-Aliasing)**: 2차원 그래픽에서 개체 색상과 배경 색상을 혼합하여 경계면 픽셀을 표현함으로써 경계면을 부드럽게 보이도록 하는 기법이다.
③ **디더링(Dithering)**: 제한된 색을 조합하여 음이나 색을 나타내는 것으로, 여러 컬러의 색을 최대한 나타내는 기법이다.
④ **모핑(Morphing)**: 한 이미지가 다른 이미지로 서서히 변화하는 과정을 나타내는 기법이다.

> ⚠ **가장 빠른 합격비법**
> 그래픽 관련 용어는 반드시 숙지하고 있어야 합니다. 노른자 045를 통해 각각의 특징을 학습하세요.

06 ④
노른자 034

USB 커넥터를 색상으로 구분하는 경우 USB 2.0은 검은색 또는 흰색, USB 3.0은 파란색이다.

> ⚠ **가장 빠른 합격비법**
> 유사한 문제가 반복해서 출제되고 있습니다. USB의 특징에서 '직렬버스', '127개 연결 가능', '플러그 앤 플레이'를 반드시 기억하고, 해설의 USB 포트의 색을 꼭 암기해두세요.

07 ④
노른자 050

〈OSI 7계층〉
- 네트워크에서 통신에 필요한 프로토콜을 7단계로 구분하고 정의한 표준 계층 모델이다.
- 컴퓨터 네트워크 프로토콜 디자인과 통신을 계층으로 나누어 정의한 통신 규약이다.

> ⚠ **가장 빠른 합격비법**
> OSI 7계층은 각 계층에 대한 내용을 묻는 문제로 자주 출제됩니다. 개념과 각 계층의 특징까지 확실하게 알아두세요.

08 ③ 　노른자 057

와이브로(WiBro)는 이동 중에도 초고속 인터넷을 이용할 수 있는 무선 휴대 인터넷 서비스이다.

> **⚠ 가장 빠른 합격비법**
> ICT 신기술에 대한 문제는 자주 출제되고 있습니다. 책에 있는 내용만으로 대비할 수 없는 부분이기도 하므로 기존 출제된 용어를 중심으로 확장시켜 학습하도록 하세요.

09 ② 　노른자 055

7비트의 ASCII 코드를 사용하여 메시지를 전달한다.

> **⚠ 가장 빠른 합격비법**
> 전자우편(E-mail) 관련 문제는 어렵지 않은 수준에서 문제가 출제됩니다. 노른자 055 '전자우편과 전자우편 프로토콜' 내용을 함께 학습해두세요.

10 ② 　노른자 040

특정 기능이나 사용 기간에 제한을 두고 무료로 배포하는 소프트웨어를 셰어웨어라 한다.

오답 해설
① 상용 소프트웨어에 대한 설명이다.
③ 오픈 소스 소프트웨어에 대한 설명이다.
④ 알파 버전에 대한 설명이다.

> **⚠ 가장 빠른 합격비법**
> 소프트웨어의 종류에 대한 문제는 종종 출제됩니다. 노른자 040 '소프트웨어의 구분'을 통해 각 소프트웨어의 분류에 따른 특징을 학습하세요.

11 ① 　노른자 041

객체 지향 프로그래밍에 대한 설명이다.

> **⚠ 가장 빠른 합격비법**
> 현재까지 프로그래밍 언어에서 객체 지향 프로그래밍에 대한 내용이 더 많이 출제되었으므로 이를 위주로 확실하게 알아두도록 하세요.

12 ③ 　노른자 026

팜톱 컴퓨터란 손에 올려놓고 사용할 수 있는 컴퓨터를 말하는데 스마트폰은 팜톱 컴퓨터로 분류할 수 있다.

> **⚠ 가장 빠른 합격비법**
> 컴퓨터의 세대별 발전과 관련된 문제입니다. 문제와 노른자 026을 학습하고 세대별 주요 소자와 특징도 꼭 기억해두세요.

13 ④ 　노른자 027

CPU가 한 번에 처리할 수 있는 명령어 단위는 워드(Word)이다.

> **⚠ 가장 빠른 합격비법**
> 자료의 크기를 나타내는 단위는 시험에 종종 출제됩니다. 노른자 027을 보면서 자료의 물리적 구성 단위인 '비트 - 니블 - 바이트 - 워드'와 논리적 구성 단위인 '필드 - 레코드 - 파일 - 데이터베이스'에 대해 정리해두세요.

14 ② 　노른자 035

컴퓨터의 시스템 버스로는 제어 버스, 데이터 버스, 주소 버스가 있다.

> **⚠ 가장 빠른 합격비법**
> 버스는 메인보드와 주변장치 사이에 정보를 교환하기 위한 통로입니다. 버스의 특징을 묻는 문제가 종종 출제되므로 확실하게 학습하시고, 내부 버스와 외부 버스의 차이점을 알아두세요.

15 ② 　노른자 033

가상 메모리는 보조기억장치의 일부를 주기억장치처럼 사용해서 주기억장치의 용량을 확대하여 사용하는 방법으로, 주기억장치의 크기보다 큰 용량을 필요로 하는 프로그램을 실행해야 할 때 유용하게 사용된다.

오답 해설
① 플래시 메모리에 대한 설명이다.
③ 캐시 메모리에 대한 설명이다.
④ 연관 메모리에 대한 설명이다.

> **⚠ 가장 빠른 합격비법**
> 기타 메모리에 대한 문제는 자주 출제됩니다. 각 메모리의 특징과 용도를 정확하게 알아두세요.

16 ③ 　노른자 032

SSD(Solid State Drive)에 대한 설명이다.

> **⚠ 가장 빠른 합격비법**
> SSD(Solid State Drive)는 반도체를 이용한 기억장치로, 초고속 메모리 칩(Chip)에 데이터를 저장하는 방식입니다. 하드디스크보다 속도가 빠르고 외부의 충격에도 강합니다. 기계적 지연이나 오류의 확률, 발열, 소음, 전력 소모가 적고 소형화·경량화할 수 있어요. 기억 매체로 플래시 메모리나 DRAM을 이용하므로 배드섹터(Bad Sector)가 발생하지 않습니다.

17 ② 　노른자 033

기억장치의 접근 속도는 빠른 것부터 느린 순으로 하면 레지스터 → 캐시 메모리 → 주기억장치 → 보조기억장치 순이다.

> ⚠ 가장 빠른 합격비법
>
> 기타 기억장치 문제는 매우 중요합니다. 노른자 033을 꼼꼼히 읽어보세요. 특히 캐시 메모리, 가상 메모리, 연관 메모리를 확실히 학습해두세요.

18 ① ↗ 노른자 060

허니팟(Honeypot)은 해커나 악성코드의 공격을 기만하기 위해 실제로 공격을 당한 것처럼 위장하는 가짜 시스템 등을 말한다.

오답 해설

② 방화벽(Firewall): 외부의 불법적인 접근을 차단한다.
③ 웜(Worm): 네트워크를 통해 연속적으로 자기를 복제하여 시스템 부하를 높여 결국 시스템을 다운시키는 행위이다.
④ 피기배킹(Piggybacking): 정당한 사용자가 정상적으로 시스템을 종료하지 않고 자리를 떠났을 때 비인가된 사용자가 바로 그 자리에서 계속 작업을 수행하여 불법적 접근을 행하는 범죄 행위이다.

> ⚠ 가장 빠른 합격비법
>
> 디지털 범죄가 사회적 이슈인 만큼, 관련 문제도 자주 출제되는 편입니다. 노른자 060의 내용을 잘 파악해두세요.

19 ② ↗ 노른자 054

IP 프로토콜은 패킷 주소를 해석하고 경로를 결정하여 다음 호스트로 전송한다.

> ⚠ 가장 빠른 합격비법
>
> IP에서 반드시 기억해야 할 것은 '비신뢰성'과 '비연결형'입니다. 때문에 IP에는 데이터의 흐름을 제어하는 기능과 에러를 검사하고 수정하는 기능이 없습니다. 반면 TCP는 이 기능이 있습니다. 그리고 IP는 OSI 7계층에서 네트워크 계층에 해당한다는 것도 반드시 기억해두세요.

20 ① ↗ 노른자 013

Windows의 테마 기능은 개인 설정에서 설정 가능하다.
- 개인 설정: 화면 보호기, 테마, 배경화면, 창 색, 소리 등
- 디스플레이: 듀얼 모니터, 해상도, 야간 모드 등
- 접근성 센터: 고대비 테마, 내레이터, 돋보기 등

> ⚠ 가장 빠른 합격비법
>
> 개인 설정에 대한 문제는 종종 출제됩니다. '배경'과 '잠금 화면'을 중심으로 각 항목의 특징을 정리해두세요.

2과목 스프레드시트 일반

21 ② ↗ 노른자 067

- 시트 복사: Ctrl + 드래그 앤 드롭
- 시트 이동: Shift + 드래그 앤 드롭

> ⚠ 가장 빠른 합격비법
>
> 워크시트에 대해서 폭넓게 출제된 문제입니다. 관련 노른자들을 확인하면서 워크시트에 대한 내용은 반드시 학습하고 넘어가세요. 시험에 자주 출제됩니다.

22 ③ ↗ 노른자 072

텍스트, 텍스트/숫자 조합은 기존 내용과 일치하면 자동으로 입력되고 숫자, 날짜, 시간 데이터는 자동으로 입력되지 않는다.

> ⚠ 가장 빠른 합격비법
>
> 데이터 입력 방법은 시험에 자주 출제됩니다. 데이터를 입력한 다음 Enter와 Home을 눌렀을 때 선택되는 셀을 중점으로 학습해두시기 바랍니다.

23 ④ ↗ 노른자 073

선택한 2개의 셀이 반복해서 복사되므로 [A3] 셀에는 A가 입력된다.

> ⚠ 가장 빠른 합격비법
>
> 단순하고 쉽지만 혼동되기 쉬워 실수를 많이 하는 유형입니다. 시험에 아주 많이 출제되므로 확실히 학습하는 것이 좋습니다. 노른자 073을 학습하고, '부록'을 통해 직접 엑셀에서 실습해 보세요.

24 ② ↗ 노른자 076

[붙여넣기]의 '서식'을 선택하면 서식만 붙여넣는다.

> ⚠ 가장 빠른 합격비법
>
> 선택하여 붙여넣기에서 제공하는 각 항목에 대해 알아두세요. 종종 출제되는 내용입니다.

25 ④ ↗ 노른자 079

##.0은 소수 첫 번째 자리까지 표시하므로 5에 적용하면 결괏값은 5.0이다.

> ⚠ 가장 빠른 합격비법
>
> 사용자 지정 표시 형식은 거의 매회 출제됩니다. '#'과 '0'의 사용법을 우선으로 학습하고, 기출문제를 통해서 반복 학습하세요.

26 ④ 　　노른자 093

숨겨진 행이나 숨겨진 열은 정렬에 포함되지 않는다.

> ⓘ 가장 빠른 합격비법
> 데이터 정렬의 출제 빈도는 대략 50%입니다. 이 문제와 노른자 093을 통해 정렬에 대한 기본적인 내용을 알아두세요.

27 ② 　　노른자 096

데이터 미리 보기는 열로 구분된 데이터를 미리 볼 수 있는 기능으로, 편집이 불가능하고 열의 순서를 바꿀 수 없다.

> ⓘ 가장 빠른 합격비법
> 텍스트 나누기에 대한 개념과 기능에 대한 이해가 필요합니다. 자주 출제되는 내용은 아니므로 노른자 096의 내용만 확실하게 학습하세요.

28 ② 　　노른자 082

이름을 정의한 다음에도 셀 참조를 할 수 있다.

> ⓘ 가장 빠른 합격비법
> 참조는 한번 이해하면 암기할 필요 없이 쉽게 맞힐 수 있는 내용입니다.

29 ③ 　　노른자 086

=IF(OR(B2>=90,AND(C2>=80,D2>=80)),"통과","")
　　　　　❶　　　　　　
　　　　❷

❶ OR(B2>=90,AND(C2>=80,D2>=80)): [B2] 셀의 값이 90 이상이거나 [C2] 셀의 값이 80 이상이고 [D2] 셀의 값이 80 이상이면 TRUE(참), 그렇지 않으면 FALSE(거짓)를 반환함
❷ IF(OR 조건,"통과",""): OR 조건을 만족하면 '통과', 그렇지 않으면 공백("")으로 표시함

> ⓘ 가장 빠른 합격비법
> '논리 함수'는 가끔 출제되는 유형입니다. 기출문제로 눈에 익혀두시기 바랍니다.

30 ① 　　노른자 091

DCOUNT(데이터 범위,열 제목,조건): 데이터 범위에서 조건을 만족하는 열 제목의 개수를 표시한다(열 제목 아래 데이터가 숫자, 날짜, 시간인 데이터만 인식하고, 문자 데이터는 인식하지 못한다). 주어진 수식은 2번째 열의 데이터가 문자 데이터이므로 인식하지 못한다.

> ⓘ 가장 빠른 합격비법
> D함수는 일반 함수만큼은 아니지만 종종 출제되는 함수입니다. 함수와 기능을 알아두세요.

31 ③ 　　노른자 087

SUMIF(조건 범위,조건): 조건 범위에서 조건에 만족하는 값을 찾아서 합계 범위의 합계를 구한다. 조건 범위와 합계 범위는 수식을 복사할 경우 셀 주소가 바뀌면 안 되므로 절대 참조($) 표시를 해야 한다. 조건은 수식을 복사할 경우 상대 참조이어야 한다.

> ⓘ 가장 빠른 합격비법
> 함수 문제는 함수의 쓰임새와 함께 설정하는 인수의 순서를 기억하는 것이 가장 중요합니다. 함수는 필기와 실기시험 합격에 매우 중요한 부분이기 때문에 시간이 오래 걸리더라도 완벽하게 학습해야 합니다. 실습을 통해 직접 함수의 사용법을 익혀보는 것도 좋습니다.

32 ① 　　노른자 088

=CHOOSE(RANK.EQ(D2,$D$2:$D$5),"천하","대한","영광","기쁨")
　　　　　　　　❶
　　　　　　　　❷

❶ RANK.EQ(D2,$D$2:$D$5): [D2:D5] 영역에서 [D2] 셀의 값이 1번째로 큰 수이므로 1을 반환함
❷ CHOOSE(1,"천하","대한","영광","기쁨"): K의 값이 1이므로 '천하'를 반환함

> ⓘ 가장 빠른 합격비법
> RANK 함수가 속한 통계 함수에는 다양한 함수가 포함되어 있습니다. 그중 RANK 함수의 범위를 지정할 경우, 반드시 절대 참조를 사용해야 합니다. 내림차순이 기본값이지만, 오름차순도 지정할 수 있다는 것을 알아두세요.

33 ③ 　　노른자 088

RANK.EQ(기준 셀,범위,1): 기준 셀이 범위에서 몇 등인지를 오름차순(1)으로 표시한다.

> ⓘ 가장 빠른 합격비법
> 통계 함수는 출제 빈도가 매우 높은 함수입니다. 노른자 088과 함께 직접 실습을 통해 정리해두세요. 개념이 비슷한 함수를 묶어서 이해하는 것도 좋습니다.

34 ② 　　노른자 102

'새로운 값으로 대치'는 체크되어 있으면 기존 부분합은 사라지고 새 부분합으로 수정된다. 만약 체크가 해제된다면 기존 부분합에 새 부분합이 추가된다.

> ⓘ 가장 빠른 합격비법
> 부분합은 시험에 자주 출제됩니다. 부분합을 실행하기 위해 해야 하는 작업과 사용할 수 있는 함수에 대해 노른자 102를 통해 꼭 기억해두세요.

35 ①   노른자 103

아래와 같이 입력한다.
- 수식 셀: 총이익[G12]
- 찾는 값: 500000
- 값을 바꿀 셀: 판매수량[G3]

> ⚠️ **가장 빠른 합격비법**
> 목표값 찾기에서 사용되는 대화상자의 옵션을 이해해야 합니다. 어렵지 않은 개념이므로 실습을 통해 이해하는 것이 좋습니다.

36 ④   노른자 100

데이터 표는 특정 값의 변화에 따른 결괏값의 변화 과정을 한 번의 연산으로 빠르게 계산하여 표의 형태로 표시하는 기능이다.

> ⚠️ **가장 빠른 합격비법**
> 데이터 표는 이론적으로 이해가 어려운 부분이 있습니다. 엑셀에서의 표는 우리가 일반적으로 이해하는 표와 다른 부분이 있기 때문이죠. 직접 실습해 보면서 이해하기 바랍니다.

37 ③   노른자 114

매크로 이름의 첫 글자는 반드시 문자로 지정해야 한다.

> ⚠️ **가장 빠른 합격비법**
> 매크로 이름 입력 방법은 종종 출제되고 있습니다.

38 ①   노른자 114, 115

매크로 바로 가기 키는 반드시 영문자로만 가능하며 Ctrl+소문자, Ctrl+Shift+대문자로 가능하다.

> ⚠️ **가장 빠른 합격비법**
> 매크로는 시험에 아주 많이 출제되는 기능입니다. 필기시험과 실기시험 모두 출제되는 기능으로, 특히 매크로 이름과 바로 가기 키, 매크로 저장 위치가 중요하므로 반드시 기억하세요. 실기시험을 대비해 실습하면서 기능을 익히는 것도 좋습니다.

39 ③   노른자 106, 109

Alt를 누른 상태에서 차트 크기를 조절하면 차트의 크기가 셀에 맞춰 조절된다.

> ⚠️ **가장 빠른 합격비법**
> 노른자 106, 109를 통해 차트의 특징과 차트를 편집하는 방법을 알아두세요. 선택지의 내용을 실습을 통해 확인해보는 것도 좋습니다.

40 ②   노른자 066

[숨기기]를 클릭하면 현재 열려 있는 통합 문서를 숨긴다.

> ⚠️ **가장 빠른 합격비법**
> [창] 그룹의 기능을 정리해 둘 필요가 있습니다. 특히 창 나누기는 빈출되는 개념이므로 반드시 알아두세요.

답 없이 푸는 제11회 기출변형문제

문제 → 154쪽

01	①	02	①	03	①	04	③	05	③
06	④	07	②	08	④	09	①	10	②
11	③	12	③	13	①	14	①	15	④
16	④	17	④	18	②	19	④	20	④
21	①	22	③	23	②	24	④	25	①
26	①	27	③	28	④	29	③	30	④
31	③	32	②	33	①	34	③	35	②
36	②	37	①	38	③	39	②	40	②

1과목 컴퓨터 일반

01 ① → 노른자 039

두 개 이상의 CPU를 가지고 동시에 여러 개의 작업을 처리하는 방식은 다중 처리 시스템이다. 듀얼 시스템은 업무 처리의 신뢰도를 높이기 위해 2개의 CPU가 같은 업무를 동시에 처리하여 그 결과를 상호 점검하면서 운영하는 시스템이다.

! 가장 빠른 합격비법
운영체제의 운영 방식의 발달 순서나 각 운영 방식의 특징을 묻는 문제가 출제됩니다. 노른자 039를 통해 운영 방식의 개별적인 특징을 알고 넘어가세요.

02 ① → 노른자 002

[시작] 메뉴를 표시하는 바로 가기 키는 Ctrl + Esc 이다.

! 가장 빠른 합격비법
바로 가기 키는 시험장에 들어가기 바로 전 눈에 익히는 것이 효율적인 합격 전략입니다.

03 ① → 노른자 005

바탕 화면에 있는 파일을 휴지통으로 드래그 앤 드롭하여 삭제한 경우, 파일이 휴지통으로 옮겨지므로 복원이 가능하다. 그 외의 경우는 모두 휴지통에 들어가지 않고 바로 삭제된다.

! 가장 빠른 합격비법
비교적 쉬운 문제입니다. 노른자 005 '휴지통'의 내용을 한 번 읽어보세요. '휴지통에 들어가지 않는 경우'는 실습도 같이 해 본다면 더 기억에 남을 것입니다.

04 ③ → 노른자 017

표준 계정의 사용자는 다른 사용자나 컴퓨터 보안에 영향을 주는 설정은 변경할 수 없다.

! 가장 빠른 합격비법
컴퓨터 시스템의 보안, 암호와 같은 주요 설정은 관리자 계정을 통해서만 가능합니다. 사용자 계정의 관리자 계정과 표준 계정을 비교하여 어떤 차이가 있는지 잘 알아두세요.

05 ③ → 노른자 044

증강현실(Augmented Reality, AR)은 가상현실(Virtual Reality)의 한 분야로 실제 환경에 가상 사물을 합성하여 원래의 환경에 존재하는 것처럼 보여주는 것을 말한다.

! 가장 빠른 합격비법
멀티미디어의 활용에 관하여 노른자 044를 통해 활용 예를 잘 파악해두세요.

06 ④ → 노른자 045

2차원 그래픽에서 계단 현상(앨리어싱)을 제거하여 경계면을 부드럽게 보이도록 하는 기법을 안티앨리어싱(Anti-Aliasing)이라 한다.

오답 해설
① 모핑(Morphing): 한 이미지가 다른 이미지로 서서히 변화하는 과정을 나타내는 기법이다.
② 디더링(Dithering): 제한된 색을 조합하여 음이나 색을 나타내는 것으로 여러 컬러의 색을 최대한 나타내는 기법이다.
③ 렌더링(Rendering): 컴퓨터 프로그램을 이용하여 3차원 애니메이션을 만드는 과정으로, 사물 모형에 명암과 색상을 추가하여 사실감을 더해주는 작업이다.

! 가장 빠른 합격비법
각 선택지에 있는 모든 그래픽 기법들을 비교하면서 숙지하세요. 그래픽 데이터는 멀티미디어 데이터 중에서도 활용도가 높습니다. 자주 출제되는 만큼 표현 방식과 관련 용어 등을 꼼꼼하게 학습해야 합니다.

07 ② → 노른자 050

독립된 두 개의 근거리 통신망(LAN)을 서로 연결해 주는 장치는 브리지(Bridge)이다. 허브(Hub)는 네트워크를 구성할 때 여러 대의 컴퓨터를 연결하고, 각 회선들을 통합 관리하는 장치이다.

! 가장 빠른 합격비법
네트워크 장비에 대한 문제는 자주 출제되고 있습니다. 개념을 확실하게 알아두세요.

08 ④ 　　노른자 048

링(Ring)형의 경우 통신 회선 중 어느 하나라도 고장 나면 전체 통신망에 영향을 미친다. 트리(Tree)형은 허브를 이용하여 계층적으로 구성한 형태로, 많이 확장되면 트래픽이 가중될 수 있다.

⚠ 가장 빠른 합격비법
네트워크 구성 형태는 시험에 종종 출제됩니다. 노른자 048을 통해 네트워크의 구성 형태를 그림과 함께 이해하고 넘어가세요.

09 ① 　　노른자 054

TCP/IP에 대한 설명이다.

오답 해설
② HTTP: 인터넷 서비스를 위한 프로토콜로 웹페이지와 웹 브라우저 사이에서 하이퍼텍스트 문서를 전송하기 위한 프로토콜이다.
③ FTP: 파일을 송·수신할 때 사용되는 원격 파일 전송 프로토콜이다.
④ SMTP: 사용자가 작성한 이메일을 다른 사람의 계정으로 전송해주는 프로토콜이다.

⚠ 가장 빠른 합격비법
노른자 054를 통해 인터넷 표준 프로토콜인 TCP와 IP 및 기타 프로토콜에 대해 정리해두세요.

10 ② 　　노른자 057

- (가): 스마트 그리드는 기존 전력망에 정보통신 기술을 접목하는 기술이다.
- (나): NFC(Near Field Communication)는 근거리, 비접촉식 통신 기술이다.

⚠ 가장 빠른 합격비법
ICT 신기술에 대한 문제는 자주 출제되고 있습니다. 책에 있는 내용만으로는 대비할 수 없는 부분이므로 기존 출제된 용어를 중심으로 확장시켜 학습하도록 하세요.

11 ③ 　　노른자 053

퀵돔(Quick Dom)은 2단계 체제와 같이 도메인을 짧은 형태로 줄여 쓰는 것을 의미한다.

오답 해설
① IP주소를 사람이 이해하기 쉬운 문자 형태로 표현한 것이다.
② 호스트 컴퓨터명, 소속 기관명, 소속 기관 종류, 소속 국가명 순으로 구성되어 있다.
④ 중복된 도메인은 있을 수 없다. 즉, 도메인은 고유값을 가진다.

⚠ 가장 빠른 합격비법
퀵돔(Quick Dom)에 대해 모르더라도 다른 선택지 소거를 통해 맞힐 수 있는 문제입니다. 도메인 네임 관련 문제는 종종 출제되므로 노른자 053을 통해 도메인 네임의 특징을 정리하고, URL에 대해서도 학습하는 것이 좋습니다.

12 ③ 　　노른자 040

오답 해설
① 프리웨어: 무료로 배포되어 자유롭게 사용할 수 있는 소프트웨어이다.
② 셰어웨어: 일정 기간 동안 무료로 사용하다가 금액을 지불하고 정식으로 사용할 수 있는 소프트웨어이다.
④ 상용 소프트웨어: 정식으로 사용료를 내고 사용하는 소프트웨어로, 해당 소프트웨어의 모든 기능을 사용할 수 있다.

⚠ 가장 빠른 합격비법
소프트웨어의 종류와 관련한 문제는 종종 출제되고 있습니다. 노른자 040을 통해 소프트웨어의 분류에 따른 특징을 학습하세요.

13 ① 　　노른자 041

객체 지향 프로그래밍의 특징으로는 추상화, 캡슐화, 정보 은닉, 상속성, 다형성 등이 있다.

⚠ 가장 빠른 합격비법
객체 지향 프로그래밍에 대한 문제는 최근 자주 출제되고 있습니다. 반드시 개념과 특징을 이해하세요.

14 ① 　　노른자 057

웨어러블 컴퓨터에 관한 설명이다.

오답 해설
② 마이크로 컴퓨터: 개인용 컴퓨터이다.
③ 인공지능 컴퓨터: 인간의 지능을 모방하는 컴퓨터이다.
④ 서버 컴퓨터: 서비스를 제공하는 컴퓨터이다.

⚠ 가장 빠른 합격비법
IT 관련 용어는 시험에 자주 출제되고 있는데, 필요할 경우 노른자 057로 신기술 관련 용어를 학습하세요.

15 ④ 　　노른자 028

오답 해설
① EBCDIC 코드에 대한 설명이다.
② 패리티 코드, 해밍 코드와 같은 오류 검출·교정 코드에 대한 설명이다.

③ BCD, EBCDIC 코드에 대한 설명이다.

> ⓘ **가장 빠른 합격비법**
> 유니코드의 특징은 빈출되는 주제 중 하나입니다. 유니코드는 모든 문자를 16비트로 표현한다는 것을 반드시 기억하세요.

16 ④ 　　　　　　　　　　　　　　　　노른자 030

범용 마이크로프로세서의 명령 세트를 축소하여 설계한 컴퓨터 방식으로, 주로 고성능의 워크스테이션이나 그래픽용 컴퓨터에서 사용하는 것은 RISC에 대한 설명이다. CISC는 개인용 컴퓨터에 주로 사용된다.

> ⓘ **가장 빠른 합격비법**
> CISC 방식과 RISC 방식의 차이점은 빈출되는 주제입니다. 정확하게 학습하세요.

17 ④ 　　　　　　　　　　　　　　　　노른자 060

피기배킹(Piggybacking)에 대한 설명이다.

오답 해설

① 피싱(Phishing): 위장된 이메일이나 사이트를 통해 개인정보를 탈취하는 행위이다.
② 스푸핑(Spoofing): 검증된 사람이 네트워크를 통해 데이터를 보낸 것처럼 데이터를 변조하여 접속을 시도하는 행위이다.
③ 스니핑(Sniffing): 네트워크의 주변을 돌아다니는 패킷을 엿보면서 계정과 패스워드를 알아내는 행위이다.

> ⓘ **가장 빠른 합격비법**
> 다양한 컴퓨터 범죄의 유형은 비교적 난이도가 높은 편이며, 자주 출제되고 있습니다. 노른자 060을 꼭 학습해 컴퓨터 범죄의 유형과 특징을 익혀두세요.

18 ② 　　　　　　　　　　　　　　　　노른자 029

CPU 내에서 주기억장치로부터 읽어 들인 명령어를 해독하여 해당 장치에게 제어 신호를 보내 정확하게 수행하도록 지시하는 장치는 제어장치이다. ALU(산술논리연산장치)는 CPU를 구성하는 연산장치로, 산술 연산과 논리 연산을 하는 장치이다.

> ⓘ **가장 빠른 합격비법**
> 연산장치와 제어장치는 시험에 자주 출제됩니다. 노른자 029 '중앙처리장치(CPU)'에서 각 장치의 개념과 구성 요소를 학습하세요.

19 ④ 　　　　　　　　　　　　　　　　노른자 060

매크로 바이러스에 대한 설명이다.

오답 해설

① 부트(Boot) 바이러스: 부트 섹터를 감염시켜 부팅이 되지 않도록 한다.
② 파일(File) 바이러스: 실행 파일을 감염시켜 파일을 손상시킨다.
③ 부트(Boot) & 파일(File) 바이러스: 부트 섹터와 실행 파일을 감염시킨다.

> ⓘ **가장 빠른 합격비법**
> 디지털 범죄가 사회적 이슈인 만큼 관련 문제도 자주 출제되는 편입니다. 노른자 060의 내용을 잘 파악해두세요.

20 ③ 　　　　　　　　　　　　　　　　노른자 018

접근성 센터는 신체적으로 시각장애나 청각장애가 있는 사용자를 위해서 다양한 기능을 제공하여 컴퓨터를 편리하게 사용할 수 있도록 도와주는 기능을 제공한다.

> ⓘ **가장 빠른 합격비법**
> [접근성]은 몸이 불편하신 분들이 컴퓨터를 사용하기 편리하도록 제공하는 기능을 모아둔 곳입니다. 컴퓨터 화면을 보는 것이 불편하신 분들을 위해 '돋보기', '고대비', '내레이터' 등을 설정할 수 있습니다.

2과목　스프레드시트 일반

21 ① 　　　　　　　　　　　　　　　　노른자 064

확대/축소 기능은 10~400% 범위에서 사용 가능하고 작업을 쉽고 편리하게 하기 위해 화면을 확대/축소하는 기능이며, 인쇄와는 상관이 없다.

> ⓘ **가장 빠른 합격비법**
> 확대/축소와 인쇄를 연결지어 묻는 선택지는 빈번하게 출제됩니다. 반드시 기억하세요.

22 ③ 　　　　　　　　　　　　　　　　노른자 072

[C5] 셀에 값을 입력하고 [Enter]를 누르면 [C6] 셀로 셀 포인터가 이동한다.

> ⓘ **가장 빠른 합격비법**
> 데이터 입력 방법은 시험에 자주 출제됩니다. 데이터를 입력한 다음 [Enter]와 [Home]을 눌렀을 때 선택되는 셀을 중점으로 학습해두세요.

23 ②   노른자 073

문자와 숫자가 함께 입력되어 있는 경우 오른쪽 끝에 있는 숫자가 1씩 증가한다. 날짜는 '일'이 1씩 증가한다.

> **⚠ 가장 빠른 합격비법**
> 데이터가 입력된 셀의 채우기 핸들을 적용했을 때 결괏값을 묻는 문제가 주로 출제됩니다. 다양한 데이터를 바탕으로 직접 실습하면서 연습하세요.

24 ④   노른자 079

사용자 지정 서식에서 dddd는 요일을 Sunday~Saturday로 표시한다.

> **⚠ 가장 빠른 합격비법**
> 사용자 지정 표시 형식은 거의 매회 출제됩니다. 표시 형식에서 기본적으로 제공하지 않는 형식을 사용자가 직접 지정해야 해서 어려움이 있을 수 있는 부분으로, '#'과 '0'의 사용법을 우선적으로 학습하고 기출문제를 통해 반복 학습하세요.

25 ①   노른자 079

#,##0,: 천 단위마다 콤마(,) 표시하고 백의 자리에서 반올림한다. 기본 단위를 천으로 표시하므로 백의 자리에서 반올림한 후 백의 자리 이하를 생략하면 315가 표시된다.

> **⚠ 가장 빠른 합격비법**
> 사용자 지정 서식은 자주 출제되는 유형입니다. 노른자 079를 통해 숫자, 문자, 날짜, 시간 서식의 코드를 암기하고, 컴퓨터로 실습하면서 직접 서식을 지정해보세요.

26 ④   노른자 093

병합된 셀이 포함된 경우 정렬할 수 없다.

> **⚠ 가장 빠른 합격비법**
> 정렬은 오름차순과 내림차순 정렬, 정렬 옵션 등 전반적인 내용을 모두 알고 있어야 합니다. 노른자 093의 내용을 반드시 학습하세요.

27 ③   노른자 094, 095

같은 행이면 AND 조건, 다른 행이면 OR 조건이다.

> **⚠ 가장 빠른 합격비법**
> 자동 필터와 고급 필터를 비교하면 고급 필터의 출제 비중이 더 높습니다. 자동 필터와 고급 필터를 적용했을 때의 결괏값을 구하는 연습을 하세요.

28 ④   노른자 081

셀 값이 변경되어 규칙을 만족하지 않으면 적용된 서식은 해제된다.

> **⚠ 가장 빠른 합격비법**
> 조건부 서식에서 특정 조건을 적용하는 방법을 알아야 합니다. 조건부 서식과 함수는 필기시험과 실기시험 모두 잘 출제되는 중요한 유형으로, 시간이 오래 걸리더라도 완벽하게 학습해야 합니다.

29 ③   노른자 072

날짜, 시간 데이터의 텍스트 맞춤은 기본 오른쪽 맞춤으로 표시된다.

> **⚠ 가장 빠른 합격비법**
> 데이터를 입력하는 문제는 자주 출제됩니다. 데이터 입력, 셀 포인터 이동에 관련된 바로 가기 키도 꼭 정리해두세요.

30 ④   노른자 085, 086

=IF(YEAR(B3)<=2020,"골드회원","일반회원")
  ❶   ❷

❶ YEAR(B3): [B3] 셀에서 연도를 추출함. 결괏값은 2020
❷ IF(연도<=2020,"골드회원","일반회원"): 연도가 2020 이하인 경우 조건이 맞으면 '골드회원' 그렇지 않으면 '일반회원'으로 표시함. 따라서 결괏값은 '골드회원'

> **⚠ 가장 빠른 합격비법**
> 함수는 작성 방법을 정확하게 이해하고 결괏값을 구할 수 있어야 합니다. 필기시험에서는 식과 자료를 보고 결괏값을 해석할 수 있어야 하므로 값을 해석하는 연습을 하세요.

31 ③   노른자 089

PROPER: 영어 단어의 첫 글자만 대문자로 표시한다.
=PROPER("republic of korea") → Republic Of Korea

오답 해설

① TRIM(문자열): 문자열 좌/우 공백은 제거하고 나머지 공백은 한 칸으로 만든다.
② SEARCH(찾을 문자,문자열,K): 문자열 K번째부터 시작해서 찾을 문자의 위치를 숫자로 반환한다.
④ =UPPER(문자열): 문자열을 모두 영문자의 대문자로 반환한다.

> **⚠ 가장 빠른 합격비법**
> 노른자 089를 통해 개념을 이해하고, '부록'을 통해서 직접 엑셀에 실습해보며 확실히 학습해두세요.

32 ②

노른자 087

주어진 수식을 해석하면 품목이 '연필'이면서 대리점이 '서울'인 판매실적의 합계를 말하므로 결괏값은 500이다.

> ⚠ 가장 빠른 합격비법
> 함수 문제는 함수의 쓰임새와 함께, 설정하는 인수의 순서를 기억하는 것이 가장 중요합니다. 함수는 필기와 실기시험 합격에 매우 중요한 부분이기 때문에 시간이 오래 걸리더라도 완벽하게 학습해야 합니다. 실습을 통해 직접 함수의 사용법을 익혀보는 것도 좋습니다.

33 ①

노른자 090

LOOKUP(기준 셀,범위1,범위2): 기준 셀에 해당하는 값을 범위1에서 찾아서 참조되는 값을 범위2에서 찾아 표시한다.

> ⚠ 가장 빠른 합격비법
> 찾기/참조 함수는 시험에서도 많이 출제되고 실무에서도 가장 빈번하게 활용되는 함수입니다. 실습과 함께 알아두는 것이 좋습니다.

34 ③

노른자 088

수식을 입력한 셀에 3이 입력되고 바로 아래 셀에는 7이 입력된다.

> ⚠ 가장 빠른 합격비법
> 통계 함수는 출제 빈도가 높습니다. COUNT, COUNTA, COUNTBLANK, COUNTIF 함수를 노른자 088을 활용하여 함께 정리해두세요. 함수명과 인수의 사용 방법을 암기해야 문제를 풀 수 있는 만큼, 실습을 통해 함수를 익혀두는 것도 좋습니다.

35 ②

노른자 102

모든 정보 데이터를 표시하려면 개요 기호에서 4 를 클릭하면 된다.

> ⚠ 가장 빠른 합격비법
> 그룹 및 개요 설정의 특징을 묻는 문제가 출제되므로 노른자 102의 내용을 학습하세요.

36 ②

노른자 099

워크시트가 서로 다른 통합 문서에 있는 경우에만 적용할 수 있다.

> ⚠ 가장 빠른 합격비법
> 자주 출제되는 내용은 아니므로, 기출문제 위주로 알아두세요.

37 ①

노른자 114

매크로 이름은 고유성을 가지기 때문에 같은 통합 문서 내에서는 동일한 이름을 지정할 수 없다.

> ⚠ 가장 빠른 합격비법
> 매크로 이름 지정 방법, 매크로 저장 위치 등 [매크로 기록] 대화상자에서 설정할 수 있는 내용은 자주 출제되고 있고, 실기시험에서도 빈출되는 주제입니다. 실습과 함께 학습하세요.

38 ③

노른자 114

매크로 저장 위치가 '개인용 매크로 통합문서'일 경우 모든 Excel 문서에서 해당 매크로를 사용할 수 있다.

> ⚠ 가장 빠른 합격비법
> 매크로 기록은 최빈출 문제 중 하나입니다. 노른자 114와 함께 확실하게 익혀두세요.

39 ②

노른자 107

원형 차트는 한 개의 데이터 계열만 사용할 수 있다.

> ⚠ 가장 빠른 합격비법
> 데이터의 종류와 성격에 따라 표현하는 차트의 종류를 알아두세요.

40 ②

노른자 066

창 나누기나 틀 고정을 수행하면 셀 포인터의 안쪽과 위쪽으로 표시된다.

> ⚠ 가장 빠른 합격비법
> 틀 고정 문제는 출제 빈도가 상당히 높습니다. 선택지와 노른자 066을 꼭 정리해두세요. 틀 고정과 창 나누기 기능을 비교하여 공통점과 차이점을 구분해두면 관련 문제를 풀 때 더 수월하게 풀 수 있습니다.

답 없이 푸는 제12회 기출변형문제

문제 ▶ 161쪽

01	②	02	③	03	④	04	③	05	②
06	②	07	①	08	②	09	②	10	②
11	①	12	③	13	①	14	①	15	③
16	②	17	③	18	③	19	①	20	②
21	②	22	③	23	①	24	④	25	②
26	①	27	②	28	②	29	③	30	①
31	②	32	③	33	④	34	①	35	①
36	③	37	①	38	④	39	②	40	②

1과목 컴퓨터 일반

01 ② ▶ 노른자 036

시스템의 속도가 느려진 경우 드라이브 조각 모음 및 최적화를 수행함으로써 하드디스크의 단편화를 제거하여 문제를 해결한다.

> ⓘ **가장 빠른 합격비법**
> 컴퓨터의 문제 해결 방법은 자주 출제되는 유형입니다. 실생활에서도 활용할 수 있는 만큼, 컴퓨터 관리법과 문제 해결 방법을 잘 알아둘 필요가 있습니다. 노른자 036을 통해 학습하며 어떤 경우에 어떻게 대처해야 하는지 알아두세요.

02 ③ ▶ 노른자 002

Alt + Enter 는 선택한 항목의 [속성] 대화상자를 표시하는 역할을 한다.

> ⓘ **가장 빠른 합격비법**
> 출제율도 낮고 쉬운 문제에 속합니다. 노른자 002의 내용을 보며 실습을 해 보며 빠르게 외우세요.

03 ④ ▶ 노른자 002, 006

폴더 내의 모든 항목을 선택하려면 Ctrl + A 를 눌러야 한다.

> ⓘ **가장 빠른 합격비법**
> 실제로 [파일 탐색기]를 열어서 노른자 006과 함께 실습해봅시다.

04 ③ ▶ 노른자 037

최적화 기능으로 용량이 증가하지는 않는다.

> ⓘ **가장 빠른 합격비법**
> 드라이브 조각 모음 및 최적화는 시험에 종종 출제되는 유형입니다. 노른자 037을 통해 시스템 최적화를 위한 다른 기능도 익혀두세요.

05 ② ▶ 노른자 034

HDMI에 대한 설명이다.

오답 해설

① DVI: 비디오 신호를 디지털 신호로 전송하는 방식이다.
③ USB: 범용 직렬 장치를 연결시키는 컴퓨터의 인터페이스이다.
④ IEEE-1394: 전기전자기술자협회에서 표준화한 직렬 인터페이스이다.

> ⓘ **가장 빠른 합격비법**
> 포트는 빈번하게 출제되지는 않지만 출제되면 USB에 대해 많이 출제되므로 USB 포트를 중심으로 학습하세요.

06 ② ▶ 노른자 047

스트리밍(Streaming)은 전송되는 데이터를 끊임없이 지속적으로 처리 가능하기 때문에 파일을 다운로드하면서 재생할 수 있는 기능이다.

> ⓘ **가장 빠른 합격비법**
> 스트리밍(Streaming)은 오디오 및 비디오 파일을 모두 다운받기 전에 파일을 재생할 수 있는 기술입니다. 최근 자주 출제되고 있는 내용 중 하나이므로 노른자 047을 통해 정리하세요.

07 ① ▶ 노른자 048, 049

동배 간 처리 방식, 클라이언트/서버 방식 등은 데이터 전송 방식이 아니라 네트워크 운영 방식이다. 데이터 전송 방식에는 단방향, 반이중, 전이중 통신 등이 있다.

> ⓘ **가장 빠른 합격비법**
> 시험에 거의 출제되지 않으므로, 선택지와 해설 위주로 학습하고 넘어가세요.

08 ② ▶ 노른자 054

ARP에 대한 설명이다.

오답 해설

① DNS(Domain Name System): 문자로 만들어진 도메인 네임을 IP 주소로 변환해 주는 시스템이다.

③ ICMP(Internet Control Message Protocol): TCP/IP 프로토콜에서 IP 네트워크의 IP 상태 및 오류 정보를 공유한다.
④ RARP(Reverse Address Resolution Protocol): 물리적 하드웨어 주소(Mac Address)를 IP 주소(IP Address)로 변환하는 프로토콜이다.

> ⓘ 가장 빠른 합격비법
> 노른자 054를 통해 인터넷 표준 프로토콜인 TCP와 IP 및 기타 프로토콜에 대해 정리해두세요.

09 ②   노른자 037

디스크 정리는 웹페이지 임시 파일, 휴지통 파일, 시스템 오류 보고서 파일 등 불필요한 파일을 검색하고 삭제하여 하드 디스크의 여유 공간을 확보하고 성능을 개선한다.

> ⓘ 가장 빠른 합격비법
> 디스크 조각 모음 및 최적화는 드라이브의 접근 속도를 향상시키는 기능이고, 디스크 정리는 디스크의 여유 공간을 확보하기 위해 필요 없는 것을 삭제하는 기능입니다.

10 ②   노른자 029

프로그램 카운터(PC)는 다음에 수행할 명령어의 주소를 기억하는 레지스터이다.

> ⓘ 가장 빠른 합격비법
> 노른자 029를 통해 제어장치의 종류와 특징을 알아두세요.

11 ①   노른자 002

파일을 휴지통으로 이동하지 않고 영구 삭제하는 바로 가기 키는 Shift + Delete 이다.

> ⓘ 가장 빠른 합격비법
> 출제율도 낮고 쉬운 문제에 속합니다. 노른자 002의 내용을 보며 실습을 통해 빠르게 외우세요. 특히 Shift와 Ctrl을 바꿔서 오답으로 만드는 문제는 자주 출제됩니다.

12 ③   노른자 020

개인 파일은 백업하지 않으므로 손상된 개인 파일은 삭제되었거나 복구할 수 없다.

> ⓘ 가장 빠른 합격비법
> 자주 출제되는 내용은 아닙니다. 노른자 020에 나오는 내용까지 읽어본 후 시험장에 들어갈 수 있도록 하세요.

13 ①   노른자 056

방문한 웹사이트는 수정할 수 없다.

> ⓘ 가장 빠른 합격비법
> 자주 출제되는 내용은 아닙니다. 웹 브라우저의 특징을 묻는 문제가 출제되므로 특징과 기능 중심으로 학습하세요.

14 ①   노른자 030

임베디드 시스템은 전자제품에 마이크로프로세서를 내장시킨 시스템으로, TV와 냉장고 등의 가전제품에 주로 사용한다.

> ⓘ 가장 빠른 합격비법
> 임베디드 운영 방식은 자주 출제되는 내용은 아니므로 노른자 030의 내용 정도는 학습하세요.

15 ③   노른자 043

오답 해설

① XML: HTML의 단점을 보완하여 웹에서 구조화된 폭넓고 다양한 문서들을 상호 교환할 수 있도록 설계한 언어이다.
② VRML: 3차원 가상 공간을 표현하기 위한 언어이다.
④ JSP: 웹 서버에서 동적으로 웹 브라우저를 관리하는 스크립트 언어이다.

> ⓘ 가장 빠른 합격비법
> XML, WML, ASP, JSP 등의 프로그래밍 언어를 묻는 문제가 주로 출제되었습니다. 각 프로그래밍 언어와 개념, 차이점을 정확하게 알아두세요.

16 ②   노른자 028

2진수인 101을 10진수로 변환하면 $1\times2^2+0\times2^1+1\times2^0=5$이다. 5를 8진수로 변환하면 5이다.

> ⓘ 가장 빠른 합격비법
> 자주 출제되는 유형은 아닙니다. 진수의 개념을 이해하면 별도의 암기 없이 쉽게 해결할 수 있는 문제입니다.

17 ③   노른자 031

RAM은 전원이 공급되지 않으면 내용이 모두 지워지는 휘발성 메모리이며, 현재 사용 중인 응용 프로그램이나 데이터가 저장된다.

> ⓘ 가장 빠른 합격비법
> RAM은 휘발성, ROM은 비휘발성이라는 점을 기억하시고, 각각의 특징을 학습하세요.

18 ③ 　　　노른자 061

의심이 가는 이메일은 확인하지 않고 바로 삭제한다.

! 가장 빠른 합격비법
상식적으로 이해하면 별도의 학습 없이도 맞힐 수 있는 문제입니다.

19 ① 　　　노른자 018

다중 디스플레이를 설정하여 두 대의 모니터에 화면을 확장하여 표시하려면 [디스플레이]에서 설정해야 한다.

! 가장 빠른 합격비법
[접근성]은 몸이 불편하신 분들이 컴퓨터를 사용하기 편리하도록 제공하는 기능을 모아둔 곳입니다. 컴퓨터 화면을 보는 것이 불편하신 분들을 위해 '돋보기', '고대비', '내레이터' 등을 설정할 수 있습니다.

20 ② 　　　노른자 060

오답 해설

① 스니핑(Sniffing): 스니핑은 네트워크의 주변을 돌아다니는 패킷을 엿보면서 계정과 패스워드를 알아내는 행위이다.
③ 백도어(Back Door): 시스템에 침입한 해커가 다시 쉽게 침입하기 위해서 만들어 놓은 불법 침입 경로이다.
④ 해킹(Hacking): 계정 또는 컴퓨터 시스템에 대한 무단 액세스를 통해 디지털 장치와 네트워크를 손상시키는 행위이다.

! 가장 빠른 합격비법
다양한 컴퓨터 범죄의 유형은 비교적 난이도가 높은 편이며, 자주 출제되고 있습니다. 노른자 060을 꼭 학습해 컴퓨터 범죄의 유형과 특징을 익혀두세요.

2과목 　 스프레드시트 일반

21 ② 　　　노른자 064, 067, 068, 069

워크시트의 이름은 공백 문자를 포함하여 최대 31자까지 사용할 수 있다.

! 가장 빠른 합격비법
워크시트에 대해 다양하게 묻고 있습니다. 관련 노른자인 064, 067, 068, 069를 확인하면서 워크시트의 전반적인 내용을 확실하게 알아두세요.

22 ③ 　　　노른자 072

F5를 누르면 [이동] 대화상자가 실행된다.

! 가장 빠른 합격비법
데이터 입력 방법은 시험에 자주 출제됩니다. 데이터를 입력한 다음 Enter와 Home을 눌렀을 때 선택되는 셀을 중점으로 학습해두세요.

23 ① 　　　노른자 073

문자는 동일하게 복사되고, 숫자는 1씩 증가한다.

! 가장 빠른 합격비법
채우기 핸들을 이용한 데이터 채우기 결과를 묻는 문제는 자주 출제되므로 실습을 통해 연습하는 것이 좋습니다.

24 ④ 　　　노른자 076

Ctrl을 누른 채 원하는 위치로 드래그하면 선택 영역이 복사된다.

! 가장 빠른 합격비법
시험에 자주 출제되는 문제는 아닙니다. 문제 위주로 한두 번 읽고 넘어가세요.

25 ② 　　　노른자 083

이름의 첫 글자는 반드시 문자 또는 밑줄(_)로 시작되며 슬래시(/)는 사용할 수 없다.

! 가장 빠른 합격비법
이름 작성 규칙은 빈출되는 선택지 중 하나입니다. 이름의 첫 글자에는 문자 또는 _을 입력할 수 있다는 것을 기억하세요.

26 ① 　　　노른자 078

셀 병합 시 첫 번째 셀의 내용만 남기고 모두 지워진다.

! 가장 빠른 합격비법
[셀 서식] 대화상자에 대한 문제는 표시 형식에 대한 문제로 주로 출제됩니다. 노른자 078을 통해 각 탭의 기능을 확인하고 노른자 0798에서 표시 형식에 대한 내용까지 학습하면 좋습니다.

27 ① 　　　노른자 095

조건이 같은 행에 있으므로 AND 조건이다. 그러므로 소속이 '영업팀'이 아니면서 근무경력이 30년 이상인 사원 정보를 필터링한다.

! 가장 빠른 합격비법
고급 필터 문제는 자주 출제될 뿐만 아니라, 자료제시형 문제라 어렵게 느껴질 수 있습니다. 노른자 095를 통해 함께 실습해보며 충분히 학습하시기 바랍니다.

28 ②   노른자 091

DAVERAGE(A4:E10,"수확량",A1:C2): 데이터 범위[A4:E10]에서 조건[A1:C2]을 만족하는 수확량 열의 평균을 계산한다.

> ⓘ 가장 빠른 합격비법
> D함수도 빈번하게 출제되는 함수입니다. 함수의 조건과 개념, 기능을 정확하게 알아두세요.

29 ③   노른자 089

=RIGHT(A1,FIND("대",A1)+5)
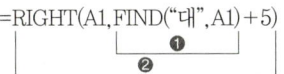

❶ FIND("대",A1): [A1] 셀의 '대'가 첫 글자이므로 1을 반환함
❷ RIGHT(A1,1+5): [A1] 셀의 오른쪽부터 시작해서 6글자 추출함. 결괏값은 한상공대학교

오답 해설

① =MID(A1,SEARCH("대",A1)+2,5)

❶ SEARCH("대",A1): [A1] 셀의 '대'가 첫 글자이므로 1을 반환함
❷ MID(A1,1+2,5): [A1] 셀에서 3번째 글자부터 5글자를 추출하면 결괏값은 상공대학교

② =RIGHT(A1,LEN(A1)−2)

❶ LEN(A1): [A1] 셀의 문자열 길이 7을 반환함
❷ RIGHT(A1,7−2): [A1] 셀의 오른쪽부터 시작해서 5글자를 추출하면 결괏값은 상공대학교

④ =MID(A1,FIND("대",A1)+2,5)

❶ FIND("대",A1): [A1] 셀의 '대'가 첫 글자이므로 1을 반환함
❷ MID(A1,1+2,5): [A1] 셀에서 3번째 글자부터 5글자를 추출하면 결괏값은 상공대학교

> ⓘ 가장 빠른 합격비법
> 함수 문제는 함수의 쓰임새와 함께, 설정하는 인수의 순서를 기억하는 것이 가장 중요합니다. 함수는 필기와 실기시험 합격에 매우 중요한 부분이기 때문에 시간이 오래 걸리더라도 완벽하게 학습해야 합니다. 실습을 통해 직접 함수의 사용법을 익혀보는 것도 좋습니다.

30 ①   노른자 087

MOD(수1, 수2)는 '수1'을 '수2'로 나눈 나머지를 반환하는 함수이다. 따라서 결괏값은 −3이다.

> ⓘ 가장 빠른 합격비법
> 함수 문제는 함수의 쓰임새와 함께, 설정하는 인수의 순서를 기억하는 것이 가장 중요합니다. 함수는 필기와 실기의 합격에 매우 중요한 부분이기 때문에 시간이 오래 걸리더라도 완벽하게 학습하기 바랍니다.

31 ②   노른자 088

COUNTIF(범위,조건): 범위에서 조건을 만족하는 셀의 개수를 표시한다.

> ⓘ 가장 빠른 합격비법
> '통계 함수' 관련 문제입니다. 시험에 매우 자주 출제되므로 노른자 088과 함께 관련 기출문제도 다회독하시기 바랍니다.

32 ③   노른자 088

오답 해설

① =COUNT(1,"참",TRUE,"1"): 인수 중에서 숫자의 개수를 반환한다. → 3
② =COUNTA(1,"거짓",TRUE,"1"): 공백이 아닌 모든 인수의 개수를 반환한다. → 4
④ =ROUND(215.143,−2): 10의 자리에서 반올림하여 표시한다. → 200

> ⓘ 가장 빠른 합격비법
> 통계 함수는 출제 빈도가 높습니다. COUNT, COUNTA, COUNTBLANK, COUNTIF 함수를 노른자 088을 활용하여 함께 정리해두세요. 함수명과 인수의 사용 방법을 암기해야 문제를 풀 수 있는 만큼, 실습을 통해 함수를 익혀두는 것도 좋습니다.

33 ④   노른자 103

오답 해설

① '수리'가 몇 점이 되어야 하는지를 목표값 찾기 기능으로 '수리'에 대한 값을 변경하였다.
② '수식 셀'은 목표값을 찾기 위한 수식이 들어있는 셀을 지정하는 것으로 [E11] 셀을 선택하였다.
③ '값을 바꿀 셀'에는 [C11] 셀을 선택하였다.

> ⓘ 가장 빠른 합격비법
> 목표값 찾기는 간단하면서도 유용한 기능으로, 출제 빈도가 높습니다. 어떤 경우에 활용할 수 있는지 실습을 통해 꼭 정리해두세요.

34 ①   노른자 105

예상 값을 구할 때는 목표값 찾기 또는 시나리오 관리자 기능을 사용한다.

> ⓘ 가장 빠른 합격비법
> 피벗 테이블과 피벗 차트는 필기시험과 실기시험 모두 출제 빈도가 높은 유형입니다. 노른자 105를 통해 개념 및 특징을 학습하고, 선택지를 꼭 기억해 두세요.

35 ①   노른자 114

매크로 이름에는 공백이나 마침표를 사용할 수 없다.

> ⚠️ 가장 빠른 합격비법
> 매크로 기록은 최빈출 문제 중 하나입니다. 노른자 114와 함께 확실하게 익혀두세요.

36 ③   노른자 115

매크로 이름을 입력하고 [만들기] 단추를 클릭하면 매크로를 VBA에서 만들 수 있다.

> ⚠️ 가장 빠른 합격비법
> 매크로는 옳고 틀린 것을 묻는 문제가 주로 출제됩니다.

37 ①   노른자 107

①은 '영역형 차트', ②는 '분산형 차트', ③은 '도넛형 차트', ④는 '주식형 차트'이다. 분산형 차트, 도넛형 차트, 방사형 차트, 주식형 차트는 3차원 차트로 변경이 불가하다.

> ⚠️ 가장 빠른 합격비법
> 차트의 종류는 출제 빈도가 높습니다. 주어진 데이터에 따라서 해당하는 차트를 선택하는 것이 중요한 만큼, 노른자 107에 정리된 모든 차트의 종류와 특징을 꼭 알아두세요. 3차원 차트로 변경이 불가능한 차트도 암기해둘 필요가 있습니다.

38 ④   노른자 066

틀 고정 취소는 셀 포인터와 상관없이 [창]-[틀 고정 취소]를 하면 된다.

> ⚠️ 가장 빠른 합격비법
> 틀 고정 및 창 나누기 문제는 종종 출제됩니다. 선택지와 함께 노른자 066을 학습하세요.

39 ②   노른자 111

오답 해설

① 메모는 '없음', '시트 끝', '시트에 표시된 대로' 중 하나를 선택하여 인쇄할 수 있다.
③ '간단하게 인쇄'를 체크하면 텍스트만 인쇄되고 도형, 그림 등은 인쇄되지 않아 인쇄 속도를 높인다.
④ '인쇄 영역'에 범위를 지정하면 특정 부분만 인쇄할 수 있지만, 숨겨진 행과 열은 인쇄되지 않는다.

> ⚠️ 가장 빠른 합격비법
> 페이지 설정은 출제 빈도가 상당히 높습니다. 노른자 111을 통해 [페이지 설정] 대화상자의 [페이지] 탭, [여백] 탭, [머리글/바닥글] 탭, [시트] 탭의 각 항목들에 대해 자세히 정리해두세요.

40 ②   노른자 112

- **점선(파선)**: 자동으로 삽입된 페이지 나누기를 한 경우
- **실선**: 수동으로 삽입된 페이지 나누기를 한 경우

> ⚠️ 가장 빠른 합격비법
> [페이지 나누기 미리 보기] 기능은 워크시트를 인쇄할 페이지 상태로 보면서 작업할 수 있도록 하는 기능입니다. 종종 출제되는 개념이므로 노른자 112를 통해 학습하고 넘어가세요.

2023년 시행 상시시험 꼼꼼하고 확실하게 끝내는 **정답과 해설**

답 없이 푸는 제13회 기출변형문제

문제 ▶ 169쪽

01	②	02	①	03	②	04	③	05	②
06	③	07	①	08	②	09	②	10	②
11	②	12	④	13	④	14	②	15	①
16	①	17	②	18	②	19	②	20	③
21	②	22	④	23	②	24	②	25	①
26	④	27	③	28	②	29	②	30	①
31	②	32	④	33	②	34	②	35	②
36	④	37	②	38	④	39	③	40	④

1과목 컴퓨터 일반

01 ② ▶ 노른자 027

자료 표현의 최소 단위는 비트(Bit)이다.

> **가장 빠른 합격비법**
> - 바이트(Byte): 여덟 개의 비트가 모여 1바이트를 구성하며, 문자를 표현하는 기본 단위입니다. 1바이트로는 2^8(256)가지의 정보 표현이 가능합니다.
> - 비트(Bit): 정보의 최소 단위로, 2진수(0 또는 1)로 표현합니다.

02 ① ▶ 노른자 053

URL은 인터넷상에 존재하는 각종 자원이 있는 위치를 나타내는 표준 주소 체계이다. 형식은 프로토콜://호스트 서버 주소[:포트 번호][/파일 경로]로, [:포트 번호]와 [/파일 경로]는 생략 가능하다.

> **가장 빠른 합격비법**
> URL 예시
> http://www.eduwill.net/a.jpg
> ftp://id:pass@192.168.1.234/a.jpg
> mailto:somebody@mail.somehost.com

03 ② ▶ 노른자 032

물리적인 외부 충격에 강하며 SSD는 자기 디스크가 아닌 반도체 메모리를 사용하기 때문에 불량 섹터가 발생하지 않는다.

> **가장 빠른 합격비법**
> SSD(Solid State Drive)는 반도체를 이용한 기억장치로, 초고속 메모리 칩(Chip)에 데이터를 저장하는 방식입니다. 하드디스크보다 속도가 빠르고 외부의 충격에도 강합니다. 기계적 지연이나 오류의 확률, 발열, 소음, 전력 소모가 적고 소형화·경량화할 수 있어요. 기억 매체로 플래시 메모리나 DRAM을 이용하므로 배드섹터(Bad Sector)가 발생하지 않습니다.

04 ③ ▶ 노른자 060

오답 해설
① 웜(Worm): 네트워크를 통해 연속적으로 자신을 복제하여 시스템을 과부하시키는 프로그램이다.
② 해킹(Hacking): 타인의 컴퓨터 시스템에 무단으로 침입하여 데이터와 프로그램을 없애거나 망치는 행위이다.
④ 스니핑(Sniffing): 네트워크 주변을 지나다니는 패킷을 엿보면서 계정과 패스워드를 알아내는 행위이다.

> **가장 빠른 합격비법**
> 컴퓨터 범죄는 사회적 이슈인 만큼 관련 문제도 매우 자주 출제됩니다. 노른자 060의 내용을 잘 정리해두세요.

05 ② ▶ 노른자 036

스풀 에러가 발생한 경우 프린터 스풀러 서비스를 중지하고 스풀러 저장소에 있는 파일들을 삭제한 후 다시 인쇄한다.

> **가장 빠른 합격비법**
> 자주 출제되는 내용입니다. 선택지와 해설과 함께 노른자 036의 내용을 학습하시기 바랍니다.

06 ③ ▶ 노른자 026

컴퓨터의 처리 능력에 따른 분류에 해당한다.
〈컴퓨터의 분류〉
- 데이터 형태에 따른 분류: 디지털 컴퓨터, 아날로그 컴퓨터, 하이브리드 컴퓨터
- 처리 능력에 따른 분류: 슈퍼 컴퓨터(초대형 컴퓨터), 메인 프레임(대형 컴퓨터), 미니 컴퓨터(중형 컴퓨터), 마이크로 컴퓨터(소형 컴퓨터)

> ⓘ 가장 빠른 합격비법
> 마이크로 컴퓨터는 마이크로프로세서를 사용하는 컴퓨터입니다. 현재의 거의 모든 컴퓨터는 마이크로프로세서를 사용합니다. 어려운 내용은 아니기 때문에 처리하는 데이터에 따른 컴퓨터의 분류에 대해서 학습해두세요.

07 ① 　　　　　　　　　　　↗ 노른자 052, 053

도메인 네임은 숫자 형태의 IP 주소를 사람이 이해하기 쉬운 문자 형태로 표기하는 주소이고, IP 주소는 숫자로 표기하는 주소로, 도메인 네임과 IP 주소는 서로 다른 개념이다.

> ⓘ 가장 빠른 합격비법
> 이 문제에서 가장 중요한 포인트는 IPv4 주소와 IPv6 주소입니다. 32비트 주소를 사용하는 IPv4는 IT 기기가 증가하면서 주소가 부족해졌고 이에 따라 128비트의 IPv6가 등장하였습니다. 이때 단순히 주소의 개수만 늘린 것이 아니라 보안(인증성, 기밀성, 무결성)도 강화하였습니다. 인터넷 IP 주소 체계는 IPv4와 IPv6를 비교하여 학습하고 각 주소 체계의 특징을 기억해두세요.

08 ② 　　　　　　　　　　　↗ 노른자 060

분산 서비스 거부(DDoS; Distributed Denial of Service)에 대한 설명이다.

오답 해설

① 스니핑(Sniffing): 네트워크의 주변을 지나다니는 패킷을 엿보면서 계정과 패스워드를 알아내는 행위를 말한다.
③ 백도어(Back Door): 시스템 관리자의 편의를 위한 경우나 설계상 버그로 인해 시스템의 보안이 제거된 통로를 말하며, 트랩 도어(Trap Door)라고도 한다.
④ 해킹(Hacking): 컴퓨터 시스템에 불법적으로 접근·침투하여 정보를 유출하거나 파괴하는 행위를 말한다.

> ⓘ 가장 빠른 합격비법
> 보안 관련 문제는 시험에 자주 출제됩니다. 노른자 060을 확인하면서 각각의 공격에 대한 방식을 반드시 암기하세요. 스니핑은 '니 것을 훔쳐본다(스니핑은 훔쳐보기)', 백도어(Back Door)는 '뒷문'으로 기억하면 좋습니다.

09 ② 　　　　　　　　　　　↗ 노른자 045

모핑은 2개의 이미지를 적절히 연결시켜 변환·통합하는 기법으로 컴퓨터 그래픽, 영화 등에서 많이 응용되고 있다.

오답 해설

① 셀 애니메이션에 대한 설명이다.
③ 키 프레임 애니메이션에 대한 설명이다.
④ 클레이 애니메이션에 대한 설명이다.

> ⓘ 가장 빠른 합격비법
> 문제의 정답인 '모핑'을 비롯한 그래픽 데이터 관련 문제는 빈출 주제입니다. 노른자 045로 그래픽 데이터의 표현 방식, 그래픽 파일의 형식, 그래픽 관련 용어 등을 반복 학습하세요.

10 ② 　　　　　　　　　　　↗ 노른자 039

〈운영체제 운영 방식 발달 과정〉
일괄 처리 시스템 → 다중 프로그래밍 시스템/다중 처리 시스템/시분할 시스템/실시간 처리 시스템 → 다중 모드 → 분산 처리 시스템

> ⓘ 가장 빠른 합격비법
> 운영체제의 운영 방식의 발달 순서나 각 운영 방식의 특징을 묻는 문제가 출제됩니다. 노른자 039를 통해 운영 방식의 개념적인 특징을 알고 넘어가세요.

11 ② 　　　　　　　　　　　↗ 노른자 033

보조기억장치의 일부를 주기억장치처럼 사용하는 메모리 기법이다.

오답 해설

① 플래시 메모리에 대한 설명으로, MP3 플레이어, 휴대전화, 디지털카메라 등에 널리 사용된다.
③ 캐시 메모리에 대한 설명이다.
④ 버퍼 메모리에 대한 설명이다.

> ⓘ 가장 빠른 합격비법
> 기억장치 문제는 매우 중요합니다. 노른자 033을 꼼꼼히 읽어보세요. 특히 캐시 메모리, 가상 메모리, 연관 메모리를 확실히 학습해두세요.

12 ④ 　　　　　　　　　　　↗ 노른자 055

받은 메일에 대해 작성한 답장만 발송자에게 전송하는 기능을 회신(Reward)이라 한다. 전달은 받은 메일을 그대로 다른 사람에게 전송하는 기능을 말한다.

> ⓘ 가장 빠른 합격비법
> 회신과 전달을 잘 구분하세요. 노른자 055 '전자우편과 전자우편 프로토콜' 내용을 함께 학습해두세요.

13 ④ 　　　　　　　　　　　↗ 노른자 052

주소의 한 부분이 0으로만 연속되는 경우 연속된 0은 '::'으로 생략하여 표시할 수 있다.

오답 해설

① 주소는 16비트씩 8개 부분으로 총 128비트로 구성되어 있다.
② IPv4에 대한 설명으로, IPv6은 유니캐스트, 애니캐스트, 멀티캐스트의 형태로 구분하여 사용한다.

③ IPv4와의 호환성이 우수하고, IPv4에 비해 품질 보장은 용이하다.

> ⓘ **가장 빠른 합격비법**
> 인터넷 주소 체계는 IPv4와 IPv6를 비교하여 학습하고 각 주소 체계의 특징을 기억해두세요.

14 ② 노른자 004

바로 가기 아이콘은 삭제해도 원본 파일에는 영향을 주지 않지만, 원본 파일은 삭제하면 바로 가기 아이콘을 실행할 수 없다.

> ⓘ **가장 빠른 합격비법**
> 바로 가기 아이콘은 실제 실행되는 파일을 연결만 해놓은 파일로, 원본 파일로 연결하는 것에 사용되는 데이터만 가지고 있는 빈 껍데기에 불과합니다.

15 ① 노른자 040

㉠은 프리웨어, ㉡은 셰어웨어, ㉢은 상용 소프트웨어에 대한 설명이다.

〈사용권에 따른 소프트웨어 분류〉

- **상용 소프트웨어**: 정식으로 대가를 지불(구매)하고 사용하는 소프트웨어이다.
- **셰어웨어**: 사용 기간 또는 기능에 제한을 두고 무료로 배포하는 소프트웨어이다.
- **프리웨어**: 무료 배포되어 자유롭게 사용할 수 있는 소프트웨어이다.
- **공개 소프트웨어**: 개발자가 소스를 공개하여 누구나 자유롭게 사용하고 수정 및 재배포가 가능한 소프트웨어이다.
- **데모 버전**: 홍보용으로, 사용 기간 또는 기능을 제한하여 배포하는 소프트웨어이다.
- **알파 버전**: 제작 회사 내에서 테스트 목적으로 제작하는 소프트웨어이다.
- **베타 버전**: 정식 프로그램 출시 전, 일반인에게 테스트 목적으로 무료 배포하는 소프트웨어이다.
- **패치 버전**: 이미 배포한 프로그램에 대한 오류 수정 및 성능 향상을 위해 프로그램의 일부를 변경해 주는 소프트웨어이다.
- **번들**: 소프트웨어 구매 시 무료로 제공하는 소프트웨어이다.

> ⓘ **가장 빠른 합격비법**
> 소프트웨어의 종류에 대한 문제는 종종 출제됩니다. 노른자 040 '소프트웨어의 구분'을 통해 각 소프트웨어의 분류에 따른 특징을 학습하세요.

16 ① 노른자 029

중앙처리장치는 크게 연산장치와 제어장치로 나뉜다. ㉠ 연산장치(ALU)의 구성 요소로는 가산기, 보수기, 누산기, 상태 레지스터 등이 있으며, ㉡ 제어장치의 구성 요소로는 명령 레지스터(IR), 프로그램 카운터(PC), 부호기(Encoder), 해독기(Decoder) 등이 있다.

> ⓘ **가장 빠른 합격비법**
> 연산장치와 제어장치는 시험에 자주 출제됩니다. 노른자 029 '중앙처리장치(CPU)'에서 각 장치의 개념과 구성 요소를 학습하세요.

17 ① 노른자 028

오답 해설

② Parity Code: 패리티 비트를 사용하여 만든 코드로, 오류 검출만 가능하고 수정은 불가능하다.
③ ASCII Code: 하나의 문자를 3비트의 존 부분과 4비트의 디지트 부분으로 구성하며, 개인용 컴퓨터와 데이터 통신에 사용한다.
④ BCD Code: 하나의 문자를 2비트의 존 부분과 4비트의 디지트 부분으로 구성하며, 64가지의 문자를 표현할 수 있다.

> ⓘ **가장 빠른 합격비법**
> 문자의 표현 방법인 BCD 코드, ASCII 코드, EBCDIC 코드, 유니코드와 오류 검출 코드인 패리티 코드, 해밍 코드 등을 비교하여 알아두세요. 자주 출제되는 만큼 빠짐없이 꼼꼼히 암기하는 것이 중요합니다.

18 ① 노른자 010

실행 중인 응용 프로그램은 [작업 관리자]-[프로세스]-[작업 끝내기]로 종료할 수 있다.

〈작업관리자〉

- 실행 중인 응용 프로그램의 실행 순서는 변경할 수 없다.
- 현재 실행 중인 프로세스와 프로세스에서 실행되는 서비스를 볼 수 있다.
- CPU 사용 정도와 CPU 사용 현황을 확인할 수 있다.
- 단축키 Ctrl + Shift + Esc 또는 Ctrl + Alt + Delete 를 누른 후 [작업 관리자]를 선택하여 [작업 관리자] 창을 열 수 있다.

> ⓘ **가장 빠른 합격비법**
> [작업 관리자]는 시험에 자주 출제되는 내용은 아닙니다. 컴퓨터에서의 작업을 의미하는 프로그램(프로세스)을 관리하는 도구라고 할 수 있습니다. 기출문제 위주로 학습하세요.

19 ② 노른자 050

허브(Hub)에 대한 설명이다. 리피터(Repeater)는 약해진 신호를 증폭하여 다음 구간으로 전달하는 장치이다.

> ⓘ **가장 빠른 합격비법**
> 정보통신의 네트워크 장비 관련 문제는 빈출 주제입니다. 라우터는 경로 설정, 리피터는 신호 증폭, 허브는 여러 대의 컴퓨터 연결, 브리지는 네트워크 연결, 게이트웨이는 다른 프로토콜의 네트워크 연결로 암기해보세요.

20 ③   노른자 006

현재 폴더에서 상위 폴더로 이동하려면 바로 가기 키인 Backspace 를 누른다.

> ⓘ 가장 빠른 합격비법
> 실제로 [파일 탐색기]를 열어서 노른자 006과 함께 실습해봅시다.

2과목	스프레드시트 일반

21 ③   노른자 084

#NAME? 오류 메시지에 대한 설명이다. #N/A 오류 메시지는 수식에 사용할 수 없는 값이 들어있을 경우에 발생한다.

> ⓘ 가장 빠른 합격비법
> 오류 메시지는 시험에 종종 출제됩니다. 오류 메시지의 영문과 오류 발생 이유를 연결하면 기억에 오래 남습니다. NAME은 '이름', NUM(Number)은 '숫자', DIV(Division)는 '나누기', VALUE는 '값', REF(Reference)는 '주소(참조)'로 기억하세요.

22 ④   노른자 079

% 기호는 셀 값에 100을 곱해서 나온 값과 함께 % 기호를 붙여서 표시하므로 결과는 '223454300%'이다.

> ⓘ 가장 빠른 합격비법
> 사용자 지정 표시 형식은 거의 매회 출제될 만큼 빈출 주제입니다. '#'과 '0'의 사용법을 먼저 학습하고, 기출문제를 반복하여 풀어보세요.

23 ③   노른자 087

SUMIF(범위,조건,합계 범위) 함수는 범위에서 조건을 만족하는 경우 합계 범위에서 합계를 구하는 함수이다. 자동 채우기 핸들을 이용하여 계산하기 위해서는 범위(소속)와 합계 범위(매출액)는 절대 참조로, 조건(소속)은 상대 참조로 지정해야 한다.

> ⓘ 가장 빠른 합격비법
> 조건 범위인 [B3:B16] 셀은 고정해야 하므로 절대 참조로 고정해야 합니다. 합계를 구할 [C3:C16] 셀은 역시 범위를 고정해야 하므로 절대 참조를 사용합니다.

24 ①   노른자 114

매크로 이름은 대·소문자를 구분하지 않고, 공백이나 마침표를 포함하여 설정할 수 없다.

> ⓘ 가장 빠른 합격비법
> 매크로 기록 문제는 매우 자주 출제되는 주제입니다. 노른자 114를 통해 [매크로 기록] 대화상자의 각 항목에 대한 내용은 완벽하게 익혀두어야 합니다.

25 ①   노른자 073

범위로 설정한 두 개의 숫자가 반복해서 복사되어 [A3] 셀에는 '3', [A4] 셀에는 '6', [A5] 셀에는 '3'이 입력된다.

> ⓘ 가장 빠른 합격비법
> Ctrl을 누른 채 채우기 핸들을 사용하면 범위로 설정한 두 개의 숫자가 반복해서 출력되는 것을 기억합시다. 노른자 073 '자동 채우기'도 자주 나오는 주제 중 하나입니다.

26 ④   노른자 064, 067, 068, 069

삽입된 시트 또는 삭제된 시트는 실행 취소로 되살릴 수 없다.

> ⓘ 가장 빠른 합격비법
> 워크시트에 대해 다양하게 묻고 있습니다. 관련 노른자인 064, 067, 068, 069를 확인하면서 워크시트의 전반적인 내용을 확실하게 알아두세요.

27 ③   노른자 104

시나리오의 값을 변경해도 이미 작성된 시나리오 보고서는 자동으로 계산되지 않으므로 시나리오 보고서를 다시 작성해야 한다.

> ⓘ 가장 빠른 합격비법
> 시나리오 요약 보고서를 생성하면 별도의 시트에 작성됩니다. 원본 데이터에 연결된 데이터가 아니라 새로운 시트에 보고서가 작성된다는 원리를 이해하면 쉽게 정답을 고를 수 있습니다.

28 ③   노른자 086

=IF(OR(B2>=90,AND(C2>=80,D2>=80)),"통과","")

❶ AND 함수는 모든 조건이 참이면 TRUE, 그렇지 않으면 FALSE를 반환함. 따라서 AND(C2>=80,D2>=80) 함수는 [C2] 셀이 80 이상이고, [D2] 셀이 80 이상인 경우 TRUE를 반환함

❷ OR 함수는 조건 중 하나라도 참이면 TRUE, 그렇지 않으면 FALSE를 반환함. 따라서 OR(B2>=90,❶) 함수는 [B2] 셀이 90 이상이거나, ❶의 결과가 TRUE인 경우 TRUE를 반환함

❸ [B2] 셀이 90 이상이거나, [C2] 셀이 80 이상이고 [D2] 셀이 80 이상인 경우 '통과'를 표시하고, 그렇지 않은 경우 공백("")을 표시함

> ⓘ 가장 빠른 합격비법
> IF 함수 관련 문제는 난도가 높고, 실기에서 반드시 출제되는 함수입니다. 해설을 꼼꼼하게 보면서 IF 함수의 동작 원리를 파악하세요.

29 ④

제시된 이미지는 [파일 이름 삽입] 명령 단추이며, [시트 이름 삽입] 명령 단추는 ⊞ 이다.

> ⚠ 가장 빠른 합격비법
> 간단하지만 매우 자주 출제되는 내용입니다. 노른자 111 '페이지 설정'도 한 번 더 확인합시다.

30 ①

부분합을 작성할 때 기준이 되는 필드가 반드시 정렬되어 있어야 부분합을 실행할 수 있다.

> ⚠ 가장 빠른 합격비법
> 부분합은 데이터를 일정한 기준으로 그룹화하여 합계·평균 등을 다양하게 계산하는 기능으로 그룹화하려는 데이터들이 연속으로 위치해야 하므로 그룹화하기 전에 반드시 정렬되어 있어야 합니다.

31 ③

'- &[페이지 번호] -'를 입력해야 한다.

> ⚠ 가장 빠른 합격비법
> 이 문제에서 가장 중요한 것은 '&'입니다. '&' 기호는 문자열과 문자열을 연결할 때 사용하는 기호라는 것을 이해하고 문제에 적용하여 보시기 바랍니다.

32 ④

매크로 저장 위치는 '새 통합 문서', '현재 통합 문서', '개인용 매크로 통합 문서' 중에서 선택할 수 있다.

> ⚠ 가장 빠른 합격비법
> 매크로 기록은 최빈출 문제 중 하나입니다. 노른자 114와 함께 확실하게 익혀두세요.

33 ②

SUMIFS(합계 범위, 범위1, 조건1, …) 함수는 여러 조건에 맞는 셀들의 합계를 구하는 함수이므로 [A2:A6] 영역에서 '연필'이면서 [B2:B6] 영역에서 '서울'인 행은 4행과 6행이다. 따라서 [D2:D6] 영역에서 4행과 6행의 합계를 구하면 300+200=500이다.

> ⚠ 가장 빠른 합격비법
> 함수 문제는 함수의 쓰임새와 함께, 설정하는 인수의 순서를 기억하는 것이 가장 중요합니다. SUMIFS 함수는 '여러 개의 조건에 만족하는 셀들의 합계'를 구하는 함수입니다. 따라서 '합계를 구할 범위', '조건을 적용할 범위와 조건'이 필요한 것입니다. 함수는 필기와 실기시험 합격에 매우 중요한 부분이므로 시간이 오래 걸리더라도 완벽하게 학습하기 바랍니다.

34 ②

바로 가기 키에 사용할 수 있는 문자는 영문자(대·소문자)만 가능하다.

> ⚠ 가장 빠른 합격비법
> 매크로는 시험에 아주 많이 출제됩니다. 특히 '매크로 이름', '바로 가기 키', '매크로 저장 위치'는 반드시 기억하세요.

35 ③

고급 필터 조건을 같은 행에 입력하면 두 개의 조건을 모두 만족해야 데이터가 추출되는 AND 조건이고, 다른 행에 입력하면 한 개 이상의 조건을 만족할 경우 데이터가 추출되는 OR 조건이다. 합계가 95 미만이면서 90을 초과한 '송성철(92)', '김시형(91)', '임형석(92)'과 합계가 80 미만인 '오동하(74)'만 필터링되어 총 4명이다.

> ⚠ 가장 빠른 합격비법
> 고급 필터는 시험에 자주 출제됩니다. 특히 엑셀 화면에서의 필터 적용 결과를 묻는 문제는 꼼꼼하게 풀이해야 합니다.

36 ④

'원본 데이터에 연결'에 체크하면 참조한 원본 데이터가 변경될 때 자동으로 계산 결과가 변경되며, 통합할 데이터가 있는 워크시트가 결과가 작성될 워크시트와 다른 통합 문서에 있는 경우에만 적용할 수 있다.

> ⚠ 가장 빠른 합격비법
> 자주 출제되는 내용은 아니므로, 기출문제 위주로 알아두세요.

37 ②

작성된 피벗 테이블을 삭제하면 함께 작성한 피벗 차트는 일반 차트로 변경된다.

> ⚠ 가장 빠른 합격비법
> 피벗 테이블과 피벗 차트는 시험에 자주 출제됩니다. 노른자 105를 한 번 더 확인하고, 특히 피벗 테이블을 삭제할 경우 차트는 일반 차트가 된다는 점을 꼭 기억하세요.

38 ④

정의된 이름은 절대 참조 방식으로 참조를 한다.

> ⚠ 가장 빠른 합격비법
> 선택지 ④는 자주 나오는 선택지입니다. 이와 함께 이름 정의에서 사용할 수 있는 이름 규칙을 학습해두면 더 좋습니다.

39 ③　 노른자 110

3차원 차트에서는 오차 막대를 사용할 수 없다.

> **가장 빠른 합격비법**
> 오차 막대와 추세선을 사용할 수 없는 차트에 대한 문제가 종종 출제됩니다. 3차원 차트에는 오차 막대와 추세선을 적용할 수 없다는 것을 기억하세요. 추가로 추세선이 불가능한 차트에는 원형 차트, 도넛형 차트, 표면형 차트, 방사형 차트(암기팁: 원형 모양 도넛을 표방)가 있다는 것도 중요합니다.

40 ④　 노른자 107

원형 차트는 전체 합계에 대한 각 항목의 구성 비율을 표시하고 하나의 계열만 표현할 수 있다.

> **가장 빠른 합격비법**
> 데이터의 종류와 성격에 따라 표현하는 차트의 종류를 알아두세요.

답 없이 푸는 제14회 기출변형문제

문제 ▶ 176쪽

01	②	02	②	03	①	04	②	05	①
06	②	07	②	08	②	09	④	10	④
11	④	12	①	13	④	14	②	15	④
16	④	17	②	18	④	19	④	20	②
21	④	22	②	23	②	24	④	25	①
26	④	27	③	28	④	29	③	30	②
31	①	32	③	33	②	34	④	35	③
36	④	37	③	38	①	39	①	40	③

1과목　컴퓨터 일반

01 ②　 노른자 028

오답 해설
① 패리티 비트는 오류 검출만 가능하며, 오류 검출 및 오류 교정이 가능한 코드는 해밍 코드이다.
③ ASCII 코드에 대한 설명이다.
④ ASCII 코드에 대한 설명이다.

> **가장 빠른 합격비법**
> 컴퓨터에서 사용하는 코드는 빈출 개념입니다. BCD를 확장한 코드는 EBCDIC입니다. EBCDIC에서 E는 Extended로 '확장된'으로 해석되고, IC는 Interchange Code로 '교환 코드'로 해석됩니다. 즉, BCD 코드를 확장(BCD는 6Bit이고 EBCDIC는 8Bit)하여 코드 교환의 목적이 있다는 의미에서 명칭이 정해진 코드입니다.

02 ②　 노른자 057

포털 사이트(PS; Portal Site)에 대한 설명이다.

오답 해설
① 인터넷에서 동시 접속자 수가 너무 많아 과부하가 걸리거나 속도가 느려지는 것을 막기 위해 같은 사이트를 여러 곳에 복사해 놓은 사이트를 말한다.

> **가장 빠른 합격비법**
> '인터넷 서비스' 문제도 매우 자주 출제되는 내용입니다. 노른자 057의 내용을 확실하게 정리해두세요.

03 ①　 노른자 056

웹사이트에 방문 기록을 남겨 접속할 때 자동으로 만들어지는 임시 파일을 말한다.

오답 해설

② 자주 방문하는 웹사이트를 목록에 추가·저장하여 쉽게 찾아갈 수 있게 하는 기능이다.
③ 인터넷 환경에서 특정 전자기기가 자신이 제공하는 다양한 서비스를 다른 전자기기에서 활용할 수 있도록 웹 표준 기반으로 제공하는 기능이다.
④ 방문했던 웹사이트 주소를 순서대로 보관하는 기능이다.

> ⚠ **가장 빠른 합격비법**
> 홈페이지에서 ID를 기억하고 장바구니에 상품을 담는 것은 모두 쿠키(Cookie) 때문에 가능한 기능입니다. 선택지 ②, ④의 내용도 꼭 확인 후 넘어가세요.

04 ②   노른자 006

현재의 위치를 알려주는 것은 주소 표시줄이며, 세부 정보 창은 선택한 드라이브나 폴더, 파일과 관련된 속성이 표시되는 곳이다.

> ⚠ **가장 빠른 합격비법**
> 파일 탐색기는 두 번에 한 번 꼴로 출제됩니다. 컴퓨터에서 직접 파일 탐색기를 열어 노른자 006과 함께 실습해봅시다.

05 ①   노른자 018

[설정]-[계정]-[가족 및 다른 사용자]에서 설정한다.

> ⚠ **가장 빠른 합격비법**
> [접근성]은 몸이 불편하신 분들이 컴퓨터를 사용하기 편리하도록 제공하는 기능을 모아둔 곳입니다. 컴퓨터 화면을 보는 것이 불편하신 분들을 위해 '돋보기', '고대비', '내레이터' 등을 설정할 수 있습니다.

06 ②   노른자 044

멀티미디어는 아날로그 데이터를 디지털 데이터로 변환하여 통합 처리한다.

> ⚠ **가장 빠른 합격비법**
> 멀티(Multi)는 여러 개를 의미하고 미디어(Media)는 영상·음성·문자 등과 같은 다양한 정보 매체를 의미합니다. 즉, 멀티미디어는 다양한 정보 매체가 디지털 데이터로 통합 처리된 것을 말합니다.

07 ②

자료는 가공되지 않은 데이터를 말하며, 정보는 자료와는 달리 특정 목적과 문제 해결에 도움이 되도록 자료를 가공한 것을 말한다. 정보화란 정보가 사회의 전 분야에 확산되는 현상을 말한다.

> ⚠ **가장 빠른 합격비법**
> 기본적인 용어에 대한 문제입니다. 각각의 용어를 이해하고 있다면 충분히 쉽게 풀고 넘어갈 수 있습니다.

08 ②   노른자 050

오답 해설

① 라우터(Router)에 대한 설명이다.
③ 리피터(Repeater)에 대한 설명이다.
④ 브리지(Bridge)에 대한 설명이다.

> ⚠ **가장 빠른 합격비법**
> 정보통신 장비에 대한 문제는 자주 출제됩니다. '라우터로 경로 설정', '리피터는 신호 증폭', '허브는 여러 대의 컴퓨터 연결', '브리지는 네트워크 연결', '게이트웨이는 다른 프로토콜의 네트워크 연결'로 암기하세요.

09 ④   노른자 057

사물 인터넷(IoT)은 인터넷을 기반으로 하기 때문에 네트워크 구성 비용이 추가되어 통신 비용이 증가되며, 정보보안 기술의 적용에 어려움이 있어서 보안에 취약하다.

> ⚠ **가장 빠른 합격비법**
> 사물 인터넷(IoT)은 모든 사물들이 인터넷을 사용하여 다양한 정보를 공유하는 기술입니다. 선택지와 해설을 참고하여 사물 인터넷에 대해 정리하세요.

10 ④   노른자 060

트로이 목마는 시스템에 어떤 허가되지 않은 행위를 수행시키기 위해 다른 프로그램 코드로 위장하여 침투시키는 행위를 하는 바이러스로, '백오리피스'가 대표적인 프로그램이다.

〈웜(Worm)〉

자신을 스스로 복제하여 시스템에 부하를 높여 시스템을 다운시키는 바이러스로, 'DDoS', '슬래머', '버퍼 오버플로' 등이 웜의 형태이다.

- **DDoS(분산 서비스 거부 공격)**: 여러 컴퓨터를 이용해 대량의 데이터로 한 곳의 서버에 과부하를 일으켜 정상적인 기능을 방해하는 것을 말한다.
- **버퍼 오버플로**: 메모리에 할당된 버퍼의 크기보다 초과되는 데이터를 입력시켜 프로그램의 복귀 주소를 조작한 후 공격자가 원하는 코드를 실행하는 것을 말한다.
- **슬래머**: 윈도우 서버의 취약점을 이용해 대량의 네트워크 트래픽을 유발하여 네트워크를 마비시키는 바이러스이다.

> ⚠ **가장 빠른 합격비법**
> 디지털 범죄가 사회적 이슈인 만큼, 관련 문제도 자주 출제되는 편입니다. 노른자 060의 내용을 잘 파악해두세요.

11 ④ 　노른자 003

Windows 10에서는 [작업 표시줄 아이콘 만들기] 기능은 제공하지 않는다.

> **① 가장 빠른 합격비법**
> 작업 표시줄은 문제의 선택지와 노른자 003의 내용 정도만 학습하고 빠르게 넘어갑시다.

12 ① 　노른자 033

기억 용량은 작으나 속도가 빠른 버퍼 메모리이다.

> **① 가장 빠른 합격비법**
> CPU의 처리 속도는 매우 빠르지만 주기억장치는 그 속도만큼 빠르지 않습니다. 따라서 CPU의 처리 능력을 최대한 발휘시키기 위해 주기억장치보다 크기는 작지만 속도가 빠른 캐시 메모리를 사이에 두고 사용합니다.

13 ④ 　노른자 015

[설정]-[계정]에서 확인할 수 있다.

> **① 가장 빠른 합격비법**
> 자주 출제되는 유형은 아닙니다. 노른자 015를 통해 정리하세요.

14 ② 　노른자 054

HTTP(Hyper Text Transfer Protocol): 웹상에서 텍스트, 이미지, 오디오, 비디오 등 멀티미디어 파일을 송·수신하는 데 필요한 통신 프로토콜이다.

오답 해설

① TCP/IP(Transmission Control Protocol/Internet Protocol): 서로 다른 기종의 컴퓨터 간에 데이터를 송·수신하기 위해 개발된 인터넷 표준 프로토콜로, TCP와 IP를 포함한 관련 프로토콜을 모두 포함한다.
③ FTP(File Transfer Protocol): 파일 전송 프로토콜로, 네트워크에 연결된 컴퓨터 간에 데이터를 원활하게 교환하기 위한 목적으로 개발되었다.
④ WAP(Wireless Application Protocol): 무선 애플리케이션 프로토콜로, 무선 통신을 사용하는 응용 프로그램의 국제 표준이다.

> **① 가장 빠른 합격비법**
> 노른자 054를 통해 인터넷 표준 프로토콜인 TCP와 IP 및 기타 프로토콜에 대해 정리해두세요.

15 ④ 　노른자 028

Parity Bit: 데이터 전달 과정에서 오류가 생겼는지 검사하기 위해 원래의 정보에 덧붙이는 비트이다.

오답 해설

① EBCDIC: 하나의 문자를 4비트의 존 부분과 4비트의 디지트 부분으로 구성하고, 256가지의 문자를 표현할 수 있다.
② Unicode: 컴퓨터에서 세계 각국의 언어를 통일된 방법으로 표현할 수 있도록 고안된 국제 표준 코드로 한글, 한자, 영문, 숫자 등 하나의 문자를 16비트로 표현한다.
③ ASCII: 하나의 문자를 3비트의 존 부분과 4비트의 디지트 부분으로 구성하고, 128가지의 문자를 표현할 수 있다.

> **① 가장 빠른 합격비법**
> 노른자 028 '자료의 표현' 관련 문제도 출제될 확률이 높은 주제입니다. 해설과 함께 노른자의 이론도 알아둡시다.

16 ④ 　노른자 047

MPEG: 동영상 압축 기술의 국제 표준 규격이다.

오답 해설

① XML: 웹 프로그래밍 언어이다. SGML의 복잡성과 HTML의 단순함을 개선한 차세대 인터넷 언어로, 웹에서 구조화된 폭넓고 다양한 문서들을 상호 교환할 수 있도록 설계되었다.
② SVG: 2차원 벡터 그래픽을 표현하기 위한 XML 기반의 파일 형식이다.
③ JPEG: 그래픽 파일 형식이다. 정지 화상을 위해 만들어진 압축 방식의 표준으로, 웹에서 사진과 같이 색이 다양한 정지 영상을 표현하기에 적합하다.

> **① 가장 빠른 합격비법**
> 자주 나오는 주제는 아닙니다. 노른자 047과 함께 학습하세요.

17 ② 　노른자 019

포맷(Format)은 하드디스크의 트랙 및 섹터를 초기화하는 작업으로, [포맷] 대화상자에서는 용량 확인, 파일 시스템 선택, 할당 단위 크기, 볼륨 레이블 입력, 포맷 옵션을 선택할 수 있다.

> **① 가장 빠른 합격비법**
> 포맷은 하드디스크의 트랙 및 섹터를 초기화하는 작업으로, [포맷] 대화상자에서는 파일 시스템, 할당 단위 크기, 볼륨 레이블, 포맷 옵션을 선택할 수 있습니다. 파티션 나누기와 제거는 Windows 10을 설치하는 과정에서 가능합니다.

18 ④   노른자 023

[편집] 메뉴 – 시간/날짜(단축키 F5)에서 삽입할 수 있다.

> **가장 빠른 합격비법**
> 노른자 023 '보조프로그램'을 보며 메모장 기능을 실습해보세요.

19 ③   노른자 024

네트워크 프린터는 연결할 프린터의 포트가 자동으로 지정되므로 포트를 지정하지 않는다.

> **가장 빠른 합격비법**
> 프린터 설치에 대한 문제는 종종 출제됩니다. 노른자 024를 통해 프린터의 설치 방법 및 기본 프린터에 대해 확인하세요.

20 ②   노른자 060, 061

의심이 가는 이메일은 열지 말고 삭제한다.

> **가장 빠른 합격비법**
> 컴퓨터 범죄 예방과 대책에 대한 문제는 비교적 난도가 낮습니다. 노른자 060과 061을 한 번 읽고 넘어가세요.

2과목 스프레드시트 일반

21 ④   노른자 103

'목표값 찾기'는 수식에서 원하는 결과는 알고 있지만, 그 결과를 얻는 데 필요한 입력값을 구하는 경우에 사용하는 기능이다.

오답 해설

① '시나리오 관리자'는 가상 시나리오를 만들고 다양한 변수를 적용해서 그에 따라 달라지는 값을 예측하고 분석하는 기능으로, 다양한 경우의 예측값을 손쉽게 구할 수 있는 기능이다.
② '데이터 표'는 수식의 특정 값이 변할 경우 다른 셀에 영향을 주는 값을 한 번에 계산할 수 있는 기능이다.
③ '피벗 테이블'은 광범위한 데이터를 한눈에 쉽게 파악할 수 있도록 다양한 형태로 요약(합계, 평균, 기타 통계)하여 보여주는 대화형 테이블을 만드는 기능이다.

> **가장 빠른 합격비법**
> 이 문제는 선택지와 해설을 보며 각각의 기능을 기억하는 것이 중요합니다.

22 ②   노른자 097

'년도'에서 중복된 데이터를 삭제하면 08월 02일, 08월 03일 2개가 남게 된다.

> **가장 빠른 합격비법**
> 비교적 어려운 문제가 아니므로 노른자 097을 통해 한 번 실습한 후 넘어가세요.

23 ②   노른자 105

작성된 피벗 테이블을 삭제하면 함께 작성한 피벗 차트는 일반 차트로 변경된다.

> **가장 빠른 합격비법**
> 피벗 테이블과 피벗 차트는 시험에 자주 출제됩니다. 관련 내용을 반드시 확인하고, 특히 피벗 테이블을 삭제하면 차트는 일반 차트가 된다는 것을 꼭 기억하세요.

24 ④   노른자 084

오답 해설

① #DIV/0!: 특정 값을 0 또는 빈 셀로 나눈 경우에 발생한다.
② #NUM!: 수식이나 함수에 잘못된 숫자 값이 포함된 경우에 발생한다.
③ #NAME?: 잘못된 함수 이름이나 정의되지 않은 셀 이름을 사용한 경우에 발생한다.

> **가장 빠른 합격비법**
> 오류 메시지는 시험에 종종 출제됩니다. 엑셀 작업 중 나타나는 오류 메시지를 잘 이해해야 잘못된 작업을 수정할 수 있습니다. 오류 메시지의 명칭과 오류 발생 이유를 연결하면 기억에 오래 남습니다. NAME은 '이름', NUM은 '숫자', DIV는 '나누기', VALUE는 '값', REF는 '주소(참조)'로 기억하세요.

25 ①   노른자 114

매크로 이름은 [매크로] 대화상자의 [편집] 단추 또는 [개발 도구] 탭–[코드] 그룹–[Visual Basic]을 클릭하면 실행되는 Visual Basic Editor에서 변경할 수 있다.

> **가장 빠른 합격비법**
> 매크로 기록 문제는 매우 자주 출제되는 주제입니다. 노른자 114의 내용을 충분히 숙지하세요.

26 ④   노른자 102

이미 작성된 부분합을 유지하면서 부분합 계산 항목을 추가할 경우에는 '새로운 값으로 대치'를 선택하지 않는다.

> **가장 빠른 합격비법**
> 부분합은 시험에 자주 출제됩니다. 노른자 102를 보면서 부분합에 대한 전체적인 내용을 학습하세요. 특히 '새로운 값으로 대치'는 실기에도 출제되므로 꼭 학습하고 넘어가세요.

27 ③ 노른자 079

콤마(,)가 서식의 맨 끝에 위치하면 천 단위 이하가 생략되고 반올림된 값이 표시되므로, 옳은 결과는 '2,235천원'이다.

> **⚠ 가장 빠른 합격비법**
> 사용자 지정 표시 형식은 거의 매회 출제됩니다. 먼저 '#'과 '0'의 사용법을 학습하고, 기출문제를 통해 반복 학습을 하세요.

28 ④ 노른자 111

'페이지 가운데 맞춤'은 [페이지 설정] 대화상자의 [여백] 탭에서 설정할 수 있다.

> **⚠ 가장 빠른 합격비법**
> 비교적 간단한 문제입니다. 노른자 111은 자주 출제되는 내용이므로 확실하게 학습하세요.

29 ③ 노른자 074

[모두 지우기]를 선택하면 [A5] 셀 데이터와 메모가 모두 삭제된다. 메모를 삭제하려면 [홈] 탭-[편집] 그룹-[지우기]에서 [모두 지우기] 또는 [메모 지우기]를 선택하거나 바로 가기 메뉴에서 [메모 삭제]를 선택하면 된다.

오답 해설

① [A4] 셀의 데이터가 [A5]에 그대로 복사된다.
② 메모가 삭제되는 것이 아니라 메모가 화면에서 숨겨진다.
④ [A5] 셀의 데이터인 '황채연'만 지워진다.

> **⚠ 가장 빠른 합격비법**
> 메모, 윗주, 링크 등은 비교적 난도가 낮은 문제로 출제됩니다. 노른자 074 내용을 실습과 함께 익혀두세요.

30 ② 노른자 076

[서식]을 선택한 경우 복사한 셀의 내용은 복사되지 않고 서식만 붙여넣기가 실행된다.

> **⚠ 가장 빠른 합격비법**
> 시험에 자주 출제되는 문제는 아닙니다. 문제 위주로 한두 번 읽고 넘어가세요.

31 ① 노른자 073

문자열 데이터에 숫자가 포함된 경우 Ctrl을 누른 채 채우기 핸들을 드래그하면 문자열과 숫자 데이터가 그대로 복사되고, 자동 채우기 핸들을 그대로 드래그하면 맨 마지막 숫자만 1씩 증가하고 나머지는 복사된다.

> **⚠ 가장 빠른 합격비법**
> 단순하고 쉽지만 혼동하기 쉬워 실수가 많이 발생하는 문제 유형입니다. 시험에 자주 출제되므로 확실히 알아두는 것이 좋습니다. 노른자 073과 함께 '부록'을 통해 직접 엑셀에서 실습해보세요.

32 ③ 노른자 114

매크로의 바로 가기 키는 영문자만 가능하며 숫자는 사용할 수 없다.

> **⚠ 가장 빠른 합격비법**
> 매크로 문제는 시험에 매우 많이 출제됩니다. 특히 '매크로 이름', '바로 가기 키', '매크로 저장 위치'는 반드시 기억하세요.

33 ② 노른자 095

고급 필터의 조건은 같은 행에 입력하면 두 개의 조건이 모두 만족해야 데이터가 추출되는 AND 조건이고, 다른 행에 입력하면 한 개 이상의 조건에 만족할 경우 데이터가 추출되는 OR 조건이다.

> **⚠ 가장 빠른 합격비법**
> 고급 필터의 조건은 거의 매회 출제됩니다. 해설의 내용을 반드시 숙지하세요.

34 ④ 노른자 086

IFS(조건식1,값1,조건식2,값2,…) 함수는 '조건식1'이 참이면 '값1', '조건식2'가 참이면 '값2'를 반환하는 함수이다. 문제에서 [G3] 셀의 등급에 따라 분반한다고 하였으므로, G3="등급"의 형태로 조건이 표현되어야 한다.

> **⚠ 가장 빠른 합격비법**
> 논리 함수 관련 문제는 시험에 종종 출제되며, 난도가 높은 편입니다. 그중 IF 함수는 중첩의 형태로 자주 출제되므로, 여러 선택지의 예를 통해 IF 함수의 동작 원리를 꼭 파악해두세요.

35 ③ 노른자 113

오답 해설

① 기본적으로 워크시트에서 숨기기를 실행한 영역은 인쇄되지 않는다.
② 인쇄 영역에 포함된 도형들은 기본적으로 인쇄된다.
④ 인쇄 미리 보기 상태에서는 인쇄 영역이 활성화되지 않으므로 지정할 수 없다.

> **⚠ 가장 빠른 합격비법**
> 인쇄에 대한 문제는 시험에 종종 출제됩니다. 노른자 113을 확인하면서 인쇄에 대한 기본적인 사항을 확인해보세요.

36 ④ 노른자 072

Home을 누르면 해당 행의 첫 번째 열로 셀 포인터가 이동되므로 [C1] 셀이 아니라 [A5] 셀로 이동한다.

> **⚠ 가장 빠른 합격비법**
> 데이터 입력 방법은 시험에 자주 출제됩니다. 데이터를 입력한 다음 Enter와 Home을 눌렀을 때 선택되는 셀을 중점으로 학습해두세요.

37 ③ 노른자 089

FIND(문자열1,문자열2,시작 위치) 함수는 대·소문자를 구분하고, 문자열2의 시작 위치부터 문자열1을 찾아 위치를 반환한다. 따라서 'Connection'의 c의 위치를 반환하므로 결괏값은 '6'이다.

오답 해설

① SEARCH(문자열1,문자열2,시작 위치) 함수는 대·소문자를 구분하지 않고 문자열2의 시작 위치부터 문자열1을 찾아 위치를 반환한다. 따라서 'Connection'의 C의 위치를 반환하므로 결괏값은 '1'이다.
② SEARCH 함수는 대·소문자를 구분하지 않는다. 따라서 'Connection'의 c의 위치를 반환하므로 결괏값은 '1'이다.
④ FIND 함수는 대·소문자를 구분한다. 따라서 'Connection'의 C의 위치를 반환하므로 결괏값은 '1'이다.

> **⚠ 가장 빠른 합격비법**
> SEARCH 함수와 FIND 함수는 실기에도 출제됩니다. 노른자 089를 통해 개념을 이해하고, '부록'을 통해서 직접 엑셀에 실습해보며 확실히 학습해두세요.

38 ① 노른자 093

색상별 정렬이 가능하여 글꼴 색 또는 셀 색을 기준으로 정렬할 수 있다.

> **⚠ 가장 빠른 합격비법**
> 데이터 정렬의 출제 빈도는 대략 50%입니다. 이 문제와 노른자 093을 통해 정렬에 대한 기본적인 내용을 알아두세요.

39 ① 노른자 108, 109

데이터 계열이 겹쳐 있으므로 '계열 겹치기' 수치가 양수로 적용되었다. 음수로 지정하면 데이터 계열 사이가 벌어진다.

> **⚠ 가장 빠른 합격비법**
> 차트 관련 문제는 매회 꼭 출제됩니다. 특히 선택지 ①의 '계열 겹치기'의 기준을 혼동하는 경우가 많은데, '계열 겹치기' 기능이기 때문에 '양수'로 설정하면 '데이터 계열이 겹쳐진다'는 것을 기억하면 좋습니다. 추가로 차트 각 부분에 대한 명칭을 반드시 기억하세요.

40 ③ 노른자 109

차트 작성 후 원본 데이터가 변경되면 자동으로 차트의 값이 변경된다.

> **⚠ 가장 빠른 합격비법**
> 차트 관련 문제는 제시된 차트를 보며 푸는 문제와 이론을 묻는 문제 형태로 출제됩니다. 노른자 106~110을 꼼꼼하게 학습하여 차트의 전반적인 내용을 반드시 숙지하시기 바랍니다.

답 없이 푸는 제15회 기출변형문제

문제 ▶ 183쪽

01	④	02	②	03	①	04	③	05	④
06	③	07	②	08	③	09	④	10	①
11	①	12	①	13	②	14	②	15	④
16	②	17	④	18	②	19	②	20	④
21	②	22	①	23	②	24	②	25	②
26	④	27	②	28	④	29	④	30	①
31	①	32	②	33	②	34	②	35	③
36	②	37	③	38	④	39	③	40	③

1과목 컴퓨터 일반

01 ④ 　 노른자 045

문자, 선, 세밀한 격자 등 고주파 성분이 많은 이미지의 변환에서는 GIF나 PNG에 비해 품질이 떨어진다.

! 가장 빠른 합격비법
JPEG와 같은 그래픽 파일의 형식을 포함하는 '그래픽 데이터' 문제는 자주 출제되는 주제 중 하나입니다. 노른자 045의 '그래픽 데이터의 표현 방식', '그래픽 파일의 형식'을 숙지하세요.

02 ② 　 노른자 036

하드디스크 용량이 부족한 경우 디스크 정리를 수행한다. 시스템 속도가 느려진 경우에는 드라이브 조각 모음 및 최적화를 수행하여 하드디스크의 단편화를 제거한다.

! 가장 빠른 합격비법
컴퓨터의 문제 해결 방법은 자주 출제되는 유형입니다. 실생활에서도 활용할 수 있는 만큼, 컴퓨터 관리법과 문제 해결 방법을 잘 알아둘 필요가 있습니다. 노른자 036을 통해 학습하며 어떤 경우에 어떻게 대처해야 하는지 알아두세요.

03 ① 　 노른자 040

번들 프로그램에 대한 설명이다. 트라이얼 버전은 사용자가 시험 기간이 끝날 때까지 프로그램의 모든 기능을 시험해 볼 수 있으며, 이후에는 사용자가 라이선스 비용을 지불하고 프로그램을 사용해야 한다.

! 가장 빠른 합격비법
소프트웨어의 종류와 관련한 문제는 종종 출제되고 있습니다. 노른자 040을 통해 소프트웨어의 분류에 따른 특징을 학습하세요.

04 ③ 　 노른자 039

운영체제의 운영 방식인 일괄 처리 시스템에 대한 설명이다.

오답 해설
① 처리 능력에 대한 설명이다.
② 신뢰도에 대한 설명이다.
④ 사용 가능도에 대한 설명이다.

〈운영체제 성능 평가 항목〉
- 처리 능력 향상: 주어진 시간 내에 처리할 수 있는 일의 양을 향상시킨다.
- 신뢰도 향상: 주어진 문제를 정확하게 해결하는 정확도를 향상시킨다.
- 사용 가능도 향상: 컴퓨터 시스템의 한정된 자원을 여러 사용자가 요구할 때 신속하고 충분히 지원해 줄 수 있는 사용 가능도를 향상시킨다.
- 반환 시간 단축: 작업을 의뢰한 시간부터 처리가 완료될 때까지 걸린 시간을 단축시킨다.

! 가장 빠른 합격비법
'운영체제' 관련 문제도 꽤 자주 나오는 주제입니다. 노른자 039를 통해 운영체제의 구성, 목적, 운영 방식 등을 확실하게 알아두세요.

05 ④ 　 노른자 029

제어장치에 대한 설명이다. 연산장치는 산술 연산과 논리 연산을 수행하는 장치이다.

! 가장 빠른 합격비법
중앙처리장치(CPU)는 컴퓨터 시스템의 핵심 장치인 만큼 자주 출제됩니다. 제어장치, 연산장치, 레지스터의 차이를 확실히 알아두어야 합니다.

06 ③ 　 노른자 053

오답 해설
① 도메인은 숫자 형태의 IP 주소를 사람이 이해하기 쉬운 문자 형태로 표현한 것이다.
② 도메인 네임은 호스트 컴퓨터명, 소속 기관명, 소속 기관 종류, 소속 국가명의 순으로 구성된다.
④ 국가가 다르더라도 중복된 도메인 네임을 사용할 수 없다.

! 가장 빠른 합격비법
'퀵돔'이 생소하더라도 나머지 선택지들의 개념을 정확히 알고 있다면 쉽게 풀 수 있는 문제입니다.

07 ② 　 노른자 038

ⓒ 포토샵, ⓔ 한컴오피스가 응용 소프트웨어에 해당한다.

오답 해설

㉠ 윈도우, ㉢ 리눅스, ㉤ 유닉스는 운영체제로 시스템 소프트웨어에 속한다.

> **가장 빠른 합격비법**
> 간단한 문제입니다. 윈도우·리눅스·유닉스는 시스템 소프트웨어로, 운영체제에 속합니다. 가볍게 읽고 넘어갑시다.

08 ③   노른자 002

Alt + Tab 은 실행 중인 프로그램 사이의 작업 전환을 한다. 선택한 항목의 속성 표시 바로 가기 키는 Alt + Enter 이다.

> **가장 빠른 합격비법**
> 출제율도 낮고 쉬운 문제에 속합니다. 노른자 002의 내용을 보며 실습을 해 보세요.

09 ④   노른자 007

Alt 를 누른 채 같은 드라이브의 다른 폴더로 끌어서 놓으면 바로 가기가 만들어진다. 폴더를 마우스로 선택한 후 Shift 를 누른 채 같은 드라이브의 다른 폴더로 끌어서 놓으면 이동이 된다.

> **가장 빠른 합격비법**
> 매우 쉬운 문제입니다. 그만큼 출제율도 높지 않아요. 노른자 007 '파일과 폴더' 내용을 한 번 읽어보세요.

10 ①   노른자 018

다중 디스플레이는 [설정]-[시스템]-[디스플레이]에서 설정할 수 있다.

> **가장 빠른 합격비법**
> 접근성은 몸이 불편하신 분들이 컴퓨터를 사용하기 편리하도록 제공하는 기능을 모아둔 곳입니다. 컴퓨터 화면을 보는 것이 불편하신 분들을 위해 '돋보기', '고대비', '내레이터' 등을 설정할 수 있습니다.

11 ①   노른자 005

오답 해설

②③④ 휴지통의 파일이 즉시 삭제된다.

> **가장 빠른 합격비법**
> 비교적 쉬운 문제입니다. 노른자 005 '휴지통'의 내용을 한 번 읽어보세요. '휴지통에 들어가지 않는 경우'는 실습도 같이 해 본다면 더 기억에 남을 것입니다.

12 ①   노른자 059

정보의 편중으로 계층 간의 정보 차이가 증가할 수 있다.

> **가장 빠른 합격비법**
> VDT 증후군과 테크노스트레스의 용어가 낯설 수 있으므로 별도로 학습해두시기 바랍니다.
> - VDT 증후군: 스마트폰이나 컴퓨터 등의 영상기기를 오랫동안 사용해 생기는 눈의 피로, 어깨와 목의 통증 등의 증상을 통칭한다.
> - 테크노스트레스: 첨단의 정보사회에 적응하지 못했을 때 발생하는 스트레스이다.

13 ②   노른자 057

기업이나 기관에서 인가된 내부 사용자들만 사용할 수 있도록 만든 내부 인터넷을 말한다.

오답 해설

① 블루투스(Bluetooth)에 대한 설명이다.
③ 엑스트라넷(Extranet)에 대한 설명이다. 엑스트라넷은 인터넷 기술을 이용하여 자사의 인트라넷과 다른 비즈니스 파트너(협력사 또는 고객사)의 인트라넷을 서로 연결하는 네트워크 연결 방식이다.
④ 유즈넷(USENET)에 대한 설명이다.

> **가장 빠른 합격비법**
> 인터넷 서비스의 종류에 관한 문제는 매우 자주 출제됩니다. 노른자 057 '인터넷 서비스'의 내용을 숙지하고 있어야 합니다.

14 ②   노른자 055

전송에 필요한 프로토콜은 SMTP이다.

〈전자우편 프로토콜〉
- SMTP(Simple Mail Transfer Protocol): 인터넷에서 이메일을 보내기 위해 이용되는 프로토콜이다.
- POP3(Post Office Protocol 3): 사용자의 기기로 이메일을 다운로드하여 읽는 프로토콜이다.
- MIME(Multi-purpose Internet Mail Extensions): 전자우편의 데이터 형식을 정의한 표준 프로토콜이다.

> **가장 빠른 합격비법**
> 전자우편(E-mail) 관련 문제는 상식선에서 정답을 고를 수 있습니다. 노른자 055를 통해 전자우편의 프로토콜 정도만 추가로 기억해두세요.

15 ④ 노른자 037

오답 해설

① 디스크 검사는 디스크의 논리적·물리적 오류를 검사하고 수정하는 기능이다.
② 디스크 정리는 불필요한 파일을 제거하여 디스크의 여유 공간을 확보하는 기능이다.
③ 디스크 포맷은 하드디스크의 트랙 및 섹터를 초기화하는 작업으로, 포맷을 실행하면 디스크의 모든 데이터가 지워진다.

> **가장 빠른 합격비법**
> 드라이브 조각 모음 및 최적화는 시험에 종종 출제되는 주제입니다. 노른자 037을 통해 시스템 최적화를 위한 다른 기능도 익혀두세요.

16 ② 노른자 033

보조기억장치의 일부를 주기억장치처럼 사용하는 메모리 기법이다.

오답 해설

① 플래시 메모리에 대한 설명이다.
③ 캐시 메모리에 대한 설명이다.
④ 연관 메모리에 대한 설명이다.

> **가장 빠른 합격비법**
> '주기억장치'나 '보조기억장치'를 묻는 문제보다 가상 메모리와 같은 '기타 기억장치'를 묻는 문제가 더 자주 출제됩니다. 노른자 033을 통해 캐시 메모리, 가상 메모리, 연관 메모리, 플래시 메모리 등 '기타 기억장치'의 종류별 특징을 꼭 알아두세요.

17 ④ 노른자 050

OSI(Open Systems Interconnection) 7계층은 기종이 서로 다른 컴퓨터 간의 정보 교환을 위해 국제표준화기구가 정한 것으로, '물리 계층 → 데이터 링크 계층 → 네트워크 계층 → 전송 계층 → 세션 계층 → 표현 계층 → 응용 계층'으로 구성(하위 → 상위)된다.

> **가장 빠른 합격비법**
> 문제에 나온 OSI 7계층과 모뎀·허브 등의 네트워크 장치와 관련된 문제도 시험에 자주 출제되는 주제입니다. 노른자 050을 다회독하여 충분히 익혀두세요.

18 ② 노른자 044

가상현실(VR; Virtual Reality)은 컴퓨터가 만든 가상세계의 다양한 경험을 체험할 수 있도록 하는 컴퓨터 그래픽 기술과 시뮬레이션 기능 등의 관련 기술을 말한다.

> **가장 빠른 합격비법**
> 멀티미디어의 활용에 관하여 노른자 044를 통해 활용 예를 잘 파악해두세요.

19 ② 노른자 036

프린터의 스풀 에러가 발생한 경우 기존 프린터 드라이버를 삭제한 후 최신 버전의 드라이브를 재설치하여 사용하는 것이 좋다.

> **가장 빠른 합격비법**
> 이 문제의 선택지 및 해설과 함께 노른자 036에서 다루는 컴퓨터의 문제 해결 부분을 확실하게 알아두시기 바랍니다.

20 ④ 노른자 010

실행 중인 응용 프로그램의 실행 순서는 변경할 수 없다.

> **가장 빠른 합격비법**
> 비교적 낮은 난도의 문제입니다. 자주 출제되는 주제도 아니므로 노른자 010 '작업 관리자'의 내용을 한 번 정독하고 넘어갑시다.

2과목 **스프레드시트 일반**

21 ② 노른자 072

숫자 형식으로 인식된다. '0+(한 칸 공백)+1/4'를 입력하면 0은 생략되어 분수 1/4로 입력된다.

오답 해설

① 01:02AM은 텍스트로 인식된다. 다만, 01:02 AM과 같이 01:02와 AM을 띄어쓰면 시간으로 인식된다.
③ 숫자 앞에 작은따옴표(')를 입력하면 텍스트로 인식된다.
④ 텍스트로 인식된다.

> **가장 빠른 합격비법**
> 자주 나오는 '데이터 입력' 문제입니다. 노른자 072를 다회독하여 확실히 기억하는 것이 중요합니다.

22 ① 노른자 114

매크로 이름은 대·소문자를 구분하지 않고, 물음표(?), 마침표(.), 슬래시(/) 등과 같은 문자와 공백은 사용할 수 없다.

> **가장 빠른 합격비법**
> 매크로 기록에 관련된 문제는 시험에 매우 자주 출제되는 주제입니다. [매크로 기록] 대화상자의 각 항목에 대한 문제를 완벽하게 익혀두어야 합니다.

23 ②

매크로 지정은 글자가 아닌 도형 등에 지정이 가능하며, 단순 글자에는 매크로를 지정할 수 없다.

> ⚠ 가장 빠른 합격비법
> 크게 중요한 문제가 아니므로, 가볍게 보고 넘어갑시다.

24 ②   ↗ 노른자 081, 087

3단, 6단, 9단 열에만 배경색을 변경해야 하므로, 나머지를 반환하는 MOD 함수를 활용하여 [B2:I11] 영역에서 3으로 나누어 결과가 '0'인 열의 배경색을 변경하는 MOD(B$2,3) 함수를 사용한다. 이때 열의 배경색을 변경하는 것이므로 2행을 고정시키는 혼합 참조를 지정한다.

> ⚠ 가장 빠른 합격비법
> 조건부 서식에서 수식을 입력할 때 서식을 '행'에 입력할 것인지 '열'에 입력할 것인지에 따라 참조 방법이 다릅니다. 조건에 맞는 '행'에 서식을 지정하고자 할 때는 열 주소 앞에 $로 설정(예 $B2)하고, '열'에 서식을 지정하고자 할 때는 행 주소 앞에 $로 설정(예 B$2)합니다. 실기에도 등장하는 규칙이므로 반드시 기억하세요.

25 ②   ↗ 노른자 105

원본 데이터가 변경되어도 피벗 테이블 보고서의 데이터는 자동으로 변경되지 않으므로 [데이터] 탭−[쿼리 및 연결] 그룹−[모두 새로 고침] 또는 [피벗 테이블 분석] 탭−[데이터] 그룹−[새로 고침]−[모두 새로 고침]을 선택하여 일괄적으로 새로 고침해야 한다.

> ⚠ 가장 빠른 합격비법
> 피벗 테이블은 시험에 자주 출제됩니다. 문제에 나온 모든 선택지와 함께 노른자 105를 꼭 확인하세요.

26 ④   ↗ 노른자 093

표에 병합된 셀들이 포함되어 있는 경우 정렬할 수 없다는 경고 메시지가 팝업된다.

> ⚠ 가장 빠른 합격비법
> 정렬 문제에서 자주 등장하는 개념 중 하나가 '정렬 기준은 최대 64개까지 설정할 수 있음'입니다. 숫자를 기억해두세요.

27 ②   ↗ 노른자 066

창 나누기를 수행하면 셀 포인트의 왼쪽과 위쪽으로 창 구분선이 표시된다.

> ⚠ 가장 빠른 합격비법
> 틀 고정 및 창 나누기 문제는 종종 출제됩니다. 선택지와 함께 노른자 066을 학습하세요.

28 ④   ↗ 노른자 088

COUNTIF(범위,조건) 함수는 범위에서 조건에 맞는 셀의 개수를 반환하는 함수식이다. [E3] 셀에는 A학점인 학생수가 반환되어야 하므로, 범위에서 조건에 맞는 셀의 개수를 구하는 COUNTIF 함수를 사용하여 [B3:B9] 영역(범위를 고정해야 하므로 절대 참조 $로 지정)에서 A학점인 [D3] 셀을 지정한다.

> ⚠ 가장 빠른 합격비법
> '통계 함수' 관련 문제입니다. 시험에 매우 자주 출제되므로 노른자 088과 함께 관련 기출문제도 다회독하시기 바랍니다.

29 ④   ↗ 노른자 114

오답 해설
① 공백은 포함할 수 없다.
② 작성된 매크로는 [개발 도구]−[코드]−[매크로]−[매크로] 대화상자에서 삭제 가능하다.
③ 매크로는 엑셀에 기본적으로 포함되어 있는 기능이므로 Visual Basic 언어를 따로 설치할 필요는 없다.

> ⚠ 가장 빠른 합격비법
> 매크로는 시험에 매우 자주 출제됩니다. 노른자 114를 학습하고, 특히 '매크로 이름', '바로 가기 키', '매크로 저장 위치'가 빈출되므로 반드시 기억하세요.

30 ①   ↗ 노른자 113

인쇄 영역에 포함된 도형은 기본적으로 인쇄된다.

> ⚠ 가장 빠른 합격비법
> 인쇄 관련 문제는 시험에 종종 출제됩니다. 문제와 선택지를 꼼꼼하게 이해하고 넘어가세요.

31 ①   ↗ 노른자 103

수식 셀은 결괏값이 출력되는 셀 주소로 '평균' 셀을 찾는 값에는 목표하는 값 '65'를 입력하고, 값을 바꿀 셀에는 '변경되는 값이 들어갈 판매량'을 입력해야 한다.

> ⚠ 가장 빠른 합격비법
> 목표값 찾기는 수식에서 원하는 결과는 알고 있지만, 그 결과를 얻는 데 필요한 입력값을 구하는 경우에 사용하는 기능입니다.

32 ②   ↗ 노른자 102

부분합 계산을 하기 전에 먼저 부분합을 구하려는 항목을 기준으로 데이터를 정렬하여 그룹화 작업을 해야 한다.

> ⓘ 가장 빠른 합격비법
>
> 부분합은 데이터를 일정한 기준으로 그룹화하여 합계, 평균 등 다양하게 계산하여야 합니다. 즉, 그룹화하려는 데이터들이 연속으로 위치해야 하기 때문에 그룹화하기 전 반드시 정렬되어 있어야 합니다.

33 ②   노른자 086

=IF(F2>=160,"우수",IF(F2>=100,"보통","노력"))
                                       ❷
                   ❶

❶ IF(조건식,값1,값2) 함수는 조건식이 참이면 값1, 거짓이면 값2를 반환한다. 따라서 조건식 F2>=160의 결과가 TRUE인 경우에 '우수'를 반환하고, FALSE인 경우에 ❷를 실행
❷ 조건식 F2>=100의 결과가 TRUE인 경우에는 '보통'을 반환하고, FALSE인 경우에는 '노력'을 반환

따라서 [F2] 셀의 값이 160 이상이면 '우수', 100 이상이고 160 미만이면 '보통', 나머지는 '노력'으로 반환한다.

> ⓘ 가장 빠른 합격비법
>
> '논리 함수'는 가끔 출제되는 유형입니다. 기출문제로 눈에 익혀두시기 바랍니다.

34 ③   노른자 095

영어 점수가 영어 평균 점수를 초과: 평균을 구하는 범위는 항상 동일해야 하므로, AVERAGE 함수의 인수는 절대 참조($)로 지정하여 AVERAGE($D$2:$D$8)가 된다.
성명의 두 번째 문자가 '진': 와일드카드 *는 문자의 여러 자리를, ?는 문자의 한 자리를 대신하는 문자이므로 =?진*을 입력한다.

> ⓘ 가장 빠른 합격비법
>
> 고급 필터 문제는 자주 출제될 뿐만 아니라, 자료 제시형 문제라 어렵게 느껴질 수 있습니다. 노른자 095를 통해 함께 실습해보며 충분히 학습하시기 바랍니다.

35 ③   노른자 073

숫자가 입력된 셀에서 Ctrl을 누른 채 채우기 핸들을 오른쪽으로 드래그하면 숫자가 1씩 증가한다.

> ⓘ 가장 빠른 합격비법
>
> 자동 채우기 핸들 문제는 다양한 형태로 시험에 자주 출제됩니다. 노른자 073을 학습하고, '부록'을 통해 실제 따라 해보세요.

36 ②   노른자 099

'원본 데이터에 연결' 기능은 통합할 데이터가 있는 워크시트와 통합 결과가 작성될 워크시트가 다른 통합 문서에 있는 경우에만 적용할 수 있다.

> ⓘ 가장 빠른 합격비법
>
> 데이터 통합 문제는 자주 출제되지는 않습니다. 노른자 099를 가볍게 읽고 문제 위주로 학습하세요.

37 ③   노른자 088, 090

=AVERAGE(INDEX(점수,2,1),MAX(점수))
              ❶   ❷
         ❸

❶ INDEX(점수,2,1) 함수는 점수로 이름이 정의된 [B2:D5] 영역 중 2행 1열의 값을 구하는 함수로, 결괏값은 '96'
❷ MAX(점수) 함수는 점수로 이름 정의된 [B2:D5] 영역에서 가장 큰 값을 구하는 함수로, 결괏값은 '100'
❸ AVERAGE(96,100) 함수는 96과 100의 평균이므로 결괏값은 '98'

> ⓘ 가장 빠른 합격비법
>
> 문제에서 제시한 함수식처럼 여러 개의 함수가 중첩되어 있는 경우, 안쪽 함수식부터 차례대로 풀어보는 것이 쉽게 이해하는 방법입니다. 마치 수학 문제를 풀 때 괄호 먼저 계산하는 것처럼 말이죠. 차근차근 하나씩 살펴보면서 전체 함수를 이해해보시기 바랍니다.

38 ④   노른자 084

셀 참조가 유효하지 않을 때 발생하는 오류 메시지이다.

> ⓘ 가장 빠른 합격비법
>
> 오류 메시지는 시험에 종종 출제됩니다. 오류 메시지의 영문과 오류 발생 이유를 연결하면 기억에 오래 남습니다. NAME은 '이름', NUM(Number)은 '숫자', DIV(Division)는 '나누기', VALUE는 '값', REF(Reference)는 '주소(참조)'로 기억하세요.

39 ③   노른자 066

틀 고정은 [보기] 탭-[창] 그룹-[틀 고정]-[틀 고정 취소]를 선택해서 취소할 수 있다.

> ⓘ 가장 빠른 합격비법
>
> '틀 고정' 문제는 대략 30% 확률로 출제됩니다. 노른자 066을 통해 내용을 정리하세요.

40 ③

노른자 107, 108

오답 해설

① 데이터 계열 서식에서 첫째 조각의 각을 조절할 수 있는데 주어진 그림은 첫째 조각의 각을 설정하지 않았다(기본값은 0°).
② 차트의 종류는 3차원 원형 차트이다.
④ 차트 제목은 그림 영역과는 상관없이 차트 영역의 맨 위쪽에 표시된다.

ⓘ 가장 빠른 합격비법

'차트의 종류', '차트의 구성 요소' 관련 문제는 시험에 매우 자주 출제되고 있습니다. 노른자 107, 108의 내용을 다회독하여 충분히 학습하세요.

정답 & 해설

2026

에듀윌 컴퓨터활용능력
2급 필기 초단기끝장

고객의 꿈, 직원의 꿈, 지역사회의 꿈을 실현한다

EXIT 합격 서비스
exit.eduwill.net

- 부가학습자료 및 정오표: EXIT 합격 서비스 > 자료실/정오표 게시판
- 교재문의: EXIT 합격 서비스 > 실시간 질문답변 게시판(내용)/
  Q&A 게시판(내용 외)

에듀윌

컴퓨터활용능력
2급 필기 초단기끝장

시험에 자주 출제되는 _엑셀_

필수기능
NO.19

실습으로 빠르게 익히자!

시험에 자주 출제되는 **엑셀 기능**

※ 실습파일, 완성파일은 EXIT 합격 서비스(exit.eduwill.net)의 [자료실]에서 다운로드

기능 01 사용자 지정 서식 　　　　　　　　　　　　　　　　　　　노른자 079

지정된 서식 기호를 이용하여 사용자가 직접 표시 형식을 지정하는 기능

📥 실습파일 01사용자지정.xlsx　　📥 완성파일 01사용자지정_완성.xlsx

> **실습문제**
> A열의 '표시 형식' 항목에 설정된 사용자 지정 서식을 활용하여 결괏값을 구하시오.

❶ [C4] 셀에서 마우스 오른쪽 단추를 클릭하고 바로 가기 메뉴에서 [셀 서식]을 선택한다.

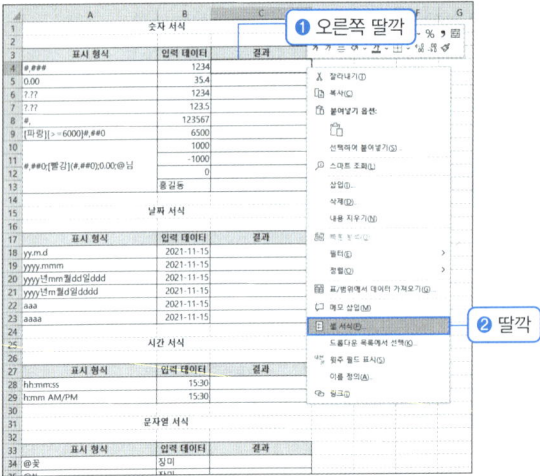

더 보기

[C4] 셀을 선택하고 바로 가기 키 Ctrl + 1 을 누르거나 [홈] 탭 – [표시 형식] 그룹 – [표시 형식] 아이콘(🗔)을 클릭해도 됩니다.

2

❷ [셀 서식] 대화상자가 나타나면 [표시 형식] 탭에서 '사용자 지정' 범주를 선택하고 '형식'에 [A4] 셀에 제시된 표시 서식인 '#,###'을 입력한 후 [확인] 단추를 클릭한다. 이후 '입력 데이터' 값을 입력한다.

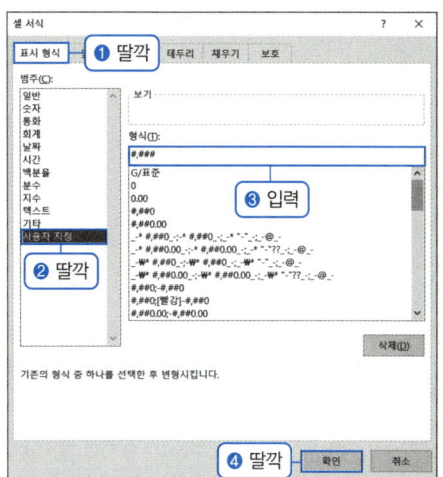

❸ 이와 같은 방법으로 [C5:C13] 영역에 '표시 형식' 항목에 제시된 사용자 지정 서식을 각각 지정하고, '입력 데이터' 값을 입력한다.

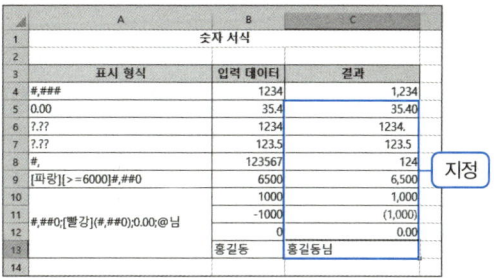

❹ 이와 같은 방법으로 [C18:C23] 영역과 [C28:C29] 영역, [C34:C35] 영역에 날짜 서식과 시간 서식, 문자열 서식을 각각 지정하고, '입력 데이터' 값을 입력한다.

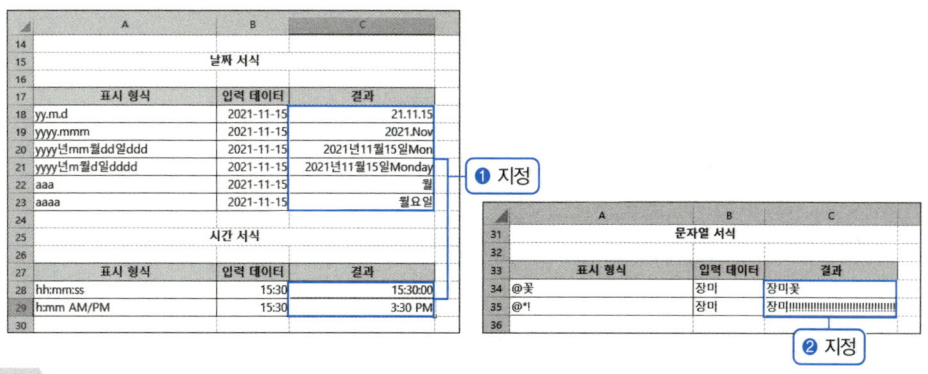

더 보기

• @: 문자 뒤에 @ 다음 문자열을 함께 표시
• *: * 뒤의 문자를 셀 너비만큼 채워서 표시

시험에 자주 출제되는 엑셀 기능 **3**

기능	조건부 서식	노른자 081
02	선택한 영역에서 특정 조건을 만족하는 셀에만 서식을 지정하는 기능	

📥 **실습파일** 02조건부서식.xlsx   📥 **완성파일** 02조건부서식_완성.xlsx

> **실습문제**
>
> 조건부 서식을 이용하여 총점이 '200점 이상'인 행에 글꼴 스타일은 '굵게', 글꼴 색은 '표준 색'의 '파랑'을 표시하시오.

❶ [A2:E6] 영역을 드래그하여 선택하고 [홈] 탭-[스타일] 그룹-[조건부 서식]을 클릭한 후 [새 규칙]을 선택한다.

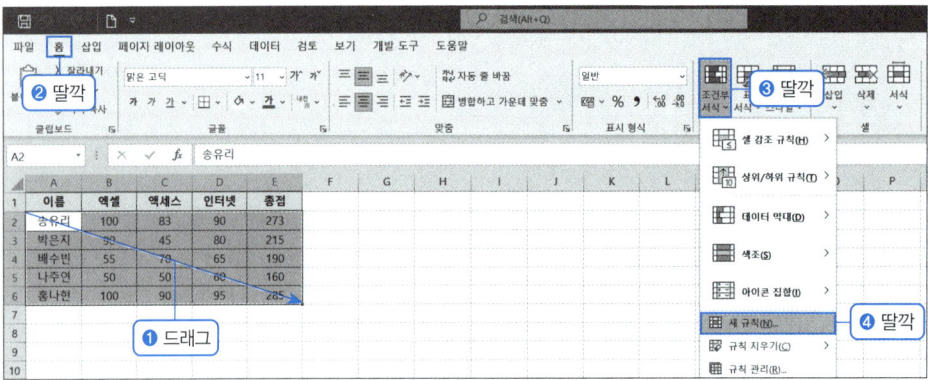

❷ [새 서식 규칙] 대화상자가 나타나면 '규칙 유형 선택'에서 '수식을 사용하여 서식을 지정할 셀 결정'을 선택하고 '다음 수식이 참인 값의 서식 지정'에 '=$E2>=200'을 입력한 후 [서식] 단추를 클릭한다.

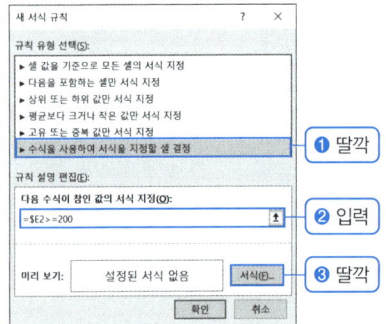

더 보기

'다음 수식이 참인 값의 서식 지정'에 '=$E2>=200'을 입력하는 이유는 실습문제에서 제시한 '총점이 200점 이상'이라는 조건값을 등록하기 위해서이다. 행 전체에 조건부 서식을 지정하기 위해서는 '$E2'와 같이 열을 고정해야 한다.

❸ [셀 서식] 대화상자가 나타나면 [글꼴] 탭에서 '글꼴 스타일'은 '굵게', '색'은 '표준 색'의 '파랑'을 선택하고 [확인] 단추를 클릭한다.

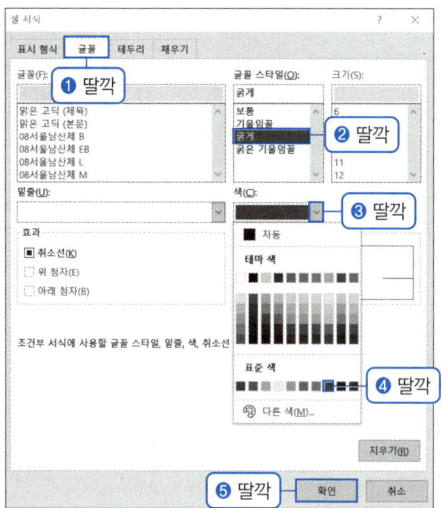

❹ [새 서식 규칙] 대화상자로 되돌아오면 '미리 보기'에서 지정한 서식을 확인하고 [확인] 단추를 클릭한다.

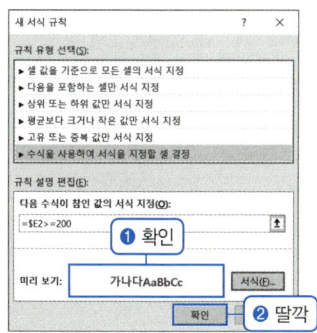

❺ 결과를 확인한다(2행, 3행, 6행에 지정한 서식이 적용된다).

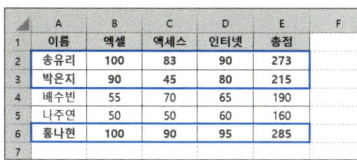

더 보기

조건부 서식 지우기
[홈] 탭-[스타일] 그룹-[조건부 서식]-[규칙 지우기]

기능 03 날짜/시간 함수

날짜와 시간을 다양한 형식으로 반환하는 함수

노른자 085

실습파일 03날짜시간함수.xlsx 완성파일 03날짜시간함수_완성.xlsx

실습문제

날짜/시간 함수를 이용하여 다양한 형태로 날짜를 표시하시오.

❶ 다음의 표를 참고하여 [B4:B18] 영역에 지정된 날짜/시간 함수식을 차례대로 입력한다.

셀	구해야 할 값	함수식
[B4] 셀	현재 날짜와 시간	=NOW( )
[B5] 셀	현재 날짜	=TODAY( )
[B6] 셀	2022년 5월 6일에 대한 날짜 데이터	=DATE(2022,5,6)
[B7] 셀	[B6] 셀의 연도	=YEAR(B6)
[B8] 셀	[B6] 셀의 월	=MONTH(B6)
[B9] 셀	[B6] 셀의 일	=DAY(B6)
[B10] 셀	15시 30분 25초에 대한 시간 데이터	=TIME(15,30,25)
[B11] 셀	[B10] 셀의 시	=HOUR(B10)
[B12] 셀	[B10] 셀의 분	=MINUTE(B10)
[B13] 셀	[B10] 셀의 초	=SECOND(B10)
[B14] 셀	[B6] 셀의 날짜에 해당하는 요일 번호(일요일이 1)	=WEEKDAY(B6)
[B15] 셀	[D17] 셀에서 [D18] 셀 사이의 일 수	=DAYS(D18,D17)
[B16] 셀	[D17] 셀을 기준으로 2개월 후의 날짜	=EDATE(D17,2)
[B17] 셀	[D17] 셀을 기준으로 2개월 후의 마지막 날짜	=EOMONTH(D17,2)
[B18] 셀	[D17] 셀에서 토요일, 일요일, 휴일을 제외하고 10일이 경과한 날짜	=WORKDAY(D17,10,D18)

❷ 결과를 확인한다.

	A	B	C	D	E	F
1	날짜/시간 함수					
2						
3	함수식	함수결과				
4	=NOW()	2023-08-16 16:51				
5	=TODAY()	2023-08-16				
6	=DATE(2022,5,6)	2022-05-06				
7	=YEAR(B6)	2022				
8	=MONTH(B6)	5				
9	=DAY(B6)	6				
10	=TIME(15,30,25)	3:30 PM				
11	=HOUR(B10)	15				
12	=MINUTE(B10)	30				
13	=SECOND(B10)	25				
14	=WEEKDAY(B6)	6				
15	=DAYS(D18,D17)	4				
16	=EDATE(D17,2)	2022-02-20				
17	=EOMONTH(D17,2)	2022-02-28		2021-12-20		
18	=WORKDAY(D17,10,D18)	2022-01-04		2021-12-24	휴가	
19						

기능 04 논리 함수

결과가 TRUE와 FALSE로 반환되는 함수

↗ 노른자 086

📥 실습파일 04논리함수.xlsx   📥 완성파일 04논리함수_완성.xlsx

> **실습문제**
> 논리 함수를 이용하여 다양한 조건에 따른 논리값을 구하시오.

❶ 다음의 표를 참고하여 [F4:F12] 영역에 지정된 논리 함수식을 차례대로 입력한다.

셀	구해야 할 값	함수식
[F4] 셀	• '10〉20'이 'TRUE'이면 '크다', 'FALSE'이면 '작다' 표시 • 함수식에서 '10〉20'은 'FALSE'이므로 '작다' 표시	=IF(10〉20,"크다","작다")
[F5] 셀	[B4] 셀이 [C4] 셀보다 크면 '하락', [B4] 셀이 [C4] 셀보다 작으면 '상승', [B4] 셀과 [C4] 셀이 같으면 '유지' 표시	=IFS(B4〉C4,"하락",B4〈C4,"상승",B4=C4,"유지")
[F6] 셀	[B10] 셀이 'G'이면 '골드', 'P'이면 '플래티넘', 'D'이면 '다이아몬드' 표시	=SWITCH(B10,"G","골드","P","플래티넘","D","다이아몬드")
[F7] 셀	• '10〉20'의 결괏값을 반대로 표시 • 함수식에서 '10〉20'은 'FALSE'이므로 'TRUE' 표시	=NOT(10〉20)
[F8] 셀	• '10〉20'과 '30〈40'의 결괏값이 모두 'TRUE'이면 'TRUE'를 표시하고, 그 외에는 'FALSE' 표시 • '10〉20'은 'FALSE'이고 '30〈40'은 'TRUE'이므로 'FALSE' 표시	=AND(10〉20,30〈40)
[F9] 셀	• '10〉20'과 '30〈40'의 결괏값이 모두 'FALSE'이면 'FALSE'를 표시하고, 그 외에는 'TRUE'를 표시 • '10〉20'은 'FALSE'이고 '30〈40'은 'TRUE'이므로 'TRUE' 표시	=OR(10〉20,30〈40)
[F10] 셀	'10/0'에 오류가 발생하면 '오류 발생' 표시	=IFERROR(10/0,"오류 발생")
[F11] 셀	'TRUE' 표시	=TRUE()
[F12] 셀	'FALSE' 표시	=FALSE()

❷ 결과를 확인한다.

시험에 자주 출제되는 엑셀 기능 **7**

기능 05 수학 함수

합계, 평균 등과 같이 수치 자료를 처리하는 함수

노른자 087

📥 **실습파일** 05수학함수.xlsx   📥 **완성파일** 05수학함수_완성.xlsx

> **실습문제**
> 수학 함수, 합계 함수, 반올림 함수를 이용하여 다양한 조건에 따른 결괏값을 구하시오.

❶ 다음의 표를 참고하여 [B4:B10] 영역과 [G11:G13] 영역, [J4:J12] 영역에 지정된 수학 함수를 차례대로 입력한다.

셀	구해야 할 값	함수식
[B4] 셀	−25의 절댓값	=ABS(−25)
[B5] 셀	−3.5에서 가장 가까운 정수로 내린 값	=INT(−3.5)
[B6] 셀	10을 3으로 나눈 나머지	=MOD(10,3)
[B7] 셀	2를 3만큼 거듭제곱한 값	=POWER(2,3)
[B8] 셀	0과 1 사이의 임의의 수	=RAND( )
[B9] 셀	1과 30 사이의 임의의 수	=RANDBETWEEN(1,30)
[B10] 셀	−3.5에서 지정한 자릿수를 버려야 하는데, 지정한 자릿수가 없으므로 소수점 이하의 숫자를 버림	=TRUNC(−3.5)
[G11] 셀	[G4:G8] 영역의 합계	=SUM(G4:G8)
[G12] 셀	[F4:F8] 영역에서 '남'에 해당하는 [G4:G8] 영역의 합계	=SUMIF(F4:F8,"남",G4:G8)
[G13] 셀	[E4:E8] 영역에서는 '자영업'이고 [F4:F8] 영역에서는 '남'에 해당하는 [G4:G8] 영역의 합계	=SUMIFS(G4:G8,E4:E8,"자영업", F4:F8,"남")
[J4] 셀	[J2] 셀의 값을 소수점 이하 둘째 자리로 반올림	=ROUND(J2,2)
[J5] 셀	[J2] 셀의 값을 정수로 반올림	=ROUND(J2,0)
[J6] 셀	[J2] 셀의 값을 100 단위로 반올림	=ROUND(J2,−2)
[J7] 셀	[J2] 셀의 값을 소수점 이하 둘째 자리로 올림	=ROUNDUP(J2,2)
[J8] 셀	[J2] 셀의 값을 정수로 올림	=ROUNDUP(J2,0)
[J9] 셀	[J2] 셀의 값을 100 단위로 올림	=ROUNDUP(J2,−2)
[J10] 셀	[J2] 셀의 값을 소수점 이하 둘째 자리로 내림	=ROUNDDOWN(J2,2)
[J11] 셀	[J2] 셀의 값을 정수로 내림	=ROUNDDOWN(J2,0)
[J12] 셀	[J2] 셀의 값을 100 단위로 내림	=ROUNDDOWN(J2,−2)

❷ 결과를 확인한다.

	A	B	C	D	E	F	G	H	I	J	K
1	수학/삼각 함수			합계 함수					반올림 함수		
2										345.456	
3	함수식	함수결과		이름	직업	성별	나이		함수식	함수결과	
4	=ABS(-25)	25		김진안	자영업	남	35		=ROUND(J2,2)	345.46	
5	=INT(-3.5)	-4		오하림	자영업	여	35		=ROUND(J2,0)	345	
6	=MOD(10,3)	1		박재진	자영업	남	35		=ROUND(J2,-2)	300	
7	=POWER(2,3)	8		김규면	자영업	여	35		=ROUNDUP(J2,2)	345.46	
8	=RAND()	0.941332548		박효신	교사	남	38		=ROUNDUP(J2,0)	346	
9	=RANDBETWEEN(1,30)	21							=ROUNDUP(J2,-2)	400	
10	=TRUNC(-3.5)	-3			함수식		함수결과		=ROUNDDOWN(J2,2)	345.45	
11				=SUM(G4:G8)			178		=ROUNDDOWN(J2,0)	345	
12				=SUMIF(F4:F8,"남",G4:G8)			108		=ROUNDDOWN(J2,-2)	300	
13				=SUMIFS(G4:G8,E4:E8,"자영업",F4:F8,"남")			70				
14											

기능 06 통계 함수

조건에 맞는 데이터를 추출하거나 최솟값, 최댓값 등을 구하는 함수

▶ 노른자 088

📥 실습파일 06통계함수.xlsx   📥 완성파일 06통계함수_완성.xlsx

실습문제
통계 함수를 이용하여 다양한 조건에 따른 결괏값을 구하시오.

❶ 다음의 표를 참고하여 [G4:G23] 영역에 지정된 통계 함수를 차례대로 입력한다.

셀	구해야 할 값	함수식
[G4] 셀	[D4:D8] 영역의 평균을 구함	=AVERAGE(D4:D8)
[G5] 셀	[C4:D8] 영역에서 모든 인수의 평균을 구함	=AVERAGEA(C4:D8)
[G6] 셀	[C4:C8] 영역에서 '남'에 해당하는 [D4:D8] 영역의 평균을 구함	=AVERAGEIF(C4:C8,"남",D4:D8)
[G7] 셀	[B4:B8] 영역에서 '자영업'이고 [C4:C8] 영역에서 '남'에 해당하는 [D4:D8] 영역의 평균을 구함	=AVERAGEIFS(D4:D8,B4:B8,"자영업",C4:C8,"남")
[G8] 셀	[D4:D8] 영역에서 숫자 셀의 개수를 구함	=COUNT(D4:D8)
[G9] 셀	[C4:C8] 영역에서 공백이 아닌 셀의 개수를 구함	=COUNTA(C4:C8)
[G10] 셀	[D4:D10] 영역에서 공백 셀의 개수를 구함	=COUNTBLANK(D4:D10)
[G11] 셀	[D4:D8] 영역에서 40 이상인 셀의 개수를 구함	=COUNTIF(D4:D8,">=40")
[G12] 셀	[C4:C8] 영역에서 '남'에 해당하고 [D4:D8] 영역에서 40 이상인 셀의 개수를 구함	=COUNTIFS(C4:C8,"남",D4:D8,">=40")
[G13] 셀	[D4:D8] 영역에서 두 번째로 큰 값을 구함	=LARGE(D4:D8,2)
[G14] 셀	[D4:D8] 영역에서 두 번째로 작은 값을 구함	=SMALL(D4:D8,2)
[G15] 셀	[D4:D8] 영역에서 가장 큰 값을 구함	=MAX(D4:D8)
[G16] 셀	'0.5', 'TRUE', 'FALSE', '0.3' 중에서 가장 큰 값을 구함	=MAXA(0.5,TRUE,FALSE,0.3)
[G17] 셀	[D4:D8] 영역에서 가장 작은 값을 구함	=MIN(D4:D8)
[G18] 셀	'0.5', 'TRUE', 'FALSE', '0.4' 중에서 가장 작은 값을 구함	=MINA(0.5,TRUE,FALSE,0.4)
[G19] 셀	[D4:D8] 영역의 중간값을 구함	=MEDIAN(D4:D8)
[G20] 셀	[D4:D8] 영역에서 빈도가 가장 높은 값을 구함	=MODE.SNGL(D4:D8)
[G21] 셀	[D4:D8] 영역에서 [D4] 셀의 순위를 구함	=RANK.EQ(D4,D4:D8)
[G22] 셀	[D4:D8] 영역의 표준 편차를 구함	=STDEV.S(D4:D8)
[G23] 셀	[D4:D8] 영역의 분산을 구함	=VAR.S(D4:D8)

❷ 결과를 확인한다.

	A	B	C	D	E	F	G	H
1						통계 함수		
2								
3	이름	직업	성별	나이		함수식	함수결과	
4	김진안	자영업	남	35		=AVERAGE(D4:D8)	36.6	
5	오하림	자영업	여	20		=AVERAGEA(C4:D8)	18.3	
6	박재진	자영업	남	55		=AVERAGEIF(C4:C8,"남",D4:D8)	41.66666667	
7	김규연	자영업	여	38		=AVERAGEIFS(D4:D8,B4:B8,"자영업",C4:C8,"남")	45	
8	박효신	검사	남	35		=COUNT(D4:D8)	5	
9						=COUNTA(C4:C8)	5	
10						=COUNTBLANK(D4:D10)	2	
11						=COUNTIF(D4:D8,">=40")	1	
12						=COUNTIFS(C4:C8,"남",D4:D8,">=40")	1	
13						=LARGE(D4:D8,2)	38	
14						=SMALL(D4:D8,2)	35	
15						=MAX(D4:D8)	55	
16						=MAXA(0.5,TRUE,FALSE,0.3)	1	
17						=MIN(D4:D8)	20	
18						=MINA(0.5,TRUE,FALSE,0.4)	0	
19						=MEDIAN(D4:D8)	35	
20						=MODE.SNGL(D4:D8)	35	
21						=RANK.EQ(D4,D4:D8)	3	
22						=STDEV.S(D4:D8)	12.46194206	
23						=VAR.S(D4:D8)	155.3	
24								

기능 07 문자열 함수

문자열을 가공하거나 찾는 함수

▶ 노른자 089

📥 **실습파일** 07문자열함수.xlsx   📥 **완성파일** 07문자열함수_완성.xlsx

실습문제

문자열 함수를 이용하여 다양한 조건에 따른 결괏값을 구하시오.

❶ 다음의 표를 참고하여 [B4:B13] 영역에 지정된 문자열 함수식을 차례대로 입력한다.

셀	구해야 할 값	함수식
[B4] 셀	'컴퓨터활용능력'의 왼쪽에서 두 글자 추출	=LEFT("컴퓨터활용능력",2)
[B5] 셀	'컴퓨터활용능력'의 오른쪽에서 두 글자 추출	=RIGHT("컴퓨터활용능력",2)
[B6] 셀	'컴퓨터활용능력'의 두 번째에서 세 글자 추출	=MID("컴퓨터활용능력",2,3)
[B7] 셀	'COMPUTER'를 모두 소문자로 표시	=LOWER("COMPUTER")
[B8] 셀	'computer'를 모두 대문자로 표시	=UPPER("computer")
[B9] 셀	'computer'의 첫 글자만 대문자로, 나머지는 소문자로 표시	=PROPER("computer")
[B10] 셀	'apple'의 글자 수를 표시	=LEN("apple")
[B11] 셀	' computer 2 '에서 단어 사이의 한 칸의 공백을 제외하고 나머지 공백 모두 삭제	=TRIM(" computer 2 ")
[B12] 셀	'대한민국flghting'에서 'i'를 찾아 시작 위치 표시 (영문자의 대 · 소문자 구분)	=FIND("i","대한민국flghting")
[B13] 셀	'대한민국flghting'에서 'i'를 찾아 시작 위치 표시 (영문자의 대 · 소문자를 구분하지 않음)	=SEARCH("i","대한민국flghting")

❷ 결과를 확인한다.

	A	B	C
1	문자열 함수		
2			
3	함수식	함수결과	
4	=LEFT("컴퓨터활용능력",2)	컴퓨	
5	=RIGHT("컴퓨터활용능력",2)	능력	
6	=MID("컴퓨터활용능력",2,3)	퓨터활	
7	=LOWER("COMPUTER")	computer	
8	=UPPER("computer")	COMPUTER	
9	=PROPER("computer")	Computer	
10	=LEN("apple")	5	
11	=TRIM(" computer 2 ")	computer 2	
12	=FIND("i","대한민국flghting")	10	
13	=SEARCH("i","대한민국flghting")	6	

기능 08 찾기/참조 함수

> 노른자 090

영역에서 일치하는 데이터를 찾고 함수의 특성에 맞게 반환하는 함수

실습파일 08찾기참조함수.xlsx 완성파일 08찾기참조함수_완성.xlsx

> **실습문제**
> 찾기/참조 함수를 이용하여 다양한 조건에 따른 결괏값을 구하시오.

❶ 다음의 표를 참고하여 [G4:G12] 영역에 지정된 찾기/참조 함수식을 차례대로 입력한다.

셀	구해야 할 값	함수식
[G4] 셀	'사과', '바나나', '딸기' 중 세 번째 값 표시	=CHOOSE(3,"사과","바나나","딸기")
[G5] 셀	[B10:D11] 영역의 첫 번째 행에서 '85'를 찾아 2행의 값 표시	=HLOOKUP(85,B10:D11,2,TRUE)
[G6] 셀	[A4:D8] 영역의 첫 번째 열에서 '김규연'을 찾아 4열의 값 표시	=VLOOKUP("김규연",A4:D8,4,FALSE)
[G7] 셀	[A3:D8] 영역에서 2행 4열의 교차값 표시	=INDEX(A3:D8,2,4)
[G8] 셀	[D4:D8] 영역에서 '55'와 일치하는 값의 위치 표시	=MATCH(55,D4:D8,0)
[G9] 셀	[F3] 셀의 열 번호 표시	=COLUMN(F3)
[G10] 셀	[F3:G3] 영역에 들어있는 열 수 표시	=COLUMNS(F3:G3)
[G11] 셀	[F3] 셀의 행 번호 표시	=ROW(F3)
[G12] 셀	[F3:F6] 영역에 들어있는 행 수 표시	=ROWS(F3:F6)

❷ 결과를 확인한다.

	A	B	C	D	E	F	G	H
1						찾기/참조 함수		
2								
3	이름	직업	성별	나이		함수식	함수결과	
4	김규연	검사	남	35		=CHOOSE(3,"사과","바나나","딸기")	딸기	
5	김진안	자영업	여	40		=HLOOKUP(85,B10:D11,2,TRUE)	B	
6	박재진	자영업	남	55		=VLOOKUP("김규연",A4:D8,4,FALSE)	35	
7	박효신	자영업	여	20		=INDEX(A3:D8,2,4)	35	
8	오하림	검사	남	38		=MATCH(55,D4:D8,0)	3	
9						=COLUMN(F3)	6	
10	점수	70	80	90		=COLUMNS(F3:G3)	2	
11	등급	C	B	A		=ROW(F3)	3	
12						=ROWS(F3:F6)	4	
13								

기능 09 데이터베이스 함수

데이터베이스에서 조건에 맞는 데이터를 추출하는 함수

노른자 091

실습파일 09데이터베이스함수.xlsx   완성파일 09데이터베이스함수_완성.xlsx

실습문제

데이터베이스 함수를 이용하여 다양한 조건에 따른 결괏값을 구하시오.

❶ 다음의 표를 참고하여 [E14:E19] 영역에 지정된 데이터베이스 함수를 차례대로 입력한다.

셀	구해야 할 값	함수식
[E14] 셀	'성별'이 '남'인 사람의 회비 합계를 구함	=DSUM(A3:F11,F3,E3:E4)
[E15] 셀	'직업'이 '자영업'인 사람의 회비 평균을 구함	=DAVERAGE(A3:F11,F3,C3:C4)
[E16] 셀	'직업'이 '교사'인 사람의 수를 구함	=DCOUNT(A3:F11,F3,B13:B14)
[E17] 셀	'직업'이 '자영업'인 사람의 수를 구함	=DCOUNTA(A3:F11,C3,C3:C4)
[E18] 셀	'성별'이 '남'인 사람의 최대 회비를 구함	=DMAX(A3:F11,F3,E3:E4)
[E19] 셀	'성별'이 '여'인 사람의 최소 회비를 구함	=DMIN(A3:F11,F3,A13:A14)

❷ 결과를 확인한다.

| 기능 10 | 자동 필터 | 노른자 094 |

많은 양의 자료에서 설정된 조건에 맞는 자료만 추출하는 기능

실습파일 10자동필터.xlsx   완성파일 10자동필터_완성.xlsx

실습문제

자동 필터를 이용하여 부서가 '총무부'이고 나이가 30 이상인 데이터를 추출하시오.

❶ [B2] 셀을 선택하고 [데이터] 탭-[정렬 및 필터] 그룹-[필터]를 클릭한다. 필터 단추(▼)가 표시되면 '부서' 필드의 필터 단추(▼)를 클릭하고 '(모두 선택)'의 체크를 해제한다. '총무부'에만 체크하고 [확인] 단추를 클릭한다.

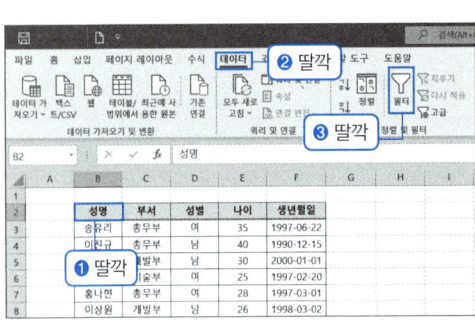
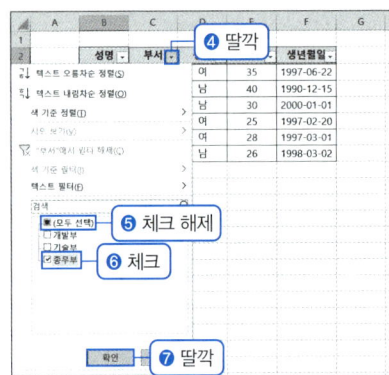

❷ '총무부'만 필터링되었으면 '나이' 필드의 필터 단추(▼)를 클릭하고 [숫자 필터]-[크거나 같음]을 선택한다. [사용자 지정 필터] 대화상자가 나타나면 다음과 같이 조건 '>=, 30'을 지정하고 [확인] 단추를 클릭한다.

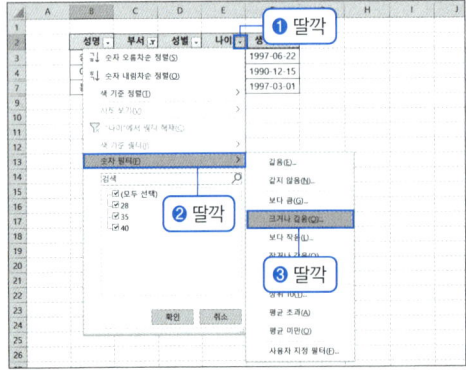
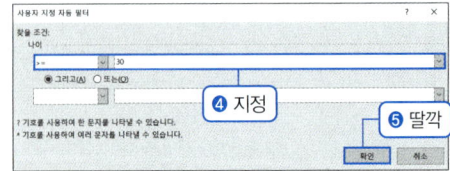

> **더 보기**
>
> **필터 지우기**: [데이터] 탭-[정렬 및 필터] 그룹-[지우기]

❸ 결과를 확인한다.

	A	B	C	D	E	F	G
1							
2		성명	부서	성별	나이	생년월일	
3		송유리	총무부	여	35	1997-06-22	
4		이진규	총무부	남	40	1990-12-15	
9							

기능	고급 필터	노른자 095
11	여러 필드를 결합해 복잡한 조건을 지정하거나 필터링 결과를 다른 위치에 복사할 때 사용하는 기능	

실습파일 11.고급필터.xlsx 완성파일 11.고급필터_완성.xlsx

실습문제

고급 필터를 이용하여 '구분'이 '뮤지컬'이고 '예매량'이 '700 이상'인 데이터를 추출하시오.

❶ [A3] 셀을 선택하고 Ctrl + C를 눌러 복사한 후 [A18] 셀에서 Ctrl + V를 눌러 붙여넣는다. 이와 같은 방법으로 [E3] 셀을 [B18] 셀에 복사하여 붙여넣고 조건인 '뮤지컬'과 '>=700'을 입력한다.

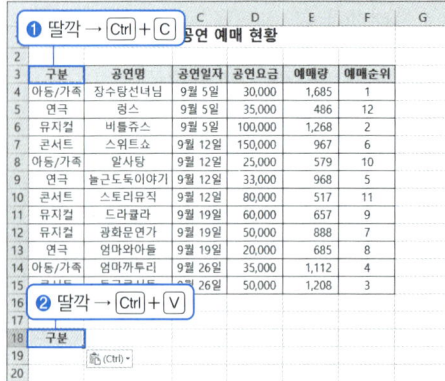
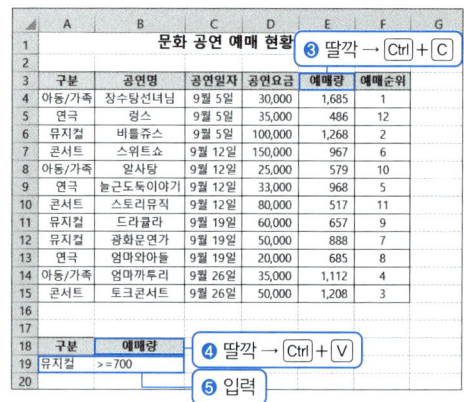

❷ [A3] 셀을 선택하고 [데이터] 탭-[정렬 및 필터] 그룹-[고급]을 클릭한다.

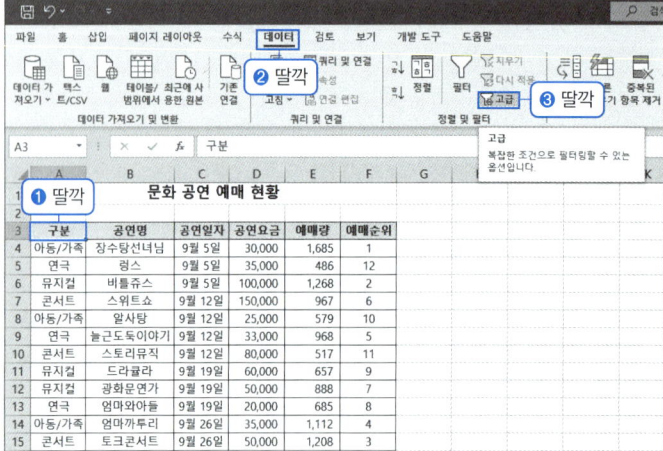

16

❸ [고급 필터] 대화상자가 나타나면 '결과'에서 '다른 장소에 복사'를 선택하고 '목록 범위'는 [A3:F15] 영역을, '조건 범위'는 [A18:B19] 영역을, '복사 위치'는 [A22] 셀을 지정하고 [확인] 단추를 클릭한다.

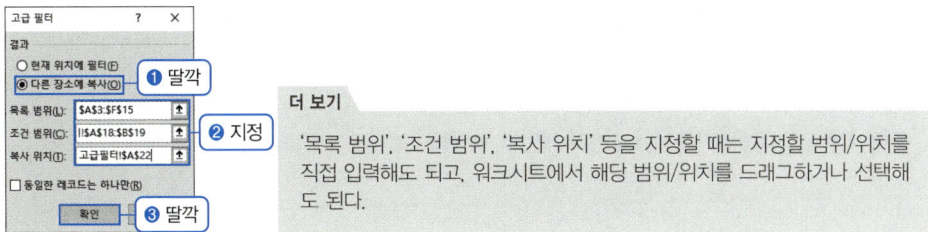

더 보기

'목록 범위', '조건 범위', '복사 위치' 등을 지정할 때는 지정할 범위/위치를 직접 입력해도 되고, 워크시트에서 해당 범위/위치를 드래그하거나 선택해도 된다.

❹ 결과를 확인한다.

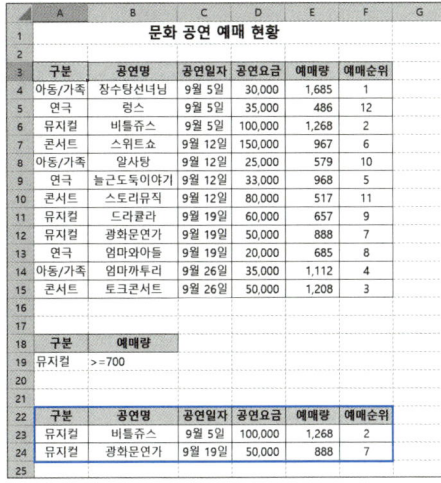

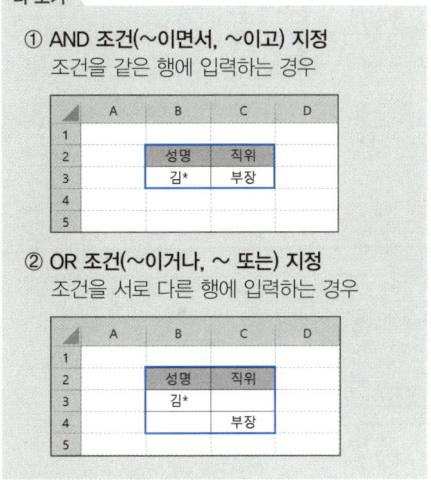

더 보기

① AND 조건(~이면서, ~이고) 지정
　조건을 같은 행에 입력하는 경우

② OR 조건(~이거나, ~ 또는) 지정
　조건을 서로 다른 행에 입력하는 경우

시험에 자주 출제되는 엑셀 기능　**17**

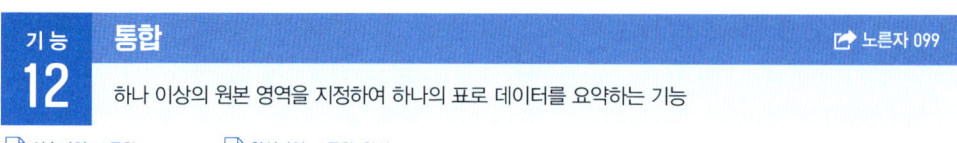

기능 12 통합

하나 이상의 원본 영역을 지정하여 하나의 표로 데이터를 요약하는 기능

📥 실습파일 12통합.xlsx   📥 완성파일 12통합_완성.xlsx

실습문제

통합 기능을 이용하여 [표1], [표2]의 개인별 평균을 [표3]에 계산하시오.

❶ [A10:C15] 영역을 선택하고 [데이터] 탭-[데이터 도구] 그룹-[통합]을 클릭한다.

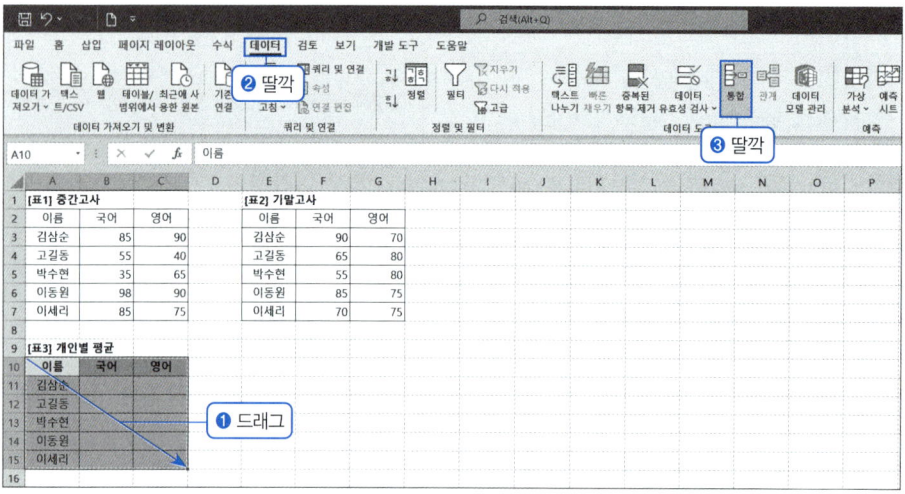

❷ [통합] 대화상자가 나타나면 '함수'에서 '평균'을 선택하고 '참조'에서 [A2:C7] 영역을 지정한 후 [추가] 단추를 클릭한다.

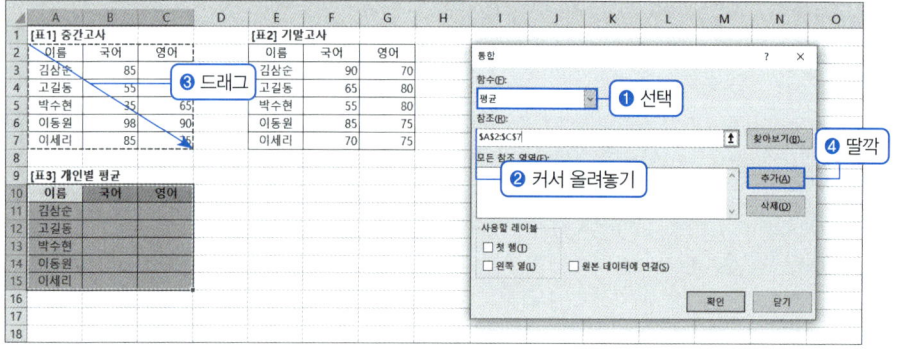

❸ 이와 같은 방법으로 [E2:G7] 영역을 추가하고 '사용할 레이블'에서 '첫 행'과 '왼쪽 열'에 체크한 후 [확인] 단추를 클릭한다.

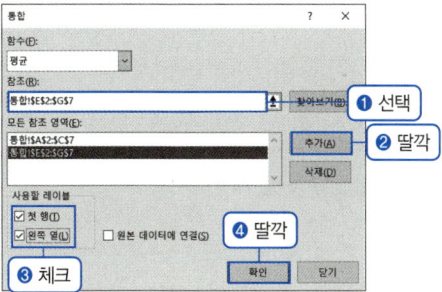

❹ 결과를 확인한다.

	A	B	C	D	E	F	G	H
1	[표1] 중간고사				[표2] 기말고사			
2	이름	국어	영어		이름	국어	영어	
3	김삼순	85	90		김삼순	90	70	
4	고길동	55	40		고길동	65	80	
5	박수현	35	65		박수현	55	80	
6	이동원	98	90		이동원	85	75	
7	이세리	85	75		이세리	70	75	
8								
9	[표3] 개인별 평균							
10	이름	국어	영어					
11	김삼순	87.5	80					
12	고길동	60	60					
13	박수현	45	72.5					
14	이동원	91.5	82.5					
15	이세리	77.5	75					
16								

기능 13 데이터 표

▶ 노른자 100

특정 값의 변화에 따른 결괏값의 변화 과정을 한 번의 연산으로 빠르게 계산해 표 형태로 표시하는 기능

실습파일 13데이터표.xlsx   완성파일 13데이터표_완성.xlsx

실습문제

데이터 표를 이용하여 '연이율과 상환기간의 변동에 따른 월납부액'을 계산하시오.

❶ [F4] 셀을 선택하고 '='를 입력한 후 수식이 들어있는 [C6] 셀을 선택하고 Enter를 누른다.

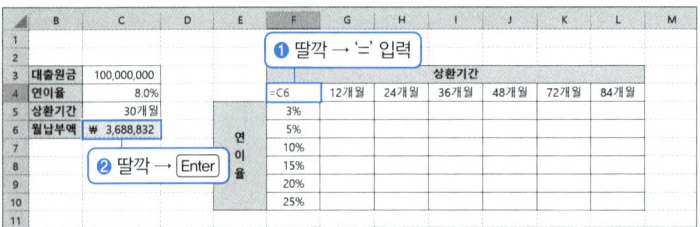

❷ [F4:L10] 영역을 지정하고 [데이터] 탭-[예측] 그룹-[가상 분석]을 클릭한 후 [데이터 표]를 선택한다.

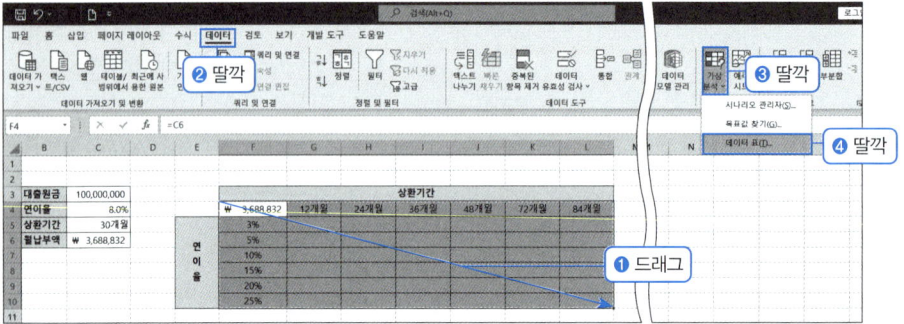

❸ [데이터 테이블] 대화상자가 나타나면 '행 입력 셀'에는 '상환기간'인 '$C$5'를, '열 입력 셀'에는 '연 이율'인 '$C$4'를 입력하고 [확인] 단추를 클릭한다.

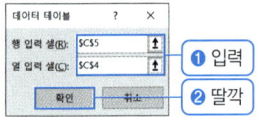

더 보기

워크시트에서 [C5] 셀과 [C4] 셀을 직접 클릭해도 되고, 절대 참조 형태인 '$C$5', '$C$4'를 입력할 수도 있다.

❹ 결과를 확인한다.

	B	C	D	E	F	G	H	I	J	K	L	M
1												
2												
3	대출원금	100,000,000						상환기간				
4	연이율	8.0%			₩ 3,688,832	12개월	24개월	36개월	48개월	72개월	84개월	
5	상환기간	30개월			3%	8,469,370	4,298,121	2,908,121	2,213,433	1,519,368	1,321,330	
6	월납부액	₩ 3,688,832		연	5%	8,560,748	4,387,139	2,997,090	2,302,929	1,610,493	1,413,391	
7				이	10%	8,791,589	4,614,493	3,226,719	2,536,258	1,852,584	1,660,118	
8				율	15%	9,025,831	4,848,665	3,466,533	2,783,075	2,114,501	1,929,675	
9					20%	9,263,451	5,089,580	3,716,358	3,043,036	2,395,283	2,220,620	
10					25%	9,504,420	5,337,152	3,975,983	3,315,713	2,693,718	2,531,164	
11												

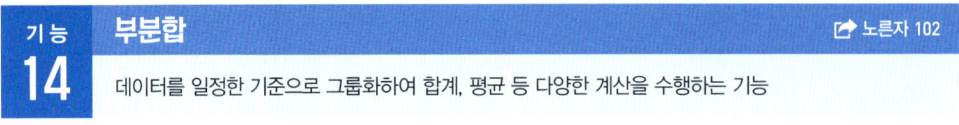

기능 14 부분합

데이터를 일정한 기준으로 그룹화하여 합계, 평균 등 다양한 계산을 수행하는 기능

노른자 102

📥 실습파일 14부분합.xlsx 📥 완성파일 14부분합_완성.xlsx

실습문제

부분합을 이용하여 학과별 '합계'의 '최대'와 '교육', '봉사', '과제'의 '평균'을 계산해 보시오.

❶ [A2] 셀을 선택하고 [데이터] 탭-[정렬 및 필터] 그룹-[텍스트 오름차순 정렬]을 클릭한다.

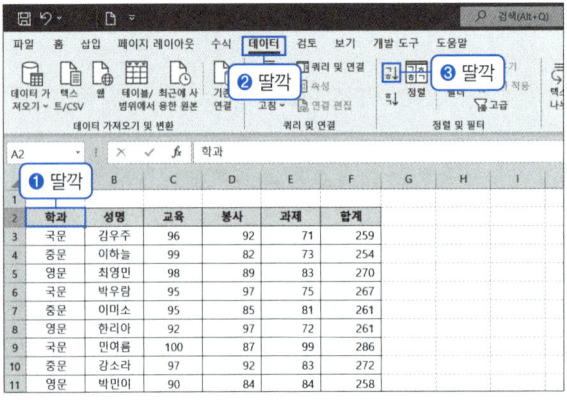

❷ [A2] 셀을 선택한 상태에서 [데이터] 탭-[개요] 그룹-[부분합]을 클릭한다. [부분합] 대화상자가 나타나면 '사용할 함수'에서 '최대'를 선택하고 '부분합 계산 항목'에서 '합계'에 체크한 후 [확인] 단추를 클릭한다.

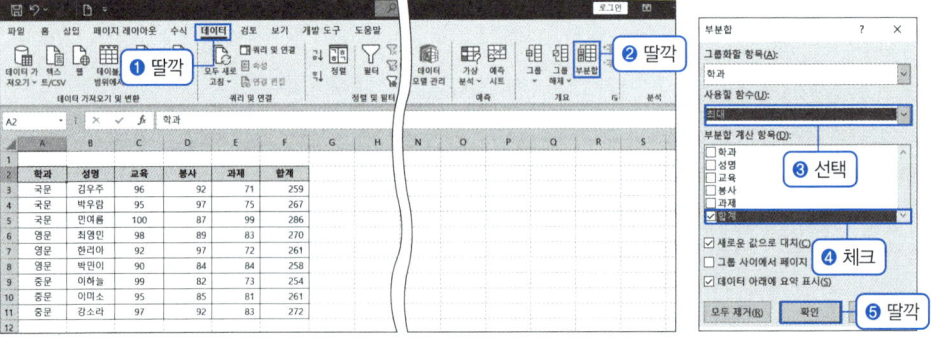

❸ 학과별로 최대의 합계를 구했으면 [데이터] 탭-[개요] 그룹-[부분합]을 클릭하고 [부분합] 대화상자가 나타나면 '사용할 함수'에서 '평균'을 선택한다. '부분합 계산 항목'에서 '교육', '봉사', '과제'에 체크하고 '합계'와 '새로운 값으로 대치'의 체크를 해제한 후 [확인] 단추를 클릭한다.

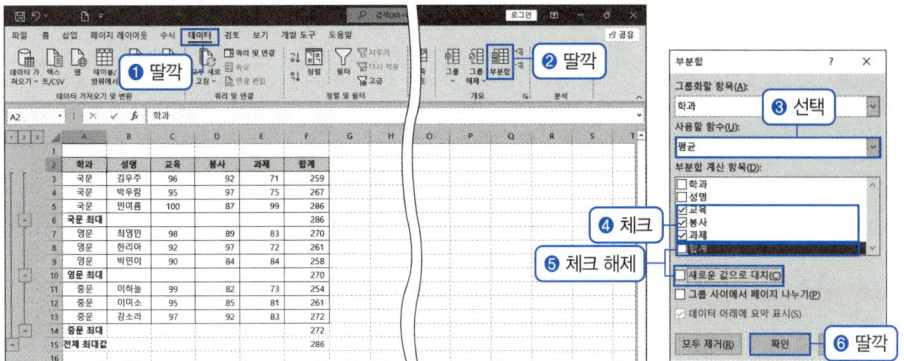

❹ 결과를 확인한다.

기능 15 목표값 찾기

> 노른자 103

수식에서 원하는 결괏값을 이미 알고 해당 결괏값을 얻는 데 필요한 입력값을 얻을 때 사용하는 기능

📥 실습파일 15목표값찾기.xlsx   📥 완성파일 15목표값찾기_완성.xlsx

실습문제

목표값 찾기를 이용하여 전체 합계가 '1300'이 되려면 배수빈의 '액세스' 점수가 몇 점이 되어야 하는지 계산하시오.

❶ [E8] 셀을 선택하고 [데이터] 탭-[예측] 그룹-[가상 분석]을 클릭한 후 [목표값 찾기]를 선택한다.

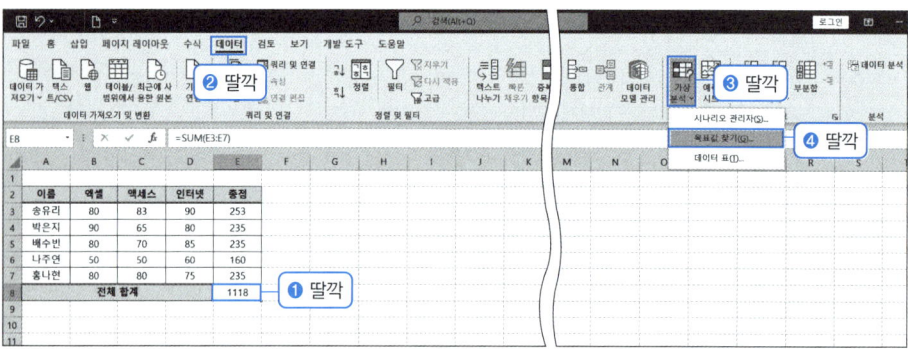

❷ [목표값 찾기] 대화상자가 나타나면 '찾는 값'에는 '1300'을, '값을 바꿀 셀'에는 배수빈의 액세스 점수가 있는 '$C$5'를 입력한 후 [확인] 단추를 클릭한다.

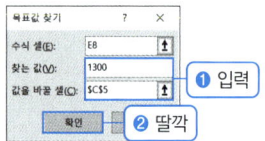

❸ 결과를 확인한다.

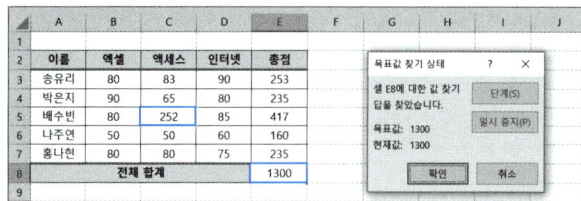

기능 16 시나리오

다양한 상황과 변수에 따른 여러 가지 결괏값의 변화를 가상의 상황을 통해 예측 및 분석할 수 있는 기능

노른자 104

실습파일 16시나리오.xlsx   완성파일 16시나리오_완성.xlsx

실습문제

시나리오 기능을 이용하여 다음과 같이 이익률이 변동하는 경우 순이익 합계의 변동 시나리오를 작성하시오.

- [G12] 셀의 이름은 '이익률', [G11] 셀의 이름은 '순이익합계'로 정의
- 시나리오1: 시나리오 이름은 '이익률증가', 이익률은 '30%'로 설정
- 시나리오2: 시나리오 이름은 '이익률감소', 이익률은 '20%'로 설정

❶ [G12] 셀을 선택하고 이름 상자에 '이익률'을 입력한 후 Enter 를 누른다.

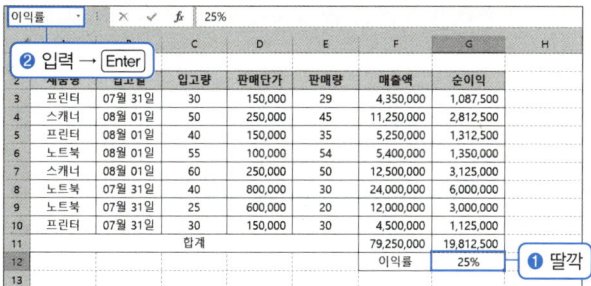

❷ 이와 같은 방법으로 [G11] 셀의 이름을 '순이익합계'로 정의한다.

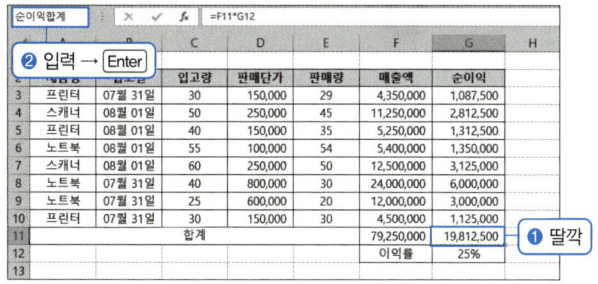

❸ [G12] 셀을 선택하고 [데이터] 탭-[예측] 그룹-[가상 분석]을 클릭한 후 [시나리오 관리자]를 선택한다.

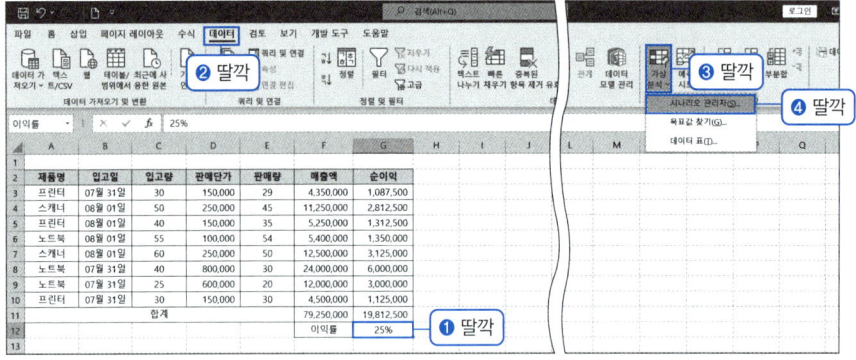

❹ [시나리오 관리자] 대화상자가 나타나면 [추가] 단추를 클릭한다. [시나리오 추가] 대화상자에서 '시나리오 이름'에 '이익률증가'를 입력하고 '변경 셀'에 'G12'로 지정되었는지 확인한 후 [확인] 단추를 클릭한다.

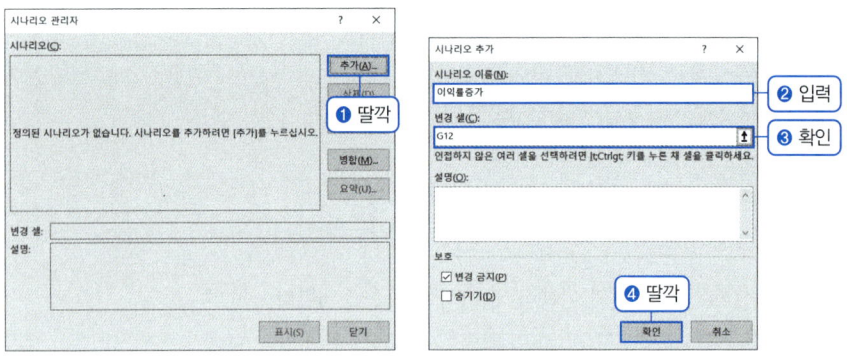

❺ [시나리오 값] 대화상자가 나타나면 '이익률'에 '0.3'을 입력하고 [추가] 단추를 클릭한다. [시나리오 추가] 대화상자로 되돌아오면 '시나리오 이름'에 '이익률감소'를 입력하고 '변경 셀'에 'G12'로 지정되었는지 확인한 후 [확인] 단추를 클릭한다.

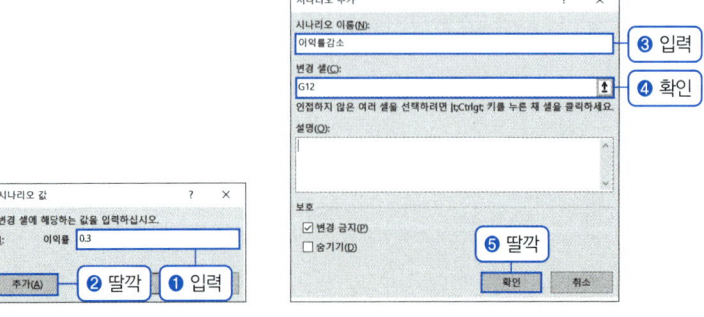

❻ [시나리오 값] 대화상자가 나타나면 '이익률'에 '0.2'를 입력하고 [확인] 단추를 클릭한다. [시나리오 관리자] 대화상자로 되돌아오면 '시나리오'에 '이익률증가'와 '이익률감소'가 추가되었는지 확인하고 [요약] 단추를 클릭한다.

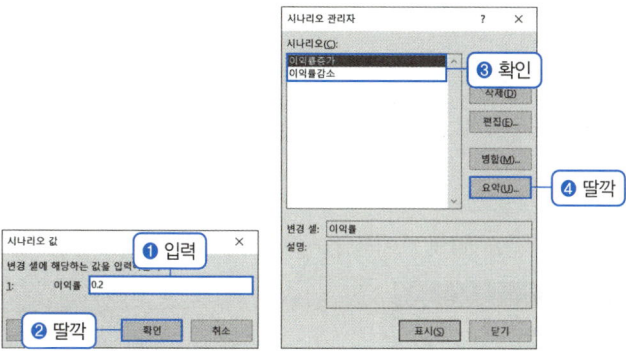

❼ [시나리오 요약] 대화상자가 나타나면 '보고서 종류'에서 '시나리오 요약'을 선택하고 '결과 셀'에 '=$G$11'을 입력한 후 [확인] 단추를 클릭한다.

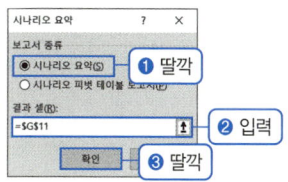

❽ 새로운 [시나리오 요약] 시트에 생성된 시나리오 요약 보고서를 확인한다.

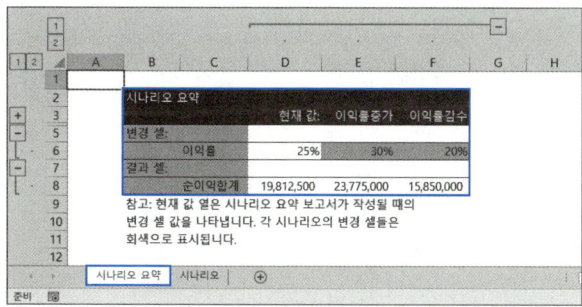

기능 17 피벗 테이블

광범위한 데이터를 다양한 형태로 요약하여 보여주는 대화형 테이블을 만드는 기능

▶ 노른자 105

실습파일 17피벗테이블.xlsx 완성파일 17피벗테이블_완성.xlsx

실습문제

피벗 테이블 기능을 이용하여 기존 워크시트의 [H3] 셀에 급여 피벗 테이블을 작성하시오.

❶ [A1] 셀을 선택하고 [삽입] 탭-[표] 그룹-[피벗 테이블]을 클릭한다.

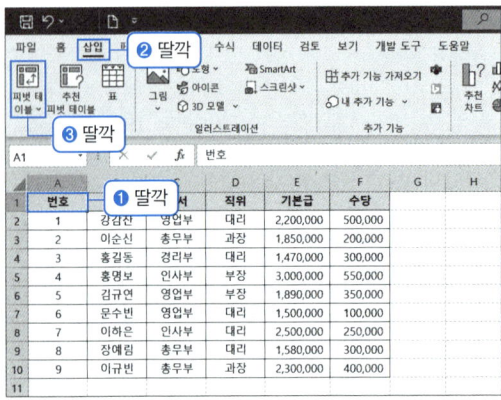

❷ [피벗 테이블 만들기] 대화상자가 나타나면 '표 또는 범위 선택'의 '표/범위'가 데이터가 입력된 모든 셀인 '$A$1:$F$10'인지 확인한다. 피벗 테이블 보고서를 넣을 위치를 '기존 워크시트'로 선택하고 '위치'에 'H3'을 지정한 후 [확인] 단추를 클릭한다.

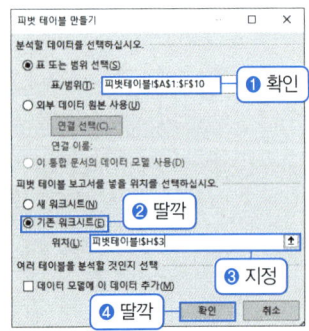

더 보기

'기존 워크시트'를 선택하지 않고 '새 워크시트'가 선택되어 있으면 새로운 워크시트에 피벗 테이블이 생성된다.

❸ 피벗 테이블이 나타나면 [피벗 테이블 필드] 창에서 '부서'는 '필터' 영역으로, '기본급'과 '수당'은 '값' 영역으로, '직위'는 '행' 테이블로 드래그한다. '값' 영역에서 '합계 : 수당'을 클릭한 후 [값 필드 설정]을 선택한다.

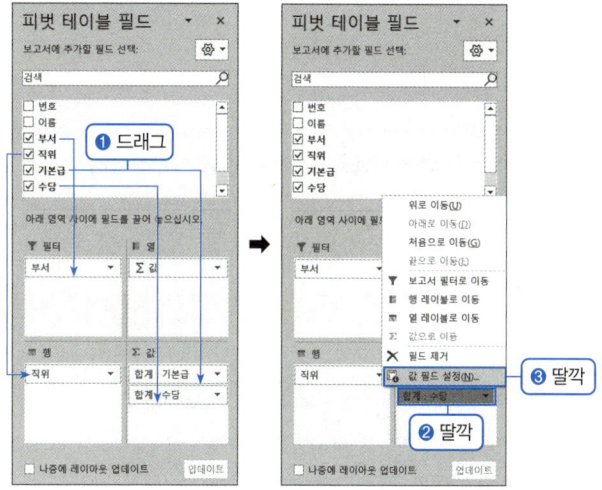

❹ [값 필드 설정] 대화상자가 나타나면 [값 요약 기준] 탭의 '선택한 필드의 데이터'에서 '평균'을 선택하고 [확인] 단추를 클릭한다.

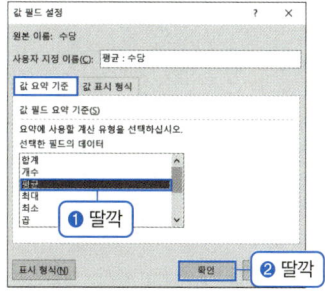

❺ 결과를 확인한다.

기능	차트	노른자 107~109
18	데이터를 막대, 선, 원 등의 시각적인 요소로 표현하여 데이터의 경향과 흐름을 알아보기 쉽게 표현한 기능	

실습파일 18차트.xlsx   완성파일 18차트_완성.xlsx

실습문제

수입월별로 '수량'과 '수입금액'이 표시되는 세로 막대형 차트를 [B8:G20] 영역에 작성하시오.

❶ [A1:A6] 영역을 선택하고 Ctrl을 누른 상태에서 [C1:C6] 영역과 [E1:E6] 영역을 차례대로 선택한다. [삽입] 탭-[차트] 그룹-[세로 또는 가로 막대형 차트 삽입]을 클릭하고 '2차원 세로 막대형'의 [누적 세로 막대형]을 선택한다.

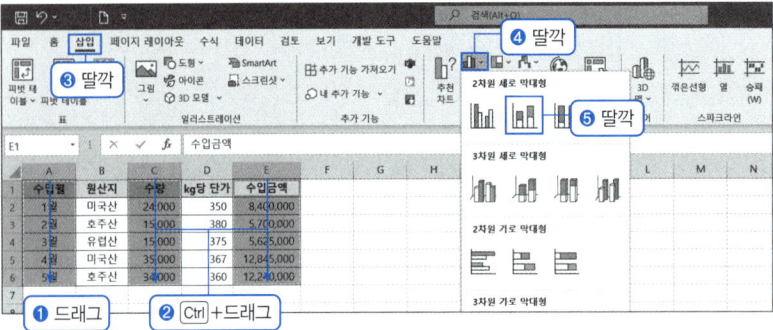

❷ Alt를 누른 상태에서 차트의 조절점을 드래그하여 [B8:G20] 영역에 맞게 차트의 크기를 조절한다. 차트 제목에 '밀 수입현황'을 입력하고 [홈] 탭-[글꼴] 그룹-[글꼴 크기]에서 [20]pt로 지정한 후 [굵게]를 클릭한다.

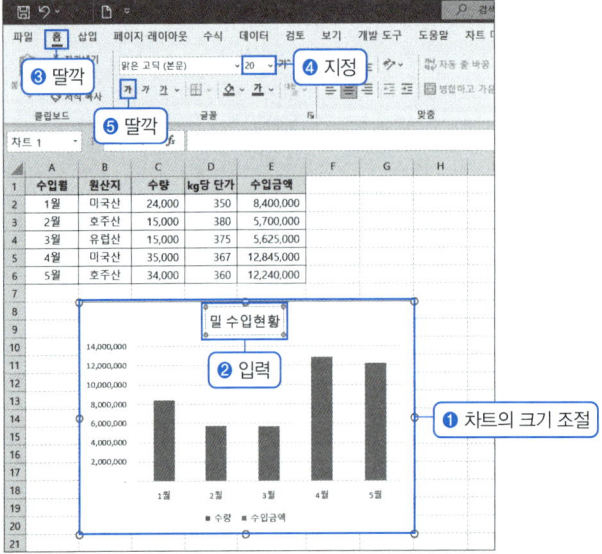

30

❸ '수입금액' 계열에서 마우스 오른쪽 단추를 클릭한 후 [계열 차트 종류 변경]을 선택한다.

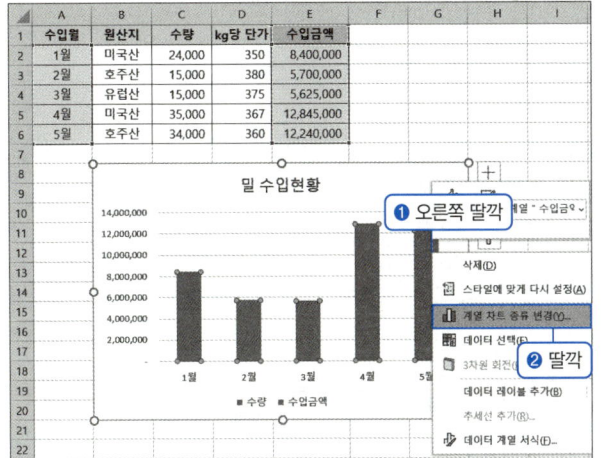

더 보기

'수입금액' 계열 막대를 하나만 선택해도 모든 '수입금액' 계열이 선택된다. 만약 원하는 하나의 '수입금액' 계열만 선택하려면 '수입금액' 계열 막대를 천천히 두 번 클릭한다.

❹ [차트 종류 변경] 대화상자의 [모든 차트] 탭이 나타나면 '혼합' 범주에서 '수입금액'의 '차트 종류'를 '표식이 있는 꺾은선형'으로 선택하고 '보조 축'에 체크한 후 [확인] 단추를 클릭한다.

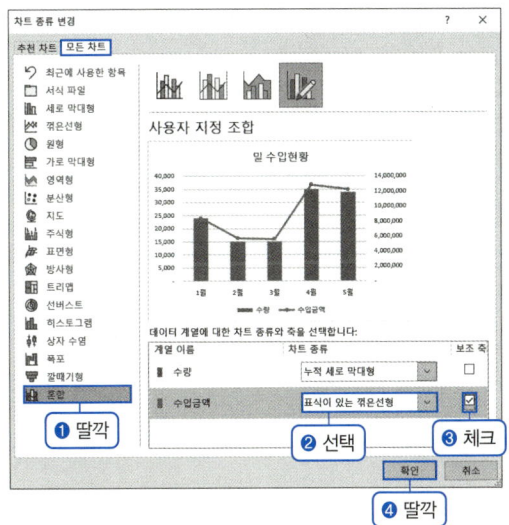

❺ '수입금액' 계열에서 마우스 오른쪽 단추를 클릭한 후 [데이터 레이블 추가]-[데이터 레이블 추가]를 선택한다.

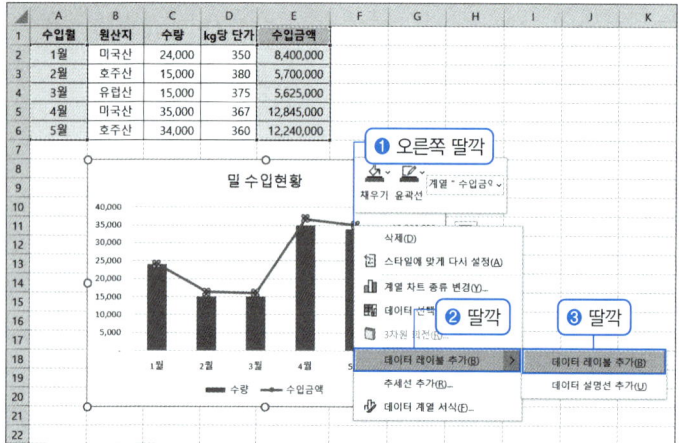

더 보기

'수입금액' 계열의 꺾은선을 클릭하면 모든 '수입금액' 계열이 선택된다.

❻ 결과를 확인한다.

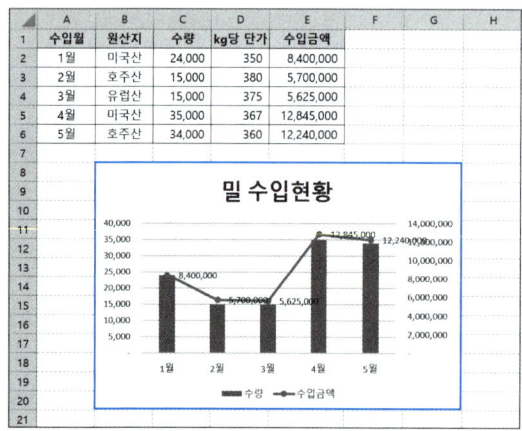

기능 19 매크로

반복적인 작업이나 자주 사용하는 명령 등을 매크로로 기록하여 작업 과정을 자동화하는 기능

노른자 114~116

실습파일 19매크로.xlsx 완성파일 19매크로_완성.xlsx

실습문제

[E11:F11] 영역에 대하여 평균을 계산하는 '평균' 매크로를 생성하시오.

❶ [개발 도구] 탭-[코드] 그룹-[매크로 기록]을 클릭한다.

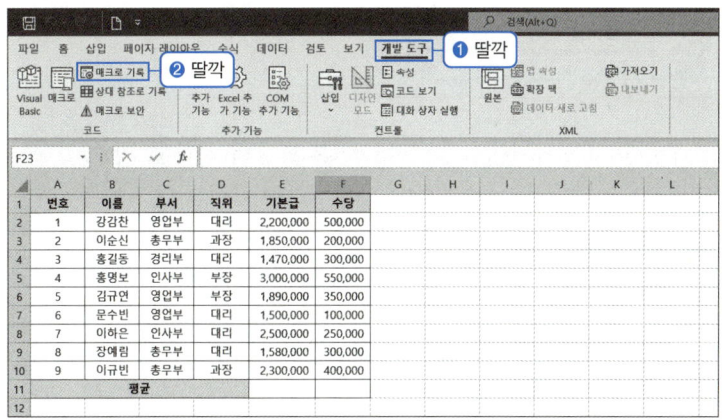

❷ [매크로 기록] 대화상자가 나타나면 '매크로 이름'에 '평균'을 입력하고 [확인] 단추를 클릭한다.

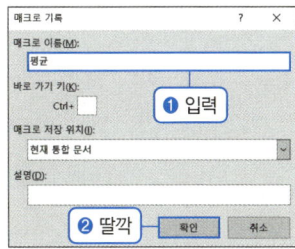

더 보기

리본 메뉴에 [개발 도구] 탭이 없다면 [파일] 탭-[옵션]을 선택하여 [Excel 옵션] 대화상자를 나타내고 [리본 사용자 지정] 범주에서 '리본 메뉴 사용자 지정'의 '개발 도구'에 체크한 후 [확인] 단추를 클릭한다.

❸ [E11] 셀을 선택하고 '=AVERAGE(E2:E10)'을 입력한 후 Enter 를 누른다.

시험에 자주 출제되는 엑셀 기능 33

❹ [E11] 셀의 자동 채우기 핸들을 [F11] 셀까지 드래그하여 함수식을 복사한다. 임의의 셀을 선택하고 [개발 도구] 탭-[코드] 그룹-[기록 중지]를 클릭한다.

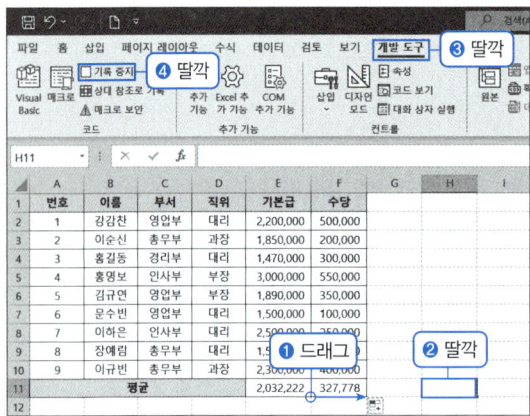

❺ [삽입] 탭-[일러스트레이션] 그룹-[도형]을 클릭하고 '기본 도형'의 '사각형: 빗면(▢)'을 선택한다.

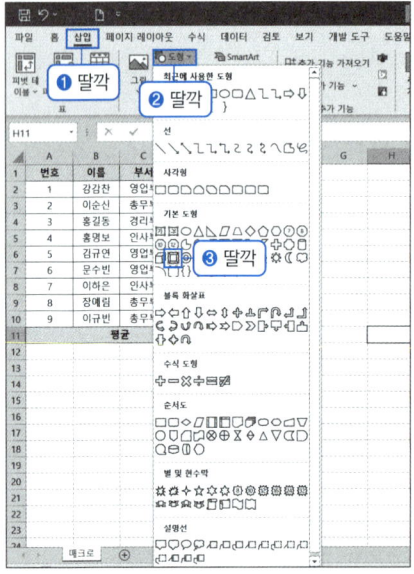

❻ Alt 를 누른 상태에서 [H3:I4] 영역에 드래그하여 '빗면' 도형을 그린다.

❼ '빗면' 도형에 '평균'을 입력하고 [홈] 탭-[맞춤] 그룹-[가운데 맞춤]을 클릭한다.

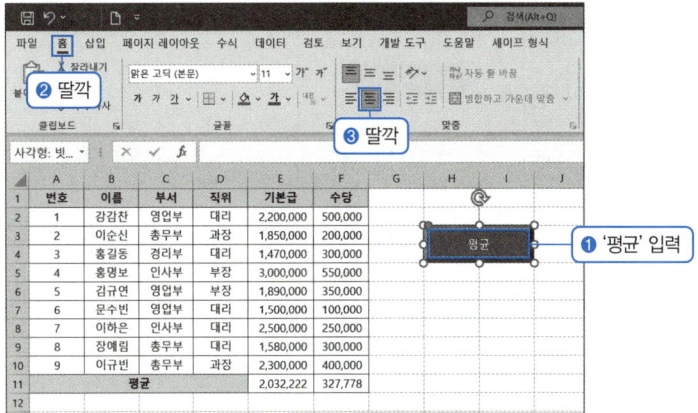

❽ '빗면' 도형에서 마우스 오른쪽 단추를 클릭하고 바로 가기 메뉴에서 [매크로 지정]을 선택한다.

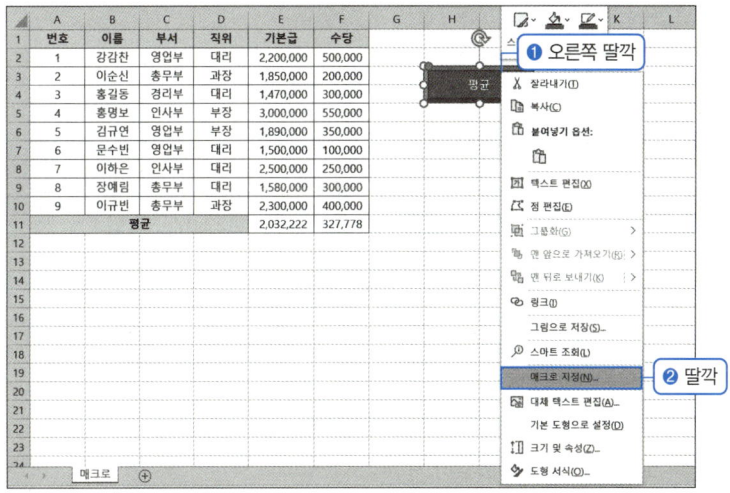

❾ [매크로 지정] 대화상자가 나타나면 '매크로 이름'에서 '평균'을 선택하고 '매크로 위치'에 '현재 통합 문서'를 선택한 후 [확인] 단추를 클릭한다.

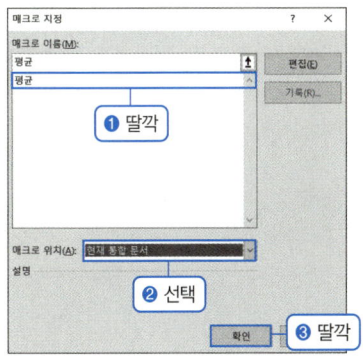

시험에 자주 출제되는 엑셀 기능 **35**

❿ [E11:F11] 영역을 선택하고 Delete를 눌러 평균값을 삭제한 후 빗면 도형을 클릭한다.

	A	B	C	D	E	F	G	H	I	J
1	번호	이름	부서	직위	기본급	수당				
2	1	강감찬	영업부	대리	2,200,000	500,000				
3	2	이순신	총무부	과장	1,850,000	200,000		평균		
4	3	홍길동	경리부	대리	1,470,000	300,000				
5	4	홍명보	인사부	부장	3,000,000	550,000				
6	5	김규연	영업부	부장	1,890,000	350,000		❷ 딸깍		
7	6	문수빈	영업부	대리	1,500,000	100,000				
8	7	이하은	인사부	대리	2,500,000	250,000				
9	8	장예림	총무부	대리	1,580,000	300,000				
10	9	이규빈	총무부	과장	2,300,000	400,000				
11		평균								
12										

❶ 드래그 → Delete

⓫ 결과를 확인한다.

	A	B	C	D	E	F	G	H	I	J
1	번호	이름	부서	직위	기본급	수당				
2	1	강감찬	영업부	대리	2,200,000	500,000				
3	2	이순신	총무부	과장	1,850,000	200,000		평균		
4	3	홍길동	경리부	대리	1,470,000	300,000				
5	4	홍명보	인사부	부장	3,000,000	550,000				
6	5	김규연	영업부	부장	1,890,000	350,000				
7	6	문수빈	영업부	대리	1,500,000	100,000				
8	7	이하은	인사부	대리	2,500,000	250,000				
9	8	장예림	총무부	대리	1,580,000	300,000				
10	9	이규빈	총무부	과장	2,300,000	400,000				
11		평균			2,032,222	327,778				
12										

더 보기

매크로가 제대로 실행되지 않는 경우
[개발 도구] 탭-[코드] 그룹-[매크로]를 클릭하여 해당 매크로를 삭제한 후 다시 작성한다.